춤추는 럭비공

춤꾼 안은미, 춤의 정거장

춤추는 럭비공 : 춤꾼 안은미, 춤의 정거장

인쇄 · 2020년 11월 10일
발행 · 2020년 11월 20일

지은이 · 전형재
펴낸이 · 한봉숙
펴낸곳 · 푸른사상사

주간 · 맹문재 | 편집 · 지순이 | 교정 · 김수란
등록 · 1999년 7월 8일 제2-2876호
주소 · 경기도 파주시 회동길 337-16(서패동 470-6)
대표전화 · 031) 955-9111~2 | 팩시밀리 · 031) 955-9114
이메일 · prun21c@hanmail.net
홈페이지 · http://www.prun21c.com

ⓒ 전형재, 2020

ISBN 979-11-308-1718-7   93680
값 27,000원

푸른사상 예술총서 23

춤추는 럭비공

춤꾼 안은미, 춤의 정거장

전형재

푸른사상
PRUNSASANG

2017년 3월 25일, 별 기대 없이 찾았던 두산아트센터 연강홀에서의 기억은 자못 충격이었다. 1993년 처음 연극을 시작하며 수십 편의 연극에 출연했고, 보는 게 공부라는 생각으로 그보다 몇 배나 더 많은 공연을 보았다. 그러나 돌이켜 생각을 짚어보면 딱히 나의 심장을 설레게 한 공연은 고작 손가락에 꼽을 정도의 기억밖에는 없었다. 그도 그럴 것이 이십 대의 어린 나이에는 연극이 뭔지도 모르고 그저 열심히만 했던 것 같고, 삼십 대가 돼서는 고집스럽게 내 연극만 옳다고 우기다가 폭삭 망했고, 그나마 철이 좀 들었다는 사십 중반쯤 돼서는 어떤 공연에도 별 감흥이 없을 만큼 감각은 무뎌져 있었다. 박제된 화석처럼 주변 지인들의 공연을 의무 방어전 치르듯 보며 의례적인 감상평을 몇 마디 던지곤 하였다.

그날도 난 크게 기대하지 않았다. 왜냐하면, 무용은 나에게 너무도 생소한 장르였으며 안은미라는 이름 역시 현대무용가 그 이상도 이하도 아닌 그저 무용가였다. 팔만대장경도 모르면 빨래판이라더니 지금에야 고

백한다면 철저한 멍청이였다. 한 가지 위안거리라면 입장료가 만 원밖에
되지 않아서 궁핍한 연극쟁이인 나로서는 안도의 숨을 내쉬었던 기억뿐
이다.

극장 안은 이미, 자동차 안에서 별 기교도 없이 엉성하게 촬영된 듯한
자연 풍경들이 쉼 없이 돌아가고 루틴과도 같은 오프닝 멘트도 없이 한
여자가 그 영상을 배경으로 겅중거리며 걸어 나왔다. 공연의 시작이었다.
붉은 저고리에 노란 치마 한복, 파마 가발을 쓴 안은미. 여기까지는 그러
려니 했다. 이어서 안은미컴퍼니의 전문무용수들이 시골 오일장에서나
볼 수 있는 촌스러운 주름치마에 꽃무늬 스웨터를 입고 어지럽게 움직였
다. 뛰다가 구르고, 기는 듯 흐느적거리다 꿈틀대고, 경련이 인 듯 사지를
떨고. 이게 춤인가 싶었다.

다음 20분 정도는 미리 촬영된 할머니들의 춤 영상이다. 장소 불문, 이
유 불문, 그냥 흔든다. 이름하여 막춤. 그 흔한 뽕짝 메들리도 없이 극장
안은 말없이 춤 영상만 돌아가고 있다. 그렇지만 극장 안은 어느새 관객
들의 웃음소리로 채워졌다. 그 춤을 보고도 어찌 웃음이 나오지 않으랴.
나도 웃었다. 그런데 문제는 다음부터다. 공연에 관한 꼬투리라도 잡아보
려던 독기어린 눈은 흐물거리며 무장해제 되었다. 이것은 지금까지 내가
알고 있던 춤의 울타리를 넘어선 것들이었다. 그러면서 기억의 저장고,
심연의 바닥을 차고 스멀스멀 기어오르는 알 수 없는 기억의 똬리가 나의
신경세포를 자극하기 시작했다.

80이 다된 나의 어머니와 10년 전 91세로 돌아가신 할머니, 그 밖에 나
의 기억 속에 꽁꽁 잠겨 있던 세상의 할머니들이 나의 신경계를 열고 걸

어 나온다. 3개월 전 양쪽 무릎 인공관절을 하신 나의 어머니, 오뉴월 뙤약볕 아래서 고추를 따며 벌겋게 익은 어머니의 얼굴은 죽을 때까지 잊지 못하는 나의 아픈 마음자리이다. 나의 중고등학교 시절은 집안의 피치 못할 사정으로 할머니가 지어주신 밥을 먹으며 학교에 다녔다. 시골에서 평생을 사신 할머니는 손주들의 밥을 위해 서울에서의 감옥 같은 세월을 감내하셨다. 가끔은 골목 어귀의 계단에 쭈그리고 앉아서 손주를 기다리던 할머니의 모습을 그때는 별스럽지 않게 넘겼다. 그렇게 나의 신경망을 따라 온몸에 퍼지는 알싸한 기억들.

공연의 마지막에 관객들이 무대 위로 난입하여 한바탕 신명 나게 흔드는 막춤의 난장이 왜 나에게는 그토록 처연하게 다가오는지……. 나는 극장을 나오며 형언할 수 없는 감정들로 인해 다리가 풀리고 목이 메었다. 무엇 때문이었을까, 나의 기억 저장고는 왜 그렇게 무기력하게 열리고 말았을까.

이것이 그날 안은미와 〈조상님께 바치는 댄쓰〉에 관한 나의 첫 기억이다. 그렇게 안은미의 공연은, 아니 할머니들의 춤은 나의 아픈 마음자리에 있던 빨간 단추를 눌렀다. 공연이라면 나름 이골이 났다고 자부하던 터였지만, 이건 뭐지? … 아, 정말 모르겠다. 이게 책에서만 보던 그것, 수행성(performativity)이란 건가. 그날 나는 실제적인 것의 난입이 갖는 예측 불가능성의 힘을 처음으로 경험했고 웃다가 울게 되는 지각의 급변과 감정의 경계를 넘나들며 솟아나는 창발(創發, emergence)성을 책이 아닌 현장에서 보았다.

이후 안은미의 춤을 공부하며 그의 공연을 열심히도 보러 다녔다. 그렇지만 개인적으로 난 안은미를 잘 알지 못한다. 책을 위해 그와 몇 번의 전화 통화로 사실관계 등을 확인하는 인터뷰를 진행했고, 극장의 로비에서 관객들과 인사하는 그의 모습을 멀리서 지켜보았다. 어디서 마주친다 해도 그는 나를 알아보지 못할 것이다. 나의 박사논문이 통과되었을 때도 문자로 감사의 인사를 전했고 완성된 논문과 함께 3켤레가 든 양말 선물 세트를 우체국 택배로 보냈을 뿐이다. 그래도 가끔은 그와 일면식(一面識)이라도 터야 하나 싶지만, 인연 따라 나부끼는 것도 좋을 듯싶어 한 번도 그에게 나를 소개하지 않았다.

작년에 그의 예술 세계를 탐구한 연구 활동집 『공간을 스코어링하다』를 읽으면서도 춤작가의 개인 활동집이 출간된 것이 무척이나 반가웠다. 이처럼 그는 그의 자리에서 나는 나의 자리에서 각자의 방식대로 임하면 되지 않을까 생각한다. 이 책에는 안은미의 공연을 무조건 칭찬하는 것만 있지는 않다. 여러 곳에서 내 생각과 이론적 설명을 곁들여 그의 춤에 대한 비판적 시각을 적어보았다. 안은미를 좋아하는 마니아들에게는 불편할 수 있겠으나 그것에 대한 비판 역시 내가 감수해야 할 몫이라고 생각된다. 왜냐하면, 그의 춤을 가장 열렬히 응원하는 독자가 바로 나이기 때문이다.

안은미는 초창기 공연(데뷔)부터 현재까지 놀라운 창작 능력을 보여주며 비교적 다작(多作)을 해온 '춤작가'라고 할 수 있다. 하지만 이 책에서는 안은미 춤의 시기적 분류를 통해 40여 개의 작품을 주요 논의대상으로 삼았다. 그리고 논의의 시간적 범위를 따진다면 안은미가 춤을 시작한 1986

년부터 이 책의 연구 시점인 2017년까지이다.

우선 2장에서는 안은미가 춤을 시작한 계기를 간단하게 서술하였다. 그리고 대학을 졸업한 이후부터 안은미의 춤을 대략 4개의 정거장(station)으로 나누어 설명해보았다.

첫 번째 정거장은 1980년대 중반부터 90년대 말까지로, 춤의 활로를 탐색하던 때다. 1980년대 중반은 안은미가 대학을 졸업하고 대중들에게 자신의 개성을 춤이라고 하는 매체에 담아 표현하던 시기이다.

두 번째 정거장은 2000년 12월에 뉴욕 생활을 마치고 대구시립무용단의 예술감독으로 국내 활동에 복귀하던 때다. 이 시기는 시립예술단체의 예술감독으로서 각종 국제행사를 치르는 동시에 시립무용단의 춤 정기공연을 발표한다.

세 번째 정거장은 2004년 8월, 대구시립무용단 예술감독을 사임하고 자신의 개인적 탐구 작업과 '춘향', '바리'와 같은 전통적 소재를 새로운 시각으로 패러디하며 춤의 확장을 병행하던 때다.

네 번째 정거장은 2010년 '안은미컴퍼니'가 두산아트센터의 상주단체로 들어간 이후, '커뮤니티 댄스'에 집중하며 새롭게 대중과의 소통에 주력하던 때다.

이와 같은 정거장식 구분은 연대에 따른 분류가 아니라, 춤의 내용과 성향의 변화가 머물렀던 변곡점에 따른 분류이다. 이와 같은 분류가 주목하고자 하는 바는 공연에서 표현하고 있는 예술적 성향과 독창적 요인이며, 그런 독창적 요인의 핵심에 안은미의 안무전략과 수행적 연출 특성이 담겨 있기 때문이다.

3장에서는 안은미의 공연에 나타나는 예술적 특징들을 서술하였다. 그리고 이에 관한 논의의 배경으로는 에리카 피셔-리히테(Erika Fischer-Lichte)가 제시하는 『수행성의 미학(Ästhetik des Performativen)』을 기본적 토대로 삼았다. "피셔-리히테가 제시하는 '수행성(Performativity)'의 중요 키워드는 '공연(Performance)'이다. 그는 1960년대 이후, 공연의 정의를 연극으로부터 행위예술까지 확장하여 조명하고 있으며 그것들이 가진 가치와 가능성 또한 설득력 있게 제시한다. 그가 제시하는 공연개념은 '연극', '오페라', '춤', '퍼포먼스 아트'와 같은 예술적 현상뿐만 아니라 '제의', '축제', '스포츠' 등의 문화적 장르까지를 폭넓게 아우르는 개념이다. 그의 수행적 미학은 연극, 춤과 같은 공연과 제의, 축제의 경계는 분명하게 나눌 수 없다고 주장하며, 공연의 연출적 측면인 '물질성의 수행적 창출'과 수용적 측면인 '물질성을 통한 창발적 의미의 미적 경험'에 주목한다."[1]

이와 같은 미학 이론을 기초로 안은미 춤의 특징들을 'B급 마이너리티의 예술성과 대중성의 두 가지 측면', '춤 공연에서 영상의 활용', '춤에서의 자기 이야기 하기', '아방가르드와 키치의 경계'들로 분류하여 살펴보았다. 그리고 안은미의 공연 가운데 '전통을 소재로 한 춤'과 '커뮤니티 댄스'를 주요 사례로 하여 그의 안무전략과 수행적 특성들을 공연별로 분류하였다.

필자는 연구 과정에서 안은미에 관한 잘못된 정보를 확인하였다. 예를

---

1   전형재, 「춤연극에서 연기의 물질성이 지각과 의미생성에 미치는 영향」, 『연기예술연구』 13호, 한국연기예술학회, 2018, 74~75쪽 참조.

들어 안은미의 출생연도나 수상경력에서 '년도', '회차', '수상작' 등이 뒤바뀌어 있거나, '대회명'과 '행사주최'가 불명확한 것이 상당수였다. 안은미가 지금까지도 왕성하게 활동하고 있는 '춤작가'임을 고려한다면, 이제라도 그에 대한 일목요연한 공연목록과 이력의 정리는 필요하다고 여겨진다.

이 책을 내는 데 감사해야 할 분이 참으로 많다. 나의 연극 스승이며 나에게 대학원 진학을 처음 권유해주신 송미숙 선생님, 석박사 과정을 지도해주신 경기대학교 남상식 교수님, 대학원 석사과정 면접 때 반가이 맞이해주신 손정우 교수님, 학문적 멘토이시고 책을 내라고 채근하며 출판사까지 소개해주신 심재민 교수님, 학위논문을 완성하기까지 큰 응원을 해준 서일대학교 신동인 교수님, 극단 '고래'의 이해성 대표와 극단 식구들. 나의 연극 초반을 함께했던 고 정범길 형.

끝으로 지금도 강원도에서 농사 지으시며 검게 그을리신 나의 어머니와 아버지. 못난 형 때문에 마음 고생 많았던 동생 성재, 제수씨와 사랑하는 조카 상원이 상두. 내 가족에게 이 책을 바친다.

2020년 어느 가을
골방에서 전형재 씀

차례

제4부 **결론**

제1부

서 론

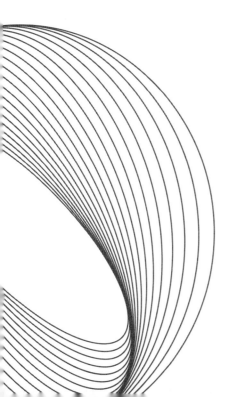

제1장
왜 안은미의 춤이어야 하는가?

한국 현대무용의 시작을 어디로 보느냐는 연구자들의 시각에 따라 의견이 분분하다. 그 가운데 가장 일반적 입장인 1920년대 중반의 '신(新)무용'을 그 시점으로 잡는다면, 한국 현대무용은 곧 백 년을 눈앞에 두고 있다. 그러나 백 년을 눈앞에 둔 한국 현대무용에 대하여 무용평론가 김승현과 김태원의 지적은 적절하면서도 새겨볼 만한 대목이 있다.

> 한국 현대무용은 아직 본격 연구가 부족한 상태다. 총론은 물론이고 실증적이고 구체적인 작품론, 작가론 등 각론이 없다. 이는 한국 무용계의 고질적인 분파주의에 창작과 비평의 불편한 거리와 다른 사람의 의견을 받아들이지 않는 고집스러운 입장 고수와 관련이 있어 보인다.[1]

---

1 김승현, 『정의숙, 전미숙, 안은미의 춤─한국춤 백화제방의 세 꼭지점』, 늘봄, 2011, 11쪽.

통상의 무용가나 안무자란 표현과 다른, 춤작가란 개념이 어떤 기준에서 새롭게 규정될 수 있을지는 연구 거리다. … 그러나 춤 비평계는 아직은 비평적 전기 문학에 육박할 정도로 심도 있는 무용가(혹은 안무가) 연구를 내놓지 못하고 있다.[2]

한국 무용계는 현대무용을 비롯해 발레와 한국무용에 이르기까지 수많은 무용가와 그들의 공연이 만들어낸 결과물이다. 하지만 무용가에 대한 총론은 고사하고 실증적이고 구체적인 작품론이나 작가론 등 각론이 부족한 실정이다. 이것은 곧 한국무용 연구의 약점이라고 지적하지 않을 수 없다.

이에 본서는 1986년 〈씨알〉을 시작으로 춤작가적 성향을 일관되게 지켜오고 있는 현대무용가 안은미의 춤을 예로 들어 작가론 연구가 절대적으로 부족한 한국 무용계의 현실을 살펴보고자 한다.

논의에 앞서 이 책에서는 '춤작가'란 용어가 자주 등장하는데, 춤 공연에 있어서 '작가'란 호칭은 아직 친숙하지 않은 용어임이 분명하다. 그러므로 '춤작가'란 용어의 용례와 의미에 대한 설명은 논의의 전개상 필요한 부분이라고 생각한다.

무용에서 '춤작가'란 용어가 본격적으로 사용된 시점은 뚜렷하지 않다. 춤을 창작하는 주체는 보통 '무용가' 혹은 '안무가'라는 표현이 일반적인데, "그런 중에 1980년대 초, 한 사람의 안무가를 문학적 감성이 더해진 '춤작가(dance d' auteur)'란 개념으로 볼 수 있는 가능성을 던진 사람은 박용

---

2   김태원, 『춤 전문어의 개념과 비평 노트』, 현대미학사, 2018, 242~243쪽.

구³다. 그는 1980년대 초 한국과 일본 예술가들의 예술적 교류를 꾀하는 '한·일 작가전'을 통해 두 국가의 대표 예술가들이 더 열린 의식으로 예술의 교류를 갖기를 희망했다."⁴ 그 밖에 춤작가란 용어에 참고할 만한 내용으로 1987년 '한국현대춤협회'가 주최한 '현대 춤작가 12인전'이 2019년에 33회를 맞음으로써, 이 용어의 사용이 보편적이진 않지만, 오래전부터 사용됐음을 알 수 있다. '현대 춤작가 12인전'의 기획 취지를 살펴보면, 춤작가는 일단 무용가 내지는 안무가와 확연하게 구별되는 변별점이 있다.

> 한국 현대 춤작가 12인전은 한국무용, 현대무용, 발레의 3분 법적 인식을 현대춤이라는 용어로 수렴하고, 춤은 기량을 발휘하는 무용수의 작업이라는 오랜 관행을 탈피하여 춤작가라는 용어와 함께 창작 의욕을 고취하는 데 기여하였다.⁵

위의 내용대로라면 춤작가란 단순히 춤의 기술자가 아니라 창작의 고

---

3 박용구(1914~2016) 1936년 니혼대학교 예술과 중퇴, 1937년 니혼 고등음악학교를 졸업하고 일본의 음악 잡지 『음악평론』 기자를 지냈다. 1940년부터 평론 활동을 시작했다. 1967년부터 예그린악단의 단장으로 우리나라 최초의 뮤지컬로 평가 받는 〈살짜기 옵서예〉를 기획하고, 발레 〈백조의 호수〉 전막 공연을 초연하는 등 종합예술을 중심으로 다양한 행사와 공연을 기획했다. 1980년 이후에는 희곡, 무용, 오페라의 극본을 집필했으며, 1981년 무용평론가 조동화 등과 함께 한국춤평론가회의 전신인 무용 펜클럽을 결성했다. 88서울올림픽 개·폐막식 시나리오를 집필했고, 안은미의 〈심포카 바리〉 〈춘향〉, 유니버설발레단의 창작발레 〈심청〉 등의 무용 대본을 집필했다. 「故 예술평론가 박용구」, 『춤웹진』 81호, 한국춤비평가협회, 2016년 5월호 참조.
4 김태원, 앞의 책, 242쪽.
5 한국현대춤협회, 「한국 현대 춤작가 12인전―의의와 평가」, 『한국민족문화대백과사전』, 한국학중앙연구원, 2014.

유성에 주안점이 있다고 할 수 있다. 작가(作家)의 언어적 의미가 집을 짓는 사람이라면, 춤작가는 춤으로 자신의 집을 짓는 사람이다. 다시 말해 춤작가는 독창적 아이디어와 창조력으로 자신의 농축된 춤 세계를 지어야 한다. 여기에는 기존의 안무 기법에서 벗어난 자신만의 개성을 갖춘 창작 춤 아이디어가 필요하며 그에 따른 작가적 인식과 통찰력이 요구된다. 그럴 때 춤작가는 자신만의 브랜드를 구축할 수 있고 단순히 춤의 형태를 디자인하는 안무가와도 차별화될 수 있다. 그러나 이와 같은 설명만으로 '춤작가'를 이해하는 것은 충분하지 않으며 본격적인 춤작가론을 위해서도 무용계의 공통된 의견 수렴과 논의는 필요하다고 생각된다. 그런 의미로 이 책에서 논의되는 '춤작가'란 용어는 논의의 대상인 안은미의 공연과 그가 일관되게 견지하고 있는 춤의 '실험정신', '창작의 고유성'에 대한 작가적 상황을 반영한 용어이다.

우선 안은미 춤의 위치와 의미를 논하기 전에 어떤 무용가들이 한국 현대무용사의 명맥을 이어왔는지 살펴보는 것이 필요하다. 한국의 현대무용은 1926년 석정막[6]이 한국에서 처음으로 신무용을 공연한 이래, 한성준, 최승희, 조택원, 배구자 등이 한국 현대무용의 초창기를 이끌었다. 그러나 한국 현대무용의 본격적인 태동은 박외선이 1963년 2월에 이화여자대학교에 한국 최초로 무용과를 만들면서부터라고 할 수 있다. 특히나 무

---

6   "한국 신무용의 기원으로는 1926년 3월 21일부터 3일간 경성일보 주최로 경성공회당에서 있었던 석정막(Ishii, Baku)의 공연을 들 수 있다. 이 공연은 무용 문화사적으로 의의가 있으며 이 공연을 통해 춤이 예술로서 인식되었으므로 우리나라 신무용의 기원으로 보는 데 별 무리가 없다." 김현남, 「한국 현대무용의 시대적 흐름에 관한 연구」, 『한국체육학회지』 37권 2호, 한국체육학회, 1998, 426쪽.

용과의 현대무용 전공은 한국 현대무용에 비약적 전기를 마련한다. 이후 1960~70년대 육완순, 홍신자, 이정자 등이 현대무용의 흐름을 주도하며 본격적인 기지개를 편다. 이들은 저마다의 개성적인 표현 수단을 이용해 한국 현대무용에 초석을 놓았으며, 한편으론 컨템포러리 무용단을 창단하여 후배들을 양성했다. 이들이 활동했던 "1960년대부터 1970년대 말까지의 우리나라 현대무용 작품 경향은 전통적인 소재에 현대적인 해석을 가함으로써 당시의 문제의식을 제기하려 노력하였으나, 안무 기법상으로는 마사 그레이엄(Martha Graham)의 '긴장'과 '이완'식 방법을 주로 하여 어떤 구체적 대안을 제시하지는 못했다."[7] 그러나 이들이 1980년대 한국 현대무용의 르네상스에 초석을 놓았다는 것에는 이견이 없다.

1980년대는 70년대에 대학 무용과를 졸업한 신진무용가들의 부상과 소극장 공연이 활발해지며 춤 공연이 양적으로 증가하는 직접적 계기가 된다. 이러한 양적 증가는 신진무용가들 사이에 창조적 경쟁으로 이어지며 한국 현대무용의 황금기를 이끌었다. 이들은 80년대를 아우르는 현대무용 3세대라 할 수 있는데, 이정희, 박명숙, 김복희, 김화숙, 최청자 등이 여기에 해당한다. 이들과 비슷한 시기에 좀 더 컨템포러리한 춤 세대로 조은미, 김기인, 안신희, 박일규, 강송원, 전미숙, 정숙경, 박기자, 최데레사, 안애순 등이 부상하며 현대무용 4세대를 이룬다. 1980년대는 포스트모던 댄스와 그레이엄식 테크닉, 여기에 무용가 개개인의 개성이 다양하게 융합하는 시기이며, 이때 한국 현대무용은 스타일과 무용언어를 확대하며 춤의 황금기를 맞는다.

---

7   위의 논문, 430쪽.

그에 비해 1990년대는 춤 공연이 양보다 질적인 면에서 한계를 노출하는 시기라고 볼 수 있다. 이에 대해 무용평론가 김채현은 80년대 후반부터 이어진 "춤계가 노출한 미진한 점을 몸놀림의 정형이 추출되지 않은 점과 춤판 양식에 대한 정확한 접근이 이루어지지 않았다"[8]고 지적한다. 이러한 지적은 새로운 양식으로의 패러다임 교체에 대한 인식 부족이 주요인이었다. 하지만 그 와중에도 3세대의 최청자, 박명숙 4세대의 안애순, 전미숙, 손관중, 홍승엽 등은 자신들의 춤 언어를 보여주며 1990년대 한국 현대무용의 가능성을 열어주었다.

2000년대 들어 한국의 현대무용은 다양성의 측면에서 가히 전성기라고 할 수 있다. 이때 실험과 새로운 매체를 활용한 다양한 작업이 동시다발로 펼쳐지는데, 안은미를 비롯해 최상철, 이윤경, 박호빈, 신창호 등이 2000년대 이후 한국 현대무용을 주도하고 있다. 특히 안은미, 박호빈, 홍승엽 등은 세계무대와의 간격을 좁히기 위해 해외시장을 겨냥한 작품들을 개발하고 있으며, 여기에 젊은 무용가들 역시 유수의 외국 컨템포러리 무용단에서 활동하며 역량을 키우고 있다. 이 밖에도 국내 무용계는 국제행사를 통해 외국 무용단의 내한공연을 적극적으로 추진하여 무용의 저변 확대와 동시대 춤의 경향을 빠르게 흡수하기 위해 노력하고 있다. 이처럼 한국 현대무용은 1세기가 채 안 되는 격동의 근현대사 속에서도 무용가들의 부단한 노력으로 춤의 외연을 확장해왔다.

그렇다면 백 년 동안의 한국 현대무용 춤꾼 중에서 왜 꼭 안은미여야

---

8   황문숙, 「한국 현대무용의 변천과정에 관한 연구」, 경기대학교 대학원 박사논문, 1998, 116쪽 참조.

하는가? 사실 안은미는 그의 이름 앞에 붙는 다양한 수식어만큼이나 다양한 실험과 도발적 춤을 감행해온 무용가다. 초창기 그의 춤은 센세이션을 불러일으켰지만 결국 무용의 엄격한 전통을 고수하는 정형주의(formalism)와 만나지 못하며 외면받았다. 그리고 2000년 이후, 예컨대 전통을 패러디한 춤에서 보여준 과감한 토플리스(topless)[9] 역시 전통과 현대의 불편한 연출이며 혼란스럽다는 비판을 받아야 했다. 그러나 그 속에서 바로 그만의 독특한 춤 세계가 형성되어 갔으며, 그런 측면에서 그의 춤은 개성적 작가정신을 가졌다는 평가를 받을 만하다. 지금도 안은미의 춤은 기존의 무용적 관행과 예술의 경계를 파괴하는 문제적 춤으로 자신만의 견고한 작가정신을 구축하고 있다. "그가 지향하는 춤 세계가 때론 익숙하지 않고 또 때론 극단적이기까지 하지만, 우리 무용계의 표현영역을 확장하는 데 최일선으로 기여하고 있음은 틀림없다. 안은미는 춤 예술이 난해하면서도 쉬울 수 있음을, 많은 의미를 내재하면서도 그 의미로부터 자유로워 보일 수 있음을 보여준다. 무엇보다도 자신의 도취된 세계로 관객을 끌어들이는 힘, 그것이 그의 고유성이다."[10]

평소 안은미의 공연에 불편한 시선을 가져온 무용평론가 송종건도 2000년 3월 공연된 안은미의 〈빙빙―회전문〉에서 "사실 우리 무용계에서 뉴욕의 무용계에 무대공연으로서 직접 부딪혀본 경험이 있는 무용가는

---

9 여성이 상의(top)를 입지 않아(-less) 자신의 상반신을 드러내는 패션. 주로 공공 장소에서 여성이 유방을 가리지 않음으로써 유두가 노출되는 것을 토플리스 패션이라 부른다.

10 심정민, 「우리 춤 예술의 표현영역을 확장시키는 무용가―안은미의 신춘향」, 『21세기 전환기의 무용 변동과 가치』, 현대미학사, 2007, 208~209쪽.

안은미밖에 없다고 할 수 있다. 그것이 성공적이라는 말이 아니라 최소한 그런 경험을 가지고 있다는 것이다. 이번 공연은 뉴욕에서 옮겨온 복제방식이 되었든 아니든, 어쨌든 우리 무용계에 현대적이며 신선한 바람을 불어넣는 활력소가 되었다"[11]며 이례적으로 호평하였다. 이처럼 안은미의 활동과 독특한 공연 작업은 20세기를 마감하는 시기에 나타난 흥미로운 가능성이자, 지금도 진행 중인 동시대 춤의 비전 제시라는 측면에서 검토할 수 있다.

안은미가 본격적으로 춤을 시작한 것은 1986년 대학을 졸업하고부터이며, 이후 1992년 미국 유학을 시작하고 2000년 말에 대구시립무용단의 예술감독으로 오기까지 약 8년간 뉴욕에 체류한다. 하지만 춤을 시작한 이래로 뉴욕에서나 한국에서 안은미에게서 춤의 공백은 느껴지지 않는다. 대학을 졸업하던 1986년부터 1992년 미국 유학 전까지 그는 10여 개의 작품을 창작한다. 시작은 비교적 무난했다. 대학을 졸업하던 1986년 〈씨알〉로 신인 무용 발표회에서 신인상을 받으며 무용계에 등장했고, 졸업과 함께 육완순이 창단한 '한국컨템포러리무용단'의 무용수로 활동을 시작했다. 그리고 1988년 '안은미컴퍼니'를 만들며 〈종이계단〉으로 자신의 첫 발표회를 시작한다. 이 공연은 평단으로부터 긍정적인 평가를 끌어내며 그해 12월에 재공연된다.

그러나 안은미의 춤이 논란거리가 되며 그에 대한 인상을 각인시킨 공연은 1991년 작 〈도둑비행〉이다. 그는 이 공연에서 머리를 삭발하고 상반신을 노출한다. 노출에 대하여 민감했던 당시의 분위기에 객석은 당혹

---

11 송종건, 『무용비평의 실제』, 한학문화, 2001, 23쪽.

스러웠고 8분의 솔로 공연은 숨 돌릴 틈도 없이 끝나버렸다. 이후 안은미의 삭발 패션은 그의 상징이 되었다. 하지만 진짜 사건은 1992년 발표한 〈아릴랄 알라리요〉다. 이제 막 한국 현대무용계에 입지를 다지려는 시기에 그는 이 공연으로 논란의 중심에 선다. 그의 죄목은 노출과 트로트 음악을 사용하며 현대무용의 품위를 훼손했고 어디에서도 무용의 진지함이나 아름다운 선을 찾을 수 없었다는 것이었다.

안은미는 그렇게 국내의 논란을 뒤로하고 1992년 5월 뉴욕으로 유학을 떠난다. 90년대 초반만 하더라도 외국 무용단과의 교류가 활발하지 않은 때였다. 안은미는 그들의 춤이 궁금했다. 그리고 한편으로는 새로운 돌파구가 필요했다. 그는 유학 시절을 포함해 8년 정도를 뉴욕에 머무르며 다채로운 활동들을 이어간다. 먼저 여러 편의 창작무용을 미국에서 발표했다. 1994년 발표한 〈하얀 무덤〉은 안은미를 대표하는 솔로 작품이 되었으며, 1995년과 1996년의 '무덤 시리즈'를 비롯해 1995년 '달 시리즈'를 뉴욕 머스 커닝햄(Merce Cunningham) 스튜디오와 오하이오(Ohio) 극장에서 발표한다. 1997년 〈무지개 다방〉, 1998년 '뉴욕예술재단(NYFA)'의 예술가 펠로우쉽(Artist's Fellowship Program)'에 선정되며 〈별이 빛나는 밤〉, 1999년 〈회전문〉 등을 뉴욕에서 초연한다.

그런데 여기서 주목해야 할 것은 〈별이 빛나는 밤〉을 제외하고 뉴욕에서 초연한 공연을 대부분 한국에서 재발표한다는 사실이다. 안은미는 뉴욕에서 여섯 시즌을 활동했다. 그러면서 뉴욕 비평가들 사이에서 독특한 춤으로 이름을 알렸다. 그중에서 〈무지개 다방〉은 안은미가 두 손에 망치를 들고 무대를 휘저은 춤 때문에 'Crazy girl'이라는 별칭을 갖게 된다. 안은미의 춤에 주목한 뉴욕 비평가들은 그의 춤에 비평을 달았고, 안은미는 초연에서의 부족한 부분을 보완하여 한국에서 재발표한다. 한마디로 안은미에게 뉴욕은 자신의 춤을 위한 전진기지였다. 그런가 하면 1996년에 안무가 마사 클라크(Martha Clark)의 현대오페라 〈마르코 폴로〉와 1998년 〈오르페우스 & 유리디체〉 등에도 출연한다. 후일 안은미는 클라크와의 작업이 대구시립무용단이나 그 밖의 국제행사와 같은 대규모 무대 작업에 도움이 되었다고 술회한다.

국내에서의 논란을 뒤로하고 도피하듯 떠나온 춤 유학. 아무런 연고도 없는 곳에서 그야말로 맨몸으로 버텨낸 안은미의 유학 시절은 그에게 춤에 관한 보다 본질적인 이해를 마련해주었다.

2000년 12월에 안은미는 대구시립무용단의 예술감독이 되면서 한국으로 돌아온다. 이 시기에 안은미는 대구시립무용단의 정기공연과 대구에서 개최되는 국제행사 그리고 개인 작업을 병행한다. 2000년 〈장미의 뜰〉과 2001년 〈은하철도 000〉은 대중가요와 토플리스, '키치(kitsch)'[12]적인 냄새를 풍기며 관객들의 호응을 얻었다. 그러나 여러 비평에서 그의 춤은 외설과 지나친 재미만을 추구한 장난스러운 무대였다는 지적을 받는다. 2002년 대구시립무용단의 〈하늘 고추〉 또한 파격적인 노출과 직설적 표현으로 공공무용단으로서의 성격과 맞지 않는다는 비판을 받아야 했다. 그러나 이후 이어지는 개인 작업에서 그는 원색을 이용한 시각적 연출과 대중가요, 토플리스, 생활 속의 익숙한 소품 등을 등장시키며 키치적 표

---

12 "키치는 대중문화와 마찬가지로 고급문화와 상대되는 저급하고 불순한 것으로 정의되고 있는데, 이는 고급문화와 대중문화로 양분하는 모더니즘의 엄격한 이분법을 전복하거나 조롱하는 효과가 있으며, 포스트모더니즘의 중요한 문화 형식이기도 하다." 이현영, 『콘셉트 커뮤니케이션』, 커뮤니케이션북스, 2014, 111쪽.

현을 이어갔다. 자연히 그의 춤은 관객과 비평가들 사이에서 호불호(好不好)의 극단을 오간다. 그러던 중 2004년 7월 갑자기 대구시립무용단을 사임하고 '안은미컴퍼니'와 함께 개인 작업에 집중한다.

이 시기에 안은미의 작품들은 외적으로 드러나는 특성을 두 가지로 요약할 수 있다. 첫째는 견고하게 구축된 자신의 작품 세계를 초지일관 밀고 나간다는 것이다. 이는 1980~90년대부터 그가 주력했던 여성의 사회적 억압과 불평등의 현실적 문제를 계속해서 제기하는 것이다. 두 번째는 전통 소재를 안은미의 방식으로 재해석하면서 서양의 시각으로 바라보던 오리엔탈리즘과는 다른 자신만의 고유한 시각을 정립하는 것이다. 그러나 이 시기 안은미 춤의 핵심은 이전의 여러 비평에서 지적한 현실에 대한 직설적 표현보다는 김남수, 심정민 등이 지적한 바, 몸의 본질을 탐구하고 몸을 물화(物化) 시키는 춤의 형식에 있다고 하겠다. 평론가 김남수는 2004년 〈Let's go〉에서 무용수들의 움직임을 '몸의 물상화'로 이야기하고 있으며, 그것이 안은미 춤의 '터닝 포인트의 실험'이라고 표현한다. 그런가 하면 평론가 심정민은 2005년 〈Let me tell you something〉에서 '물체화된 육체의 나열'을, 2006년 〈新춘향〉에서는 '물화된 몸의 제시'를 작품의 키워드로 얘기한다.

그리고 이 시기에 안은미는 활동 영역을 독일 무용계로 넓혀 외국의 다양한 국적을 가진 해외 무용수와 여러 작품을 마음껏 실험해보는 기회도 얻는다. 그는 2003년 〈Please, hold my hand〉를 시작으로 〈Please, Don't cry〉〈Let's go〉〈Let me change your name〉〈Louder! Can you hear me?〉〈Softer! I can't hear you〉〈Rabbit is dancing〉, 2010년 〈Rabbit is Crying〉까지 지속해서 자신의 춤의 가능성을 해외에서 타진해본다. 이러한 그의

행보는 유럽의 춤 경향을 습득하여 훗날 해외 진출을 위한 교두보가 되어 주었다. 한편 국내에서는 2003년 〈안은미의 춘향〉, 2006년 〈新춘향〉과 2007년 〈바리-이승〉, 2010년 〈바리-저승〉을 발표하며 전통적 소재의 재해석을 통해 춤의 확장을 모색한다. 국악을 비롯한 전통 양식과 독특한 이미지가 지배하는 공연을 통해 안은미는 더욱 대중적인 관심을 불러일으키는 데 성공했다. 그런 점에서 2000년대 중반은 안은미 춤의 새로운 변곡점이 될 만한 시기이다.

2010년 이후 안은미는 커뮤니티 댄스와 함께 춤의 새로운 단계로 들어선다. 그의 커뮤니티 댄스는 2011년 〈조상님께 바치는 댄쓰〉를 시작으로 〈사심 없는 댄쓰〉와 〈아저씨를 위한 무책임한 댄쓰〉, 그리고 2017년 〈쓰리쓰리랑〉까지 전문무용수와 일반인, 혹은 일반인들만으로 구성된 춤판을 벌인다. 국내에 커뮤니티 댄스가 활성화되기 시작하던 때는 2010년 이후지만, 이전에도 일반인을 중심으로 한 춤은 무용 교육의 하나로 진행되고 있었다. 그러나 안은미의 커뮤니티 댄스는 교육 중심의 춤이 아니라 움직임이 주는 성취감과 즐거움을 무대에서 공유하는 공연 중심의 커뮤니티 댄스라는 점에서 기존의 커뮤니티 댄스와 차별화된다고 할 수 있다. 대표적으로 〈조상님께 바치는 댄쓰〉의 대중적 성공을 예로 들 수 있는데, 이 작품은 공연 중심 커뮤니티 댄스로서 춤의 영역을 확장하고 춤을 일상 안으로 옮기는 데 기폭제가 되었다. 그리고 춤이 더는 전공자들만의 전유물이 아니며 일반인도 춤을 통해 공동체 안에서 얼마든지 미학적 성취와 즐거움을 공유할 수 있음을 보여준 좋은 사례라고 할 수 있다.

이처럼 안은미는 1980년대 중반에 춤을 시작해서 한국 현대무용의 르네상스를 경험했으며, 1990년대의 과도기를 지나 지금까지도 왕성하게 활동하는 작가적 경향의 현역 춤꾼이다. 그동안 한국 현대무용은 엘리트 교육에 근거해 단기간 빠르게 성장할 수 있었다. 하지만 그에 따르는 부작용 또한 인정하지 않을 수 없다. 급속성장의 그늘에는 춤의 다양성의 부재와 폐쇄적 제작 방식, 편중된 관객몰이로 현대무용 스스로 고립을 자초한 감이 없지 않다.

평론가 심정민의 2005년 칼럼은 당시 한국 현대무용의 사정을 다음과 같이 소개하고 있다.

> 소수의 무용가에게 보내는 관심을 제외하면 아직 일반 관객층의 반응은 냉랭하기만 하다. 극장으로 관객을 불러들이기 위해서는 예술성을 근거로 하되, 그들의 관심을 끌 수 있는 무언가가 더 필요하다. 그것은 감동적일 수도 있고 센세이셔널한 것일 수도 있으며 재미있는 것일 수도 있다. 또 다른 것일 수도 있다. 관객들이 한가한 사람도 아니고 톱니바퀴 같은 일상생활 속에서 예술을 향유하기 위해서 적지 않은 시간과 돈을 투자하여 극장에 왔을 때는 그만큼의 기대감을 갖고 있다. 만약 그 기대치에 상응하지 못한다면 현대무용의 대중화는 언제까지나 제자리걸음만 할 수밖에 없는 것이다.[13]

그런 와중에 안은미의 춤은 여타의 다른 춤작가들과 뚜렷하게 구분되는 독자적 춤의 소개라는 의미가 있으며, 현대무용의 새로운 관객층 개발에도 이바지했다. 또한, 2006년 〈新춘향〉은 한국보다 유럽에서 먼저 초연되어 해외공연의 새로운 교두보를 구축했다. 이 공연은 정부 지원을 받

---

13 심정민, 「한국 현대무용의 과거, 현재, 그리고 미래를 아우르며」, 웹진 『아르코』, 한국문화예술위원회, 2005년 3월 3일, 85쪽.

는 문화교류 행사도 아니었으며 자비를 들여서 가는 해외공연도 아니었다. 그것은 한국의 개인 현대무용단이 유럽 공연단체와 공동제작하는 형식으로 국내에서는 흔치 않은 사례를 남겼다. 그와 동시에 〈新춘향〉은 국내와 해외의 평단으로부터 호평을 끌어내며, 이후 '안은미컴퍼니'가 제작하는 〈심포카-바리〉를 비롯해 '커뮤니티 댄스 프로젝트' 등이 해외로 진출하게 되는 새로운 전기를 마련한다. 물론 이러한 외적 성장이 안은미의 예술성과 춤작가로서의 위치를 증명하는 것은 아니다. 그러나 안은미의 공연은 강렬한 시각적 이미지와 키치적 연출을 통해 시대의 보편적 경향을 신속하게 읽어내면서 예술성은 물론 대중성의 측면에서도 주목할 만한 성과를 내고 있음은 부정할 수 없다. 이러한 두 가지 측면을 성취하기 위해 그의 작업은 매우 다양한 시도를 아끼지 않는다.

평론가 김승현은 "안은미의 춤은 한마디로 '럭비공'이다. 어디로 튈지 모른다. 단아한 침묵의 추상에서 왁자지껄한 장터의 흥겨움까지 춤의 스펙트럼이 넓다. 순수추상의 아름다움에서 싸구려 키치, 고전에서 아방가르드, 클래식에서 대중가요까지 포함하지 않는 것이 없다. 그는 사람살이의 모든 것을 이용해 춤을 만들어낸다. 하지만 자세히 들여다보면 그 안에 흐르는 일관된 논리와 흐름이 있는 것을 발견하게 된다"[14]고 이야기한다. 사실 안은미가 자신의 춤에서 일관되게 제기하고 있는 논리적 흐름은 사람과 생명이다. 김승현의 말을 빌리자면 '사람살이'이다. 예를 들어 '달 시리즈'는 '여성', '무덤 시리즈'는 '죽음', '카페 시리즈'는 '인간 유희', 'Please 시리즈'는 '인간 정신'에 관한 실천적 물음이었다. 우리는 잘살고

---

14   김승현, 앞의 책, 151~152쪽.

있는가? 그것은 물질적 쾌락과 과학 문명의 잔혹한 폭력이 우리 삶에 고정된 윤리적 질서로 자리하고 있는 것에 대한 작가적 질문이며, 그러한 쾌락과 폭력을 샤머니즘적 치유와 신체적 주권으로 회복하고자 하는 예술가적 대안이었다. 그리고 이러한 회복 운동이 사람들에게 전염될 수 있다는 믿음을 안은미는 춤으로 이야기한 것이다. 하지만 그의 이러한 믿음은 어디로 튈지 모르는 럭비공처럼, 그 경우의 스펙트럼이 넓어서 종종 비판의 소지가 되었다.

가령 평론가 송종건은 2009년 〈바리-이승〉에서 "지난 10여 년 동안 평자가 보아온 안은미의 작품들은 거의 모두가 단세포적이고 조잡한 안무, 움직임, 의상, 음악, 무대장치, 등등을 보여 왔다. (…) 작품의 어떤 철학도 보이지 않고, 아름답지도 않고, 예술적 감성도 없던 이 작품은 실험을 빙자하면서 무용안무가로서의 자신의 기본적 역량 부족을 감추고 있는 모습이 역력했다"[15]라고 이야기한다. 하지만 반드시 그런 비판이 아니더라도 안은미의 공연은 대체로 논란의 중심에 있었다. 어떤 예술작품이든지 기호와 취향의 차이는 있기 마련이지만, 이제 한국 현대무용도 더 개방적이고 넓은 틀 안에서 현대무용가를 연구할 필요가 있다. 그동안 "우리 춤이 공허해진 것은 '경지'나 '깊이'의 형이상학에 매달려 오히려 춤의 '쓰임'에서 의미가 나온다는 사실을 망각했기 때문"[16]일지도 모른다.

지금까지 살펴본 '춤작가'로서의 안은미는 평론가 김남수의 말처럼, 춤

---

15 송종건, 『무용의 이성적 토론과 비평』, 안단테, 2010, 157쪽.

16 김남수, 「춤의 바깥으로 눈을 떠라」, 『한겨레 21』 619호, 한겨레신문, 2006년 7월 20일. http://legacy.h21.hani.co.kr/section-021015000 /2006/07/021015000200 607200619044.html.

의 형이상학보다는 춤의 쓰임에 따라 자신의 감각을 예리하게 조율하며 다가올 춤의 변화에 대비해왔다. 안은미의 인터뷰로 이에 대한 대답을 구하자면, "젊고 새로운 것을 찾지 않으면 도태될 수밖에 없다. 무용단은 항상 새로워야 해요. 동시대성, 보편성, 혁신성을 지닌 소통 가능한 공연을 만들어가야죠."[17] 그런 의미에서 안은미는 한국 현대무용의 과거와 현재, 그리고 미래까지도 조망해볼 수 있는 작가적 경향의 춤꾼으로 적당하다고 판단된다.

---

17 이재훈, 「빡빡머리 무용가 안은미, 이번엔 저신장 장애 넘는 대심댄스」, 『중앙일보』, 2017년 5월 1일.

제2장
한국의 '춤작가' 연구 어디까지 왔나?

한국의 '춤작가'에 관한 연구를 살펴보면, 1987년으로 거슬러 올라가 황은미[18]와 홍윤선[19]이 신(新)무용가 조택원의 무용 세계를 다룬 연구논문이 있다. 이 논문은 신무용 초창기의 석정막과 비슷한 시기에 활동한 조택원의 무용 인생과 작품들을 소개하고 있다. 그러나 춤작가에 관한 고찰이 활발하게 연구되기 시작한 시기는 2000년대 이후라고 해야 할 것이다.

2004년 강지영[20]이 무용가 김영희의 1980년대 창무회 활동과 1994년 창단한 무트댄스의 활동을 중심으로 그의 작품 세계를 연구한 논문이 있

---

18 황은미, 「조택원의 예술세계가 신무용에 미친 영향」, 한양대학교 대학원 석사논문, 1987.

19 홍윤선, 「신무용가 조택원에 대한 연구」, 이화여자대학교 대학원 석사논문, 1987.

20 강지영, 「김영희 춤에 나타난 예술 성향 연구」, 이화여자대학교 대학원 석사논문, 2004.

으며, 2006년에는 임건백[21]이 남성무용가 한성준, 조택원, 송범, 조흥동의 생애와 예술 활동, 무용계에 미친 업적을 중심으로 서술한 논문이 있다. 그리고 같은 해에 이송[22]은 무용가 한성준의 창작춤에 대하여 연구한 논문을 발표한다.

그러다가 2010년대로 들어서면 춤작가에 대한 기록의 중요성이 대두되며 비교적 많은 수의 연구논문들이 발표된다. 그 가운데 박수정[23]이 무용가 국수호의 예술 활동을 중심으로, 2011년에는 이영란[24]이 신무용 초창기의 무용가 최승희에 관한 연구논문을 발표한다. 2013년에는 김주희와 정의숙[25]이 발표한 현대무용가 박외선에 관한 연구논문을 비롯해 2016년에 유승관[26], 정보경[27], 이한울[28] 등이 한국 춤작가 들의 작가정신과 작품양상을 서술하고 있다. 이 밖에도 2018년에 정윤정[29]이 '한국 현대 춤작가 12

21 임건백, 「한국무용 발전에 영향을 미친 남성무용가 연구 : 한성준, 조택원, 송범, 조흥동을 중심으로」, 수원대학교 대학원 석사논문, 2006.

22 이송, 「한성준 춤의 창작 정신과 역사적 의의」, 『한국무용연구』, 한국무용연구회, 2006.

23 박수정, 「한국 창작무용가 국수호의 예술 활동 분석」, 중앙대학교 대학원 석사논문, 2010.

24 이영란, 「최승희 무용의 사상적 근원 연구」, 숙명여자대학교 대학원 박사논문, 2011.

25 김주희·정의숙, 「한국 현대무용 토착화 과정에서 박외선의 역할」, 『무용예술학연구』 41호, 한국무용예술학회, 2013.

26 유승관, 「한국 현대 춤작가 12인전의 작품 경향 연구–남성 한국무용 안무가를 중심으로」, 성균관대학교 대학원 박사논문, 2016.

27 정보경, 「임학선 창작 춤의 표현형식에 나타난 동양 미학적 특성」, 『한국무용연구』, 한국무용연구학회, 2016

28 이한울, 「태동기 한국 창작 춤의 작가정신 연구」, 성균관대학교 대학원 석사논문, 2016

29 정윤정, 「한국 현대 춤작가 12인전 작품연구 : 여성 춤작가를 중심으로」, 한양대

인전'에 참가한 여성 춤작가를 중심으로 발표한 석사논문 등이 있다.

여기에 더하여 안은미, 또는 안은미의 공연이 연구대상으로 거론되는 연구논문으로는 2006년 마리아[30]의 「동양적 정서의 한국 창작 춤 분석」이 있다. 여기서는 안은미의 〈新춘향〉에 대한 구성적 측면과 내용, 그리고 기사와 비평 등에 8쪽을 할애하여 싣고 있다. 2013년에는 장지원[31]의 「Stravinsky의 '봄의 제전' 음악을 사용한 안무작품 분석」이 있는데, 피나 바우쉬의 〈봄의 제전〉을 비롯한 8개의 국외 작품과 국수호, 안은미, 안성수의 〈봄의 제전〉에 대한 짤막한 설명과 비평을 싣고 있다. 2013년 이소정[32]은 「무용 작품에 나타나는 설화수용 연구」에서 〈바리-이승〉에 대한 주요 특징을 2쪽에 걸쳐 서술하고 있다. 작품 개요에 대한 설명 1쪽을 제외한다면, 작품에 관한 논의는 1쪽에 불과하다.

2017년 위팅팅[33]은 「포스트모던 댄스 무용가의 예술세계 고찰에 관한 연구」에서 한국의 포스트모던 댄스 무용가로 홍신자와 안은미를 거론하고 있다. 안은미에 관해서는 13쪽에 걸쳐 서술하고 있으나 간단한 약력과 함께 초기의 커뮤니티 댄스 4개 작품에 대한 창작 배경과 진행 과정, 그리고 연구자의 감상평이 주를 이루고 있다.

학교 대학원 석사논문, 2018.

30 마리아, 「동양적 정서의 한국 창작 춤 분석」, 성균관대학교 대학원 석사논문, 2006.

31 장지원, 「Stravinsky의 '봄의 제전' 음악을 사용한 안무작품 분석」, 『발레연구논집』 27호, 한국발레연구학회, 2013.

32 이소정, 「무용 작품에 나타나는 설화수용 연구」, 경희대학교 대학원 박사논문, 2013.

33 위팅팅, 「포스트모던 댄스 무용가의 예술세계 고찰에 관한 연구」, 상명대학교 대학원 석사논문, 2017.

2017년 전예화[34]는 「한국 커뮤니티 댄스의 형성과 사회적 기능 및 특성에 관한 연구」에서 안은미의 커뮤니티 댄스를 공연지향의 커뮤니티 댄스로 규정한다. 그러면서 〈조상님께 바치는 댄스〉를 비롯한 7개의 작품에 대하여 간단한 작품 내용과 커뮤니티 댄스가 공동체에 미치는 영향을 중심으로 논의를 펼친다. 이후 안은미의 인터뷰 내용을 중심으로 커뮤니티 댄스의 의미와 사회적 역할에 관하여 서술한다. 전예화의 논문은 20쪽에 걸쳐 안은미의 커뮤니티 댄스를 비교적 자세하게 논의하고 있으나, 공연 내용에 대한 심도 있는 분석보다는 안은미의 인터뷰를 중심으로 그의 무용 철학이 작품에서 구현되는 양상과 관계성에 집중하고 있다.

2018년에는 서현주[35]가 「춤의 경험과 주체성 : 안은미의 '몸 시리즈'를 중심으로」에서 전예화와 비슷하게 커뮤니티 댄스 세 작품을 중심으로 논의를 진행한다. 서현주는 커뮤니티 댄스에 출연한 일반인 참가자들의 몸이 춤을 통해 주체화되는 과정을 경험한다고 이야기한다.

지금까지 검토한 연구 결과를 종합해보면 작가적 측면에서뿐만 아니라 무용가 안은미에 관한 종합적인 연구는 아직 이루어지지 않은 상황이다. 그런 가운데 현대무용가로 박외선, 김복희, 이정희, 전미숙 등이 거론되고 있으나 작품 표본이 제한적이었으며 그에 따른 심층적 연구에서 한계성을 노출하였다. 그 밖의 무용가들에 관한 전체적인 연구 또한 생애 연구와 작품 외적인 업적 중심, 그리고 작품에 대한 피상적 설명에 그치고

---

34 전예화, 「한국 커뮤니티 댄스의 형성과 사회적 기능 및 특성에 관한 연구」, 단국대학교 대학원 박사논문, 2017.

35 서현주, 「춤의 경험과 주체성 : 안은미의 '몸 시리즈'를 중심으로」, 『대한무용학회 논문집』 76권 2호, 대한무용학회, 2018.

있어서 본격적인 춤작가론이라고 하기에는 부족하다고 하겠다. 예를 들어 안무 방법이나 작품에 대한 창작과정을 논의하면서 '안무적 상상력', '움직임에 생명력을 불어넣는 안무가', '독창적', '과감성', '춤에 대한 집념과 열의·열정', '작품에 대한 투혼', '춤에 대한 고민', '시대적 소명', '개성이 강한 작품', '근면, 성실' 등의 관념적 용어를 사용함으로써, 창작과정에서 그와 같은 공연이 실현될 수 있었던 실증적 방법과 원인을 구체적으로 제시하지 못한 측면이 있다. 그런 가운데 연구는 주로 안무가 혹은 그의 주변 인물들의 단편적인 인터뷰를 중심으로 작업을 소개하는 수준에 머물고 있었다.

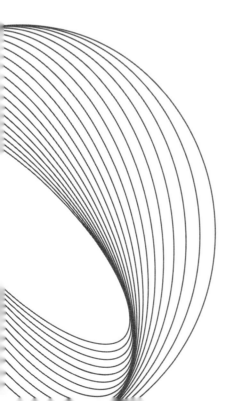

제2부

안은미의 춤 세계

제1장
춤꾼 안은미의 시작
— 유년의 기억

안은미는 1963년 경북 영주에서 태어났다.[1] 하지만 아버지의 직장 문제로 한 살 때 서울로 이사를 오게 되며, 이후 줄곧 서울에서 성장한다. 안은미의 기억에 그의 부모님은 선하고 바른 분들이셨다. 자식들에게 무엇이 될 것을 강권하는 분들도 아니셨다. 그래서였는지 그의 네 형제(안은미는 2남 2녀 중 셋째)는 모두 각자의 성격대로 제 일들을 알아서 찾았다. 그의 형제 중에 예술에 뜻을 둔 사람은 안은미뿐이다.

그의 어린 시절은 한마디로 좌충우돌이었다. 어려서부터 진득하게 한 곳에 머무르기보다는 늘 움직이고 뛰어다니기를 좋아했다. 걸어 다닌 기억도 별로 없다고 할 정도로 그는 일단 집을 나서면 산이고 들이고 온 동네를 뛰어다녔다. 그래서 늘 그의 어머니가 그를 찾으러 동네를 누비고 다녔다. 그는 동네에서 만나는 어른들 앞에서 자주 재롱을 부렸고, 인사

---

1 "부모님이 출생신고를 늦게 하셔서 주민등록상은 64년생인데, 실제는 63년이 맞습니다." 안은미와의 인터뷰, 2019년 4월 21일.

성 밝은 아이로 통했다. 그래도 그의 부모님은 그런 어린 딸을 그저 지켜만 보았다. 안은미는 이런 자신의 어린 시절을 '방목'이라고 표현했다. 하지만 누구나 그렇듯이 그 당시는 특별한 자녀교육법을 생각할 여력이 없었던 시절이었다.

그러다가 대여섯 살 무렵, 한국무용 의상을 입고 거리를 지나는 사람들을 우연히 보게 된다. 너무나 아름다운 그 의상을 따라가다 보니 무용학원이 나왔다. 지금 기억을 더듬어보면 그때 본 의상이 한국무용의 화관무 의상이었다고 하는데, 이 화려한 의상에 매료된 그날 이후 안은미의 진로는 정해진 것이나 다름없었다. 이후 그는 무용학원에 가기 위해 어머니를 조른다. 하지만 그의 어머니는 무용을 허락하지 않았다. 아이 넷 공부시키기도 힘든 시절에 무용학원은 언감생심 가당치도 않은 얘기였다. 그래도 안은미는 몇 년을 줄기차게 졸랐다. 그러다가 초등학교 5학년에 올라가서야 그의 어머니는 어린 안은미의 손에 무용학원 월사금 4천 원을 쥐여주었다. 안은미 춤의 시작이었다. 하지만 그 기간이 오래가지는 못했다. 여섯 달 만에 그 무용학원 월사금은 영어 학원비로 들어갔다.

안은미는 무용을 중단한 채 진명여자중학교에 진학한다. 하지만 안은미와 춤의 인연은 떼려야 뗄 수 없는 운명이었던 것 같다. 당시에는 무작위 추첨으로 학교를 배정받게 되었는데, 우연인지 필연인지 그가 진학하는 진명여중과 금란여고에 모두 무용반이 있었다. 특히나 두 학교의 무용반은 꽤 유명했다. 그렇게 안은미는 진명여중에 진학하고 특별활동반에서 처음 발레를 접하게 된다. 그런데 그때 안은미가 접한 발레에 대한 느낌은 다소 실망스러웠다.

발레는 처음 보는 순간 제 춤이 아닌 걸 알았습니다. 동작 자체의 에너지가 주는 정서가 제 것이 아니었어요. 뭔가 너무도 작위적인 느낌이랄까. 그래도 무용을 더 배우고 싶어 계속했습니다.[2]

그는 특별활동 시간 이외에도 무용을 계속하고 싶었지만, 그의 집안 형편은 그것을 허락하지 않았다. 그때부터 그는 무용 수업을 무용실 창 너머로 구경하기 시작했다. 또래의 친구들이 열심히 무용 기교를 익히는 시기에 안은미는 친구들의 춤의 보며 자신의 춤에 대한 애절함을 머릿속에 그려나갔다. 안은미는 훗날, 자기 춤의 비평적 관점이 형성된 시기가 이때였다고 술회한다. 그의 머릿속에는 만약 '내가 춤을 춘다면'이라는 가상의 이야깃거리로 즐거운 상상이 넘쳐나는 시기였다. 하지만 반대로 그의 중학교 시절은 춤에 대한 갈증도 함께 요동치는 시기였다고도 할 수 있다.

안은미는 중학교 졸업을 앞두고 마포로 이사를 하게 된다. 그리고 고교 진학을 앞둔 어느 날, 한 친구로부터 자기 언니가 현대무용을 한다는 소리를 듣게 된다. 그러면서 현대무용은 춤을 출 때 '맨발'로 춘다는 것이었다. 안은미는 그 말을 듣는 순간 '맨발'이라는 단어에 매료된다. 그가 '맨발'이란 단어를 듣고 떠오른 그림은 세상을 향한 '자유로운 질주'였다. 그리고 마침내 고등학교에 진학하면서 자신의 춤인 현대무용과 운명적으로 만나게 된다. 그는 현대무용과의 만남을 이렇게 얘기한다.

---

2   김승현, 『정의숙, 전미숙, 안은미의 춤—한국춤 백화제방의 세 꼭지점』, 늘봄, 2011, 153쪽.

그러다 맨발로 추는 춤을 만났죠. '저거 나의 길이다', '나를 위한 길이다', '내가 가야 할 길이다', 돌아보면 내가 가진 주체 못 할 에너지가 어디로 가야 하는 게 맞는가를 찾았던 것 같습니다.[3]

안은미는 금란여고 무용반에서 현대무용의 기초를 익힌다. 그는 다른 친구들에 비해 비교적 늦게 현대무용을 시작했지만, 그것도 그리 나쁘지 않았다고 말한다. 자신이 아직도 춤에 대한 창의성을 잃지 않고 있는 이유가 너무 어려서부터 시작된 무용 기교에 젖어 있지 않기 때문이라고 생각한다. 안은미는 현대무용으로 대학 입시를 준비한다. 그리고 고등학교 3학년 때, 안은미 자신도 필연적인 만남이라고 얘기하는 무용계의 선배이자 스승 전미숙을 만나게 된다. 전미숙 또한 대학을 갓 졸업하고 만난 첫 제자가 안은미였으니 둘의 만남은 진정 필연이었던 것 같다. 안은미가 1992년 뉴욕 유학을 결심했을 때도 첫 번째 전화 다이얼은 전미숙이었다. 이후 뉴욕 생활에서도 전미숙은 안은미의 춤을 물심양면으로 응원하는 스승이자 조력자가 돼주었다.

미국 간다고 알려드리니 선생님은 '그 이야기 언제 나올까 기다렸다. 남들은 너를 보면 불안하다고 하지만 10년을 지켜보니 넌 결코 중심을 잃지 않는다. 이제 믿어도 되겠어서 걱정 났다'라며 격려해주셨습니다. 누군가가 10년씩 바라봐준다는 게 얼마나 대단한 일입니까.[4]

---

3   정우정, 「현대무용가 안은미, 니체 변용의 춤」, 『객석』 349호, 객석컴퍼니, 2013년 3월호. 149쪽.
4   김승현, 앞의 책, 165쪽.

안은미는 1982년 현대무용으로 이화여대 무용학과에 입학한다. 안은미의 대학 생활은 그의 기질만큼이나 유별났다. 특히 그는 작품 만드는 것을 좋아했다. 보통은 한 학기에 한 작품을 발표하는 것이 규정이었지만, 안은미는 솔로 작품에 군무 작품까지 두 작품을 발표하며 춤에 대한 애착을 보였다. 그리고 한 작품이 끝나면 다음 학기 작품의 주제를 찾아다니며 고민했다. 그런 이유였는지 그가 발표하는 작품들 또한 평범하진 않았던 것 같다.

> 대학 들어가서 워낙 희한하게 춤을 추니 교수나 선배들께서 '쟤는 원래 그런 아이' 하면서 도리어 예쁘게 봐주셨어요. 첫 작품이 〈독방〉이었는데, 채 스물도 안 된 대학생이 '인생이 답답하구나' 하면서 방을 상징하는 검은 보자기 위에서 놀다가 그것을 뒤집어 어깨에 이고 간 것이죠.[5]

안은미는 자신이 대학 시절 보여준 춤에 대한 열정을 '집착'이라고 표현한다. 그리고 그 집착은 현실도피에서 시작된 것 같다고 말한다. 당시 안은미의 집안 사정은 넉넉하지 못했다. 그래서 돈이 되는 일이라면 뭐든 했다. 한 번에 여섯 가지나 되는 아르바이트를 하며 대학, 대학원 등록금을 충당했다. 그때 안은미가 느꼈던 가난이라고 하는 현실은 자신은 물론이거니와 주위 사람들에겐 두려움이자 공포였다. 안은미에게 이 두려움을 이겨내는 유일한 해결책은 오직 춤추는 일뿐이었다. 그래서 안은미의

---

5   심정민, 「예술가의 길은 간절하게 끝까지 가는 것, 안은미」, 『한팩뷰』, 한국공연예술센터, 2013년 7월호, 59쪽.

춤은 이상적이기보다 현실적이다. 그리고 그의 타고난 기질과 합쳐져서 반항적이고 도발적인 작품들로 나타난다. 그의 춤은 에둘러 돌아가는 법이 없이 정공법이다. 그의 춤은 언제나 세상의 정면을 향해 있으며 현실적인 유토피아를 지향한다. 그렇게 안은미는 현실과의 정면승부가 가장 빠른 길이 될 수 있음을 깨달았다. 안은미는 자신에 대한 평가를 "나는 생각의 전개가 빠르고, 자신의 장점과 한계를 정확하게 아는 사람입니다"[6]라고 말한다. 그렇게 본다면 안은미의 대학 시절은 '춤이란 무엇인가'에 대한 성찰과 사유를 치열하게 고민하던 시기였다고 할 수 있다.

그런 고민은 대학 시절의 매일매일을 자신과 자신의 춤에 대한 정체성이 무엇인지 질문하게 했다. 남들보다 조금은 늦게 시작한 춤이었던 만큼 춤에 대한 고민이 그를 괴롭혔다. 안은미는 대학 시절의 그레이엄 테크닉에 대해 자신의 몸에 맞지 않는 옷이었다고 말한다.

저는 기본적으로 춤을 출 때 가장 중요한 것이 기분이 좋아야 한다는 겁니다. 새 옷을 입었을 때 기분이 좋은 것처럼 새 테크닉을 배우면 즐거워야 합니다. 뭔가 감흥이 와야 춤을 출 수 있습니다. 그런데 마사 그라함은 아무리 해도 행복하지 않았어요. 또 현대무용은 뭔가 소통이 돼야 하고 자유로움이 있어야 하는데 마사 그레이엄 춤에서는 어떤 시대적 소통도 느끼지 못했습니다. 몸에 대한 명령만 있을 뿐이었습니다. 마사 그라함은 위대한 천재입니다. 그럼에도 불구하고 내가 추고 싶은 춤은 과연 무엇인가, 하는 질문이 매일 저를 괴롭혔습니다.[7]

6   정우정, 앞의 책, 같은 쪽.
7   김승현, 앞의 책, 156쪽.

대학 시절 갖게 된 춤에 대한 근본적인 질문들은 그의 치열한 고민 앞에서 서서히 자신의 모습을 드러냈다. 안은미는 먼저 질문의 시작을 외부적 요인이 아닌 자기로부터 찾아나갔다. 그것은 다름 아닌 자신의 육체와 춤의 상관관계이다. 나의 몸이 가장 잘 출 수 있고 또 그에 어울리는 춤은 무엇일까. 그것이 어떤 것인지 아직 확실하지는 않지만 적어도 한 가지만은 분명하게 알 수 있었다. 서구의 움직임이 길고 아름다운 선의 미학이라면 자신의 유전자는 그런 춤에 맞는 체형이 아니라는 판단이었다. 그가 생각하는 현대무용은 개성이 존중되는 춤, 각각의 에너지가 서로 만나 충돌하고 하나의 충돌이 또 다른 충돌 속에서 새로운 이야기를 만들어내는 춤이었다. 따라서 그가 생각하는 춤이란, 형식보다는 인간 그 자체의 질감이 관객에게 더 영향을 미친다는 나름의 결론에 이른다.

춤의 장르는 다르지만, 대학 시절 그가 가장 감동한 춤으로 공옥진의 '병신춤'을 꼽는 데서 그와 같은 이유를 알 수 있다.

> 아름다움과 추함의 경계를 넘어 깊숙이 우리의 가슴을 어루만져주는 춤, (…) 그분의 춤은 우리가 배웠던 춤과 너무도 달랐습니다. 그의 춤을 보곤 춤이란 형식이 중요한 것이 아니라 무언의 에너지로 증명해 보이는 것이라는 점을 다시 한번 확신하게 되었습니다. 그래 춤은 저거다, '척'하지 않는 춤. 그래, 바로 저게 내가 해야 할 춤이다. 살아온 만큼 추는 춤![8]

그렇게 안은미는 자신에게 주어진 고민을 하나씩 하나씩 해결해가며

---

8   위의 책, 168쪽.

대학 4년을 마쳤다. 그리고 같은 대학의 대학원에 진학했다. 대학원에 진학해서는 대학 시절의 숱한 고민이 자신의 춤에 내공을 쌓아주었다. 춤도 한결 여유 있고 부드러워졌다. 그러면서 춤 이외에 다른 예술에도 관심을 두게 된다.

대학원 시절 안은미가 다른 예술에 관심을 두게 된 것은 춤이라는 장르가 가진 표현의 한계를 극복해보고 싶다는 생각에서였다. 안은미의 대학 시절이 '왜'라고 하는 춤에 대한 원초적 질문들로 고민하는 시기였다면, 대학원 시절의 안은미는 내재한 질문의 해답을 '어떻게'로 전환하는 시기였다고 할 수 있다. 다시 말하면 자신의 춤을 어떻게 표현하는 것이 더 효과적일 수 있을까, 혹은 좀 더 나아가서 춤이 갖는 비구상적 세계를 보다 구체적인 언어로 표현할 방법은 무엇이 있을까를 고민했다. 안은미는 그 표현의 방법을 춤 외에 다른 예술 장르에서 모색한다.

이 시기의 안은미는 춤 이외에도 연극, 영화, 그림 등에 관심을 보이며 연극연출가, 배우, 화가, 영화감독 들과 교류한다.

> 그들과 대화를 나누는 순간순간은 저에게, 춤이 갖는 비언어적 세계를 보다 구체적인 언어로 표현할 수 있는 일종의 잠재적 가능성을 확인할 수 있는 시간이 되었습니다. 혼자 공부하면 막연해질 수 있는 관점들이 더 구체화하고, 자기 비판적 관점도 높아지고 하면서. 말하자면 강도 높은 트레이닝 시간이었어요.[9]

그의 춤에서 보이는 움직임이 추상적이거나 관념적이지 않고 지극히

---

9   위의 책, 159쪽.

일상적이라고 느껴지는 이유는 다른 예술 장르들을 긍정적으로 수용함으로써 춤의 잠재적 가능성과 관점을 확장했기 때문이라고 볼 수 있다.

안은미는 1986년부터 '한국현대무용단'에서 군무를 주도하며 리더로 활약했다. 그러나 남들이 추는 춤을 똑같이 재현하는 것은 대학 시절 그가 생각하던 현대무용과는 거리가 멀었다. 춤에는 춤꾼의 개성과 고민이 들어가야 한다고 생각했다. 그러면서 '한국현대무용단'과는 별개로 1988년 자신의 무용단인 '안은미컴퍼니'를 창단한다. 안은미에게 대학원 시절의 1988년은 다사다난했다. 국가적 행사였던 88올림픽에서 육완순 선생이 이끌던 매스게임 오프닝 작품의 지도자로 동대문상고 남학생 500명을 지도한다. 그리고 그해에 2월 문예회관 소극장에서 '안은미컴퍼니'의 첫 작품 〈종이계단〉을 공연한다. 30년이 지난 지금까지도 무용단의 이름이 바뀌지 않고 왕성하게 활동하는 '안은미컴퍼니'의 시작이었다. 이후 1989년 〈메아리〉〈꿈결에도 끊이지 않는, 그 어두운…〉, 1991년 〈상사무〉 등을 창작하며 서서히 한국 현대무용계에 안은미의 존재를 알린다. 안은미 하면 떠오르는 삭발 패션도 이즈음인데, 1991년 MBC 주최, '제1회 창작무용 경연대회'에서 〈도둑비행〉이라는 솔로 작품을 하면서 머리를 삭발한 것이다. 그리고 이후 30년 가까운 시간 동안 그는 이 헤어스타일을 고수하며 안은미 하면 떠오르는 독특한 시각적 이미지로 대중들에게 각인된다.

안은미는 1992년 호암아트홀에서 발표한 〈아릴랑 알라리요〉로 또 한 번 파장을 일으킨다. 현대무용의 진지함이나 무용수의 아름다운 선은 어디에도 없었으며, 배경음악은 현대무용에서 상상하기 어려운 이른바 '트로트' 메들리였다. 안은미는 소위 '뽕짝'에 맞춰 기괴하게 몸을 흔들었다.

그의 춤은 극찬과 맹비난으로 극명하게 나뉘었지만, 전반적인 시선은 곱지 않았다. 하지만 그는 찬사와 비난, 어디에도 신경 쓰지 않았다. 오직 무엇을 파괴하고 무엇을 창조할 것인가에 집중했다. 돌아보면 안은미의 유년 시절은 유쾌했지만 고단했고, 20대는 춤에 대한 고민으로 좌충우돌하면서도 치열했다. 누구보다 춤을 갈망했지만 가정 형편 때문에 또래의 친구들보다 늦게서야 춤을 시작했고, 그런 만큼 또 춤에 집착했다. 안은미는 1992년 5월, 그의 나이 20대의 끝자락에 뉴욕으로 춤 유학을 결심하며 유쾌한 도전을 시작한다.

제2장
안은미 춤의 정거장

안은미는 전방위적 아방가르드 예술가다. 그가 출연하고 안무한 무용 작품만 150편 이상이 될 정도로 그의 이력은 방대하다. 또한, 여러 편의 뮤지컬과 연극에 안무자로 참여했으며, 몇 편의 영화에서는 영화배우가 되기도 했다. 그 밖에도 2006년 백남준아트센터 기공식에서는 〈굿바이 미스터 백(Goodbye Mr. Paik)〉을, 2009년 백남준아트센터 국제예술상을 받으며 오프닝 공연으로 〈백남준 광시곡〉[10]과 같은 퍼포먼스도 선보인 바

---

10 2009년 11월 28일 전시의 오프닝을 기념하는 퍼포먼스 〈백남준 광시곡〉을 선보인다. 백남준 국제예술상의 첫 번째 수상 작가로서 용인 백남준아트센터에서 선보인 이 퍼포먼스는 백남준의 나이인 일흔넷을 상징하는 74대의 피아노가 등장한다. 그리고 생전에 백남준이 벌인 퍼포먼스를 오마주(Hommage)한다. 24대의 피아노는 크레인에 매달려 공중에 떠 있다. 아래에서는 피아노 연주와 무용수들의 퍼포먼스가 펼쳐지고 그러는 동안 안은미는 크레인을 이용해 공중으로 날아올라 공중에 매달린 피아노를 도끼로 부순다. 피아노의 잔해가 바닥에 나뒹굴고 잠시 후, 안은미가 가위를 꺼내 피아노가 매달린 줄을 자른다. 피아노는 지상으로 떨어지며 굉음을 내고 산산조각이 난다. 백남준아트센터 거리에 설치된 행위예술은 피아노 잔해를 태우는 샤머니즘적 의례를 치르면서 끝난다.

있다.

이렇게 안은미의 작업은 장르의 경계를 넘나들며 하나의 특정한 입장으로 규정짓기 어려운 다양한 스타일의 스펙트럼을 갖고 있다. 그런 안은미의 춤 세계는 대략 네 번의 정거장(station)을 거치며 실현되었다고 본다.

첫 번째 정거장은 1980년 중반부터 90년대 말까지로, 춤의 활로를 탐색하는 때다. 1986년 안은미는 대학을 졸업하고 여러 단체에서 군무를 추었지만 결국 자신만의 춤을 고민했다. 다른 안무가들과 차별화될 수 있는 나만의 개성이 담긴 고유 브랜드는 무엇이 있을까. 그러한 고민을 안고 1992년에 뉴욕으로 춤 유학을 떠나지만, 이 시기 또한 자신만의 춤을 찾기 위한 치열한 고뇌의 연장선 위에서 춤의 활로를 탐색하던 시기라고 볼 수 있다. 어찌 보면 춤작가로서의 본격적인 고민이 시작되었다고도 할 수 있다.

두 번째 정거장은 뉴욕 생활을 마치고 2000년 12월에 대구시립무용단의 예술감독으로 국내 활동에 복귀하던 때다. 이 시기에 그는 시립예술단체의 예술감독으로서 각종 국제행사를 수행함과 동시에 시립무용단의 춤 정기공연을 발표한다.

세 번째 정거장은 2004년 8월, 대구시립무용단 예술감독을 사임하고 자신의 춤에 변화를 모색하는 때다. 이즈음 발표된 〈Let's go〉나 〈Please, hold my hand〉를 보면 일상적 퍼포먼스를 통한 사회풍자, 키치를 통한 엄숙주의의 조롱이 잘 발견되지 않는다. 그러면서 현실 세계의 직설적 표현보다는 몸의 본질로 돌아가 원초적인 몸성을 탐구하는 데 집중하는 모습이다. 한편으로는 '춘향', '바리'와 같은 전통적 소재를 새로운 시각으로 재해석하며 춤의 확장을 병행한다.

네 번째 정거장은 2010년 '안은미컴퍼니'가 두산아트센터의 상주단체로 들어간 이후, '커뮤니티 댄스'에 집중하며 대중과의 소통에 주력하던 때다. 이 시기에는 안은미의 '댄스 3부작'으로 일컬어지는 〈조상님께 바치는 댄쓰〉를 시작으로 〈사심 없는 댄쓰〉 〈아저씨를 위한 무책임한 댄쓰〉로 이어졌으며, 최근까지도 '커뮤니티 댄스'에 집중하는 양상을 보인다. 안은미는 미래에 다가올 춤은 보는 춤에서 추는 춤, 즉 대중이 춤을 감상하는 것에 머물지 않고 스스로 춤을 추는 시대가 올 것이라고 예상한다.

1. 춤을 찾아서 〈사막에서 온 편지〉

이 시기는 안은미 춤의 초창기부터 2000년 12월 뉴욕 생활을 마감하고 다시 한국에 정착하기까지의 시점이다. 안은미는 대학교 4학년 때인 1985년 9월 20일 한국예총 충청북도 지부에서 주최한 제3회 전국 대학 무용 경연대회에서 〈사막에서 온 편지〉[11]로 문예진흥원장상을 받으며 자신의 춤을 처음으로 세상에 알렸다.

그러나 안은미의 작품 활동이 시작되는 본격적인 시점은 1986년 대학을 졸업하던 해에 발표한 솔로작 〈씨알〉(3.13, 호암아트홀)부터라고 판단된다. 그는 이 작품으로 한국현대무용협회가 주최하는 제3회 '신인 무용 발표회'에서 신인상을 수상한다.[12] '신인 무용 발표회'는 미래의 춤꾼으로서

---

11 안은미의 수상경력에서 회자하는 '1983년'과 '제2회'는 오류이다. 안은미와의 인터뷰, 2019년 4월 21일. 자료 제공 '안은미컴퍼니'.

12 『경향신문』 기사에 의하면 신인발표회는 3월 13일에 있었으며, 시상은 대회가 끝난 다음, 6월 28일 한국현대무용협회의 정기총회에서 있었다. 『경향신문』, 1986년 3월 28일, 1986년 6월 21일 기사 참조.

〈종이계단〉(1988) 포스터

자신의 개성과 고민을 탐구하는, 그야말로 신인들에게만 허락되는 대회
이다. 안은미는 이 작품에 대하여 "사회에 내딛는 첫걸음이라 신중히 작
업했고 27명의 사람이 무대 세트로 출연해서 신선한 도전을 했다는 이야
기를 듣게 되었는데, 그때가 저의 작품 활동이 외부에서 시작되는 시점이
었다."[13]고 술회한다.

1988년에는 자신의 이름을 건 무용단을 창단한다. 안은미가 무용단의
이름을 걸고 발표한 첫 작품은 〈종이계단〉(2.27~29, 문예회관 소극장)이다.
30년이 지난 지금까지도 무용단 이름이 바뀌지 않고 왕성하게 활동하는
'안은미컴퍼니'의 시작이었다. 안은미는 '안은미컴퍼니' 창단 이후 무용단
활동에 많은 시간을 투자한다. 이 작품에서 안은미는 '속도'라고 하는 시
간성과 '욕망'이라고 하는 인간의 보편적 심리를 춤으로 담아낸다. 사람

---

13   김승현, 앞의 책, 160쪽.

들은 각자 자신만의 속도로 어딘가를 향해 끝없이 걸어간다. 그러나 방향성을 상실한 그들의 걸음은 헛된 욕망을 향한 줄달음일 뿐이다. 아무리 열심히 걸어도 결국은 다람쥐 쳇바퀴 돌듯 그 욕망의 자리를 벗어나지 못하고, 언제 부서질지 모르는 허망한 종이계단을 밟고 오르는 것과 같다는 내용이다.

이 작품을 제작할 당시 안은미의 경제 사정은 그리 여유롭지 못했다. "너무나 많은 돈을 투자하는 바람에 나중엔 제 상황 자체가 종이계단이 되어버렸다"[14]는 안은미의 회고처럼, 제작비를 공연 수입으로 충당하기 위해 중간휴식도 없이 러닝타임 72분의 작품을 3일 동안 6회에 걸쳐 공연한다. 하지만 공연에 대한 평가는 예상보다 좋았다. 문예회관 소극장을 거의 매진시켜 제작비의 절반 정도를 관객 수입으로 충당했으며, 그해 '평론가가 뽑은 소극장 베스트 5'에 초청되어 재공연되었다.

〈종이계단〉의 재공연(12.12~16, 창무춤터)은 '88 소극장 춤 베스트 5 초대전'이란 이름으로 6명의 평론가가 선정한 5명의 무용수가 닷새간 차례로 공연하는 무대였다. 그중 안은미의 작품은 마지막 16일에 있었다. 재공연이 되는 극장은 당시로서는 유일한 춤 전용 소극장이었던 '창무춤터'로, 이 극장은 경제 사정으로 12월 말 폐관을 앞두고 있었다. 안은미는 재공연임에도 극성맞다 싶을 정도로 자신의 열정을 발휘한다. 의상과 세트는 물론이고 안무까지 극장 분위기에 맞게 모두 수정한다. 그리고 그의 극성맞은 열정은 극장 관계자의 반대를 이겨내고 극장 문짝을 떼어내어 공중에 매달았다. 물론 이러한 열정이 작품에 어떠한 긍정적 효과를 가져

---

14 위의 책, 161쪽.

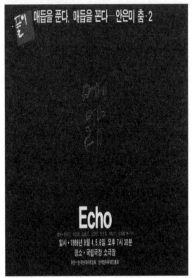

매듭을 푼다. 매듭을 꼰다 - 안은미 춤 2

메아리

Echo

원작·현진건, 박봉서, 김춘경, 김형미, 한성숙, 윤덕형 외 다수

일시·1989년 9월 4,5,6일 오후 7시 30분

장소·국립극장 소극장

후원·한국현대무용협회, 한국현대무용협회

〈메아리-Echo〉 포스터

왔는지는 알 수 없다. 그러나 초창기부터 시작된 춤에 대한 열정과 치열함이 춤작가로서의 기질을 보여주는 한 사례가 되기에는 충분해 보인다.

1989년에는 '안은미컴퍼니'의 두 번째 공연인 〈메아리-Echo〉 (9.4~6, 국립극장 소극장)를 발표하며 촉망받는 젊은 현대무용가로 평단의 관심을 모았다. 그는 이 작품에서 예술고등학교 학생들을 대거 자신의 무대에 출연시킨다. 이들의 팔과 다리는 눈에 보이지 않는 어떤 줄에 묶여 고정되어 있다. 이미 그들의 몸은 자신의 마음처럼 통제할 수 없는 구속된 몸이다. 안은미는 이 작품에서 인간이 느끼는 우리 주변의 속박을 표현했으며, "대학을 중심으로 정형화된 춤의 세계를 정면으로 비판했다. 내면의 고통이나 슬픔 등 감정을 표현하지 않고 아름다운 몸짓만 강조하던 관행적 춤에 도전"[15]한 것이다.

1990년 가을에는 자신의 안무 작품이 아닌 무용수로 '제12회 서울무용제'에 참가한다. 참가작은 '한국컨템퍼러리무용단'의 〈만남〉(10.24~25, 문예

---

15   임수빈·이미영, 「작품형식, 가치관, 전통, 관객과의 소통, 모든 것을 깨고 현대무용의 전설이 되다」, 『동아 비즈니스 리뷰』 236호, 동아일보사, 2017년 11월호 이슈 1, 57쪽.

회관 대극장)이었다. 이 작품의 안무는 안애순이었으며 〈만남〉은 이 대회에서 대상, 연기상, 미술상을 수상한다.[16] 여기서 안은미는 개인상인 연기상을 수상한다.

1991년에는 〈도둑비행〉(9.30, 리틀엔젤스 예술회관, 8분)을 발표했다. 〈도둑비행〉은 '제1회 MBC 창작무용 경연대회'[17]에 참가해서 우수상을 받았다. 그런데 이 작품과 안은미는 떼려야 뗄 수 없는 특별한 인연이 있다. 우선은 지금 그의 헤어스타일이 이 작품에서 만들어졌으며, 다음은 그가 아버지라고 부르는 〈춘향〉 〈바리〉의 작가 박용구를 만난 것이다. 먼저 안은미하면 떠오르는 외양적 이미지는 아무래도 반짝반짝 잘 손질된 민머리일 것이다. 30년의 세월 동안 그는 이 헤어스타일을 고수하며 자신의 트레이드마크로 만들었다. 이 작품을 만들기 전에 안은미가 출연한 작품들의 프로그램을 살펴보면, 스포츠형 반삭 머리에 가까운 헤어스타일을 오랫동안 유지했다. 그러다가 〈도둑비행〉이라는 솔로 작품을 하면서 이마저도 완전히 밀었다. 안은미는 이 작품에서 머리를 밀고 상반신을 노출한다. 하지만 당시만 해도 무대 위에서의 노출은 금기시되던 때였다. 따라서 관객들의 당혹스러움은 어찌 보면 당연한 노릇이었다. 관객들이 숨을 멈추고 무용수의 노출에 관해 웅성거리는 사이, 8분 동안의 솔로 공연은 끝이 났다. 우연히 작품을 위해 머리를 밀었지만, 이 헤어스타일은 이후 안은

---

16 한국무용협회 홈페이지 참조.

17 이 무용 경연대회는 박용구가 MBC 이사장으로 재직할 때 만든 안무자 경연대회였다. 3년 후에 이 대회는 폐지됐지만, 이후로도 안은미 춤의 대표작이라 할 수 있는 〈춘향〉 〈바리〉 등의 대본을 집필하며 안은미의 춤에 작지 않은 역할을 했다.

미의 작품마다 그의 캐릭터에 설득력을 실어주었다. 사실 안은미가 머리를 삭발한 건 어떤 특별한 의도나 사연이 있어서는 아니다. 그저 머리를 밀기 위해 동네 이발소를 찾았고, 이발소 아저씨 왈 '아버지한테 쫓겨났냐?' 하는 우스갯소리가 에피소드로 있을 뿐이다. 하지만 거울에 비친 민머리의 안은미는 자신의 이목구비가 또렷하고 확실하게 도드라지는 느낌을 받았다.

안은미의 민머리가 일상에서 주는 이미지는 강렬하다. 춤꾼으로서의 그의 헤어스타일은 사회적 관념이나 성(性)적인 이미지가 소실되는, 즉 남녀의 구별이 달아난 인간 자체의 모습이다.

> 제 공연을 한마디로 말하자면 '즉흥을 주제로 한 희로애락의 변주곡'이에요. 따라서 중성적인 주제죠. 긴 머리를 나풀거리며 추는 춤은 사람들이 의식하건 하지 않건 '여성'의 이미지를 떠올려요. 그게 싫었어요.[18]

이렇듯 우연한 계기로 밀게 된 머리지만 사회적 통념에서 벗어난 그의 헤어스타일은 반복되는 질문들과 일상에서의 예기치 못한 여러 사건과 마주한다. 이를테면, 안은미를 처음 만났거나 그를 잘 모르는 대중들, 혹은 그를 알고 싶어 하는 언론은 여전히 그의 헤어스타일이 궁금하다. 그때마다 그는 비슷한 대답을 반복한다. 지금도 종종 어떤 통과의례처럼 똑같은 질문을 받는다. 안은미는 한 인터뷰에서 "내가 머리를 깎고 산 지 20

---

18 『한겨레신문』, 1998년 3월 19일.

년이 넘었는데 아직도 머리를 왜 깎았냐는 질문을 받습니다. 지금도 이것이 주목받을 일입니까? 세상이 그만큼 변하지 않았다는 이야기지요."[19] 여기서도 보면 안은미는 세계에 대한 지속적인 관찰과 자신만의 직관적 호기심을 잘 드러낸다. 사람들이 보내는 자신에 대한 궁금한 시선들을 그냥 흘려보내지 않는 것이다. 그는 대중이 보내는 야릇한 시선들을 춤을 위한 자신의 사유(思惟)로 발전시킨다. 그리고 그 생각들을 춤과 함께 세상의 다른 모서리로 이끌고 간다. 관객들은 그런 안은미의 춤에서 색다른 판타지와 야릇한 충동을 느낀다. 포스트모던한 춤의 안은미에게 '빡빡머리 무용가'라는 이미지는 작품의 창의성과는 별개로 자신의 춤을 대중들에게 각인시키는 또 다른 요소로 작용한다고 할 수 있다.

1992년에는 '제1회 MBC 창작무용 경연대회'의 수상자 자격으로 '제8회 한국무용제전'[20] 전야제에 참여한다. 일종의 축하 무대였다. 안은미는 이 무용제에서 〈아릴랄 알라리요〉[21](3.26. 호암아트홀)를 선보였다. 이 작품에서 안은미는 친구인 이형주의 소개로 작곡가인 장영규를 만난다. 고등학교 때 그의 첫 스승이자 후원자였던 전미숙, 그리고 대학 때 〈춘향〉과 〈바리〉의 작가인 박용구를 운명처럼 만났듯이 장영규 또한 안은미의 작품에서 안은미의 춤에 생명을 불어넣으며 지금까지도 안은미와 작업하는

---

19 정우정, 앞의 책, 같은 쪽.
20 '춤-생명'을 공동 주제로 1992년 3월 26일부터 4월 3일까지 호암아트홀에서 열렸다. 정식명칭은 '제8회 한국무용제전'이다. 이것 역시 대회 명칭에서 오류가 빈번하다. 이 무용제는 무용의 대중화, 전통무용의 현대적 재창조를 내걸고 한국무용연구회·문화 방송이 공동 주최하는 무용제였다. 『중앙일보』, 1992년 3월 24일 기사 참조.
21 안은미의 작품 중에 '제목 오류'가 가장 심한 작품이다.

안은미 춤의 정거장

58
59

음악가다. 춤에서 음악은 작품의 방향을 정하는 결정적 요소이다. 따라서 그만큼 신중한 작업일 수밖에 없다. 하지만 안은미와 장영규의 작업 방식은 조금 생소하다. 작품 구상을 위한 콘셉트 회의를 하고 어느 정도 콘셉트가 결정되면 작업은 각자의 몫이다. "공연 전날이 돼서야 서로의 작품 보따리를 풀어놓는데, 안은미는 '매번 춤과 음악이 기가 막히게 잘 들어맞는다'고 한다. 이에 대해 장영규는 '무용음악을 만들 때 전체적인 틀 속에 살을 붙이는 방식이 아닌, 작은 모티브를 모아 전체를 만들기 때문에 따로따로 작업이 가능한 일'이라고"[22] 설명한다. 안은미와 장영규의 작업 방식은 거의 똑같은 방식으로 진행되지만, 안은미의 장영규에 대한 신뢰는 전폭적이다.

> 장영규씨와 함께 일한 지가 벌써 20년이 넘어서인지 별 이야기 없이 기본 구상이 끝나면 연습 음악을 작곡하고 작품 구상이 끝나는 지점에 맞추어 완성합니다. 한 번도 의견 충돌이 없는 아주 신기한 작곡가입니다.[23]

이렇게 안은미는 한 번 인연을 맺은 예술가들과는 비교적 오랜 시간 교분을 쌓으며 상호교류를 한다. 그와 인연을 맺은 예술가들은 특별한 주문이나 이야기 없이도 하나의 작품에서 생각과 마음을 읽어내고 서로의 예술적 장르를 존중하는 특별한 관계로 발전시킨다. 거기에는 사진작가 최영모도 빼놓을 수 없다. 최영모는 안은미가 대학 3학년 때 그의 선배 방

---

22 박지영, 「음악+춤, 장르와 장르가 만났다. 안은미 · 어어부 밴드, 제발…」, 『중앙일보』, 2003년 6월 2일.
23 김승현, 앞의 책, 187쪽.

희선의 작품 〈날개〉를 하면서 처음 인연을 맺었으며, 지금까지도 안은미의 공연을 사진으로 담고 있다.

〈아릴랄 알라리요〉는 검은 테이프를 그물처럼 칭칭 감고 십수 명의 무용수들이 뻣뻣한 움직임으로 춤을 췄다. 근육이 마비된 것처럼 무용수들의 팔다리는 부자연스러웠고 흡사 목각인형과도 같았다. 거기다가 배경음악으로는 한국 현대무용에서 금기시되는 유행가, 이른바 '트로트'를 사용하였다. 당시의 공연장 분위기는 그야말로 파격이었다.

현대무용의 진지함과 무용수의 아름다운 선은 어디에서도 찾아볼 수 없었다. 예술에 조예가 깊다고 자부하는 관객들의 표정도 어두워졌다. 객석에서 웅성거림이 들리기 시작했다. 몇몇은 이내 자리를 떴다. 눈살을 찌푸리는 이도 있었다. 하지만 일부는 자리에서 뜨지 못했다. 이들은 충격을 받았다. 감탄을 비명처럼 내뱉는 관객들도 있었다. '극과 극' 그렇게 그날 공연의 평가는 엇갈렸다. 1992년 30세 신인 무용가 안은미가 〈아릴랄 알라리요〉를 발표하던 그날 서울 호암아트홀의 장면이다. 그날 이후 한국무용계는 논란에 휩싸였다. 말 그대로 파장을 불러일으켰다. 보수적인 한국현대무용계 인사들은 '안은미가 한국무용을 망치고 있다'라며 맹비난했다. 천편일률적인 작품만 내놓는 한국무용계에 지친 일부 사람들은 안은미가 '한국현대무용의 정체기에 일침을 가했다'라며 극찬했다.[24]

당시의 한 일간지에서는 〈아릴랄 알라리요〉를 포스트모더니즘 성향의 춤으로 지칭했다.

---

24 임수빈 · 이미영, 앞의 책, 같은 쪽.

최근까지 우리나라의 현대무용 분야에서 포스트모더니즘 성향의 창작 작업을 가장 부지런하게 벌여온 무용가는 안은미씨. 안씨는 지난 3월 26일에는 제8회 한국무용제전에서 〈아릴랄 알라리요〉라는 포스트모더니즘 성향의 작품을 공연해 관심을 모았었다. 안씨는 특히 무대가 아닌 록 카페에서의 퍼포먼스에도 자주 참가해왔는데 일반인의 상상을 초월한 특이한 의상과 얼굴화장 소품 등이 등장했다.[25]

　뽕짝에 맞춰 기괴하게 흔들리는 안은미의 춤은 그날 이후 한국 현대무용에서 모난 돌이 되었다. 그의 춤에 환호하고 그를 지지하는 관객들도 있었지만 그만큼 비난도 뒤따랐다. 현대무용은 발레에서 파생된 춤이다. 그러나 발레보다는 비교적 규칙으로부터 자유로우며 그런만큼 무용수의 표현력과 창의력이 중요한 요소라고 할 수 있다. 하지만 1950년대 해방 이후부터 시작된 한국의 현대무용은 짧은 역사만큼이나 기형적이고 강박적으로 발전해왔다. 초창기 일부 대학교를 중심으로 한 한국의 현대무용은 서구의 현대무용을 우리들의 방식으로 구축하지 못한 채 기형적으로 전개되었다. 왜냐하면, 현대무용이 처음부터 서양의 춤이라는 전제 아래 강박적으로 그들의 무용 기술과 기법 등의 방법론을 받아들이는 데 치중했기 때문이다. 그러다 보니 1980~90년대 한국의 현대무용은 정해진 규칙 안에서 비슷비슷한 작품들이 대량으로 양산되는 정체 상태에 놓이게 되었다.

　하지만 안은미가 대학 시절부터 고민하던 춤은 그런 것이 아니었다. 현대무용은 자유로움이었다. 누구보다 이러한 현실을 잘 알고 있었던 안은

25　조성하,「한국 속의 포스트모더니즘」,『동아일보』, 1992년 5월 27일.

미는 〈아릴랄 알라리요〉를 통해 정형화된 한국의 현대무용에 정면으로 도전했다. 대학원을 졸업하고 무용계에 이제 막 자신의 입지를 다지려는 안은미의 이와 같은 행보는, 그에게 춤을 가르쳐준 스승과 선배 그리고 동료들의 춤에 대한 부정과 반발이었다. 어찌 보면 그의 춤에 대한 무용계의 극단적 혹평은 그가 스스로 선택하거나 혹은 자초한 일면이라고 할 수 있다. 그러나 다른 한편으로는 일반대중들에게 다가가기 힘든 현대무용은 결국 소수의 전유물로 전락할 수밖에 없으며, 그것은 곧 한국 현대무용의 고립을 의미하는 것임을 빨리 깨달았다고도 할 수 있다.

그러던 안은미는 1992년 5월 국내 활동을 중단하고 뉴욕으로의 춤 유학을 감행한다. 일종의 모험과 도전이었다. 1994년까지 만 2년 동안 'NYU Tisch School of The Arts'에서 석사과정을 마친다. 하지만 이후로도 6년간 뉴욕에 체류하며 세계 현대무용의 흐름을 관찰했다. 당시 뉴욕은 현대무용의 메카였다.

안은미가 뉴욕 유학을 결심하게 된 계기는 춤에 대한 숨 막힘과 목마름이었다. 나름 한국에서 열심히 뭔가를 하고 있다는 생각은 했지만, 그것의 정체가 뭔지 궁금했다. '내가 하는 이것이 진짜 현대무용인가?', '외국 무용가들은 잘한다는데 그들은 왜 잘할까?', '예술가는 도대체 뭔가?' 등등이 그는 너무도 궁금했다. 외국 무용단과의 교류가 활발하지 않은 90년대 초반, 국내에 들어오는 외국 무용단은 고작 1년에 한두 번 정도였으니 그것만으로는 그들의 춤에 대한 궁금증을 해소할 수 없었다. 더군다나 비디오나 DVD도 대중화 되지 않았던 시절이었다. 안은미의 생각에 한국의 현대무용은 우리 것처럼 느껴지지 않았다. 여기에서 '우리 것'은 한국무용 창작과는 좀 다른 개념으로 우리의 현대무용이 우리의 정서와 동떨어져서 예술로서의 무용만을 추구하는 것처럼 생각됐다.

> 제 느낌에 한국에서 현대무용을 한다는 게 왠지 '메이드 인 아메리카' 것을 하는 것으로 보였습니다. 그래서 외국 것 배우지 말고 우리 것 하면 안 되나 하는 오기 비슷한 것도 있었죠. 외국서 테크닉을 배워오는 것도 좋지만 시대의 춤이 뭔지 빨리 점검해야 하는 필요성을 느꼈습니다. 교류라는 말은 좋지만, 위치가 다릅니다. 말하자면 일방적인 수입인 거죠. 가서 직접 봐야겠다는 생각에 뉴욕에 무작정 갔습니다.[26]

그는 자신의 뉴욕 유학을 머리 싸매고 공부하러 간 것이 아니라는 식의 '무작정'이라고 표현했지만, 안은미 춤의 새로운 돌파구를 마련해준 것도, 허기진 궁금증의 빈 곳을 메워준 것도 뉴욕에서의 치열한 춤 공부 덕분이라고 할 수 있다. 그의 뉴욕대학원 시절은 그야말로 성실한 모범생 그 자체였다.

> 1년에 한 작품씩 하면서 정말 결석 한번 없이 1992년부터 1994년까지 만 2년 동안 미친 듯이 공부했습니다. 출석수가 모자라면 졸업을 못 하거든요. 하루하루가 너무나 좋은 시간이었습니다. 하늘이 준 기회였습니다. 매일 실기였는데 굳어 있던 몸을 재활한다는 생각으로 아침 8시부터 하드 트레이닝을 했습니다. 이론 시간은 영어로 수업해서 머리에 쥐가 날 정도였지만 다행히 낙제점 없이 잘 견뎌냈습니다.[27]

---

26 김승현, 앞의 책, 163~164쪽.
27 위의 책, 172~173쪽.

제2부 안은미의 춤 세계

하지만 공부하는 과정에서 적잖은 충격도 경험했다. 우선은 학생들의 자율적인 학습 분위기였다. 미국 전역과 세계 각지에서 모여든 학생들은 톡톡 튀는 개성과 놀라운 아이디어로 가득했다. 옷차림이며 하는 행동, 먹는 것도 저마다 제각각이었는데, 그런 것들이 작품에서 자기 이야기가 되어 나타났다. 한마디로 자기 예술을 하고 있었다. 그러나 매사 적극적이고 다혈질인 안은미는 대학원 생활 초반에 자신을 드러내지 않고 오히려 그들을 관찰했다. 그리고 그들이 논리적으로 생각할 수 없는 것들을 시도하고자 했다. 그는 뉴욕대학원 시절에 〈너 어디로 가니〉〈자화상〉〈새〉〈붉은 달〉〈하얀 무덤〉 등과 같은 작품들을 만들었다. 그중에서도 〈하얀 무덤〉은 안은미의 솔로 작품 중 대표작으로 이후 국내외를 가리지 않고 가장 빈번하게 재공연되었다.

안은미는 대학원을 졸업하고 뉴욕에서 6년을 더 체류한다. 이 시절의 그는 아무 일도 안 하고 게으름 피우며 원 없이 놀았다고 한다. 그렇지만 다른 한편으로는 원 없이 자신만을 위해 살았던 기간이기도 하다. 매일 영어 공부에 매달렸으며 종교, 역사, 철학 등 장르를 불문하고 갖가지 책들을 탐독했다. 그리고 시간이 날 때마다 뉴욕의 미술관과 박물관을 찾아다니며 뉴욕에서 소위 잘나간다는 작가들의 작품을 눈으로 익혔다.

1994년부터는 뉴욕대학원을 졸업하고 뉴욕과 한국에서 자신의 작업에 매진하던 시기이다. 2000년 말에 한국으로 돌아오기까지 8년을 뉴욕에 있었지만, 안은미가 그곳에 완전히 정착한 것은 아니었다. 이 기간에 안은미는 서울과 뉴욕을 오가며 다수의 작품을 발표한다. 이 시기의 중요 특징 중의 하나라면, 뉴욕에서 초연한 공연을 한국에서 다시 선보이며 자신의 뉴욕 활동을 지속해서 한국에 알린다. 이를테면 뉴욕은 안은미 춤

〈달거리〉(1993) 프로그램

의 일차적 생산기지였다. 대표적인 작품으로는 〈하얀 무덤〉을 비롯해 〈검은 무덤〉 〈토마토 무덤〉 〈빈 무덤〉 등의 '무덤 시리즈(1996)'와 〈무지개 다방〉(1997), 〈회전문〉(1999) 등을 뉴욕 초연 이후 한국에서 리바이벌한다. 이 작품들은 뉴욕에서 안무가로 활동한 여섯 시즌 동안 뉴욕 비평가들 사이에서도 논란의 여지가 많았고, 기괴한 공연으로 안은미를 알렸다.

우선 1993년에 한국컨템포러리무용단의 '한국현대무용 30년 기념 축제'에서 〈달거리(Period)〉(11.18~19, 문예회관 소극장)를 발표한다. 한국컨템포러리무용단의 2세대 안무가 9인이 '소극장 9인전'이란 이름으로 각자 자신의 작품을 선보이는 무대였다. 당시의 한 일간지의 리뷰를 살펴보면,

소극장에서 있었던 작품 중에 유일하게 안은미의 〈달거리(Period)〉에 대한 짧은 비평이 실렸다.

> 뉴욕에 체류 중인 안은미는 여성의 생리를 다룬 〈월경〉을 김대환의 타악기와 춤으로 표현했다. 이 전위적인 작품은 안은미의 벗은 상체 위로 핏방울이 계속 공중에서 떨어져 적시는 것, 생리 중의 히스테리를 타악기가 난타하는 등. 현대무용의 요즘 추세를 보여주긴 했으나 〈월경〉은 춤의 아름다움과는 반대쪽 심리묘사의 표출 같았다. 이런 실험은 경직되어가는 사회 속의 자화상일 수는 있어도 춤의 서정성과는 무관한 혐오감을 줄 수도 있었다.[28]

『동아일보』에 실린 무용평론가 김영태의 평은 당시 한국 현대무용에 대한 비평적 시각을 반영한다고 할 수 있는데, 이것은 비평의 호불호를 떠나서 일단 안은미의 작품이 세간의 관심과 주목을 끌만큼 독특한 무대였음은 분명해 보인다.

1994년 6월에는 패트리샤 N. 내논(Prticia N. Nanon)[29]이 예술감독으로 있

---

28 김영태, 「과거 바탕 우리 춤의 미래 ─ 소중한 탐색」, 『동아일보』, 1993년 11월 27일.

29 패트리샤 내논은 'Martha's Vineyard'의 여름 댄스 정착촌인 'The Yard'의 설립자 겸 디렉터로서 현대무용작가들을 지원했다. 뉴욕의 로렌스(Lawrence)에서 태어난 내논은 월스트리트 투자자의 딸이었다. 1944년 베닝턴 칼리지(Bennington College)를 졸업했으며, 1940년대 후반까지 안무가로 활동했다. 내논은 미국의 주류 현대무용에 등장했지만, 이후 그의 생각은 새로운 조류에 개방된 진취적인 춤작가들의 여름공동체를 만드는 것이었다. 그리고 1973년 'The Yard'를 설립했다. 그는 'The Yard'의 설립 이래 35년 동안 설립자이자 예술감독으로서 매년 여름에 새로운 작품들을 편성했다. 처음에는 안무가의 레지던시 프로그램에 돈을 썼다. 그는 춤작가들에게 연습 공간과 기타 시설을 지원하며, 진취적인 작

던 '마사스 빈야드(Martha's Vineyarde)' 섬(島)의 '더 야드(The Yard)'에서 〈하얀 무덤(White Tomb)〉을 발표한다. 뉴욕대학원 학생 시절 처음 발표한 작품으로 15분 남짓의 이 작품은 이후 안은미가 발표하는 '무덤 시리즈'의 출발점이 되었다. 안은미의 작품 목록을 살펴보면 NYU를 졸업하고 본격적으로 미국 활동을 시작하던 1994년 중순부터 97년까지 '더 야드'의 여름 댄스 레지던시에 참가해 많은 작품을 창작한다.[30] '더 야드'의 레지던시는 아직 이름을 알리지 못한 신진 안무가들에게는 자신의 작품을 알릴 수 있는 좋은 마당이었다. 안은미 또한 내논의 초청을 받아 이곳에서 작품을 창작하며 자신의 이름을 뉴욕의 현대무용계에 알리기 시작했다.

1995년 12월에는 뉴욕에서 '95 안은미 · 춤 · 뉴욕'이란 제목으로 〈White Moon〉 〈Black Moon〉 〈Red Moon〉 〈Period〉(Merce Cunningham 스튜디오)를 발표한다. 여성의 무한한 생산력과 모성은 우주의 생명력과 닮아 있음을 표현한 '달 시리즈'는 뉴욕의 관객들에게 큰 충격을 주었다. 그러던 1996년 어느 날, 한 통의 전화를 받게 된다. 안무가 마사 클라크(Martha

---

가들을 육성하고 그곳에서 창작 및 공연을 후원했다. 내논은 2004년 'The Yard'의 예술감독직을 그만두었다. 그리고 2007년에 18명의 거주자를 위한 숙박시설과 100석의 극장 및 스튜디오를 만들어 정착촌 관리 비영리 단체에 양도했다. 2008년 2월 29일 맨해튼의 집에서 사망했다. 그의 나이 84세였다. "Patricia N. Nanon, 84, Modern-Dance Patron, Is Dead", *The New York Times*, March 10, 2008 기사 참조.

30 1995년 3월에는 뉴욕 'Dia Center'에서 '더 야드(The Yard)'의 도움으로 〈여자의 향기〉를 재공연한다. 6월에는 '야드'의 여름 댄스 레지던시에서 〈하얀 달(White Moon)〉, 7월에는 〈달(Moon)〉을 발표한다. 1996년 7월에는 안무가와 무용수 시즌에서 〈담요 다방〉을 발표한다. 1997년 3월에는 뉴욕의 '조이스 극장(Joyce Theater)'에서 '야드'의 창립 25주년 기념 공연으로 〈Boxing Queen〉을 공연한다.

Clark)가 〈마르코 폴로(Marco Polo)〉[31]라는 현대오페라에 출연할 무용수를 찾는다는 소식이었다. 안은미는 오디션에서 치열한 경쟁을 뚫고 〈마르코 폴로〉에 합류, 클라크와 작업한다. 1997년 홍콩아트페스티벌에서는 누드로 등장해서 화제가 되기도 했다.

1998년에는 클라크와 '뉴욕링컨센터'에서 〈오르페우스&유리디체〉를 함께한다. 클라크와의 작업은 훗날 안은미의 작품에도 큰 영향을 주었다.

> 마사 클라크는 아주 필요한 움직임만 사용하는 극도로 절제된 연출이었어요. 군더더기 없는 작업을 그녀 옆에서 3년간 무용수로 있으면서 배우게 됐습니다. 그런 대작들이 제작되는 과정을 보고 배운 것이 제가 2000년 대구시립무용단 단장이 되어 큰 작품을 무난히 소화해낼 수 있는 배경이 된 것 같습니다.[32]

1996년 9월에는 다시 한국에서 〈하얀 무덤(White Tomb)〉(9.11~14, 자유소극장)을 발표한다. 이 작품은 1993년 〈달거리(Period)〉 이후, 3년 만에 서는 국내 무대였다. 이 무대는 예술의 전당이 '96 우리 시대의 춤'이란 주제로 기획했는데 당시의 일간지 기사들을 보면 이 공연이 왜 기획되었는지 알

31　탄 던(Tan Dun)이 작곡한 오페라로 1996년 5월 7일 뮌헨에서 초연되었다. 13세기에 마르코 폴로가 베니스에서 중국까지 여행했던 내용을 적은 『동방견문록』을 기본으로 하고 있다. 〈마르코 폴로〉는 1980년대 말에 에든버러 국제페스티벌(Edinburgh International Festival)이 탄 던에게 의뢰한 작품이다. 에든버러 국제페스티벌은 〈마르코 폴로〉를 1980년대 말에 공연코자 했으나 작곡이 완성된 것은 1995년이었다. 그래서 에든버러에서 초연되지 못하고 1996년 5월에 뮌헨 뮤직비엔날레에서 마사 클라크(Martha Clarke)가 초연하였다.

32　김승현, 앞의 책, 178쪽.

수 있다.

　　그동안 몇몇 무용인들의 집안 잔치로만 머무는 우리 무용계의 공연 현실을 극복하기 위해서는 진정 춤 잘 추는 사람들의 무대가 필요하다는데 착안, '젊고 춤 잘 추는 무용가'들을 선정해 무대에 올리기로 했다. 이에 따라 한국예술종합학교 김채현 교수, 경희대 박명숙 교수, 한국무용가 양성옥 씨 등과 협의해 무용 외적인 요소를 모두 배제하고 오직 무용수 개인의 '춤 실력'만을 기준으로 공연에 참여할 무용가 9명을 선정했다.[33]

위의 내용을 보면 그동안 우리 무용계가 보여준 공연의 양태를 짐작할 수 있다. 물론 모든 공연이 그렇지는 않았음을 전제하더라도, 그동안 많은 공연이 알음알음 알고 있는 주변의 지인들을 중심으로 경력 쌓기나 행사 위주의 공연이었음을 부정하기는 어려울 것이다. 안은미는 3년간 국내 무대에 서지 않았음에도 공연에 초청되었다. 그리고 이와 같은 기획 취지는 공연이 끝난 후 공연을 결산하는 데서 잘 드러났다.

　　겉치레 위주로 흘러온 춤계에 자성을 촉구, 반향을 불러일으켰던 이 춤판은 올해는 관객에까지 효과가 확산해 '무용도 재미있다'라는 반응을 끌어냈다. 이번 공연에서 가장 두드러진 점은 관객의 증가. 전반부 A팀의 공연은 객석 점유율이 50% 정도였으나 후반부 B팀의 경우는 기획공연으로는 전례가 없는 115%를 기록했다. 관객으로부터 철저히 외면당해 온 춤 무대에 나타난 이 같은 변화의 원동력은

33　이영란, 「우리 시대의 춤」, 『매일경제신문』, 1996년 8월 26일.

춤계의 문제점과 사정을 정확히 포착해낸 기획력과 예술의 전당의 공신력이 성공적으로 결합한 것에서 찾을 수 있다. 대부분의 공연이 학연, 인맥 등으로 사분오열돼 각종 협회라는 이름 아래 행사 치레로 이뤄져 오던 것에서 벗어나 철저한 실력 위주로 젊은 춤꾼들을 선발했고, 작품도 20분 안팎으로 제한해 짧지만, 밀도 있는 춤을 끌어낸 점이 돋보였다.[34]

〈하얀 무덤〉은 '영혼결혼식'을 소재로 한 작품이다. 미혼 남녀로 구천을 떠도는 영가에 사랑의 결실을 보아주려는 우리 민족 고유의 영혼관이 담겨 있다. 영혼결혼식을 통해 망자의 넋을 위로하면서 안은미는 스스로 무덤도 되고 죽은 남자와 여자 역할을 번갈아가며 연기한다. 남녀 모두는 의상을 통해 무대에 함께 존재한다. 상의가 없는 하얀 드레스로 처녀를 춤출 때, 총각을 상징하는 연미복 상의는 천장에 매달려 처녀를 지켜본다. 반대로 후반부에 연미복을 입고 총각을 춤출 때, 하얀 드레스는 무대 한 편에 다소곳이 서 있다. 마지막 장면은 하얀 드레스 옆에서 결혼식 사진을 찍으며 마무리된다. 이 작품에서도 안은미는 토플리스 차림으로 등장한다. 넓게 부풀린 치마를 입고, 거기에 빨간 스타킹과 군화를 신고 등장한 안은미는 그 자체로 이미 관객의 시선을 빼앗는다. 안은미가 처녀로 춤을 출 때는 노출된 가슴에 커다란 흰색 꽃잎이 그려져 있다. 보디페인팅은 의상의 연장선이기도 하지만, 젊은 날의 아리따운 처녀를 상징하기도 한다. 그러므로 그의 가슴에 그려진 꽃잎은 죽음을 상징하는 조화인

---

34 이은경, 「무용공연의 관객몰이 큰 성과/우리 시대의 춤 결산」, 『국민일보』, 1996년 9월 18일.

〈하얀 무덤〉(2004, 스위스 로잔 현대무용페스티벌)

photographe : John Hottinger

것이다. 배경음악은 대중적인 팝이었는데, 영화 〈사랑과 영혼〉의 주제가
인 〈Unchained melody〉에 맞춰 1인 2역을 연기한다. 〈하얀 무덤〉은 "아
주 재미있다", "코믹한 마임을 보는 것 같다"[35]는 반응을 끌어낸다.

　뉴욕에서의 초연 당시, 혼례를 치르지 못하고 죽은 남녀의 영혼결혼식
은 서양의 관점에서 보자면 새로운 접근이었다. 동양의 낯선 나라에서 온
빡빡머리 무용수가 하는 색다른 구성은 서양의 현대무용 시각에서 보자
면 충분히 매력적인 무엇이 있었다. 안은미는 그 이유에 대하여 이렇게
말한다.

　　한국의 춤은 서양 춤의 분열적인 형식미보단 자연의 힘을 거스르지
　　않는 자연스럽고, 단순한 움직임으로도 충분히 이야기를 전할 수 있
　　는 함축미를 가지고 있는데 제 작업과 성격도 이런 영향 안에서 크게

35　김순덕, 「부드럽게, 강렬하게, 한바탕 축제의 몸짓」, 『동아일보』, 1996년 9월 13
　　일.

벗어나 있지는 않았으리라 생각합니다.[36]

안은미는 자신의 현대무용이 서양에서 비롯된 형식과 방법론을 따르기는 하지만, 결국 그가 하는 모든 것이 한국적일 수밖에 없음을 유학 시절인 이때 인지한 것 같다. 여기서 한국적일 수밖에 없음은 안은미가 자신의 춤에서 한국적인 것을 의식적으로 찾거나 드러내겠다는 것이 아니다. 그것은 자신이 어떠한 형태의 춤을 추든, 거기에는 한국인 고유의 원형질 속에 자신의 원초적인 무의식이 담길 수밖에 없다는 존재론적 차이를 발견한 것이다. 이것은 안은미가 생각하는 현대무용이 기존의 고답적인 현대무용에게 보내는 인식론적 충격이다.

인식론적 충격은 우리의 생각이 관습적인 태도에 보내는 일종의 시그널이다. 안은미의 공연이 늘 충격적이며 낯설고 도발적인 이유는, 그가 기존의 시스템을 깨트리며 뭔가 초점을 흔들어놓는 사람이기 때문일 것이다. 하지만 지금 우리 곁에는 그렇게 근성 있는 사람이 많지 않다. 언제부터인지 우리는 새로운 사유를 두려워하고 변화에 냉담하며 기존의 질서에 대한 도전을 거부해왔다. '모난 돌이 정 맞는다'라는 우리네 속담처럼, 둥글둥글한 삶을 미덕으로 알았다. 그러면서 우리의 방어기제는 외부의 충격으로부터 나날이 높아졌다. 생각의 벽을 허무는 일은 우리 안에 내재한 오랜 관습과 나태함에 충격을 주어 막힌 곳을 뚫어주는 일이다. 따라서 인식론적 충격은 곧 소통과 순환을 위한 변혁이다. 우리에게는 초점을 흔들어 깨우는 예술이 필요하다. 그런 의미에서 보면 안은미의 유학

---

36 김승현, 앞의 책, 174쪽.

시절은 그의 춤에 새로운 활로를 탐색하던 시기라고 할 것이다.

1996년 11월에는 뉴욕에서 '96 안은미·춤·뉴욕'이란 주제로 '무덤 시리즈'(11.21~24, Ohio Theater)를 발표한다. 이 공연에는 〈Fish Tomb〉〈Baby Tomb〉〈Snow Tomb〉〈Empty Tomb〉 등 총 4개의 무덤이 등장한다.

무용평론가 잭 앤더슨(Jack Anderson)은 공연에 대하여 다음과 같이 말한다.

> 안은미는 일요일 밤에 삶과 죽음, 그리고 부활에 대해 깊이 고민하게 했다. 그리고 그 영원한 미스터리는 설명할 수 없는 채로 있었지만, 그녀는 4가지의 춤 프로그램으로 놀라운 비전을 제시했다.[37]

1997년 10월에는 뉴욕에서 '97 안은미·춤·뉴욕'이란 주제로 〈무지개 다방(Rainbow Cafe)〉(10.23~26, D.T.W 극장, 80분)을 발표한다.

무용평론가 제니퍼 더닝(Jennifer Dunning)은 안은미를 한국 태생의 아방가르드 무용수로 소개하고 있으며, 당시의 공연 모습을 다음과 같이 소개하고 있다.

> 붉은색 드레스를 입은 임신한 어린 미니마우스의 모습을 하고 몇몇 매력적인 익살과 함께 순조롭게 출발했다. 그녀는 삭발한 머리와 붉은 타이즈, 그리고 수술 달린 띠 모양의 치마를 입었다. 그는 입에다 빨간색 플라스틱 숟가락을 물고 양손에는 망치를 들었으며 그의 가슴은 붉은색으로 칠해져 있다. 그는 붉은색 고리 모양의 조명 안에서

---

37 Jack Anderson, "Dance in Review — Matters of Life and Death, And What May Come of Them", *The New York Times*, November 27, 1996.

천연덕스러운 솔로 춤을 추며 무대를 장악했다. (⋯) 하지만 애석하게도 안은미는 긴 솔로로 인해 거의 반쯤 기력을 잃었다. 그리고 그 현기증 나는 춤의 창조는 한 시간 동안의 연극적 이벤트에서 문제가 되었다.[38]

안은미는 이 작품에서 양손에 망치를 들고 무대를 휘저었다. 망치가 부딪치며 내는 쇳소리의 파열음은 뉴욕의 관객들에게 충격적으로 비쳤던 것 같다. 그는 이 춤 때문에 'Crazy girl'이라는 새로운 별칭을 얻는다. 현장에 있었던 영화감독 이재용은 이 장면을 보고 "그녀의 망치 춤은 공포스럽기까지 했다"[39]고 말한다. 하지만 크레이지(Crazy)는 창조적인(Creative) 안은미의 춤 세계에 대한 미국식 유머로 읽히기도 한다. 더닝의 리뷰를 보면 안은미의 긴 솔로는 조금 버거워 보였으며 그로 인해 공연이 다소 느슨하게 느껴진 듯하다. 그런데도 선명하고 풍부한 시각적 이미지는 어느 정도 준수한 평가를 하고 있다.

선명하고 풍부한 시각적 이미지는 각각의 일곱 개 섹션들이 다른 무지개색으로 '무지개 카페'를 채운다. 오렌지색 반짝이 정장을 하고 반-혼수상태의 가수들이 불안정한 노래들을 부른다. 그들의 노래는 오렌지 주스를 벌컥벌컥 들이켜는 이해하기 힘든 수영복 차림의 여자와 남자, 춤추는 아메바들의 코러스로 '개는 개'를 합창한다. 녹색 풍선 공을 내동댕이치고 그것들은 안은미가 낚아채기 전에 거대한

---

38 Jennifer Dunning, "DANCE REVIEW — In a Cafe, a New Inspiration For Every Rainbow Color", *The New York Times*, October 27, 1997.

39 이재용, 「몸은 힘이다, 재미 무용가 안은미의 춤」, 『국민일보』, 1999년 3월 13일.

라임처럼 무대를 더럽히고 관중 속으로 집어 던진다. 작은 생일 케이크가 삽 위에 얹어져서 배달된다. 새장 안의 한 여성은 번쩍이는 붉은 플러시 심장을 안고 내내 자거나 신음한다. 그러나 춤과 연결되는 재료는 공연 중에 즉흥적으로 불쑥 튀어나온 것처럼 보였다. 때때로 '무지개 카페'는 라이브 슬라이드 쇼처럼 보인다.[40]

더닝의 리뷰에서 주목해야 할 부분은 끝에 거론하는 즉흥적 움직임과 그것이 결국은 라이브 슬라이드 쇼처럼 보였다는 부분이다. 그러나 이와 같은 즉흥적 움직임은 이후로도 안은미의 솔로에서 자주 목격되는 현상이다.

안은미의 공연에는 거의 매회 한 번 또는 두 번 정도의 솔로가 등장한다. 하지만 그 움직임이 다음에 비슷하게라도 재연될 가능성은 희박하다. 그런 측면에서 보자면 그의 솔로는 더닝이 이야기한 대로 "즉석에서 불쑥 나타나는(bobbed up during improvisations)" 것이다. 그것은 그의 춤이 판에 박힌 루틴(a dance routine)을 허용하지 않는다는 것이다. 매번 무대에서 집중해야 하고 움직임이나 춤의 형식은 조금 다르더라도 똑같은 질량과 무게의 아우라를 제공해야 한다. "그에겐 춤의 고정된 잣대가 없다. 그의 즉흥무도 그냥 즉흥적으로 나오는 것이 아니다. 연습에 연습을 거듭한 결과다. 무의식적으로 몸 안에 배어든 동작들이 하나씩 뽑혀 나오는 것이다."[41]

그러므로 안은미의 춤은 기존 현대무용의 조형미나 형태미를 추구하지

40　Jennifer Dunning, "Rainbow Cafe at times looks like a live slide show", *The New York Times*, October 27, 1997.

41　김희연, 「춤과의 사랑은 지독한 열병―재미 무용가 안은미」, 『경향신문』, 1996년 9월 7일.

않으며, 발레처럼 상승 위주의 동작들과도 거리가 있다. 대신, 물 흐르듯 동작과 동작들이 항상 연결되어 멈추지 않고 계속된다. 특히 그의 춤은 완벽한 즉흥으로 구성된다. 각 시퀀스별로 구성되고 계획된 동작들이 공연장 분위기나 몸 상태에 따라 조금씩 달라질 수 있다. 무용 공연에서 안무가 대부분이 춤 동작에만 몰두하는 경우와 달리, 그의 작품은 춤과 음악, 의상이 어우러진 총체적 산물이다. 따라서 그의 춤은 연극적 요소가 강하며 퍼포먼스 성향이 돋보인다.

1998년에는 '98 안은미 · 춤 · 서울'이란 주제로 '무덤 시리즈'(3.19~22, 자유소극장)를 발표한다. 이 시리즈에는 〈검은 무덤〉〈왕자 무덤〉〈토마토 무덤〉〈선녀 무덤〉〈빈 무덤〉〈공주 무덤〉〈꽃 무덤〉 등 7가지 '무덤'이 등장한다. 그 가운데 〈왕자 무덤〉〈선녀 무덤〉〈공주 무덤〉이 환상적이고 아름다운 신화 속의 무덤이라면, 그 밖의 나머지 무덤들은 현실의 무덤이다. 신화 속의 무덤은 전연희, 정혜진, 김순정 등이 각각 솔로로 추고, 나머지 4개의 현실의 무덤은 안은미가 춤추었다. 〈검은 무덤〉에서는 지나간 시간을 돌아보지만, 그것들은 모두 세월 속에 묻힌다. 〈토마토 무덤〉에서는 세월 속에서 받은 죽음보다 더 큰 상처를 형상화한다. 그리고 〈빈무덤〉은 상처로부터 부활하는 자아를, 〈꽃 무덤〉은 다시 피어나는 희망을 얘기한다. '무덤 시리즈'에 대하여 안은미는 "무덤 연작은 삶의 끝에 관한 이야기다. 보통 '무덤'이라고 하면 어둡고 무거운 것만 생각하는데, 나는 꼭 그렇다고 생각하지 않는다. 받아들이는 마음의 자세에 따라 달라진다. '무덤'에 대한 생각을 7가지로 변주해 해학적으로 재미있게 풀어봤다."[42]

---

42 김승현, 「재미 무용가 안은미 귀국 공연 — 재미난 춤사위」, 『문화일보』, 1998년 3

고 얘기한다.

당시 문화일보의 무용 전문기자로 일하며, 후일 무용평론가로도 활동한 김승현은 '무덤 시리즈'를 다음과 같이 적고 있다.

在美(재미) 무용가 안은미씨의 '무덤 연작'은 지난 19일부터 22일까지 서울 예술의 전당 자유소극장에서 공연되는 동안 매일 객석을 모두 채우고도 모자라 서서 보는 관객도 많았다.[43] 기발한 형식과 결코 가볍지 않은 의미가 조화를 이루고 있는 그의 춤은 우리 춤의 대중화에 많은 시사점을 던져주었다. 우선 춤의 개성화다. 안씨는 '빡빡 민' 머리와 토플리스 상태로 춤을 추는 파격으로 관객의 시선을 잡는데, 일단 성공했다. 그리고 자기 체형에 맞는 춤은 물론 무용수의 기량에 맞춘 춤을 만들어내 파격을 단순한 '깨부수기' 차원이 아니라 '해체와 재창조'의 수준으로 끌어올렸다. 또 장르를 넘나드는 진지한 크로스 오버는 재미 이상의 의미를 던져주었다. 작게는 무용계의 현대무용, 한국무용, 발레 등 고질적인 3분법을 타파하고 크게는 음악, 미술 등 다른 장르와의 조화로운 만남을 통해 공연의 수준을 높인 것이다.

한국무용가 정혜진씨와 발레리나 김순정(동덕여대) 교수는 각각 독특한 춤으로 후배 안씨의 무대를 빛냈다. 특히 김씨는 전라에 가까운 시스루 차림으로 환상적인 〈공주 무덤〉을 만들어내 절찬을 받았

월 19일.

43 "지난해 3월 서울 예술의 전당 자유소극장. 〈안은미의 춤-무덤〉 마지막 회를 보러 갔던 400여 명의 관람객은 분통을 터뜨렸다. 삽시간에 입석까지 매진됐기 때문이다. 결국, 주최 측은 예정에 없던 밤 공연을 갑자기 마련하는 등 한국 무용사 초유의 이변을 기록했다." 유인화, 「안은미-예측불허의 춤」, 『경향신문』, 1999년 3월 8일.

다. 후배의 무대에 서기도 어려운 우리 무용계의 현실에서 다른 장르
의 후배 공연에 온몸을 던져 춤을 춘 이들의 이번 작업은 무용계의 귀
감이 되기에 충분했다. '타악기의 달인' 김대환씨, 퓨전재즈그룹 어어
부밴드의 음악과 어울린 안씨의 무대는 복합적인 현대예술 무대를 만
드는 데 성공했다는 평가를 받았다. 주제에 대한 쉬운 접근도 빛나는
대목이었다. 〈왕자 무덤〉, 〈선녀 무덤〉, 〈공주 무덤〉 등에서의 다양한
신화 깨기는 군더더기가 없었다. 〈검은 무덤〉, 〈토마토 무덤〉에서는
자유에 대한 갈구가 강렬했고 〈빈 무덤〉에서는 부정에 대한 극복이
두드러졌다. 화려한 축제로 펼쳐진 〈꽃 무덤〉은 현실 도피적인 환상
과 지루한 일상을 거부하는 안씨의 '무덤 뷔페' 무대의 백미였다.[44]

1998년 12월에는 '98 안은미 · 춤 · 뉴욕'으로 〈별이 빛나는 밤(Starry
Night)〉(12.3~6, JOYCE Soho Theater, 60분)을 발표한다. 안은미는 1997년 '뉴
욕예술재단(NYFA: New York Foundation for Arts)'[45]의 예술가 펠로십(Artist's Fel-
lowship Program)에 지원했으며, 수백 명의 지원자 중에 '무용 부문'에서 선
정된다. 그는 그때 받은 상금을 이 작품 제작에 사용했다.

뉴욕에서 활동하는 거의 모든 젊은 예술가들이 장르에 상관없이 혜택

---

44 김승현, 「공연리뷰 – 안은미의 무덤 연작」, 『문화일보』, 1998년 3월 24일.
45 "뉴욕예술재단은 정부, 재단, 기업 그리고 개별 후원자들로 구성되어 독립성을
    갖추며 예술가들에게 봉사한다는 취지로 1971년에 설립된 비영리재단이다. 장
    르에 구애받지 않고 탁월한 개인과 단체에 지원한다. 그중 '예술가 펠로우쉽 프
    로그램(Artist's Fellowship Program)'은 프로젝트를 위한 것이 아니라 예술가들
    의 비전과 목소리를 개발할 수 있는 데 목적을 두고 있다. 지원 장르는 매년 상이
    하지만, 5개 장르에서 각 3명씩, 총 15명의 예술가를 매년 선정하여 지원한다."
    서정민, 「해외통신 – 예술가들을 위한, 뉴욕예술재단(New York Foundation for
    Arts)」, 웹진 『아르코』, 한국문화예술위원회, 2014년 8월 25일 기사 참조.

을 받기 위해 재단의 문을 두드린다. 그러나 선정되는 예술가는 극히 일부다. 안은미가 이곳으로부터 제작 지원의 혜택을 받았다는 것은 그동안 뉴욕에서 보여준 작품들의 성과와 미래의 성장 가능성을 평가받은 결과라고 할 수 있다. 그리고 더 나아가서는 앞으로 발표되는 작품마다 뉴욕의 예술계가 그를 주목한다는 뜻이기도 하다.

무용평론가 더닝은 『뉴욕타임스』지의 무용비평에서 〈별이 빛나는 밤〉을 다음과 같이 평했다.

> 안은미의 작품은 뉴욕 아방가르드 댄스 안에서 화려한 시각적 상상력과 재치로 넘쳐났다. 그러나 그것은 절대 준비되지 않은 마법을 불러일으켰다. … 손전등, 식물 받침대, 주름 장식의 하얀색 언더셔츠, 긴 가발, 신축성 있는 플라스틱 천 등을 사용하여 안은미와 그녀의 무표정하고 풍자적인 일곱 명의 무용수들은 매우 자주 이상하고 우스꽝스러운 생명체들이 사는 작고 세련된 세계를 만들었다. 처음에는 반짝이는 오렌지색 바디스타킹을 입은 4명의 우주 외계인과 무례한 술 장식이 달린 샅에 차는 주머니를 착용한 2명의 남성이 등장한다. …안은미는 하얀색으로 칠해진 가슴을 드러내고 얼굴은 세계지도처럼 표정을 읽을 수 없었다.[46]

안은미는 이 작품에서 흰 칠을 한 가슴을 드러내고 얼굴에는 알 수 없는 분장을 했다. 그와 함께 출연했던 무용수들 또한 파격적인 의상 콘셉트와 소품들을 선보였으며, 이 지구상에 존재하지 않을 것 같은 독특한

---

46 Jennifer Dunning, "DANCE IN REVIEW; Wondrous Creatures Wander In Small Enigmatic Worlds—Starry Night", *The New York Times*, December 7, 1998.

캐릭터들을 등장시켰다.

1999년 3월에는 '99 안은미·춤·서울'을 주제로 〈무지개 다방(Rainbow Cafe)〉(3.11~14, 자유소극장, 80분)을 공연한다. 이 작품은 97년 뉴욕에서 초연되었으며 당시의 부족했던 부분들을 수정하여 재공연되었다. 서울 공연에는 같이 활동하는 미국 무용수 4명과 함께 군무의 짜임새를 강화하였으며, 무용단원을 전부 전라 상태로 무대에 올려 또다시 세간을 시끄럽게 했다.

무대의 조명은 시간이 지나면서 일곱 빛깔 무지개색으로 변해간다. 무채색보다는 알록달록한 원색의 의상과 빛들이 춤에 생명력을 불어넣는다. 안은미는 "사람이 만나고 쉬는 공간이 카페이듯 이번 무대도 삶의 무게를 생각하고 외로움을 달래주려는 자리"[47]라면서 공연장을 거대한 카페 공간으로 만든다. 그리고 카페 안에서 배우들과 관객은 서로에게 녹색 공을 집어 던지고 받으며 소통을 위한 놀이 공간으로 변화시킨다. 그러나 카페는 자주 단순한 놀이의 공간을 넘어서기도 한다. 전구 뭉치, 오렌지, 커다란 황금빛 새장, 새의 알, 수백 개의 녹색 공, 삽, 생크림 케이크 등 무용공연에서는 다소 부담스러운 소품들이 쉴 새 없이 등장하는 것이다. 배우들의 연기 또한 예사롭지 않은데, 한 임산부는 자신의 뱃속에서 뱀을 꺼내고 그 뱀을 지나가는 사람들에게 판다. 생명 경시 풍조를 우회적으로 비판하는 듯 보이는데 표현에서는 왠지 섬뜩하다. 어느 순간에는 다섯 명의 무용수가 알몸으로 등장해서 동물들의 본능적인 성교를 연상시키

---

47 「현대무용가 안은미, 다양한 삶의 모습 색깔로 표현」, 『서울신문』, 1999년 3월 11일.

는 행위들을 연기한다. 그리고 공사용 삽 위에다 케이크를 올려놓고 온몸에 케이크를 문지른다. 잠시 후 빨간 불빛의 심장을 안고 새장 속에 갇힌 한 여인이 힘없이 늘어져 흐느끼고 있다. 〈무지개 다방〉은 화려한 무지갯빛 환상들이 얼마나 허약한 것인지, 환상과 현실의 틈새를 적나라하게 드러낸다. 그러나 현실에 대한 허무함이 증폭될수록 지금, 이 순간 현실의 삶은 더욱 소중하게 느껴진다. 그럼 다소 엽기적인 이 공연에서 안은미는 무엇을 얘기하려 한 것일까? 안은미는 한 인터뷰에서 "바로 사랑이다. 결코, 잡을 수 없는 것, 다가설수록 멀어지기만 하는 게 사랑이다. 마치 멀리서는 잡힐 듯하지만 가까이 가면 사라지는 무지개처럼 말이다. 그래서 역설적이지만 신기루 같은 사랑을 좇는 인생은 살아볼 값어치가 있는 게 아닌가?"[48]라고 이야기한다. 하지만 그러한 와중에도 무용평론가 김채현의 충고는 새겨볼 만하다.

안은미는 지난 몇 년 동안 정례적인 레퍼토리 발표와 대중 취향의 현대무용을 국내와 해외—주로 미국—에서 가져 프로 무용가로서의 입지를 다져 왔었다. 1999년도에 발표한 〈무지개 다방〉에서도 미국인 무용수들을 대거 기용하여 그러한 의지를 엿보였다. 〈달거리〉, 〈무덤 연작〉의 소재가 시사하듯 일상인들의 세계를 잠재 심리적 시각에서 접근해 들어가는 방식을 택하고, 언더그라운드 밴드 등을 동원하여 대중의 취향에 탄력 있게 대응하는 적극성을 〈무지개 다방〉에서도 재현하였다. 무지개와 다방이 유착했을 때 튕겨 나올 정서로는 핑크빛이 두드러질 테고, 이런 점에 착안해서인지 〈무지개 다방〉에서는 토플리스 차림도 곁들여 몸의 춤이라는 다소 환각적 방식을 구

---

48 오승훈, 「현대무용가 안은미」, 『문화일보』, 1999년 3월 12일.

사하였다. 그러나 바로 여기서 〈무지개 다방〉은 취약점을 노출하였는데, 대중적 취향을 이끌기보다 심지어 그에 안주한다는 인상을 강하게 주었을뿐더러, 움직임 매체는 매체로서의 강점을 발휘하지 못하였다. 행동거지와 작품의 농도 짙은 분위기에 힘입어 프로 무용가로 각인되기 시작하긴 했으나 1999년도의 〈무지개 다방〉에서 드러난 안은미의 방법이 예술적 과정에 더 중점을 두어야 함을 말해주었다.[49]

1999년 10월에는 콜롬비아 대학의 초청으로 '99 안은미·춤·뉴욕' 〈회전문(Revolving Door)〉(10.21~23, 뉴욕 Miller Theater, 70분)을 발표한다.

『뉴욕타임스』의 무용평론가 더닝은 짧은 공연 소식에서 안은미를 다음과 같이 언급한다.

한국의 전위예술가인 안은미는 끝없는 시각적 상상력을 갖고 있는데, 그것은 놀랍거나 좀처럼 실패하는 일이 없다.[50]
한국 태생의 안무가인 안은미는 시각적으로 눈부시게 아름다운 무정부적 연극과 춤의 혼합을 전문으로 한다.[51]

2000년 3월에는 '2000 안은미·춤·서울'로 〈빙빙−회전문〉(3.13~15, 문예회관 대극장, 70분)을 공연한다. 이 작품은 99년 뉴욕 밀러 극장(Miller Theater)에서 초연되었던 작품을 수정, 보완한 것이다. '회전문'이란 제목에서 보듯 회전문처럼 돌고 도는 인생과 시간의 변형을 춤으로 표현했다. 뉴욕

---

49 김채현, 『문예연감 2000』(1999년도 판), 한국문화예술진흥원, 2000, 1239쪽.
50 Jennifer Dunning, *The New York Times*, September 12, 1999.
51 Jennifer Dunning, *The New York Times*, October 22, 1999.

에서 함께 활동하는 외국인 무용수 세 명이 출연했으며, 안은미는 여기서도 전라에 가까운 모습으로 등장한다.

무용평론가 김채현은 〈빙빙-회전문〉에 대한 아쉬움을 다음과 같이 지적한다.

> 3월에 발표한 〈서울 빙빙〉은 환각적 분위기에서 이전 작업의 연속선상에 있었고 농도는 이전에 비해 짙었다. 반라의 선남선녀들이 야단법석을 벌이는 자유분방함은 기발한 착상 없이 실현될 리 없었으나 기발함을 연계해 나가는 구성 논리는 찾아볼 수 없었다. 그들 각자 뒷머리에 하나씩 걸친 동일한 모습의 가면은 머리의 어느 쪽을 무대로 향하느냐에 따라 익명성을 조장하여 반라의 모습들이 순화되곤 하였다. 인간의 사랑, 애환, 기쁨처럼 본능적인 정서를 꽤나 직설적으로 터치한 〈서울 빙빙〉은 마치 직설성이 비장의 무기이거나 한 양 그에 맴돌았다. 다시 말해 몇몇 움직임에 기대는 단순한 메소드에 직설성이 가세한 탓인지 무대 전개의 메소드는 방치되고 있었던 것이다. 6월 죽산국제예술제에서 안은미가 발표한 야외작 〈수박〉에서도 그러한 취약점들이 재연되었다.[52]

김채현이 지적한 취약점은 다음으로 요약될 수 있겠다. 첫째, 기발한 착상이 공연의 구성 논리에 잘 스며들지 않았다. 둘째, 인간의 본능적 정서를 직설적으로 터치하였으나 직설이 직설에만 머물고 말았다. 그래서 결과적으로 움직임에 의존한 단순함과 직설성이 무대 전개의 메소드를 잃어버렸다는 것이다. 김채현이 지적하는 메소드의 분실은 구성 논리와

---

52   김채현, 『문예연감 2001』(2000년도 판), 한국문화예술진흥원, 2001, 1397쪽.

무대 전개 즉, 움직임만 있고 이야기의 논리적인 패턴이나 배치가 없다는 것으로 요약될 수 있겠다.

김채현은 2000년도 판 『문예연감』에서 한국 현대무용을 과도기로 규정한다. 우선 모던에서 포스트모던으로 이행하는 추세가 두드러지고 있으며, 춤의 다변화도 이 과도기를 가중하는 요인으로 분석한다. 그러면서 이 과도기의 귀착점에 대한 명료한 전망을 찾기는 어렵지만, 하나의 대안으로 메소드 확보의 과제를 제시한다.[53]

그는 현대무용의 메소드를 "움직임은 무대에서 홀로 존재하는 것이 아니라 플롯 등의 요소와 더불어 재구성된다. 부연하자면 메소드는 작품 전편을 관통하는 일종의 관점"[54]이라고 말한다. 그런데 2000년도 현대무용은 "메소드를 움직임 위주로 사고함으로써 작품구성이 복합적으로 전개되지 않았고 이에 따라 작품의 움직임에서 수미일관하는 논리"[55]가 부족했다고 지적한다. 따라서 한국 현대무용의 과도기는 메소드의 과도기이다.

지금까지 김채현의 말을 요약하자면 '플롯', '작품을 관통하는 일관된 관점', '수미일관하는 논리'가 메소드라 할 수 있다. 물론 그 또한 자신이 지적한 메소드에 대한 규범적 정의를 한국 현대무용에 일괄적으로 대입하겠다는 의미는 아닐 것이다. 하지만 그것을 고려한다고 하더라도 안은미의 〈빙빙-회전문〉에서 플롯을 찾기란 쉽지 않다. 굳이 구성 논리와 무대 전개상의 플롯을 찾자면 2000년대 이후, 〈춘향〉이나 〈바리〉가 적절할 것이다. 김채현은 움직임이 플롯과 함께 구성되어야 함을 강조하지만, 안

---

53 위의 책, 1396쪽 참조.
54 위의 책, 같은 쪽.
55 위의 책, 1397쪽.

은미는 플롯에 움직임을 대입하지 않는다. 왜냐하면, 안은미의 작품은 플롯을 강조하기보다는 시퀀스 안에서의 움직임과 행위의 질감을 강조하기 때문이다. 그가 공연마다 반복해서 이용하는 키치(kitsch)적 반짝이 의상이나 토플리스, 과도한 빛과 독특한 소품들은 움직임의 질감을 두드러지게 한다. 그것이 안은미가 지향하는 춤의 메소드다.

다음으로 안은미의 작품은 일관된 관점, 즉 플롯이 지향하는 초목표를 향해 가기는 하지만 그것이 꼭 하나의 관통선을 따라 일관되고 질서 있게 흐르지 않는다. 오히려 안은미는 일관된 흐름의 관통선을 부수고 파괴하는 데 주력한다. 그리고 여기서 얻게 되는 논리적 수미일관의 결말은 안은미의 역할이 아니라 관객들의 구성 논리로 옮겨간다. 결말을 매듭짓는 행위는 공연에서의 배우나 연출가 또는 안무자에 의해서가 아니라 관객 자신의 힘이다. 따라서 안은미의 공연에서는 관객이 수동적 관람자의 위치에만 머물 수 없다. 행위자와 관객이 공연의 공동생산자로 공연을 함께 구성하며 논리적 퍼즐을 맞춰가는 동지이다.

2000년 10월에는 '2000 안은미 · 춤 · 뉴욕'으로 〈A Lady〉 11분, 〈빈사의 백조(Dying Swan)〉 9분, 〈Period 2〉 38분(10.5~8, JOYCE Soho Theater)를 공연한다. 『뉴욕타임스』지의 무용평론가 더닝은 안은미의 춤을 "너무나 충격적일 뿐만 아니라 연극적 디자인을 하는 마스터"[56]로 소개한다.

〈A Lady〉는 안은미의 솔로 작품이었으며 〈빈사의 백조(Dying Swan)〉는 원래 전통 발레 작품이었으나 안은미가 현대무용적인 감각으로 재창작한 것이다. 여기서는 초청 무용수로 마크 헤임(Mark Haim)이 추었다. 〈Period

---

56   Jennifer Dunning, *The New York Times*, September 10, 2000.

2〉에서는 안은미를 비롯한 여자 댄서 3명과 남자 댄서 3명이 모두 상반신 누드로 출연했다. 이 작품은 전작 〈Period〉의 후속작으로 역시, 여자의 월경을 소재로 인간 생명의 미스터리와 생명의 원천을 주제로 한다. 3개의 작품 중에 가장 관심을 끈 것은 〈Period 2〉였는데, "극장에 설치된 흰색 사각형 장판 위에서 댄서들은 첼로와 기타, 장구 등이 빚어내는 신비로운 음악에 맞춰 공연하다 마지막 부분에서 천장에 설치된 컨테이너에서 피를 상징하는 붉은색 물감이 무대 중앙에서 춤을 추던 안씨의 머리 위로 흘러내려 쇼킹한 장면을 연출, 첫날 공연에서는 관객 중 일부가 충격으로 기절하는 사태까지 벌어졌다."[57]

2. 대구시립무용단 예술감독 〈하늘 고추〉

안은미는 2000년 12월, 대구시립무용단의 예술감독으로 한국 무대에 복귀한다. 그는 2000년 12월부터 2004년 7월까지[58], 3년 8개월 동안 대구시립무용단의 3대 예술감독을 맡으며 2002 대구 월드컵 기념 공연 〈passion〉, 2003 하계유니버시아드대회 기념 공연 〈version up 대구〉, 2003 하계유니버시아드대회의 개·폐막식 등을 지휘한다. 그리고 대구시립무용단의 정기공연으로 2001년 〈대구별곡〉 〈성냥 파는 소녀〉, 2002년 〈하늘 고추(Sky pepper)〉, 제4회 대구 국제무용제 초청공연 〈Please, love me〉, 2003년 대구시립합창단과의 합동 공연인 〈카르미나 부라나〉 등을 무대

---

57 「한인 무용공연 연이어」, 『뉴욕 중앙일보 THE KOREA DAILY』, 2000년 10월 13일.

58 대구시립무용단 홈페이지 참조.

에 올렸다.

 이 시기는 대구시립무용단의 정기공연과 국제행사, 그리고 개인발표회 등을 병행하며 다양한 경력을 쌓던 시기이다. 그중에서 2003년 〈안은미의 춘향〉은 다음 장의 춤의 주요 사례에서 자세히 다룰 예정이다.

 2000년 12월에는 〈장미의 뜰(The Garden of Rose)〉(12.14~15, LG아트센터)을 발표한다. 이 작품은 그해 5월 열렸던 '우리 시대의 무용가 2000'의 앙코르 무대 겸 송년 무대였다. 이 공연에선 9명의 무용수가 무대에 올랐다. 5월 공연에서도 그러했지만, 이번 공연도 갈라 형식으로 진행되며 1명씩 단독무대를 꾸민다. 따라서 무용수 본인의 기량만으로 경쟁해야 하는 무대이다. 안은미는 〈장미의 뜰〉에서 쇠락한 인생의 한(恨)을 표현하기 위해 춤뿐 아니라 무대에서 직접 노래까지 부른다.

 분홍색 드레스에 흡사 타조 모양의 털을 두르고, 모자에는 형형색색의 깃털을 잔뜩 꽂은 채 안은미가 등장한다. 그리고 마이크를 들고서 노래를 한다. 그의 의상은 화려하다고 해야 할지 촌스럽다고 해야 할지 이름 붙이기 어려운 의상과 소품들의 조합이다. 그것들은 서로 조화롭게 어울리지 않는 것처럼 보이며 지극히 통속적이고 조악하다. 더군다나 모자 위의 깃털들은 싸구려 장식처럼 저급해 보인다. 그의 의상과 소품, 분장은 키치(kitsch)를 대변한다. 하지만 이것은 고상하고 우아한 척하는 세상에 대한 안은미식 도발이다. 안은미는 무용공연에서 노래까지 한다. 잘하는 듯 못하는 듯, 어색한 듯 익숙한 듯. 하지만 어떻게 부른들 그의 노래가 고상한 클래식처럼 우아하게 들릴 리는 없어 보인다. 다시 말해 그가 노래를 잘하든 못하든 우린 이미 그의 노래를 저급하고 수준 낮은 모조품으로 인식한다.

잠시 후 머리부터 발끝까지 초록색인 정체를 알 수 없는 한 무리가 등장해 노래에 맞춰 춤을 춘다. 그러다가 음악이 빨라지면 이들은 안은미에게 달려들어 그의 옷을 벗기고 깃털을 뽑아 어지럽게 날린다. 안은미의 몸은 원시적 상태로 돌아간다. 그리고 괴로운 듯 무대를 뒹군다. 하늘에서는 붉은색 반짝이 비가 내리고 안은미는 자유를 갈구하듯 무대를 어지럽게 빙글빙글 돈다.

언제나 그렇듯 '어어부 프로젝트'의 음악은 안은미의 춤을 도발적으로 고조시키는 데 중요한 역할을 담당한다. '어어부'의 노래 〈종점보관소〉는 탱고 리듬으로 시작해서 중간부에 리듬이 급격하게 빨라진다. 악기 편성은 아주 단출하여 반주가 가수의 노래를 감싸주지 않는다. 다시 말해, 못하는 노래 실력을 그럴듯하게 포장하지 않는다. 그만큼 가수의 목소리와 느낌이 무엇에도 방해받지 않고 오롯이 관객에게 들린다. 노래 가사의 맥락은 어지럽고 이해하기 힘들지만, 한편으로는 우스꽝스럽고 직설적이다. 음악적 분위기는 독특한 것 같으면서도 왠지 익숙하고, 유치하며 또 통속적인 냄새를 풍기고 있어 키치적 요소를 또한 엿볼 수 있다. 패션으로 치자면 촌티 풀풀 풍기는 패션으로 5~60년대 유랑극단의 느낌을 풍긴다.

2001년 4월에는 〈은하철도 000〉(4.12~15, LG아트센터, 100분)을 발표한다. 이 작품은 80년대 초 우리나라에서 방영됐던 일본 애니메이션 〈은하철도 999〉에 안은미가 무용적인 상상력을 더하여 현대무용 작품으로 만들었다. 현대무용은 물론, 한국무용, 발레, 힙합 댄서 등 무용수 28명이 출연해 100벌이 넘는 의상을 갈아입는다. 전체적인 줄거리는 〈은하철도 999〉의 속편쯤으로 영원한 생명을 얻기 위해 주인공 '메텔'과 안드로메다로 여행을 떠난 '철이'가 지구로 다시 돌아오는 장면에서 시작된다.

막이 오르면 객석의 조명이 서서히 꺼지면서 "은하철도 000을 탑승하시는 탑승객 여러분께! 즐거운 여행, 달콤한 여행, 환상적인 여행이 되십시오. 저희 모든 승무원은 여러분의 안전을 위하여 최선을 다할 것입니다. 감사합니다."라는 멘트와 함께 거대한 엔진 소리가 들려온다. 그리고 메텔과 철이가 지구에 도착한다. 철이는 자기가 지구를 떠나기 전에 소원하던 기계 인간이 되어 있다. 그러나 오랜 우주 비행 끝에 도착한 지구는 어린 시절 기억 속에 푸근한 '어머니의 땅'이 아니다. 지구는 거대한 테마파크로 변해버린 놀이공원이고 요지경 세상이다. 그곳은 자기와 같은 인조인간들의 천국이다. 길거리의 여자들은 몸속에 실리콘을 집어넣은 실리콘 덩어리다. 그리고 여자들은 번식을 위해 체외수정을 하고 사람들은 너나 할 것 없이 기계 심장을 달고 다닌다. 음경을 확대한 남자, 인간 냄새가 남지 않게 향수를 뿌리고 다니는 여자 등. 길거리는 온통 이런 사이보그들로 넘쳐난다. 철이는 그 모습을 보며 자기가 안드로메다까지 가서 사이보그가 된 이유와 정체성에 혼란을 겪는다. 굳이 지구를 떠날 필요가 없을 만큼 여기도 이미 그런 세상이 되어버린 것이다.

의상이나 소품, 무대장치와 무용수들의 움직임은 현실 공간을 사이버 공간으로 변화시켰다. 그 안에서 기계화되어가는 인간의 모습은 지금까지는 비록 과도기라 해도 막연한 상상 속의 이야기만은 아니다. 실리콘 성형으로 비슷비슷한 생김새의 인간들이 늘어가고, 언젠가는 유전자 복제 때문에 인간 복제 또한 가능할 날이 올 것이라는 경고의 메시지다. 여기서 심각한 주제를 거부감 없이 유쾌하게 풀어내는 안은미의 장기가 발휘된다. 성기를 연상시키는 신축성 있는 긴 호스를 착용한 남성들의 춤과 공중목욕탕의 때밀이 춤, 그 밖의 춤에 동원된 기발한 소품들과 파격적인 의상 등은 관객들의 호응을 이끌었다. 그러면서 기존의 무용 공연과는 사뭇 다른 객석 분위기를 연출했다.

이와 같은 분위기는 현대무용을 쉽게 풀어내는 안은미식 연출 방법이 주효한 때문이다. 무용에서 언어와 마임을 사용하고 객석을 반 무대화함으로 관객과 무용수의 이질감을 극복한다. 춤 동작들도 일상적인 것들에서 빌리며 스포츠댄스도 스스럼없이 수용한다. 그래서 관객들은 편안하다. 이해하는 것이 아니라 몸으로 경험하고 즐긴다. 주방에서, 욕실에서, 동네 문방구에서 쉽게 봐오던 친밀한 소품들도 관객의 엄숙주의를 해체한다. 안은미의 춤은 언제나 관객의 기대에 부응한다.

그러나 무용평론가 한혜리는 재미와 예술성의 사이에서 재미가 지나쳐 장난에 가까웠다고 지적한다.

안은미는 작품 속에서 무용수 신체에서 '육체성(flashiness)'을 빼앗는 시도를 한다. 신체를 육체가 아닌 표현의 도구로 보는 것은 무용의 기본 원칙이다. 그는 이날 공연에서 의상을 통해 인위적으로 무용수의 성(性)을 바꾸는가 하면 소도구로 성을 코믹하게 처리하는 등의 방식으로 신체의 도구화를 시도했다. 하지만 그는 기존 작품을 연상시키는 아이디어와 그 아이디어의 산만한 나열로 자신만의 메시지를 관객들에게 충분히 보여주지 못했다. 특히 도입부 등 몇 대목은 무용계에 전환점을 제공했던 작품들을 연상시킨다. 피나 바우쉬는 '1980…'에서 공연 중에 휴식 시간을 주는 대신 무용수들이 관객들에게 직접 차를 대접하는 장면을 삽입한 바 있다. 이 시도는 공연예술로서 무용의 필수구성 요소인 공간과 시간에 대한 개념을 다른 각도에서 인식하게 만든 사건으로 기록된다. 〈은하철도 000〉의 관객은 열차가 떠나기 전에 음료 서비스를, 진짜가 아닌 무용수들의 허구적 행위를 통해 강요당했다는 점이 다를 뿐 전체적인 아이디어는 같다. 또 하나 이번 공연에는 무대 공중에 매달려 떠다니는 무용수의 이미지도 등장한다. 이는 무용하면 공중에 높이, 오래 멈춰 있어야 한다는 발레 테크닉 마니아를 향해 안무가 마기 마렝(Maguy Marin)이 보인 '냉소'의 기법적 계승으로 볼 수 있다.

공연 뒤 결론은 안은미의 사고체계와 그의 심미관에 익숙하지 않고서는 예술로써 작품 내용을 이해하기 어렵다는 것이다. 그렇지만 이날 공연에 호흡을 맞춰 즐거워하는 관객도 적지 않았다는 면에서 볼 때 나는 '감상에 실패한 관객'이다. 나의 실패가 정당하다면 이 공연은 예술이라기보다는 지나치게 재미를 의식한 장난에 가까웠다.[59]

무용평론가 김승현도 안은미 특유의 장점이 드러나지 않는 아쉬운 무대였음을 지적한다.

1천 석이 넘는 대극장의 객석을 거의 초대권 없이 4일간 가득 채웠다는 것은 일반 춤 관객층이 형성되지 않은 우리 현실에서 고무적인 일로 받아들여진다. 그러나 작품 자체로는 한바탕 흐드러진 난장 굿 다음에 뭔가 자신이 주려 하는 메시지로 관객들을 몰아넣는 안은미 특유의 장점이 보이지 않는 아쉬운 무대였다. 앙코르에까지 웃통을 벗어부치고 나온 안무가가 시원하게 다시 한번 춤을 추는데 메시지를 받지 못하고 자리를 떠난다는 게 몹시 마음에 걸렸다.[60]

59 한혜리, 「안은미 춤 공연, 지나친 재미 의식 예술성 반감」, 『동아일보』, 2001년 4월 17일.

60 김승현, 「작품성과 대중성의 경계―제임스 전, 안은미, 배정혜」, 『춤』 303호, 월간 춤, 2001년 5월호.

무용평론가 문애령은 진부한 움직임과 외설성을 지적한다.

매 순간에 즉흥적으로 찾아내는 유머나 번뜩이는 재치는 분명한 장기였다. 괴상한 분장도 관객의 혼을 뺏는 데 효과적이었다. 그러나 무용가는 깜짝쇼가 아닌 춤으로 유명해지는 것이 상식이다. 무용이 무엇이냐고 묻는다면 복잡하다. 모든 움직임이 무용인 세상이기 때문이다. 문제는 그의 움직임이 독창적이지 않다는 데 있다.

〈은하철도 000〉에서 쓰인 동작을 보자. 붉은 드레스의 군무가 통통 뛰면서 객석 통로로 입장해서 무대로 올라가 손을 흔들며 행진했다. 꽹과리 장단에 캉캉 춤을 췄고 민망한 모양새를 강조한 여자 군무의 뒹굴기처럼 몸을 흔드는 것이 전부였다. 간혹 보이는 춤적인 동작들은 구시대의 것이었다. (…) 흰색 비키니 요리복을 입고 프라이팬을 흔드는 군무진이 막춤을 추는 인사 장면. 펭귄 떼의 뒤뚱거림, 훌라후프 묘기, 원반던지기 같은 여흥물에 대한 환호였을지, 육체로 장난친 것에 대한 대가였는지, 연출된 박수에 마지못해 동조한 것인지, 아니면 정말 즐거웠는지 모르지만 명쾌한 느낌은 아니었다. 옷을 벗고 춤추는 직업무용수나 외설적인 쇼로 전락한 로마의 무언극은 중세 때 무용이 금지된 원인이 되었다. 동서고금의 무용가들은 그것을 좀 우아하게 치장해보려고 수백 년간을 고민해왔다. 안은미의 인기가 올라갈수록 무용은 또다시 '몸 파는 여흥'으로 인식될 위험이 있었다.[61]

〈은하철도 000〉이 재미만 노렸다는 비판에 대하여 안은미는 한 인터뷰에서 자신의 춤을 다음과 같이 이야기한다.

---

61 문애령, 「리뷰―안은미의 은하철도 000」, 『한국일보』, 2001년 4월 18일.

신경 안 씁니다. 저는 보는 사람들을 위해 작품을 만드니까요. 동시대의 사람들이 이해 못 하는 작품보다는 많은 사람이 호응하고 즐거워하는 작품을 만들고 싶거든요. 또한, 그냥 웃고 즐기는 재미만 있는 게 아니라 진한 감동도 담겨 있어요. 관객은 바보가 아닙니다. 관객들이 많이 찾고 좋아했다는 건 의미가 크죠. 특히 이번 공연에는 무용계와는 무관한 일반관객이 많았습니다. 그런 식으로 관객의 폭이 넓어지고 관객과 친해지면서 무용에 대한 사람들의 인식도 더 깊어지고 무용도 발전하는 것이죠.[62]

안은미는 "'은하철도 999'를 소재로 몸과 사물의 움직임을 재미있게 구성한 작품입니다. 작품의 전체적인 분위기가 밝고 유쾌하므로 어떤 메시지를 찾으려는 강박관념에서 벗어나 가볍게 봐주었으면 좋겠습니다."[63]고 말한다. 다시 말해 줄거리는 있지만, 플롯의 전개는 추상적이다. 추상적 전개는 무용평론가 김채현이 앞에서도 지적한 것처럼 '플롯'을 통한 '수미일관하는 논리'의 메소드를 관객에게 이해시키기 어렵다.

그러나 안은미의 춤에는 형이상학적인 허세와 엄숙함으로 객석을 짓누르거나 느낌을 강요하지 않는다. 안은미의 토플리스가 '몸 파는 여흥'으로 비춰질 위험성은 충분하다. 그러나 키치적 모양새의 움직임이라면 그것은 전통적 엄숙주의에 대한 안은미의 저항이다. 기독교적 엄숙주의가 지배하던 중세시대에 로마의 무언극이 금지된 것과 21세기 현대무용에서의 토플리스와는 시간의 틈이 너무 멀다. 우아하고 고상하게 치장하

62 강동균, 「밀레니엄 인터뷰─실제로는 안 될 거라고요? 그걸 실제로 해요!」, 블로그 『HS Adzine』, HS애드, 2001년 5~6월호.
63 신복례, 「은하철도 999와 다른 은하철도 000」, 『한겨레신문』, 2001년 4월 10일.

려던 지난 수백 년간의 고민을 폄훼할 순 없으나, 그것이 오늘에도 여전히 절대적인 위치를 점유해야 하는지는 숙고의 여지가 있다. 〈은하철도 000〉의 지구는 쾌락만을 추구하는 어긋난 유토피아이다. 안은미는 그곳에서 인간이 추구해야 할 진정한 가치에 관해 묻는다.

2001년 5월에는 대구시립무용단의 39회 정기공연 〈대구별곡〉(5.25, 대구문화예술회관 대극장)을 발표한다. 대구시립무용단의 예술감독으로서 첫 작품이었다.

2001년 11월에는 대구시립무용단의 40회 정기공연 〈성냥 파는 소녀〉[64](11.29~12.1, 대구문화예술회관 대극장)를 발표한다. 이 작품은 안데르센의 동화 「성냥팔이 소녀」를 가지고 무용평론가 김영태가 시대의 흐름에 빗대어 새롭게 대본을 쓰고, 거기에 안은미의 독특한 무용 색깔이 덧입혀진 작품이다. 그러나 작품은 아름다운 동화 속 이미지를 우리에게 재연해 주지 않는다.

'성냥 파는 소녀'들은 성냥 공장의 근로자들이다. 그녀들의 몸은 난폭한 깡패로부터 강간과 희롱으로 얼룩진다. 자신의 몸을 향한 탐욕에 맞서 소녀들은 자신의 몸을 보호하려 하지만 그 반란은 세상 사람들의 외면과 냉소에 막혀 소리조차 낼 수 없다. 그리고 소녀들은 다시 무관심 속으로 내동댕이쳐진다. 안은미는 성냥팔이 소녀가 겪는 험난한 세상에 주목, "자본주의 사회에 대한 비판, 가진 자와 못 가진 자의 대립 등을 작품에 그려"[65]넣어 현실 세태를 묘사한다. 따라서 겉으로 드러나는 춤의 이미지는

---

64 이 작품도 '성냥팔이 소녀'로 제목의 오류가 자주 발생하는 작품 중에 하나다.
65 김화영, 「안은미의 연말연시 신작 − 성냥 파는 소녀」, 『한국경제신문』, 2001년 11월 20일.

즐겁고 유쾌하지만, 그 내면은 아프고 진지하다.

안은미는 현대무용에서도 발레의 〈호두까기 인형〉처럼 크리스마스 시즌의 고정 레퍼토리를 염두에 두고 이 작품을 만들었다. 그래서였는지 이전의 도발적인 움직임이나 토플리스로부터는 상당히 자유롭다. 어느 일간지의 인터뷰에서는 이것을 "안은미의 변신, 도발적 상상력을 여과 없이 노출하던 스타일에서 벗어나 엄격한 절제미"[66]라고까지 했으며, 평론가 정순영은 "〈성냥 파는 소녀〉에는 확실한 철학이 깔렸고 지표가 있었다"[67]고 평했다. 과도한 토플리스를 제외하고 나면 안은미의 자유분방함, 파격적 안무와 현란한 의상 등은 안은미의 색깔을 그대로 보여주었다. 이후 〈성냥 파는 소녀〉는 안은미의 바람대로 2002년 12월 10일부터 11일까지, 대구문화예술회관 대극장에서 대구시립무용단의 42회 정기공연으로 재공연 되었고 관객동원에도 상당히 성공을 거두었다.

2002년 5월, 대구시립무용단의 41회 정기공연으로 〈하늘 고추〉(5.16~18, 대구문화예술회관 대극장)를 발표한다.

이 작품은 제목에서부터 선정성을 노골적으로 드러내며 시작부터 파격적인 토플리스를 강조한다. 대구시립무용단의 바로 전작인 〈성냥 파는 소녀〉가 크리스마스용 가족 현대무용이었다면 〈하늘 고추〉는 그 대척점에 있다고 할 수 있다. 안은미는 남근(男根)중심주의가 만든 신화체계를 비판하며 몸의 실체와 성(性)의 정체를 독특한 춤으로 찾아간다. 그 안

---

66   유재혁, 「현대무용가 안은미씨 변신 선언… 엄격한 절제미 성냥 파는 소녀」, 『한국경제신문』, 2001년 11월 19일.

67   정순영, '공연평-위험한 자유 유영의 춤', 『춤』 316호, 월간 춤, 2002년 6월호, 월간 춤 홈페이지 http://www.choom.co.kr/.

에는 수천 년 동안 인류가 갖고 있던 성의 은폐성을 무너뜨리려는 발칙한 시도가 담겨 있다. 〈하늘 고추〉는 안은미 춤의 메소드가 그러하듯 주제를 관통하는 일관된 관점 안에서 '옴니버스' 형식을 취한다. 따라서 전달되는 줄거리를 찾기 위해 노력하는 것은 무의미한 행동이 되기에 십상이다. 이에 대해 무용평론가 정순영은 "본시 '옴니버스' 형식은 사고(思考)보다 음악과 색깔의 난무로 보일 거리(여흥)로 꾸미는 것"[68]이다. 그러므로 "표현코자 한 이데아는 없지 않으나 줄거리는 어차피 없다. 그 때문에 춤꾼들의 구절 동작이 무엇을 표현하는지 일반관객은 잘 모르고 눈으로 귀로 즐기는 춤 흐름의 구조이다."[69] 그리고 덧붙여 "안무자의 분명한 작의(作意)는 있겠으나 해석은 구구하게 전개된다."[70]고 설명한다.

여기서 구구하게 전개되는 해석이란, 움직임을 통해 분명한 작의를 파악하기 어렵다는 것이다. 그러나 안은미의 춤은 단일한 의미생성에 이바지하지 않으며 움직임과 함께 전달되는 음악, 색깔 등의 섞임과 질감이 관객의 능동적인 지각작용을 자극하는 방식이다. 정순영의 〈하늘 고추〉 비평을 살펴보면 이와 같은 방식을 살펴볼 수 있다.

> (…) 그들의 의상은 반 피부색 반 검은색의 타이즈로서 구르거나 체위를 바꿀 때마다 절묘한 색채효과를 주며 뭔가 섹슈얼리티를 풍겨 얄궂은 감정을 부추기는 데 성공했다. 플루트를 부는 한 여인의 모습도 조화로웠다. 이번 작품에 자주 나타나는 깔끔한 색색 양산의 해석에 나는 고민했다. (…) 가볍게 양산을 쥔 춤꾼들, 치마를 올려

---

68 위의 글.
69 위의 글.
70 위의 글.

안은미 춤의 정거장

96
/
97

스타킹으로 유혹하는 여인의 몸짓이 수상하다. (…) 음악은 자꾸 요상한 괴기성(怪奇聲)으로 바뀐다. 붉은색 긴 드레스에 긴 머리를 늘어뜨리고, 머리에 꽃 관을 쓴 여인이 등장, 라이터로 불을 붙여 주고 사라진 男 춤꾼, 과격한 드럼 소리로 역시 여자의 교태 앞에 쓰러진 춤꾼이 있다. 모두 남과 여, 섹슈얼리티의 상징으로 통하는 장면이다. (…) 드럼 소리는 점점 강렬해지고 분위기를 높이 띄운다. 무대는 확 밝다. 객석과 무대를 밝게 오픈한 식은 이번 무대의 또 하나의 특색으로서 어쩌면 매우 효과적이었다고 보인다.

　무음악이다. 훌라후프를 돌리는 한 여인이 있다. 산고(産苦)를 간접으로 표현한 것이다. 훌라후프를 돌리면서 산고를 표현한 수법은 독특했다. 고통 소리는 점점 커진다. 직설적일 만치 절박한 소리를 지른다. (…) 태어난 아기 울음소리가 난다. 긴 꼬리의 '생체(生體)의 유충(幼蟲)'들이 영상으로 지나가게 하여 작품구성의 세심함을 보여주기까지 했다. 형형색색의 풍선이 난무하기 시작한다. 이때 의상이며 오브제들의 색의 안배는 매우 흡족하리만치 화려했다. 호리존트에 비친 색색의 버티칼-스트라이프의 동영상의 요동은 이 정경을 더욱 강조시켰다. (…) 상수 하수에서 뛰어나온 남자의 점프는 단원의 실력을 과시했고 그들의 손에 든 뭔가는 남근 같았다. (…) 끝에 가서 어쩌면 이날의 모든 양산은 그 자체 남근일지 모른다고 생각하게 되었다.[71]

반 피부색, 반 검은색의 타이즈(가로가 아니라 세로로 나뉜 의상)가 절묘한 색채효과를 주며 뭔가 선정성을 풍겨 얄궂은 감정을 부추기고 색색의 양산은 그 의미 해석을 아리송하게 한다. 음악은 이상한 괴기 소리 같고 드

럼 소리는 과격하다. 그런가 하면 배경음악도 없이 등장하는 훌라후프를 돌리는 여인의 움직임은 산고를 나타내고 있다고 해석한다. 남자 무용수의 손에 든 뭔가가 남근일 것 같다는 생각은 전반부 의미 해석을 아리송하게 한 양산이 남근을 상징하는 것일지도 모른다는 생각에까지 지각을 확장한다. 이처럼 안은미의 춤은 움직임을 비롯해 음악, 색, 소리, 소품 등이 인간의 여러 감각기관을 자극하고 그로부터 파생되는 지각작용을 통해 춤의 내용을 관객 스스로 상상하게 한다.

하지만 여기서도 김채현과 마찬가지로 직설적 표현을 지적하고 있다. 그것은 다름 아닌 과도한 노출에 따른 대구시립무용단의 정체성에 관한 문제 제기다.

성이나 성행위는 본시 남에게 보이거나 볼거리로 만드는 이른바 공개적 대상이 아니다. 범상(凡常)을 싫어하고 뭔가 파격성을 즐기는 기질(?)의 안은미의 시도를 부정적으로 보는 관객이 없지 않다. 다층적 시민의 기호와 본인의 취향이 합쳐져 알기 쉽게 재미나게 가볍게 흘리려는 생각은 이해되지만, 과연 공공예술단 시립무용단이 들뜬 대중문화 틈에서 이같이 표피적인 성문화를 여과 없이 직설적 특성의 몸짓으로 보인 것은 '사양(辭讓)이 미덕(美德)'인 우리 정서와 너무 배치되지 않나 의문도 있다. 미소마저 금기했던 우리 춤 문화가 변하여 관광업소의 쇼 분위기가 있다면 춤 예술의 본질과 기본을 흔들 우려가 없지 않다는 여론이다. (…) 위문 공연도 밤무대도 아닌 정식 작품 무대라면 가벼운 터치로 계속 발전할 것인가는 의문스럽다. 시무(市舞)는 개인 안무지만 그 울림과 파장은 공적 성향을 계상하게 된다. 빗나간 성모랄, 들뜬 문화를 차분한 우리 문화로 이끌어야 할 책임이 개인발표보다 시립의 발표라면 더 크다.

상임 안무자 안은미는 춤 언어의 창출이나 작법(문법)에 대하여는 秀(수)급이고, 음악, 미술(의상, 오브제까지)은 물론 완벽하게 조립하는 베테랑이 분명하다. 기발한 발상과 창의력의 안무자임은 분명 인지한다. 시무의 춤꾼들도 세월과 함께 팀워크도 프로급이고 어떤 요구도 해낼 저력이 보인다. 이 같은 좋은 여건에서 앞으로 시무의 작품은 '작품의 주제'인 것 같다. 어떻게 출 것인가는 일단 접어두고 무엇을 출 것인가가 다각적으로 연구할 여지로 남았다. 춤의 소재는 무엇이든 좋지만, 무엇이든 다 시무의 춤 소재가 되는 것이 아님을 고민해야 할 것 같다.[72]

2003년 6월에는 '안은미와 어어부 프로젝트-2003 안은미 · 춤 · 서울 Please'으로 〈Please, kill me〉 〈Please, forgive me〉 〈Please, look at me(Please, Don't cry)〉(6.5~8, 예술의 전당 자유소극장)를 발표한다.

이 공연은 안은미와 인디밴드 어어부 프로젝트의 만남 10년을 기념하는 무대였다. 그동안 안은미의 공연에서 녹음된 음악을 거부한 채 항상 무대 구석 어딘가에서 생음악을 들려주던 어어부가 주인이 되어 안은미를 초청하는 형식이다. 공연 전체를 연출하는 사람도 안은미가 아니라 어어부의 멤버인 백현진이다. 공연은 어어부의 콘서트 사이사이에 안은미의 솔로 춤이 들어간다. 어어부의 노래는 괴성에 가까운 특이한 창법과 직설적이고 노골적인 노랫말 때문에 방송에서는 이미 오래전부터 금지곡이다. 여기다 안은미의 솔로 무대 '플리즈(Please)'는 어디로 튈지 모르는 즉흥 춤이다. 그리고 판소리의 이자람과 정가를 부르는 정마리가 가세해 공

---

72 위의 글.

연의 흐름은 그야말로 예측불허다. 안은미는 '플리즈(Please)'란 제목에 대해 "플리즈(Please)란 희망 없는 사람들의 마지막 부탁을 의미한다. 차가운 서울에 뿌리를 내린 병약한 인간들을 그려내기 위해 밝고 화려했던 이전 무대와는 다른 분위기를 연출한다."[73]라고 말했다.

무대는 간단하다 못해 단출하다. 텅 빈 무대의 사방은 하얀색 도화지를 집게로 매달아 언뜻 보면 하얀색 타일을 붙여놓은 것 같다. 하지만 배우들이 움직일 때마다 종이들이 조심스럽게 펄럭이며 무대도 함께 춤추는 느낌이다. 바닥까지 하얀색으로 도배된 무대는 차갑고 냉랭한 병원의 입원실 같다. 이런 느낌을 더 강하게 자극하는 또 하나의 이유는 천장에 매달린 수십 개의 피 주머니 때문일 것이다. 그물 모양의 구조물이 천장에 매달려 있고 그 아래에는 붉은색의 피 주머니가 언제든 쏟아져 내릴 것처럼 긴 호스를 내리고 줄지어 걸려 있다.

첫 번째 〈Please, kill me〉에서 안은미는 검은 모자에 검은 정장을 입고 등장한다. 섬뜩한 느낌의 붉은 피 주머니 아래 가슴이 드러나는 검은색 정장을 입고 등장한 안은미는 거만했다. 하얀색 테이프로 가슴을 가리긴 했지만 얼마 후 그 테이프는 무용지물로 떨어져버린다. 그리고 거만하게 보이려 애쓰는 모습은 오히려 내부의 두려움을 숨기기 위한 위장처럼 보인다. 무엇이 두려운지 무대 구석으로 몸을 피하고 주위를 경계한다. 1회용 종이컵에 담긴 물을 마시고 장난스럽게 내뿜기를 반복한다. 하지만 곧 상의를 벗어 던지고 일순간 무대를 난장으로 휘젓는다. 손으로 붉은 물감을 듬뿍 찍어 목과 가슴에 치덕치덕 바른다. 안은미는 피가 흐르는 손으

<hr>

73 유인화, 「맛깔스런 몸짓 2인 2색」, 『경향신문』, 2003년 6월 2일.

로 제 목을 조르고, 피는 가슴을 타고 흐른다. 가슴을 가리던 흰색 테이프는 진즉에 떨어져 나간 다음이고 붉은 피는 가슴을 적신다. 세상과 싸우다 상처 입은 한 여인은 '제발 나를 죽여달라'는 절규와 함께 바닥에 쓰러진다.

두 번째 〈Please, forgive me〉는 무대 바닥에 작은 원이 그려져 있다. 그 안에는 하얀 속치마를 입은 안은미가 목에 붕대를 매고 양팔은 결박된 채 아기를 낳는 산모의 자세로 누웠다. 뒷벽에는 두 개의 네모난 창이 뚫려 있다. 하나에는 처녀 귀신의 모습을 한 정마리가 얼굴을 내놓고 있다. 다른 하나에는 수녀복 차림의 소리꾼 이자람이 있다. 안은미는 작은 원에서 벗어나기 위해 발버둥 친다. 이때 뒤에서는 정가(正歌)를 하는 정마리의 귀곡성과 같은 흐느낌과 이자람의 구음이 서로 섞이면서 무대는 혼돈에 빠진다. 안은미는 가슴을 풀어헤치고 온몸을 구르다 기어코 원을 탈출한다. 결박에서 벗어난 안은미의 얼굴은 승자도 패자도 아닌, 말 그대로 용서를 구하는 회한의 표정만이 남는다.

마지막 장 〈Please, look at me〉의 원래 제목은 〈Please, Don't cry〉였다. 그러나 공연이 임박해서 제목을 바꿨다. 직접적인 사연을 알 수는 없지만, 다음의 장면에서 공연 제목이 갑자기 바뀐 이유를 추측해 볼 수 있다. 안은미는 앞의 첫 번째, 두 번째와는 확연한 차이를 주며 우스운 분장과 붉은색 의상을 입고 나왔다. 재미있는 것은 만화 속 인형처럼 눈꺼풀 위에 또 다른 웃는 눈을 그려 넣은 것이다. 그래서 눈을 감으면 웃고 있는 얼굴이 나타난다. 안은미는 계속해서 눈을 깜박거리며 두 개의 모습을 교차시킨다. 눈을 뜨면 울고 싶은 현실이다. 그래서 눈을 감는다. 그러면 울고 싶은 현실에 억지로라도 웃는 모습이 보인다. 울고 싶은 현실의 왜곡이다. 울고 싶지만 억지로라도 웃을 수밖에 없는 현실이다. 그러나 눈꺼풀 위에 인위적으로 그려 넣은 웃음만큼이나 그 웃음은 한계를 갖고 있다. 언젠가는 눈을 떠야 하고 그러면 웃음은 사라진다. 내용을 보면 시각적 '데포르마시옹(deformation)'[74] 효과로 읽힌다. 다시 말하면 눈꺼풀이라고 하는 몸의 기능과 형태를 변형하고 왜곡시킴으로써 작품의 의도와 본질을 더 명확하게 전달하고 있다. 그 위로 처음부터 궁금했던 피가 쏟아진다. 안은미의 몸은 피범벅이 되고 무대는 순식간에 피바다가 된다. 유난히도 흰색이 강조되던 병실 같은 무대는 이내 생사가 오가는 수술실로 바뀐다.

무용평론가 김승현은 안은미의 '피의 이미지'를 다음과 같이 설명한다.

> 안은미가 〈하얀 무덤〉 이전에도 그랬지만 이후 더욱더 철저하게 집착하는 '피'의 이미지다. 이 피에는 여성성의 이미지가 느껴진다. 소녀에서 여성으로 변하는 '생리혈'에서부터 시작해, 출산과 함께 터져 나오는 모성의 '피', 남성들로부터 당하는 사회적 차별 때문에 당한 상처에서 흐르는 '피' 등 여성의 몸과 마음에서 흘러나오는 그런 피다. 이 '피의 이미지'는 이 3부작을 관통하는 상징이기도 하다.[75]

---

74 "자연을 대상으로 묘사하면서 사물의 특정 부분을 강조하거나 왜곡하여 변형시키는 미술 기법을 말한다. 시각예술의 데포르마시옹은 표현 기법과 조형성을 중심으로 과장, 단순화, 왜곡, 가상성 등을 특징으로 한다. 왜곡하는 데포르마시옹은 대상이 지닌 고유의 형태를 모순되게 결합하거나 새로운 형상으로 재구성해 왜곡하면서 대상에 대한 고정관념을 변형된 이미지를 통해 거부하고 일탈을 표현하여 상상력과 흥미를 유발하며 시각적 자극을 일으킨다." 윤영범, 『사진, 회화, 그래픽디자인의 이미지 구성과 데포르마시옹』, 커뮤니케이션북스, 2015, 315~316쪽 참조.
75 김승현, 「40, 그 나이가 무용가의 스타일을 말한다-방희선, 안은미, 홍승엽」,

그러면서 피가 가진 상징성의 매너리즘과 작업의 루틴(routine)화 경향을 더불어 지적하고 있다. 그동안 안은미가 보여준 피와 붉은색의 시각적 이미지는 '달 시리즈'를 비롯한 그의 작품에서 여러 차례 반복됐다.

> 안은미는 무대에서 자신의 공언대로 마흔 살 안은미에게 남아 있는 기름기와 영양가를 있는 대로 쥐어짜내는 것으로 보였다. 세련된 도시적 감수성과 무대 미학에서 펼쳐진 잔인한 '피의 향연'은 오랜 고민을 통해 익은 강렬한 주제에 걸맞은 파격적인 그림들이라고 하기에 부족함이 없었다. 그러나 그동안 안은미의 작업의 결정판이라는 생각보다는 관성과 타성이라는 느낌도 없지 않았다. 그 때문에 이 작품을 본 한 춤 평론가는 "갈 때까지 간 느낌"이라고 했는지 모른다. 파격과 도발의 무용가 안은미의 '불혹'은 '갈 때까지 간 것'이 아니라 '새로운 방향을 바라보는 또 다른 모색'이어야 한다. 그러나 이 무대에서는 그것을 찾기 어려웠던 점이 없지 않았다. 그래서 무대의 가득한 피는 매너리즘에 빠진 홍콩 누아르 영화의 헤모글로빈이라는 생각도 든다.[76]

이후 안은미의 공연에서 피의 이미지는 관찰되지 않는다. 하지만 그것이 김승현의 지적에 영향을 받았기 때문은 아니며, 공교롭게도 안은미가 자신의 춤에 색다른 변화를 모색하기 시작한 시기와 우연히 만나게 된 때문이라고 볼 수 있다. 그 시기는 2004년 〈Let's go〉로부터 시작된다고 할 수 있는데, 미니멀한 움직임 안에서 색채를 강조한 시각적 이미지는 계속

『춤』329호, 2003년 7월호, 월간 춤 홈페이지 http://www.choom.co.kr/.

76 위의 글.

된다.

2003년 10월, 독일 에센(Essen)의 폴크방 탄츠 스튜디오(FTS) 초청으로
〈Please, hold my hand〉(10.30, Folkwang Universität der Künste)을 독일에서 초
연한다. 독일 『NRZ』 신문의 슈켄 굴리치(Dagmar Schenk-Güllich)는 공연에
대하여 이렇게 이야기했다.

> 〈Please hold my hand〉는 '누에 아올라(Neue Aula)'에서 초연되어 마
> 지막 순간에는 박수갈채가 이어졌다. 첫 번째 순간부터 관객들은 예
> 술가의 꽤 도발적인 상상력에 매료되었으며 음악, 춤, 의상, 무대 디
> 자인, 모든 것이 함께 어울렸다.[77]

하지만 비평 끝에 "그녀의 작품에서 일본 부토의 신성한 예술에 대한
응답을 쉽게 알아볼 수 있었다.(It is easy to recognize a response to the sacred art of
Japanese Butoh in her work)"라며 부토를 언급한 것은 이해하기 어렵다. 안은
미의 공연은 부토와는 확연한 대척점을 이룬다. 일단 색의 조합이 현란하
고 움직임 또한 리드미컬 하다. 따라서 안은미의 춤이 부토를 상기시킨다
는 것은 적절하지 않아 보인다.

독일의 무용 비평지 『발레탄츠(ballettanz)』의 베티나 트루보르스트(Bettina
Trouwborst)는 안은미의 춤에서 FTS의 예술감독인 피나 바우쉬를 떠올리
며 두 사람의 춤 언어가 상당 부분 유사성이 있다고 느낀다.

---

77   Dagmar Schenk-Güllich, *NRZ Essen*, 1 November 2003. Folkwang University
      of the Arts 홈페이지 참조. https://www.folkwang-uni.de/en/home/dance/folk-
      wang-dance-studio/choreographies/please-hold-my-hand/press-comments/

이것은 피나 바우쉬의 댄서들이 관객들을 매혹시키는 경박한 미소가 아니다. 이것은 건방지고, 악동 같은 웃음이다. 더 정확히는 안은미의 작품 〈Please hold my hand〉에 폴크방 탄츠 스튜디오의 11명의 젊은 예술가의 입가를 절대 떠나지 않는다. 그러나 종종 FTS에 초청 안무가로 한국 사람을 추천한 부퍼탈 댄스 감독을 떠올리게 한다. 그것은 학교 강당에서 초연되었는데 두 여성 사이의 유머와 시각적인 언어의 유사성을 간과할 수는 없다.[78]

2004년 5월에는 제23회 국제현대무용제(Modafe)에서 〈Please, hold my hand〉(5.1~2, 문예회관 대극장)을 재공연한다. 2003년 독일 폴크방 탄츠 스튜디오(FTS)의 객원 안무가로 초청받아 독일에서 초연했던 작품으로 FTS의 무용수 11명이 서울에 와서 공연한다. 하지만 한국 공연에서 무용평론가 송종건의 평은 혹평이었다.

공연예술에서 '누드'를 위한 '누드'는 예술가의 윤락행위가 된다. (…) 11명의 무용수가 객석을 정면으로 바라보는 자세를 하며 시작된 이번 공연은 붉은 원피스 같은 의상을 입은 무용수들이 몸 굴리기를 하고 있다. 정말 단순한 동작을 지겹게 반복하여 공연 시간을 때우는 느낌까지 든다. 연둣빛 간이 의자에 앉아 몸을 좌우로 휘돌리기도 한다.

원색의 치마폭을 휘돌리는 움직임에서는 특이한 느낌이 생기기도 한다. 여자 무용수들이 멀리서 달려와 도약하기 직전에 몸을 팔짝하고 돌리며 등을 뒤로해서 남자 무용수들에게 안기기도 한다(문제는

78　Bettina Trouwborst, "In the Land of Smiles", *ballettanz*, Dec, 2003.

의미 없이 움직임이 나열되고 있다는 것이다). 야광 빛이 나는 의상을 입고 조명 속에 걷고 있는데 잠시 상큼한 느낌은 난다. 다시 별 이유 없이 여자 3명이 젖통을 드러내고 몸을 흔들고 있고, 남녀 한 쌍이 블루스의 움직임을 보이는데 도대체가 따분하기만 하다. (…) 검정 부채를 들고 몸을 흔들기도 한다(이때 검정 부채는 왜 흔들게 했을까?). 거의 끝나는 줄 알았는데 또다시 젖통을 드러낸 여자 무용수가 들어와 남자 한 명과 답답한 움직임을 계속하고 있다. 무용수들이 객석으로 내려와 관객들 뺨에 키스를 하기도 하다가, 무용수 거의 모두가 객석에 내려왔을 때 막이 내리고 있었는데 아무런 내용이나 느낌이 없어 도대체가 허망하기만 한 공연이다.

안은미 특유의 창의력 없이 흐느적거리는 움직임이 난무하고 있던 이번 공연은 독일 폴크방 탄츠스튜디오 단원들이 출연하였다. 팜플렛에는 '외국 평단의 극찬'을 받았다고 해둔 이 작품은, 사실은 독일 무용 인터넷 사이트의 평론에 나타난 대로 외국인들을 위한 '하나의 눈요기 꺼리(Eine Augenweide)'밖에 되지 않는 것은 아닐까?[79]

그에 비해 평론가 김승현은 전혀 상반된 시각을 보여준다.

안은미 특유의 키치미가 일단 눈길을 끌었다. 알록달록한 원색에 분홍빛 조명이 얼핏 미아리 사창가를 연상시킨다. 수영장에서 펼쳐지는 듯한 경쟁의 모습이 우스꽝스럽기도 하고 발자국 소리, 전화 소리, 새가 날아가는 소리 등이 긴장감을 불러일으킨다. 고대 이집트나 오리엔트 사제와 같은 중성적인 모습과 다양한 관능적인 요소들이 한데 어울려 흐드러진 성과 관음증이 느껴진다. 뒤로 보면 여성인데

---

[79] 송종건, 『무용의 비평적 현실』, 안단테, 2006, 53~54쪽.

안은미 춤의 정거장

106 / 107

앞으로 보면 남성인 성도착, 또는 성자별을 부시하는 노발직 의도도 전해진다. 생동 원색이라든지 물동이를 진 아가씨는 한국적 정서를 느끼는 샤머니즘적 요소로 원시적인 생명력이 느껴진다. 권력을 상징하는 듯한 의자 위에서 이익을 위해 싸우는 사람들의 모습이 재미있고, 그 아래서 전라로 기어가는 참혹한 현실을 패러디한다. 이 과정에서 온몸을 뒤로 던져 등으로 안기는 포즈는 참 역동적이고 재미있는 무브먼트였다. 안긴다기보다는 끌려가는 느낌이 났으며, 수동적인 능동이라는 역설도 느껴졌다. 관능과 해학, 유희가 과장되고 극적으로 결합해 경쾌하면서도 결코 밝지만은 않은, 깊은 삶의 근원적 음영을 드러낸다. 하지만 관객과 입맞춤으로 대미를 짓는 막을 내린다. 안은미의 낙관적 익살이 돋보이는 대목이다.[80]

2004년 6월에는 '제12회 창무국제예술제' 개막공연으로 〈Please, touch me〉(6.17~18, 호암아트홀)를 발표한다. 그러나 당시에 평론가 송종건의 평은 그다지 좋지 못했다.

언제나처럼 젖통을 드러내어 흔들기도 하면서 쇼쇼쇼 분위기를 저질스럽게 만들고 있던 안은미의 〈플리즈 터치 미〉는 귀신 꼴을 한 도깨비 차림으로 날뛰기도 하고, 비키니 차림의 덩치 큰 여인이 몸을 흔들기도 하고, 원색 의상 차림으로 더듬거리는 움직임을 만들기도

---

80 김승현, 『정의숙, 전미숙, 안은미의 춤─한국춤 백화제방의 세 꼭지점』, 197~198쪽. 책의 오류. 위의 책 197쪽을 살펴보면 제목은 〈Please, touch me〉인데, 내용은 〈Please, hold my hand〉에 관한 비평이다. 그러다가 뒷부분에서는 단락을 나누고 〈Please, touch me〉의 재공연에 관한 짧은 비평을 덧붙였다. 공연 날짜와 장소도 서로 어긋난다. 어디서부터 비롯된 것인지는 알 수 없으나 독자들의 주의가 필요하다.

했는데 무용 예술의 품위를 떨어뜨리고 있었다.[81]

이후 2005년 3월에 〈Please, touch me〉(3.12~13, LG아트센터, 15분)를 재공
연한다. 춤 전문 공연기획사 MCT가 '오늘의 춤 작가 Big 4 초대전'이란
주제로 전미숙, 안성수, 안은미, 홍승엽의 개인발표회를 주최한 것이다.

붉은색 카펫이 원형으로 깔려 있고 그 위에는 가야금을 켜는 여자와 노
래하는 남자가 자리한다. 하지만 이번 공연의 음악은 어어부 밴드가 아니
다. 미술평론가 이정우가 소리를, 고지연이 가야금을 연주한다. 라이브
를 고집하는 안은미에게 그들은 그냥 음악만을 연주하는 연주자가 아니
라 또 다른 퍼포머. 이정우와 고지연은 검은색의 광택이 나는 가죽옷을
입었다. 그리고 카펫 주위로는 카펫 모양을 따라 초록색 줄이 쳐 있다. 안
은미의 하얀색 메이크업에 분홍색 볼연지는 화사한 듯 슬프다. 사방을 헤
집고 뛰어다니는 모습이 흡사 개구리의 점프 같다. 그의 얼굴은 무표정한
바비 인형처럼 눈만 깜박이고 진한 화장 속에 자신을 숨기고 억지웃음을
짓는 슬픈 광대 피에로를 보는 것 같다. 그의 가슴 노출은 이제는 더 화젯
거리도 아닐 만큼 그의 춤에서 일상이 되었다. 공연 동안 색색의 의상을
10번 정도는 갈아입으면서 계속해서 주위를 유혹한다. 나를 만져달라고,
나에게 관심을 가져달라고. 무용평론가 김영태는 "여러 번 변신하고 여러
번 갈망하는 과정이 이 춤의 요체"[82]라고 말한다.

여기에다 이정우의 노래는 즉흥적 구음 같기도 하고, 무슨 신비로운 주

81 송종건, 앞의 책, 75쪽.
82 김영태, 「참을 수 없는 존재의 네 가지 규명」, 『여성신문』, 2005년 5월 12일.

문 같기도 하다. 고지연의 가야금에서 전통적 소리를 기대했다면 그건 관객의 실수다. 활을 켤 때 들리는 찢어질 듯한 고음과 이정우의 굵직한 구음은 안은미 춤의 즉흥성과 어우러져 춤을 증폭시키기도 하고 때로는 무너뜨리기도 한다. 가야금의 떨림이 거세지면 그의 춤도 정신없이 휘몰아친다. 그리고 마지막에 그의 손가락과 시선이 하늘을 향하며 끝이 난다. 재공연에 대한 평론가 김승현의 비평은 앞서 송종건과는 사뭇 다른 내용이다.

> 대극장으로 옮겨진 무대는 훨씬 강렬했다. 안은미는 10번이나 옷을 갈아입고, 혹은 벗고 한바탕 춤을 췄다. 제발 자신을 만져달라는, 소통하자는 의지를 가야금과 구음의 전위적 음악에 맞춰 특유의 붉은 핏빛으로 춤을 췄다. 안은미의 도발적 파격이 힘을 더해가고 있음이 뚜렷이 느껴지는 제의적 유희가 빛났다.[83]

3. 미니멀한 움직임과 물화된 육체성 〈Let's go〉

안은미는 돌연 2004년 7월 23일, 3년 8개월간 재직하던 대구시립무용단 예술감독직을 사임하고 자신의 활동무대를 독일의 베를린으로 넓혀간다. 안은미는 대구시립무용단의 예술감독으로 재직하는 동안 대구 월드컵과 대구유니버시아드 등 국제행사의 안무가로 자신의 역량을 보여주었으며 난해한 현대무용의 장르적 어려움을 극복하고 관객들의 호응도 끌어냈다. 그리고 지역적 색채가 강한 대구에서 "워낙 통제 불능의 자유인

---

83 김승현, 『정의숙, 전미숙, 안은미의 춤─한국춤 백화제방의 세 꼭지점』, 198쪽.

이라 6개월도 못 갈 것이라는 예상을 깨고 연임"[84]에도 성공했다. 그렇지만 또 한편으로는 직설적 표현과 외설성으로 시립무용단의 정체성에 대해 따가운 시선을 받기도 했다. 하지만 그것이 안은미가 대구를 떠나는 직접적 동기가 된 것은 아닌 것으로 보인다. 그는 "대구에서는 충분히 할 만큼 했다는 생각이다. 더 늦기 전에 스스로 채찍질하고 무엇보다 작품으로 승부하고 싶은"[85] 열망과 도전정신이 그를 움직이게 한 것이다. 안은미는 대구시립무용단의 3년 8개월에 대하여 대극장같이 규모가 큰 작품을 만들 때 대구에서의 경험은 큰 자산이 되었다고 이야기한다.

대구시립무용단에서의 3년 8개월, 결산을 한다면?

지방 가서 힘들겠다고 했는데 전혀 힘들지 않았다. 정말 운이 좋았고 여러 사람이, 특히 대구의 관객들이 도와줬다. 거의 매번 티켓이 매진이었다. 대외적으로도 공식적인 직함을 갖는다는 것은 일종의 인증서와 같다. 안무자는 작품만 짜는 게 아니라 삶에 대한 자기 철학이 있어야 하는데, 대구의 경험은 그동안 살아오면서 형성된 내 철학을 입증해볼 수 있었던 좋은 기회였다. 쉽지 않은 자리임에도 불구하고 장수했다. 리더로서의 책임감, 현실적 경험이 나를 성숙시켰다. 또 하나는, 큰 구조물을 다룰 수 있는 조직력이 생겼다는 점이다. 특히 대본에 의거한 작업이 많이 도움이 됐다. 맘대로 하는 건 쉬운데, 있는 것 개조하려면 더 어렵다. 작품의 맥락, 층위를 탄탄히 깔아주는 작업 없이는 작품이 가볍고 재미가 없어진다. 스토리텔링이나 묘

84   장지영, 「통제 불능 춤꾼 베를린에 둥지…안은미씨 한(恨) 아닌 힘 보여주겠다」, 『국민일보』, 2004년 7월 24일.

85   「안은미–베를린이 나를 부른다, 대구를 떠나 자유 선언한 안은미」, 『몸』 117호, 창무예술원, 2004년 8월호, 29쪽.

사의 방식은 촌스럽고, 아는 내용을 어떻게 해석하느냐가 중요하다. 구멍가게 하다 슈퍼마켓 한 셈이다. 그런데 너무 잘했다.[86]

대구시립무용단을 떠난 2000년대 중반의 안은미는 한국과 독일을 중심으로 개인 창작에 집중한다. 여기서 안은미의 작품은 크게 두 가지의 흐름이 병존하는 모습을 보이는데, 하나는 '춘향', '바리'와 같은 고전을 패러디한 현대무용이며, 다른 하나는 미니멀한 움직임을 바탕으로 원초적인 몸성을 탐구하는 모습이다. 본 장에서는 미니멀한 움직임을 중심으로 한 작품을 살펴볼 것이며, 전통을 소재로 한 춤은 다음 장의 '안은미 춤의 특징적 사례들―가슴을 풀어헤친 〈新춘향〉'에서 자세히 다룰 예정이다.

2004년 10월, '제4회 서울국제공연예술제(SPAF)'에서 〈Let's go〉(10.22~23, 서강대 메리홀, 90분)을 공연한다. 이 작품은 '제3회 피나 바우쉬 페스티벌'[87]에서 초연하였으며 독일에서 초연 당시 독일, 프랑스, 미국 등의 무용수를 오디션을 통해 뽑았다. 그리고 서울 공연에서도 초연 당시의 무용수들이 참여했다.

무대의 바닥과 배경은 모두 하얀색이다. 그동안 안은미가 즐겨 사용하던 생활소품이나 튀는 소도구들도 보이지 않는다. 마치 순백의 빈 도화지 같다. 안은미는 이곳에 무엇인가를 그려 넣을 속셈인 듯하다. 한 평론에

---

86 위의 책, 같은 쪽.
87 안은미는 10월 독일의 3개 도시 부퍼탈, 에센, 뒤셀도르프에서 열리는 '피나 바우쉬 페스티벌'에 초청되어 〈Please, Don't cry〉(2004.10.3, Düsseldorfer Schauspielhaus Kieines Haus)와 〈Let's go〉(2004.10.13, Essen PACT Zollverein)을 공연한다.

서는 "춤이 통제된 도구상자 같은 공간"[88]이라고 표현한다. 무용수들은 가슴부터 무릎까지 오는 검은색 치마 원피스를 입었는데 몸에 밀착된 팽팽한 탄력감이 무용수들의 신체 윤곽을 분명하게 한다. 그들은 어린이들의 트램펄린(trampoline) 놀이처럼 제자리에서 껑충대는 높이뛰기를 시작으로 짐승처럼 네 발로 뛰며 앞으로 돌진하고, 전라의 남자 무용수는 제자리멀리뛰기를 하며 무대를 가로지른다. 여기에 머리를 휘감는 웨이브 동작과 서로를 껴안고 넘어지기, 느리게 뒤구르기, 제자리에서 앞으로 쓰러졌다 다시 일어나기 등의 단순 동작을 반복한다. 무용수들이 입은 검은 치마를 뒤집으면 분홍의 원색이 드러난다. 그들은 치마를 뒤집어서 입고 벗기를 반복한다. 입는다는 표현보다는 포대자루를 뒤집어쓴다는 느낌이 적절할 정도로 단순 반복되는 동작들은 무척이나 원시적이다.

이 작품은 기존의 안은미를 생각한다면 다소 얌전하다. 안은미는 "보면 알겠지만 별로 웃기는 데가 없는 작품이에요. 사실 안은미가 그동안 좀 웃겼잖아요. 하지만 이번 작품은 심각하고 조용해요. 움직임도 아주 미니멀하죠. 제가 변했거든요."[89] 그래서였을까 파편적인 동작의 반복으로 인해 무용공연으로는 짧지 않은 90분 공연의 후반부는 다소 지루했다. 하지만 분명한 것은 〈Let's go〉가 "1990년대적인 가치와 결별하고, 새로운 무용 예술의 장을 열어 보려"[90]는 안은미의 새로운 도전이고 실험이었다는

88   김남수, 「무용비평-안은미의 렛츠고, 몸과 공간의 심미적 대화···포괄성에서 멈춘 도약」, 『교수신문』, 2004년 12월 21일.
89   오미환, 「춤꾼 안은미 신작-〈렛츠 고〉 다국적 무용수 6명과 준비」, 『한국일보』, 2004년 10월 20일.
90   이정우, 제24회 국제현대무용제 프로그램 〈Let's go〉 부분 참조.

것이다. 어떤 예술가나 그렇겠지만 안은미 또한 자신의 춤에 변화를 모색하기 위한 계속된 노력이 있었다. 평론가 김남수는 또한 안은미의 변화된 춤 세계를 〈Let's go〉에서 찾는다.

현대무용가 안은미의 무대에는 늘 판타지가 등장했다. 그는 분홍의 베이스에 빨강-초록의 보색대비로서 초현실의 인공낙원을 건설하곤 했다. 그것은 폭력적 질서의 세상에 대항하는 안은미 특유의 방법이었다. 샤머니즘과 몽상을 통한 상징적 해결이라 해도 그것이 삶의 편인 한, 부정할 수 없는 가치를 지니고 있었다. 그래서 안은미가 토플리스 차림으로 독무를 출 때면, 그 모습이 항상 의미심장하게 다가왔다. 젖가슴에서 은유되듯 광녀(狂女)인 동시에 대지모신, 또한 이미 상처받은 여인인 동시에 아직 순박한 처녀. 하지만 낙원에서도 비극의 그림자가 온전히 지워지지는 않았고, 그때의 춤은 다시 한번 체념과 낙천성을 통해 생명을 회복하려는 운동이었다.

그런데 지난 10월 22일 국제공연예술제에서 만난 안은미 신작 〈Let's go〉에는 오랫동안 그가 지속해왔던 휴머니즘의 취향도, 낙원의 내러티브도 모두 없었다. 대신 심플하고 반복적인 춤이 통제된 도구상자 같은 공간과 어떻게 접촉하는지를 실험하는 미학적 탐문이 자리를 꿰차고 있었다. 이것이 지나치게 미시적인 관심으로 흘러버린 것은 아닌지 의구심이 든다. (…) 〈Let's go〉의 무대는 다인종 무용수들의 몸의 질감이 극대화된다. (…) 또한, 안은미는 이들 무용수의 몸을 물상화하는 것 같다. (…) 남녀의 누드가 무대를 가로지르는데, 그것은 물상의 전형적인 느낌을 자아낼 뿐이다. 심지어 남녀가 달라붙어 성적 포즈를 취할 때조차 이상하게 섹슈얼리티의 감각은 좀처럼 연상되지 않는다. (…) 전체적으로 안은미가 일관되게 견지했던 독특한 휴머니즘의 색채가 상당 부분 탈색되고, 기능주의적 실험을 벌이는 것이 퇴행은 아닌가. '플리즈 시리즈'에 나타난 피범벅의 세례 속에서도, 난행의 암시 아래에서도, 만유와 들러붙는 혼음의 무아경 속에서도 끝끝내 포기하지 않았던 구원이 절망의 몫을 더 키웠던 것일까.

그가 사회적 결격을 극복하기 위해 차용했던 유희 정신의 실종은 크게 느껴진다. 일찍이 이념적으로 아방가르드를, 방법적으로 키치를 내세우며, '깊이의 형이상학'과 '내면의 어둠'이라는 표현주의의 말폐적 현상을 타파했던 안은미에게 〈Let's go〉는 어떤 터닝 포인트의 실험인지도 모르겠다. 하지만 한국현대무용의 개성적인 미학을 구축했던 그가 자신의 기존 장점들을 접어버리는 것은 의문의 여지가 있다. '일상의 차용', '놀이 정신의 극한', '제의의 현대적 수용' 등은 한국의 춤의 여전한 과제이기 때문이다.[91]

2005년 6월에는 제24회 국제현대무용제(Modafe) 초청으로 〈Let's go〉(6.4~5, 서강대 메리홀)를 재공연하였다. 재공연에서 평론가 송종건은 무용의 품위를 포기하고 섬세한 안무능력이 빠진 막춤으로 혹평한다.

상징이나 은유가 되지 않은 막춤이 난무하고 섬세한 안무능력이 결여되어 순간순간을 모면하는 정도의 장면들을 간신히 만들어나가고 있던 이날 공연에서도 공연자들이(안은미도 포함된다) 아무런 근거 없이 생짜로 벗고 무대를 왔다 갔다 해 객석은 불쾌하기만 했다. (…) 남자 무용수 한 명이 전라로 나타나 좌에서 우로 넓이 뛰기 하는 자세로 사라지기도 한다. 왜 옷을 홀랑 벗고 나타났는지 전혀 근거를 대지 못하고 있다. 역시 남자가 누드를 이루던 이날 밤 문예회관 대극장에서 있었던 빔 반데키부스 공연의 경우와는 너무나도 다르다.

---

91 김남수, 앞의 기사

빔 반데키부스는 남자가 옷을 벗었다는 것을 느끼지 못할 정도로 문맥(context)을 장치하고 있었는데, 안은미의 경우는 아무런 근거 없이 옷을 벗고 왔다 갔다 하게 만드는 것이 여자 관객들을 위한 서비스(?) 차원인 것처럼 보이기도 한다.

젖통을 드러낸 여자 한 명이 두 손과 두 발을 땅에 대고 짐승처럼 걷기도 한다. 제법 의상을 뒤집어서 다른 색상의 모습을 보이는 노력도 하는데 특별한 감동이 없다. 남자 두 명이 엉덩이를 밀 듯이 하면서 기어 나와서 템포를 느리게 한 막춤을 춘다. … 계속해서 펄떡펄떡 뛰는 원시적인 움직임을 반복하고 있던 이 공연은, 원래 작품의 품위 같은 것은 포기했다고 하더라도, 조금이라도 섬세한 안무나 창의적 예술적 아이디어 같은 것도 찾아볼 수가 없었다.[92]

그와는 반대로 평론가 김남수는 "안은미가 자신의 춤 미학에서 색다르고 의미 있는 변화를 시도하는 빛이 역력했다"[93]고 평가한다. 하지만 이러한 변화의 시도는 사실 2003년 10월 독일 FTS 초청으로 〈Please, hold my hand〉를 독일에서 초연하면서부터 감지되었다고 할 수 있다. 이후 2004년 5월 서울에서의 재공연은 그동안 안은미로 대표되는 시각적 연출의 질펀한 놀이마당과 일상적 퍼포먼스를 통한 사회풍자, 그리고 키치를 통한 엄숙주의의 조롱이 잘 발견되지 않았다. 김남수는 이것을 안은미 춤의 변화와 새로운 시도로 읽는다. 다만 〈Please, hold my hand〉에서는 그것이 아직 안은미와 완전하게 융화되지 못한 채 겉돌고 있다고 지적한 것이다.

---

92 송종건, 『무용의 미학적 분석과 비평』, 안단테, 2006, 95~96쪽.
93 김남수, 「독일에서 돌아온 안은미, 〈렛츠고 Let's Go〉를 춤추다」, 『오마이뉴스』, 2005년 6월 15일.

지난해 모다페에서 안은미는 〈제발 내 손을 잡아줘〉를 들고나왔는데, 유럽인의 몸들이 색색깔의 목욕탕 공간에 등장하고 독특한 난장 형식의 퍼포먼스와 접목하여 기묘한 풍경을 만들었다. 탄츠테아터의 거장 피나 바우쉬와 교감이 있던 안은미는 독일로 건너가서 우리 문화의 베이스에다 유럽인의 몸을 섞으면서 다문화적, 다층적 춤의 신기원을 열어가기 시작했다. 국제적 스케일의 새로운 춤판을 만든 남다른 시도. 그렇지만 그 작품이 과도기의 작품이란 판단이 든 것은 안은미식의 놀이 정신과 유럽의 문화적 습속이 서로의 몸을 채 섞지 못했고, 기우뚱하는 이질감을 얼마간 줬기 때문이었다. 확실히 안은미 특유의 신명과 활기는 대단했지만, 두 개의 문화가 서로 융화되지 못한 채 동거하는 느낌이 있었다.[94]

하지만 〈Let's go〉에서는 과거의 일상적 몸짓이나 현실 세계의 직설적 표현보다는 몸의 본질로 돌아가 원초적인 몸성을 탐구하는 데 집중하는 모습이다.

안은미가 다문화가 가진 겹과 층을 자기식으로 소화하는 작업이 수준급의 궤도에 올랐음을 보여줬다. 일단 가장 눈에 띄는 것은 안은미가 몸을 무대에 정위시키는 방식이다. 유럽 출신의 남녀무용수들은 몸의 느낌이 다르지만, 안은미는 현란한 현대무용이나 발레 형식의 어떤 시도도 시키지 않는다. 그보다는 몸의 중심을 엄격하게 지키도록 만든다. 가령, 몸을 바닥으로 던지거나 수직으로 솟구치거나 혹은 상대와 얼싸안고 서로 반대 방향으로 넘어질 때, 자신의 몸이 가진 중심의 축선을 유지하도록 한다. 통나무처럼 전체로서의 몸을 보

---

94 위의 기사.

도록 만드는 발상이 매우 신선했다. 팔다리의 미세한 흐름을 자제하고 큰 느낌을 선호하는 안은미의 춤은 동양의 장자적인 대범한 기운이 흘러넘쳤다. 거기에 유럽인 특유의 신체에서 특유의 긴장감, 내밀한 표현력 그리고 억제된 몸성이 터져 나오니, 놀라울 정도로 매력적인 화학 작용을 일으켰다. 그리고 얼핏 우아하게 보이는 절제된 몸짓 패턴들이 차이가 있는 반복을 진행하면서 몸에 대한 좋은 질문들을 던지고 있었다.[95]

그렇게 본다면 2003년 〈Please, hold my hand〉에서부터 2004년 〈Let's go〉로 이어지는 새로운 시도들은 안은미가 자신의 춤에 변화를 꾀하기 위한 암중모색의 시기였다고 할 수 있다. 왜냐하면, 위의 두 작품은 모두 독일에서 외국 무용수들과 초연했다. 그러면서 중간에는 대구시립무용단의 예술감독 임기가 끝나기도 전에 그 직을 사직하고 독일로 떠난다. 안은미는 국내가 아닌 타국에서 자신에 대한 새로운 가능성을 타진해보고 그에 합당한 예술적 답변을 찾기 위한 또 다른 여정을 시작한 것이다. 물론 피나 바우쉬의 도움을 간과할 순 없지만, 그것이 배경이 될 수는 없다. 그곳에서 찾아야 하는 예술적 답변은 오직 자신만의 문제였기 때문이다.

2005년 9월에는 〈Let me change your name〉(9.20~21. 베를린 세계 문화의 집, 85분)을 발표한다. 이 작품은 '2005년 독일 한국의 해' 행사의 하나인 '베를린 아시아-태평양 주간 포커스 코리아' 행사의 하나로 독일에서 초연되었다. 이후 2005년 10월에 제5회 서울국제공연예술제(SPAF)에 초청되어(10.3~4 충무아트홀 대극장) 한국에서 재공연 되었으며, 2007년 제2회

---

95 위의 기사.

광주국제공연예술제의 개막작으로 (8.16, 광주문화예술회관 대극장) 공연되기도 하였다.

이 작품에는 호주, 미국, 프랑스 무용수와 안은미를 포함한 한국인 무용수까지 모두 7명이 등장한다. 이 작품은 〈Please, hold my hand〉와 〈Let's go〉에 이어 외국에서 초연하고 한국에서 재발표하는 방식으로 제작되는 세 번째 작품이다. 이 작품은 기존의 안은미적인 방식과 〈Please, hold my hand〉〈Let's go〉에서 탐닉하던 원초적인 몸성이 전작들과 비교해 한층 더 조화롭게 어울렸다. 무대는 역시 하얀색을 기조로 깔끔하게 비어 있는 상자 같다. 여기에 원색을 이용한 단순한 조명변화가 예전의 왁자한 분위기에서 미니멀한 작업으로 변화하고 있음을 보여준다. 무용수들이 입고 있는 고탄력 치마 원피스는 하나같이 원색이다. 하지만 어떤 색이 유난히 도드라지는 것은 없다. 무채색 가운데 원색이 하나 등장하면 튀는 색이 되겠지만 연두, 노랑, 파랑, 보라, 주황 등이 동시에 등장하는 것에서는 이미 색에 대한 감각이 무력해진다. 하얀색과 검은색 의상도 등장하지만 그럴 때는 여지없이 원색의 조명이 뒤를 받친다.

안은미에게 색이 포기할 수 없는 구성 요소인 것처럼, 토플리스 또한 마찬가지이다. 이 작품에서는 특히나 옷의 질감을 이용한 입고 벗는 몸 움직임이 빈번하게 등장한다. 그리고 손으로 치마를 장난스럽게 들썩이고 도망치듯 무대를 뛰어다닌다. 움직임들은 여전히 일상적 움직임 또는 어린 시절 놀이를 응용한 친숙한 동작들로 읽힌다. 그런 반면 예전의 질편할 정도의 무질서함이나 혼돈, 뜨악한 소도구, 기괴한 퍼포먼스 등은 축소되거나 배제된다.

평론가 김승현은 이런 모습들이 "관능을 넘어 아무런 거리낌이 없었던 어린 시절의 유희를 연상시켰다. 안은미는 자신의 색인 빨강을 입고 나와 특유의 몸 비틀기로 장난스러우면서도 강렬한 인상을 남겼다. 모델의 워킹에서부터 어린 시절 개구쟁이들의 장난이었던 속칭 아이스케키 놀이를 비롯해 다양하고 명랑한, 유희적 역동미를 만들어냈다. 이 동작을 옷과 연결해내면서 옷이 오브제로서 다양한 의미의 리듬과 색채를 만들어냈다. 〈하얀 무덤〉 시리즈의 아이디어와 단아한 미니멀리즘이 이후의 키치미한 왁자지껄한 작업과 어울려 새롭게 정리된 안은미의 춤 방향을 보는 것 같아 즐거웠다"[96]고 평한다.

이후로 〈Let me change your name〉[97]은 세계 각국에서 여러 차례 리바이벌 되었는데, 가장 최근에는 2017년 10월 24~25일, 런던 'The Place' 극장에서 공연하였다. 그러나 런던 공연의 평가는 그다지 호의적이지 않았다. 영국의 춤웹진 『DanceTabs』의 평론가 시오반 머피(Siobhan Murphy)는 이 공연에 별 2개를 주었다.

갈채를 받는 한국인 무용가이자 안무가인 안은미는 자극적인 전자 음악과 여러 가지 색깔, 그리고 전위적 실험주의와 함께 한국의 전통신앙에 대한 공감을 엮어내며 '테크노 샤먼'이라는 별명을 얻었다.

---

96 김승현, 『정의숙, 전미숙, 안은미의 춤-한국춤 백화제방의 세 꼭지점』, 201쪽.

97 2007년 2월 14~15일, 스페인 마드리드 시르쿨로 예술원의 페르난도 데 로하스 극장(Sala Teatro Fernando de Rojas, Círculo de Bellas Artes). 2010년 8월 26~29일, 콜롬비아 보고타 내셔널극장(Teatro Nacional La Castellana). 2010년 11월 16~17일, 독일 베를린 DOCK 11 극장. 2010년 11월 20일, 독일 루트비히스하펜(Ludwigshafen) 페팔츠바우(Theatre Im Pfalzbau) 극장. 2010년 11월 26일, 독일 하이델베르그(Heidelberg) Zwinger1 극장. 2016년 7월 22일, 파리여름축제(Paris Quartier d'été).

올해의 Dance Umbrella 공연의 하나로 무대에 오른 〈Let me change your name〉은 우리에게 이 모든 걸 다 주었다. 그것은 그녀의 여섯 댄서를 산산이 부서진 것처럼 보이게 했다. 그러나 그것의 요점은 좌절감을 느낄 수 없을 정도로 잘 풀리지 않았다. 프로그램 노트에 따르면 이 작품은 현대 사회의 정체성과 개인의 위치에 대해 의문을 제기했는데, 댄서들의 열광적인 소용돌이 속에서 그 옷을 그렇게 가볍게 교환하고 한쪽으로 내던졌는가? 말하기 어렵다. 바우쉬의 관용이 작품 속에 부분적으로 스며들었고 안은미의 요점이 무엇이든 간에 1시간 20분을 의미 있게 만들 만큼 충분히 강하지 않았다.

검은색 옷으로 돌아가면, 무용수들은 메시지를 전달하기 위해 필사적인 시도를 계속했는데 동시다발적인 회전과 두 팔은 의도를 드러내기 시작했다. 그들과 안은미가 성공하지 못했다는 사실은 그들의 맹렬한 헌신과 입을 떡 벌어지게 하는 체력으로 인해 부분적으로 누그러졌다. 그들은 마지막 이어지는 부분에서 절정에 달했고, 기쁨에 넘친 도약을 하고, 명랑한 몸짓과 만화적인 행동을 하고, 염치없는 웃음을 지었다. 하지만 우리는 실제로 반짝이는 세상의 저편으로 초대받지 못했기 때문에, 그들과 유쾌한 기분을 나누는 것은 어려웠다.[98]

『가디언(*The Guardian*)』지의 평론가 샌조이 로이(Sanjoy Roy)는 별 3개를 주었다.

무용수들은 연습한 대로 반복적으로 움직이지만, 가끔 스커트를 휙

---

98 Siobhan Murphy, "Eun-me Ahn – Let Me Change Your Name – London", *Dance Tabs*, on October 26, 2017 in Reviews.

〈Let me change your name〉(2017, 런던 'The Place')

photographe : 박은지

휙 들어 올리거나 몸에 꽉 끼는 흰색 내의까지 벗기도 하고 과감하게 젖가슴을 다 드러내고 행진하기도 한다. 남녀 모두가 이 같은 동작을 하지만 한결같이 섹시해 보이지는 않는다. 아무런 욕망이나 유혹도 생기지 않고 오로지 동작, 리듬 그리고 특히 색상에 대한 감각적인 자극만 받을 뿐이다. 한편 무용수들이 색상을 강하게 대조시키기 위해 상의와 스커트를 바꿔가며 입는 동안 조명은 진홍, 라임, 일렉트릭 블루 색상으로 바뀌고 사운드트랙은 끊임없이 굵은 베이스 음을 깔고 고음의 삑 소리를 쏟아낸다. 이런 행위가 여러분을 불안하게 만들 수도 있지만 새로운 발상을 제공하기도 한다. 그래서 실험적인 안무를 선보이는 불가사의한 인물인 나이 지긋한 안은미가 가끔 무대에 나타날 때나 무용수들이 서로 등을 대고 희미한 조명 아래 실루엣을 만들며 최면에 걸린 듯 회전할 때면 여러분 마음은 편안해진다. 하지만 이 모든 게 무엇을 위한 것인가? 이번 공연은 에어브러시로 착색한 남녀 공용 의상, 끊임없는 리듬, 만화 같은 색상 그리고 날렵한 몸동작으로 인해 케이팝의 현대무용 버전 같다는 생각이 들고, 뮤직비디오를 제작해도 좋긴 하지만 거의 80분짜리가 될 것이다. 한편 수도원 의식과 앞뒤로 밀어내면서 계속 서로 떨어지려고 하는 무용수의 잠깐의 마주침이 사람들의 호기심을 돋우지만 별 효과가 없다. 그리고 색상은 나를 혼란스럽게 만들 뿐이다.[99]

2005년 11월에는 국립중앙박물관 개관 기념으로 〈Let me tell you something〉(11.18~19, 국립중앙박물관 극장 용)을 발표한다.

안은미의 작업은 2003년 〈Please, hold my hand〉를 기점으로 〈Let's go〉 〈Let me change your name〉과 〈Let me tell you something〉에서 일련의 관통선을 가진다. 'Please …' 시리즈가 그 가능성을 타진해보는 시도였다면, 이후 'Let …' 시리즈는 현실 세계의 직설적 표현보다는 몸의 본질로 돌아가 원초적인 몸성을 탐구하고 몸을 물화(物化)시키는 새로운 단계에 진입했다고 할 수 있다. '물질-언어'라는 새로운 서사 방식을 구축하면서 몸짓은 한결 더 간결해지고 직접적 서사보다는 물질적이고 추상화된 몸이 전면에 등장한다. 평론가 이정우는 이것을 "헛-서사의 체계"[100]라고 말하는데, 이것은 드라마적 체계를 원하는 관객들에게는 여전히 서사가 제공되지만, 서사를 구축하는 과정에서 추상화된 몸의 파편들을 조합해야 할 몫은 관객에게 있음을 의미한다. 그러면서 공연의 수행성(performativity)이 점점 더 강조되는 경향을 보인다.

이와 같은 모습은 행위가 촉발하는 육체성과 물질성의 지각이 기호성에 우선하여 나타나는 지각사건으로서의 공연이다. 사건으로서의 공연은

---

99 Sanjoy Roy, "Eun-Me Ahn review—eye-scorchingly colourful dance goes K-pop", *The Guardian*, on Wed 25 Oct 2017.

100 이정우, 〈Let me tell you something〉(2005) 공연 프로그램 참조.

육체가 수행하는 물질성이 반드시 기호적 의미를 시시하지는 않는다. 오히려 물질과 기호가 분리되기도 하고, 또는 제각각 고유한 의미를 창출하기도 한다. 따라서 의미란 미리 규정되는 것이 아니다. 그러므로 거기에 있었던 관객들은 같은 시간과 공간에서 자신을 변화시키는 육체의 영향력에 노출되며 지각사건의 공동주체(Ko-Subjekte)로 존재해야 한다. 결국 "관객 편에서 볼 때 공연에서 요구되는 수행성이란 박수치기, 휘파람 불기, 비난하기 같은 관습적인 행위를 이행하는 것이 아니라, 새로운 관계를 실제로 규정할 때 일어난다. 새로운 관계의 규정이란 그 결말이 완전히 열려 있는, 즉 역할 바꾸기가 가능한 상태를 의미한다."[101]

이에 관해 평론가 심정민 또한 물화된 육체성의 표현이 안은미의 전작들과 차별화되는 지점이라고 말한다.

> 첫 장면에서 커다란 풍선이 터지자 그 뒤에 있던 두 여성의 전라가 적나라하게 보인다. 조금의 은유적 감춤이나 치장을 의도하지 않은 채 있는 그대로 물체화시켜 던져놓은 육체이다. 이러한 전라는 전통적인 예술 무대 위에서 익숙하지 않은 금기로의 이탈이며 최근 급진적인 무용가들 사이에서 제시되는 물화되고 동시에 꾸밈없는 전라의 전면적인 나열인 셈이다. 〈Let me tell you something〉에서 움직임은 크고 작은 변형 속에서도 근본적으로 반복되는 틀을 가진다. 특히 안은미의 독무에서 기계적인 몸짓은 무표정한 표정과 함께 주체성을 상실한 자동인형 같은 모습을 연상시킨다. 그 속에서 안은미는 현대의 물질문명에 갇혀버린 정형화된 인간의 몸짓을 형상화한다.[102]

---

101 Erika Fischer-Lichte, 『수행성의 미학』, 김정숙 역, 문학과지성사, 2017, 38쪽
102 심정민, 「미쳤거나 혹은 독창적이거나-안은미의 〈Let me tell you something〉」,

그러므로 'Let …' 시리즈 안에서 관객의 미덕은 서사의 개연성을 찾기 위한 노력보다 헛−서사의 환영이 보여주는 이미지를 즐기는 것이다. 안은미의 공연에서 빈번하게 등장하는 토플리스가 그 장면에서 꼭 필요했는지에 대한 개연성의 욕망을 잠시 잊는다면, 자아의 껍데기뿐인 육체가 아니라 살아 있는 물질로 꿈틀대는 육체를 발견할 수 있다. 현대공연예술의 화두는 이성에 갇힌 몸의 해방이다. 소크라테스 이후 인간이 이성적 존재라는 것은 어쩌면 신화적 믿음의 소산일 수 있다. 그렇게 인간의 몸은 문명을 통해 지속해서 통제당해왔으며 우리의 몸성은 이성으로 통제된 왜곡된 욕망의 분출구로 이용되어왔다. 그에 비해 〈Let me tell you something〉은 무언가를 말한다고 하지만 그저 모호한 몸짓의 나열과 조형적 책무만을 수행하고 있다. 이성으로 통제된 권능의 몸짓이 아니라 생경한 리듬의 인공적인 움직임은 무용적 문맥을 찾아보기 어렵다. 그 생경함에 몸을 맡긴 사람은 즐거웠을 테고 개연성을 찾기 위해 노력한 사람은 지루했을 것이다.

그러나 평론가 송종건의 지적처럼 적나라한 토플리스가 예술 소비자들의 기호에 여전히 불편한 존재일 수 있다.

> 국립중앙박물관 개관 기념 공연에 이런 저질 공연─여기 말하는 '저질'은 공연 도중 여자들이 아무 때나, 아무런 예술적 근거도 없이 웃통을 벗고, 젖통을 흔들어대어서 '저질'이라는 것도 있지만, 창작의 깊이와 질이 떨어져서 '저질'이라고 하는 개념도 포함된다─이 참여해도 되는가 하는 생각을 떨쳐버릴 수 없었던 … 아무런 이유 없이

───────────

『21세기 전환기의 무용 변동과 가치』, 203~204쪽.

발가벗은 남자가 무대를 지나가기도 한다. 다리를 질질거리며 걷기도 하고, 안은미가 나와서 건들거리기도 한다. 또 젖통을 덜렁거리며 여자 둘이 지나간다. 어깨와 다리가 함께 앞으로 나가는 더러운 느낌의 움직임을 뭔가 대단한 것처럼 무용수들에게 반복시키기도 한다. 젖통을 단체로 흔들게 하기도 한다. 지금 안은미가 안무를 하는지, 나체경연대회를 하는지, 작품에 아무런 무용적 문맥(context)을 찾을 수가 없다.

제자리에서 팔을 권투하듯이 흐느적거려 보기도 하고, 이 짓, 저 짓, 아무 짓이나 나열해보고 있는데, '안무'가 되지 않은 작품의 불행함 혹은 측은함을 지울 수가 없다. 아무런 근거 없이 시도 때도 없이 웃통을 벗고 젖통을 흔들어 주고 있던 이번 '행위'—이것은 결코 '공연'이라고 할 수 없다—는 우리 무용의 암담한 현실을 또 한 번 '국립중앙박물관' 공연장에서 확인할 수 있게 해주고 있었다.[103]

2006년 10월에는 〈Louder! Can you hear me?〉(10.28, 프라이부르크 시립극장, 90분)를 독일에서 초연한다. 〈新춘향〉이 끝나고 한국의 안무가로는 처음으로 유럽의 국공립 무용단에 객원 안무가로 초청받은 것이다.

무대는 사방으로 흰색의 벽이다. 벽에는 양옆으로 작은 창문과도 같은 구멍이 있는데, 공장의 환기통을 연상시키며 무대 쪽으로 돌출되어 있다. 그리고 전자레인지나 오븐을 연상시키는 두 개의 커다란 출입구와 발레의 연습용 바(bar)가 벽에 달려 있다. 전체적으로 흰 무대에 몇몇 공간을 장식한 무대 재질들은 스테인리스로 만들어져서 사이버틱한 느낌을 주며 인간의 감정이 원초적으로 배제된 기계적인 공간으로 상상된다. 그 공

---

103 송종건, 『무용의 미학적 분석과 비평』, 161쪽.

간에서 배우들은 인간의 몸을 통해 움직임의 수백 가지 변형을 시도한다. 높이 뛰어오르기, 기어가기, 걷기, 넘어지기, 구르기, 매달리기, 다른 사람 만지기, 부딪히기, 껴안기 등 춤과 움직임이 몸의 언어 속에서 이루어진다. 더군다나 처음 20분 정도는 어떤 음악도 끼어들지 않는다. 공연은 무용수들의 구르고 부딪히는 소리만이 둔탁하게 들릴 뿐이다. 이후에 들려오는 음악도 비트만 있는 미니멀한 소리뿐이다. 공장의 기계음처럼 계속해서 반복되는 비트 속에 무용수들은 어떠한 표정도 짓지 않는다. 따라서 어떠한 이야깃거리나 개연성도 발견할 수 없다. 치마를 살짝 치켜들고, 에로틱하게 골반을 흔들고, 관객을 향해 시험하듯 시선을 보낸다. 그것으로 그들의 임무는 끝난다. 프라이부르크에 동행했던 평론가 김남수는 무용수들의 움직임에 대해 다음처럼 얘기한다.

음악도 동작도 없이 무대 너머에서 전해지는 신체는 이처럼 분절적이고 그로테스크했다. 이 압도하는 도입부에서 이미 관객들은 웃음 반, 경악 반이었다. 무용수들은 공간과 차원이 뒤섞이는 화가 에서의 그림처럼 공간의 경계선을 넘나들며 아찔하게 움직였다. 형광 빛 의상을 걸친 남녀는 구별 없이 매끈해 보이다가 갑자기 에로틱한 유머를 내보이고, 네발짐승처럼 무대를 걷다가 고비마다 기계처럼 제어된 감각을 더해 표현하기도 했다. 안은미까지 포함한 유럽, 아프리카, 아시아의 신체가 투명하고 서늘하게 겹쳐졌다. 허슬과 유머, 컬러와 흰색, 백인과 비백인의 구분선을 따르는 현대의 신체가 강렬하게 드러나며, 동물과 기계 사이에서 진동하고 있었다.[104]

---

104 김남수, 「동서양 문화 그답게 독창적 반죽」, 『한겨레신문』, 2006년 11월 5일.

〈Louder! Can you hear me?〉의 무대는 차가운 인터넷 공간을 상징한다. 그 공간 속에서 우리는 내 말을 전달하기 위해 더 크게 소리친다. 하지만 결국 사이버상의 소통은 완벽한 공회전일 뿐 어떠한 메아리도 주지 않는다.

2007년 5월에는 1회 스프링웨이브 페스티벌(Springwave Festival : 국제다원예술축제)에 초청되어 〈I can not talk to you〉(5.7~8, 예술의전당 자유소극장)를 발표한다. 그동안 안은미의 작품들은 언제나 틀을 깨는 묘미가 있었다. 그래서 세상은 그에게 독특하다는 표현으로는 뭔가 성에 차지 않는 듯 여러 수식어를 갖다 붙인다. 그런 면에서 이 작품 〈I can not talk to you〉에는 지금까지와는 또 다른 안은미가 등장한다. 이것은 춤이 아니라 다원예술이라는 슬로건을 철저히 의식한 완전한 놀이판처럼 느껴진다.

극장으로 들어서자마자 첫눈에 관객을 사로잡는 것은 바닥부터 천장까지 높다랗게 설치된 철조망이다. 예전 앵무새를 키우던 새장이 마법처럼 수십 배로 커져서 우리 앞에 놓여 있다. 그 안엔 잔디가 깔려 있으며, 빨간 벼슬을 한 수탉 한 마리가 스포트라이트를 받으며 노닐고 있다. 무대는 거대한 닭장을 연상시킨다. 조명이 들어오면 안은미는 흰색의 얇은 원피스를 입고 닭장 안에서 닭을 응시한다. 그리고 닭장 안에 갇힌 지루한 새처럼 느릿느릿 몸을 움직인다. 이때 검은색 두루마기를 걸치고 부채를 든 남자가 닭장 주위를 맴돌며 노래를 부르기 시작한다. 영화 〈오즈의 마법사〉의 〈over the rainbow〉다. 그런데 창법이 특이하다. 판소리풍의 팝송이다.

닭장 밖에서 정신없이 노래가 흐르는 동안 안은미는 두 팔을 들고 닭장을 탈출하려는 듯 닭장 안을 뛰어다닌다. 닭장에 갇힌 닭이 놀라서 함께 퍼드덕거리며 날아오르고 닭장은 이내 아비규환의 철조망이 되고 만다. 닭장에 갇힌 안은미는 철조망을 흔들며 애절하게 구원의 손짓을 하고 머리를 철조망에 세게 부딪치며 몸부림친다. 그리고 지쳐 쓰러지며 제자리에 흘러내린다. 그의 옷은 사회의 속박인 듯 어느새 벗어져 있고 마지막엔 신명 나게 몸을 흔든다. 공연의 중간쯤에는 노래 부르는 여자가 합세한다. 여자와 남자는 서로 배턴 터치를 하듯이 번갈아가며 계속해서 수십 곡의 노래를 부르고 때로는 2중창으로 트로트를 부르기도 한다. 이들이 부르는 노래는 장르에 구애됨이 없이 뒤죽박죽이다. 오래된 트로트부터 현대 트로트, 포크송에 발라드, 락, 테크노 댄스 음악까지 그 맥락을 쉽게 이해하기는 어렵다. 더군다나 국악 창법은 이러한 혼란을 더욱 부채질한다.

평론가 송종건은 "노래방 가요에 맞추어 거칠고 조악한 막춤을 생각나는 대로 흔들어 관객들을 심하게 고문하고 있으며, 무용 예술의 예술성, 창의성, 아이디어, 테크닉 등등이 모두 실종되어 있다. 검정 두루마기 같은 것을 입은 남자가 철조망을 돌면서 무용 예술에서는 흔히 쓰지 않는 싸구려 노래를 부르고 있다. 싸구려 신파. 결코 아름답지 않은 젓통은 역겨움의 극치로 완벽한 무용 파괴"[105]라고 혹평했다.

그런데 〈I can not talk to you〉를 무용으로 봐야 하는지는 의문이다. 안은미의 장기인 현란한 색과 함께 많은 움직임이 있지만, 그 움직임은 무용의 전통적인 틀에서 벗어난 퍼포먼스적인 몸짓에 가깝다. 안은미가 좁은 닭장 안에서 추는 춤은 장돌뱅이 약장수나 삼류 서커스의 피에로 같은 느낌이다. 통제 불능의 수탉이 그러하고 무용적 관점에서 보자면 싸구려 대중음악이 시골의 장돌뱅이 난장을 연상시키기도 한다. 그런 의미에서 안은미의 움직임은 춤적으로는 아름답지 않을지 모르지만, 인간적으로는

---

105 송종건, 『무용의 이해와 비평』, 안단테, 2008, 101~102쪽.

처연하다. 그래서 그의 몸짓은 춤이라기보다는 연극적 마임에 가까웠다. 대중음악은 한국 전통 뮤지컬 악극을 떠올리게도 하고 등장하는 소도구들은 너무도 일상적이다. 특히, 닭장 같은 철조망은 현대사회의 소통단절을 보여주는 알레고리로 읽혀 연극적 상상력을 증폭시킨다. 한마디로 〈I can not talk to you〉는 무용인지, 연극인지, 뮤지컬인지, 마임인지 자기의 정체성을 자기 스스로 흔들며 다원성을 추구한다.

평론가 송종건이 혹평하는 싸구려 노래들의 가사들은 드라마의 대본처럼 서로의 개연성을 가지며 무용수의 몸을 움직인다.

설정을 파고드는 시선이 따가울 때쯤 새장 밖을 따라 한복 입은 여인이 걸어 나옵니다. 알고 보니 그녀가 '골목길'(이재민)을 부르고 있군요. 사랑에 감염돼 '가슴앓이'(양하영)를 하는 무용수는 어느 순간 나를 비집고 들어옵니다. 순간 음악이 바뀌나 싶었더니 '너를 보내고'(윤도현)가 흐릅니다. 이번에는 남자 가수가 철창 밖을 돌며 노래를 하는군요. 갇힌 나는 철조망에 매달려 애절함을 표현하고요. 아, 곱씹어보니 할 말이 있어 하루 종일 창문을 닫지 못하는 망설임이 옳겠습니다.

안은미의 몸놀림이 경쾌하다 싶더니 '사랑밖에 난 몰라'(심수봉), 아, 사랑의 환희입니다. 동작이 느려지며 팔이 목에 칭칭 감기는 듯 '봄비'(장사익)가 애절합니다. 길고 외로운 기다림입니다. 지쳐 흘러내리는 무용수의 옷은 눈물입니다. 좌절입니다. '파애'(자우림)와 하얀 옷의 몸놀림이 가슴을 후비는군요. 떠나는 나를 원망하는군요. 'with me'(휘성). 사랑은 남는 자에게도 떠나는 자에게도 아픔인 모양입니다. 그래서 사랑을 하려는 걸까요? 아프려고요? 춤사위는 더 애절합니다. '사랑보다 깊은 상처'(임재범과 박정현)가 아파서 그럴 겁니다.

무대의 관객들은 모두 상처를 딛고 일어섰습니다. 제법 장하게요. 진지하게 '안녕'까지 고합니다. 눈물도 한 점 훔쳤습니다. 하지만 상처가 꽤 깊었나 봅니다. 그만 풀썩 주저앉고 말았으니까요. 자해, 절망, 체념…. 하지만 다시 일어섭니다. '곱사춤'(보고 싶은 얼굴-민해경)이 학대일까 궁금해하는데, 어느새 경쾌한 '아리랑'에 웃통을 벗어젖힌 장사의 모습입니다. 무용수의 옷이 거추장스럽습니다. 통정의 기쁨에 더운 가슴을 더는 싸매고 있을 수야 없습니다. 무대는 이제, 마치 시골 난장(추억의 용두산-최정자, 달타령-김부자)입니다.[106]

⟨I can not talk to you⟩는 현대사회의 소통에 관한 이야기다. 한 여자의 간절한 사랑앓이는 오늘날 무언가로 소비되는 환영을 받지 못하는 몸이다. 이 공연은 무용의 전통적 틀에서 상당히 빗겨나 있다. 대중음악을 차용하고 있으며 움직임은 연기적 마임에 가깝고 거대한 닭장은 설치미술인 인스톨레이션 아트(installation art) 사이를 왕래한다.

4. 너희가 막춤을 알아?-커뮤니티 댄스[107]

안은미는 시대의 변화에 민감하게 대응하는 춤작가라고 할 수 있는데, 2010년 이후에는 커뮤니티 댄스에 집중하며 다수의 작품에서 주목할 만

---

106 최방식, 「망설임과 좌절, 그리고 통정의 뜨거운 몸짓」, 『인터넷 저널』, 2007년 5월 8일.
107 안은미는 커뮤니티 댄스 이후 작품 제목에서 '댄스'라는 용어 대신 된소리 발음 '땐쓰'를 의도적으로 빌린다. 따라서 이 책에서는 작품의 고유명사에 속하는 'ㅇㅇ 댄스'는 'ㅇㅇ 땐쓰'로 일괄 표기하고자 한다.

한 성과를 이루어낸다. 이에 본 장에서는 안은미의 변화된 춤의 확장을 다음의 세 가지로 정리하여 살펴보았다. 첫째는 안은미의 커뮤니티 댄스를 소재와 형식에 따라 세 가지로 분류하였으며, 둘째는 커뮤니티 댄스의 특성에 따라 안무의 기능과 안무가의 변화된 모습을 안은미의 예에서 살펴보았다. 셋째는 커뮤니티 댄스가 활성화되며 새롭게 주목받기 시작한 '막춤'의 의미를 고찰하였다. 이에 따르는 커뮤니티 댄스의 개별적인 작품 소개와 분석은 다음 장의 '커뮤니티 댄스 프로젝트'에서 자세히 서술할 예정이다.

1) 안은미 커뮤니티 댄스의 분류

전예화는 한국 커뮤니티 댄스를 '공연 지향', '지역 중심', '불특정 다수의 참여', '무용 교육'의 관점에서 분류한다.[108] 그렇다고 한다면 안은미의 커뮤니티 댄스는 확실히 '공연 지향'의 커뮤니티 댄스이다. 그러나 안은미는 어떤 상황에서도 과정을 생략하는 경우는 없다. 다시 말해 공연을 지향하기는 하지만 그것이 어떤 미학적 완성으로 이어지는 결과물로서의 공연을 지향하지는 않는다. 안은미의 커뮤니티 댄스는 공연을 통해 일반 참가자들이 카타르시스를 얻고 의미를 찾는 데 목적이 있기는 하지만, 그것은 워크숍과 같은 준비된 과정의 진행 속에서 참가자가 스스로 찾아야 하는 결과물이다. 그러므로 안은미의 '공연지향'은 공연예술로 완성을 확보하겠다는 '작품지향'과는 구별할 필요가 있어 보인다.

---

108 전예화, 「한국 커뮤니티 댄스의 새로운 가치 분류를 위한 시론」, 『무용역사기록학』 41호, 무용역사기록학회, 2016 참조.

'지역 중심'의 커뮤니티 댄스가 "개인과 공동체 더 나아가 지역의 정체성을 함께 공유하여 예술을 창조하는 행위"[109]라고 가정하면, 안은미의 경우 〈땐씽마마 프로젝트〉는 '수원시'와 '고양시', 〈Pina Ahn in Seoul〉과 〈Pina Ahn in Busan〉은 서울과 부산, 〈1분 59초 프로젝트〉는 부산, 안산, 동탄, 수원, 시흥, 〈초생경극(超生景劇) : 무(舞/無) · 언(言)〉은 광주 도시지역과 지역민들이 중심이다. 그런데 공연의 핵심이 "지역민들의 소속감, 그 지역에 살고 있다는 행복감을 주는 것"[110]이라고 하는 관점이라면 위의 작품들은 '지역 중심'의 커뮤니티 댄스와는 거리가 있다. 또한, 안은미의 커뮤니티 댄스가 '불특정 다수의 참여'를 권장하고 있기는 하지만 접근성이 쉬운 페스티벌 형식은 아니다. 안은미의 커뮤니티 댄스는 누구에게나 열려 있지만, 참가자들은 어찌 됐든 자발적 의지와 나름의 목적을 갖고 모집에 응했으며 일정 기간의 워크숍에 참여해야 한다는 조건을 수용한 사람들이다. 따라서 불특정 다수를 대상으로 했지만 참가자의 적극적 선택의 결과이다. 다만 〈땐씽마마 프로젝트〉의 경우는 주최 측이 모집한 것이 아니라 홍보를 통해 지역의 할머니들이 자발적으로 참여한 것으로 위의 네 작품과는 참여의 성격이 조금 다르다. 그리고 안은미의 커뮤니티 댄스가 일반인들에게 춤을 잘 추게 하려는 것이 아님은 이미 여러 인터뷰를 통해 밝힌 바 있다.

이와 같은 이해를 전제로 안은미의 커뮤니티 댄스는 다음의 3가지로 분류해서 살펴보는 것이 이해를 돕는 데 쉽다. 그의 커뮤니티 댄스는 일반

---

109 위의 논문, 197쪽.
110 위의 논문, 198쪽.

적으로 소재와 형식에 따라 〈몸 시리즈 3부작〉 또는 〈OO 프로젝트〉라고
하는 연작의 형태로 진행된다.

첫째는 한국인의 '몸과 춤에 대한 리서치와 아카이빙 프로젝트'로 〈조
상님께 바치는 댄쓰〉 〈사심 없는 댄쓰〉 〈아저씨를 위한 무책임한 댄쓰〉
〈스펙타큘러 팔팔댄쓰〉가 이에 해당한다. 이 공연은 세대별 계층이 시대
를 관통하며 습득한 기억의 몸짓을 무대화하는 작업이다. 이들의 몸은 시
대로부터는 구속받았으나 몸짓 즉, 춤은 그 무엇으로도 구속받지 않고 걸
러지지 않으며 차곡차곡 자신들의 몸에 저장되었다. 따라서 이들의 몸짓
은 그 자체가 살아 있는 인류학적인 몸이다. 그래서 이 프로젝트에는 '몸
의 인류학'이란 부제가 따라다니며, 궁극적으로는 자유로운 춤과 통제된
일상이 부딪히는 경계에서 자신의 몸을 관찰하고 세상과 우연히 만나는
경험을 하게 한다.

둘째는 '시민참여형 예술 프로젝트'다. 여기에는 〈팬씽마마 프로젝트〉
〈Pina Ahnin Seoul〉 〈Pina Ahn in Seoul〉과 같은 포맷으로 제목만 변경된
〈1분 59초 프로젝트〉 〈초생경극(超生景劇) : 무(舞/無) · 언(言)〉 〈OK, Lets
talk about SEX〉가 해당한다. '몸의 리서치와 아카이빙' 프로젝트가 안무
적 관점에서 주제를 정하고 그 주제의 방향에 일반인의 몸짓을 코디네이
션 한다면, 시민참여 커뮤니티 댄스는 일반인들 스스로가 자기 생각과 몸
짓을 규정하고 표현한다. 따라서 공연을 진행하는 안무자가 개별적 주제
에 대해 개입할 여지는 전작들과 비교해 현저하게 축소된다. 여기서 안무
자의 기능은 코디네이터가 아니라 프로그래머 또는 가이드로서 주제와
공간을 계속해서 일반인들에게 환기하는 역할을 하게 된다.

셋째는 '사회적 소수자들과의 춤'이다. 〈안심댄쓰〉 〈대심댄쓰〉 〈쓰리쓰

리랑〉이 이에 해당한다. 이 작품의 출연자들은 시각장애인, 저신장 장애인, 군 피해 가족들로, 이들은 사회적 소수자이면서 사회적 발언이 제한된 사회적 약자이다. 더군다나 신체적 장애와 심리적 고통은 춤으로부터도 소외된 사람들이다. 이 프로젝트는 일상이 없는 일상 즉, 춤출 수 없는 일상에서 춤을 통해 이들의 몸을 일상으로 회복시키고 일상에서의 희망을 이야기한다.

2) 커뮤니티 댄스에서 안무, 안무가의 역할

무용 예술에서 움직임을 창조하고 조합하는 안무의 기능과 그 일을 수행하는 안무가의 역할은 절대적이다. 그중에서도 안무가들의 가장 큰 고민은 매 작품에서 새로운 움직임을 만드는 일이며, 무용수들이 표현하는 움직임 하나하나는 그러한 고뇌의 흔적이다.

무용평론가 장광열은 다음과 같은 말로 안무가들의 고뇌를 대변한다. 21세기 무용 예술에서 "더는 새로운 움직임은 없다. 두 명의 남녀무용수를 통해 그 어떤 움직임이 새롭게 창안되더라도 이미 또 다른 안무가들에 의해 수많은 2인무가 만들어졌던 만큼 그 움직임은 유사할 수밖에 없다는 것이다. 그래서 세계 여러 나라의 안무가들은 새로운 움직임을 만들기 위해 캐릭터 댄서들을 등장시키고, 정상적인 무용수들의 몸에 의족을 채워 오히려 불편하게 만들고, 배우나 일반인들을 작업에 합류시키고, 대중무용을 끌어와 순수무용과 접목하고, 테크놀로지 등 기술과의 접목을 시도한 작업을 쏟아내고 있다."[111]

---

[111] 장광열, 「안은미무용단, 〈대심땐쓰〉 – 마음이 몸을 고양시킨 춤」, 『춤웹진』 93호. 한국춤비평가협회, 2017년 5월호.

무용 예술의 이와 같은 시도는 현대무용(모던댄스)과 컨템포러리 댄스가 구별되는 변곡점으로 이해될 수 있을 것이다. 물론 컨템포러리 댄스가 현대무용의 범주에서 이해되는 것은 사실이나 '동시대'라고 하는 시제의 개념과 댄스의 특성상 두 춤은 어느 정도 구별 가능한 범주에서 이해되어야 한다.[112] 컨템포러리 댄스는 "관객의 획일적인 반응이 아니라 경험과 취향 그리고 생각에 따라 다각적인 반응을 유도하는 방식"[113]으로 진행되며, 관객들 역시 보편적인 시선보다 개인적인 취향과 기호(嗜好)를 반영한 공연예술에 더욱더 적극적으로 반응한다. 그런 의미에서 일반인들을 작업에 합류시킴으로 춤의 새로운 움직임을 찾고자 하는 일련의 시도 즉, 커뮤니티 댄스 또한 컨템포러리 댄스로 이해될 수 있다.

그렇다면 컨템포러리 댄스에서 새로운 움직임을 위한 안무의 역할은 무엇이며, 안무가들은 새로운 움직임을 어떻게 만들 수 있는가. 그것은 현대무용 스스로가 제시한 '더는 새로운 움직임은 없다'라는 논의 속에서 찾는 것이 지혜로운 과정일 수 있다. 위의 논의가 함의하고 있는 진실을 살펴보면, 그동안의 현대무용은 인간의 신체를 매개로 움직임을 창출하고 조합하는 안무적 능력에 너무 열중했다. 안무적 능력은 결국 예술가들의 특권이었다. 하지만 지금의 컨템포러리 댄스는 안무가들에게 안무적

---

112 "굳이 구분을 요구한다면 어감상 모던댄스는 최근에서 지금에 이르는 현재완료진행 시제의 느낌이라면 컨템포러리 댄스는 현재진행형으로 가까운 미래까지 포함하는 것 같다. 둘 다 당대의 춤을 표현하는 말이지만 모던댄스는 최근에서 지금까지의 춤을, 컨템포러리 댄스는 지금 현재에서 미래로까지 이어지는 느낌이 난다." 김승현, 『정의숙, 전미숙, 안은미의 춤 − 한국춤 백화제방의 세 꼭지점』, 14쪽.

113 심정민, 「안은미의 〈사심 없는 땐쓰〉」, 『춤의 잔상 그리고 무용가들』, 북쇼컴퍼니, 2014, 383쪽.

능력과 더불어 변화하는 시대적 패러다임을 요구한다. 대중은 강제된 예술에서 벗어나 자기 자신의 자발적 의지로 예술에 참여하기를 원한다. 오래전부터 예술과 대중의 이분법적 관계는 허물어지고 그 경계성도 무뎌졌다. 일상 안으로 예술이 들어오고 순수예술은 콧대 높은 자신들의 리그를 대중에게 개방해야 하는 시대가 온 것이다. 우리의 현대무용에서 2010년 이후 커뮤니티 댄스에 대중이 반응하는 이유도 이와 유사한 일련의 행동으로 이해될 수 있다.

커뮤니티 댄스가 국내에서 활성화된 시기는 2010년 이후이다. 물론 커뮤니티 댄스에 대한 논의는 그전부터 공연예술계에서 진행되고 있었다. 그러나 그 성격이 공공을 대상으로 진행하는 무용 교육의 하나로 인지되는 경우가 대부분이었다.

안은미가 커뮤니티 댄스에 본격적으로 집중한 시기는 2011년 〈조상님께 바치는 댄쓰〉를 발표하면서부터이다. 그렇게 본다면 안은미의 커뮤니티 댄스는 한국의 커뮤니티 댄스와 시대적 흐름을 같이한다. 하지만 그 맥락을 자세히 살펴보면 공연의 성격에서는 결이 다른 모습을 보여준다. 그럼 안은미의 커뮤니티 댄스는 한국현대무용의 틀 안에서 어떤 의미가 있는가. 그것은 우선 한국 커뮤니티 댄스의 진행 과정을 살펴봄으로써 그 변별적 의미를 찾을 수 있을 것이다.

"커뮤니티 댄스는 몸의 움직임을 통해 자아를 발견하고 그 준비 과정에서 내면에 감추어진 자신의 모습과 감정을 표현하는 자발적 공동체 참여 활동"[114]이다. 그렇게 본다면 커뮤니티 댄스의 선구자는 영국이라고 할 수

---

114 전예화, 「한국 커뮤니티 댄스의 새로운 가치 분류를 위한 시론」, 191쪽.

있다. 영국은 이미 1970년대 영국예술원(The Art Council)에 의해 무용 발전을 위한 관객 개발 정책이 시작되었으며, 이후 1995년 커뮤니티댄스재단 (Foundation for Community Dance)을 설립하고 질 높은 무용 프로젝트 개발과 커뮤니티 댄스 전문가들과의 네트워크를 형성하고 있다. 그러나 "한국에서의 커뮤니티 댄스가 활발히 확산한 것은 그리 오래되지 않았다. 일반인을 대상으로 하는 무용 교육에서 발전적 형태로 나아갔으나 제대로 인지되지 않았고, 이론 정립이 제대로 되어 있지 않았기 때문에 초기에는 커뮤니티 댄스의 개념과 정의가 명확하지 않았다."[115] 이와 같은 사실은 "커뮤니티 댄스에 대한 연구 논문이 2002년 김솔[116]에 의해서 처음 발표되었으며, 본격적인 연구 또한 김화숙, 전혜리, 한혜리, 오레지나의 『Community Dance』가 2012년 출간되면서부터"[117]라는 것에서 알 수 있다. 이보다 조금 앞서서는 "2010년 한국예술종합학교 무용원 무용 이론과의 주최로 이루어진 국제학술 심포지엄이 또 다른 출발의 기점"[118]으로 거론될 수 있다.

그렇다고 한다면 2010년 이전, 국내에서 커뮤니티 댄스의 적용 사례라고 할 수 있는 현장 중심, 공연 중심의 연구는 아직 토대가 미약했다고 할 수 있다. 국내에서 커뮤니티 댄스의 개념을 정립하기 위한 다양한 연구가

---

115 전예화, 「한국 커뮤니티 댄스의 형성과 사회적 기능 및 특성에 관한 연구」, 15쪽.
116 김솔, 「지역사회에서 무용의 역할 : 영국 지역사회무용 프로그램을 기반으로」, 성균관대학교 대학원 석사논문, 2001.
117 박성혜, 「커뮤니티 댄스의 공공성 탐색」, 숙명여자대학교 박사논문, 2016, 4쪽 참조.
118 제12회 국제학술 심포지엄 '춤의 새로운 전망 · 열린 상상력 커뮤니티 댄스', 한국예술종합학교, 2010. 황보주성, 「커뮤니티 댄스의 영역별 현황 분석」, 경희대학교 대학원 석사논문, 2013, 4쪽.

계속되기는 했지만, 적극적으로 일상생활에 파고들어 체계화까지 이뤄낸 영국의 경우를 우리의 현실로 받아들이기에는 아직 축적된 이론과 공연 연구가 부족했던 것이 사실이다. 그럼 이러한 한국적 현실 속에서 초창기 커뮤니티 댄스는 어떻게 이루어진 것인가. 그것은 이론적 토대 위에서가 아니라 안무가의 개인적 역량에 의지한 바가 컸다고 할 수 있다. 문제는 무용가들 대부분이 아직 커뮤니티 댄스에 대한 자신만의 생각을 확실히 정립하지 못한 가운데, 대중과 먼저 만났다는 것이다.

한국에서는 비교적 빠른 시기에 대중과 만났던 안은미의 경우를 보아도, 처음에는 커뮤니티 댄스에 대해 인식을 하지 못하고 있었다. "안은미는 원래 무용가로서 춤과 움직임의 본질을 찾기 위한 리서치 과정 중 일반인들을 만나면서 커뮤니티 댄스로 발전한 경우다. 그래서 〈조상님께 바치는 땐쓰〉나 〈사심 없는 땐쓰〉를 커뮤니티 댄스로 부르는 것에 대해선 부정적인 견해를 드러냈다. 다만 두 작품을 만드는 과정에서 노인들이나 청소년들과 장기적으로 만나면서 커뮤니티 댄스에 관한 관심이 생겼고 이것은 〈땐씽마마 프로젝트〉로 이어졌다. 안은미 본인은 〈조상님께 바치는 땐쓰〉나 〈사심 없는 땐쓰〉를 커뮤니티 댄스로 생각하지 않지만, 이 두 작품을 관람한 고양 행주 문화제 등 축제에서 새로운 커뮤니티 댄스를 만들 것을 제안해 〈땐씽마마 프로젝트〉가 탄생하게 됐다."[119]

안은미는 본인의 부정적 견해에도 불구하고 커뮤니티 댄스의 개념적 정의와 유사한 공연을 계속해서 이어나가고 있으며, 나름 변화된 댄스 패

---

119 장지영, 「커뮤니티 댄스 열풍의 이면」, 웹진 『댄스 포스트 코리아』, 2013년 2월 12일.

안은미 춤의 정거장

러다임을 일반인들과 함께 구현해가고 있다.

그러나 한편에서는 "시민참여 프로그램에 대한 정부 지원금이 늘자 커뮤니티 댄스에 대한 깊은 고민 없이 뛰어드는 안무가들이 적지 않은 것도 사실이다. 서울 세계무용제(SI DANCE)에서 공연된 서울발레시어터의 〈꼬뮤니께〉는 노숙자의 출연으로 관심을 모았으나 보는 내내 커뮤니티 댄스에 대해 다시 한번 생각하게 만든 작품이다. 노숙자가 무대에 등장해 1~2번 움직임을 보여주는 것과 무용수들의 춤사위는 완전히 별개의 것으로 다가왔다. 물론 노숙자를 무대에 세우는 것조차도 매우 어려운 과정을 겪었을 것으로 예상되지만 전문무용수들의 춤에 곁들인 양념처럼 노숙자들이 무대 위를 걷는 것은 공연을 보는 내내 부담스러웠다."[120]

이처럼 행위 주체가 커뮤니티 댄스를 일회성 예술교육이나 예술체험 정도로 인지하는 경우에는 결과 중심의 사업으로 진행될 위험성이 다분하다. 그리고 여기서 안무가가 어떤 선택과 결정을 하느냐는 구성원 모두가 갖게 되는 유형, 무형의 최종 결과물로 나타날 가능성이 크다. 왜냐하면, 안무가 이외에 댄스 구성원들의 대부분은 순수한 목적의 일반인이기 때문이다. 따라서 안무가의 결정이 관객을 대상으로 하는 미적 체험의 여부가 아닌 바에야, 안무가의 전문성도 중요하지만 커뮤니티 댄스의 공공성과 효율적 수행을 위한 깊은 이해가 요구된다.

물론 커뮤니티 댄스의 효율적 수행이 꼭 공연이라는 결과물로 드러나야 하는 것은 아니다. 때에 따라서는 공연이 생략되고 과정만으로도 커뮤니티 댄스의 목적과 성과를 이룰 수 있다. 그런데도 구성원들이 최종 목

---

120 위의 글.

표를 공연에 둔다면 안무가는 어느 정도의 위험 요소를 감수해야 한다. 일반인들의 춤에 대한 이해와 숙련도가 전문무용수들과 분명하게 차이 나는 상황에서 공연의 주제와 포맷을 정하는 일은 쉽지 않은 과정이다. 더군다나 교육적 입장과 예술가의 입장 사이에서 커뮤니티 본래의 취지도 살리면서 미학적 성과를 동시에 획득하기는 대단히 어려운 결정이다. 자칫 그 주제나 방향이 변화하는 시대적 패러다임에 역주행한다면 '커뮤니티'라고 하는 본래의 취지가 퇴색될 수 있다.

가령, 안무가가 구성원들과의 소통에 미숙하거나 그들의 의사를 임의로 해석해 춤을 반복적으로 학습시키는 경우이다. 그 과정에서 안무가와 구성원의 관계는 가르치는 사람과 배우는 사람으로 나뉘며 경험과 과정보다 결과에 집착할 가능성이 크다. 따라서 커뮤니티 댄스에 참가하는 안무가는 자신의 예술가적 입장이 어느 정도 제한받을 수 있으며, 자신의 예술적 성취도 침해될 수 있음을 참작해야 한다. 또한, 안무가는 창작자의 관점에서 내가 딛고 서 있는 시기와 위치에 대해 고민하고 연구해야한다. 그것이 없다면 자신의 작업에서 정당한 주인이 될 수 없을 뿐만 아니라, 시대적 흐름과 변화에 능동적으로 대응하기 어렵다. 주제와 포맷을 정하는 문제에서도 패러다임 시프트의 능동적 대응은 움직임을 조합하는 안무적 능력 못지않게 중요한 요소이다.

그와 같은 측면에서 안은미의 커뮤니티 댄스는 안무자 스스로가 초창기의 어려움을 극복하고 장르적 개념을 스스로 개척해온 경우라고 할 수 있다. 안은미가 이 시기에 집중적으로 탐색하던 것은 '몸의 인류학'적 고찰이다. 그가 주장하는 몸의 인류학은 몸을 통해 나를 발견하는 것이다.

춤은 몸의 역사이자, 삶의 역사입니다. 사람은 타고난 대로 움직입니다. 한동네에 사는 사람이라도 팔이 긴 사람이 있고, 허리가 긴 사람이 있고요. 힘이 장사인 사람이 있고, 가냘픈 사람이 있습니다. 유쾌하거나 대범한, 혹은 소심한 사람들이 있지요. 이 모든 것은 생긴 대로 살다가 이승에서 저승으로 가는 과정입니다.[121]

지금까지 같은 땅에서 살았던 사람의 기억과 움직임은 생겨난 대로 몸 안에 기록된다는 것이 안은미의 생각이다. 그러니 각자 개인의 몸에 내재한 인류학적 시간을 모아서 움직임으로 펼쳐보자는 것이다. 안은미의 커뮤니티 댄스는 몸의 인류학적 고찰이 말해주듯 일반인들의 몸이 오랜 일상에서 그 편의에 따라 자연스럽게 적응된 현상적 신체를 이용한다. 따라서 공연의 움직임을 구성하는 모티프나 동력은 철저하게 일상의 움직임이다. 이런 모습은 일반인 무용수뿐만 아니라 그들과 협업하는 전문무용수들의 움직임에도 똑같이 적용된다. 그의 커뮤니티 댄스는 "모던댄스가 만들어내는 속도, 호흡, 에너지의 흐름, 리듬 등의 춤의 기호체계가 도달하기 힘든 해방적이고 전복적인 경계 넘기를 적극적으로 실현"[122]하는 것이다.

그러나 이와 같은 일상에서의 움직임 차용은 커뮤니티 댄스라고 하는 공연의 특성에서 비롯된 것만은 아니다. 이전의 여러 작품에서도 그의 춤 동작들은 지극히 생활 속에서 이해 가능한 생활형 움직임들이었다. 〈新춘향〉이나 〈바리〉와 같은 전통 소재의 패러디에서도 그의 움직임은 새

---

121 정우정, 앞의 책, 같은 쪽.
122 김영옥, 「모든 몸은 할 말이 많다 : 춤을 추며 나이 든다는 것은 또는 나이 든 몸으로 춤춘다는 것은」, 웹진 『춤 : in』, 서울무용센터, 2017년 3월 30일 참조.

롭게 개발된 것이 아니며 기존에 존재하고 있는 움직임을 재조합하고 그 것을 반복, 변형함으로써 창의적 움직임으로 재창조한 것이다. 이와 같은 사실은 안은미 춤에서의 움직임이 그 자체의 미적 기능뿐만 아니라 움직임의 사유를 통해 일상과 춤이 하나로 모이고, 타인과 소통하는 춤의 특성으로 나타난다. 이러한 특성은 특히 2010년 이후 커뮤니티 댄스에서 두드러지게 나타나는데, 몸 그 자체가 유용한 콘텐츠로 무대에서 지각되는 춤을 지향하고 있다.

3) 커뮤니티 댄스의 '막춤'

그와 같은 이유로 안은미의 커뮤니티 댄스에서 주목해야 할 것은 일명 '막춤'이다. 막춤의 사전적 의미는 "일정한 형식을 벗어나 제멋대로 추는 춤"[123]이다. 리듬감이 음악이나 상황과는 전혀 어울리지 않아서 몸부림처럼 보이는 춤. 따라서 막춤에서 가장 효과적인 무기는 자신의 몸 그 자체이다. 과거에는 전형적인 춤이나 순서가 정해져 있는 안무의 정반대 의미로 쓰였지만, 지금에는 사람마다 추는 방법이 제각각이라 범주화되지 않고 정체와 출처가 불분명한 춤을 일컬어 막춤이라 부르는 것 같다. 그 대표적인 것이 일명 '군바리 춤'으로 불리는 군인들의 막춤이다. 단체와 조직, 집단으로 대표되는 군대에서 그 범주의 틀을 깨는 창구는 어쩌다 한 번 찾아오는 위문 열차였다. 거기서 군인들이 할 수 있는 유일한 수단은 다름 아닌 막춤이었다. 다른 하나는 80~90년대 유행하던 관광버스 춤이다. 가을 단풍철이면 어김없이 등장하던 이 춤은 관광버스의 밀폐된 공간

---

123 국립국어원 표준국어대사전 홈페이지 참조.

안은미 춤의 정거장

과 비좁은 통로를 방패 삼아 막춤들이 성행했다.

그런데 막춤이란 용어에서 흥미로운 것은 '막-' 이라고 하는 접두사다. 춤이란 것이야 오래전부터 있었으니 그렇다 하더라도, 그 앞에 접두사 '막-'이 더해짐으로써 춤은 또 다른 의미를 발생시킨다.

사전적으로 보자면 접두사 '막-'은 "1994년 『표준국어대사전』 3판에 이르러 '거칠거나 품질이 낮은', '마구 하는 또는 닥치는 대로 하는', '거칠거나 마구잡이로 하는'의 뜻을 나타내는 말로 처음 등재"[124]되었다. 그렇지만 일상에서 자주 등장하는 막국수, 막김치, 막장(醬), 막소주, 막회 등은 내용물이 거칠거나 품질이 낮은 음식으로, 또 막사발, 막일, 막노동 등은 닥치는 대로 마구 하는 세련되지 못한 것을 가리키는 생활용어로 은연중 통용됐다. 그렇다면 '막'과 '춤'이 더해진 '막-춤' 또한 위의 용례와 별 차이가 없었다고 짐작할 수 있겠다. 이 단어들은 본래의 명사적 의미에 새로운 접두사가 붙음으로써 그 격을 스스로 낮추었지만, 한편으론 서민들의 거칠고 힘겨운 삶 속에서 생겨나고 그 안에서 자신들의 쓰임을 스스로 찾아갔다. 그래서 우리에게 더 정감을 불러일으키고 애착이 가는 말이 되었을 것이다.

그럼 전문적 영역인 무용 예술에서 막춤은 어떻게 이해되고 있을까. 막춤은 정신없고 우스꽝스러우며 더군다나 배워서 추는 춤은 결코 아닌 아마추어적 영역으로 인식됐다. 그런데도 무용 예술은 춤이 있는 곳이라면 심심치 않게 막춤을 불러냈다. 그곳에서 막춤의 역할은 여러 비평에서 보

---

124 이병기, 「음식명(飮食名)에 붙는 접두사(接頭辭) '막-'에 대하여」, 『어문연구』 45권, 한국어문교육연구회, 2017, 58쪽.

듯 대중과의 친밀감 조성, 신나는 난장, 난해하고 어려운 무용 예술을 떨쳐내기 위한 뒤풀이용 정도였다.

그러다가 갑자기 아주 말초적이고 격한 일렉트로닉 음악이 공연장을 뒤흔들고, 무용수들은 막춤을 추다가 검은 옷을 벗어 던진 후 이어진 우리 장단에 맞추어 각자가 그동안 갈고 닦아온 우리 춤의 동작을 정신없이 추어낸다.[125]

가요 '어쩌다 마주친 그대'가 흘러나오자 객석의 사람들을 무대로 불러올리는 추임새와 더불어 모두 함께 막춤 추기에 돌입하였다. 마치 축제의 흥겨운 뒤풀이처럼 관객과 무용수가 한데 어우러져 신나게 난장 춤판을 벌이는 장면은 춤이 고답적인 색깔을 떨치고 대중과의 친밀감을 높이는 순간이었다.[126]

춤판을 이끌어 갈 때도 자신들이 가진 뛰어난 능력을 보여주기보다 누구나 쉽게 따라 할 수 있는 움직임과 우스꽝스러운 막춤을 보여줬다.[127]

불상이 매달려 있던 자리에 둥근 공 조명, 온갖 색의 빛을 무대에

125 방희망, 「국립무용단 〈칼 위에서〉 ─ 가벼운 유머와 춤의 난장 그리고 불균형」, 『춤웹진』 78호, 한국춤비평가협회, 2016년 2월호.
126 김인아 · 이보휘, 「제11회 부산국제무용제 ─ 휴양지 축제, 차별성 살리는 프로그래밍이 과제」, 『춤웹진』 71호, 한국춤비평가협회, 2015년 7월호.
127 이보휘, 「관객 참여형 감성치유프로젝트 〈당신은 지금 바비레따에 살고 있군요〉 ─ 일상에 지친 관객들에게 위로의 손길을」, 『춤웹진』 64호, 한국춤비평가협회, 2014년 12월호.

뿌리며 돌아간다. 무용수들, 배워서는 추지 못할 막춤을 추어댄다.[128]

이처럼 막춤은 오랫동안 주류에 편입되지 못하고 무용의 전문적 영역 안에서도 예술적 지위가 불안한 춤이었다. 그것은 막춤의 쓰임을 폄훼하거나 호도하려던 것은 아니었지만 결과적으로 막춤에 대한 우리의 인식은 그렇게 나타났다. 그에 비해 안은미는 막춤을 춤의 전면에 내세우며 2011년 〈조상님께 바치는 땐쓰〉에서 대중적 주목을 받는 데 성공했다. 이후 계속되는 그의 커뮤니티 댄스에서도 춤의 핵심은 막춤이며, 막춤은 춤의 대중화에 커다란 영향을 미친다. 그가 커뮤니티 댄스에서 생각하는 막춤은 단순한 듯하지만, 사실은 깊은 통찰의 산물이다. 그의 막춤은 전문적 영역과 아마추어적 영역을 구분하지 않으며, 공연의 뒤풀이용 정도로 소비되지도 않는다. 그가 일반인들과의 막춤을 어떻게 생각하고 있는지는 아래의 인터뷰에서 잘 나타난다.

수년간 춤과 가장 거리가 먼 사람들의 '땐쓰'에 주목하고 있다?
인류 시작부터 춤이란 곧 노동 해방이었다. 손님이 왔을 때나 국가 행사, 누가 죽었을 때 등 일상적 상황이 아닌 어떤 중요한 모멘텀에 춤을 췄다. 사는 게 너무 힘들고 인간의 한계점에 부닥칠 때도 춤을 췄다. 다른 차원의 삶으로 가고자 하는 열망인 거다. 그런데 시대가 바뀌면서 춤이 전문화되고 추는 춤에서 보는 춤으로 변했다. 그러다 보니 사람들이 자기보다 멋진 대상을 바라보는 데 익숙해져 자기가 얼마나 멋있는 지에 대한 기준이 남이 됐다. 이제 다시 원래대로 가

---

128 권옥희, 「국립현대무용단 〈불쌍〉 – 작품과 상품의 경계에서 균형 잡기」, 『춤웹진』 56호, 한국춤비평가협회, 2014년 4월호.

자는 거다. 춤추면 다 멋있거든. 생활에 찌든 아버지, 할머니 얼굴이 춤만 추면 전혀 달라진다. 인간이 가진 생명성을 드러내기 때문이다. 그런 숨겨진 것을 드러내려는 작업이다.

관객들은 무용공연에 전문성을 기대하지 않나?

이 작업은 오히려 아마추어 느낌이 없다. 보통 아마추어에게 뭘 가르쳐서 하려면 과중심이 된다. 방송에서 청춘 합창단 같은 것도 성과를 논하지만 우린 성과가 없다. 가르치지 않기 때문이다. 있는 그대로 아름답다고 믿는 거다. 춤으로 다른 인간이 된 순간 자체가 아름다움이고, 그건 다른 가치와 바꿀 수 없다. 가치 환산의 세계에 살고 있으니 타인보다 우수해야 한다는 강박관념이 있는데, 바로 그런 걸 없애자는 거다. 춤을 추면 동등해지는 걸 느낀다. 돈 많은 사람도 춤출 땐 별 수 없다. 가장 쉽게 계급을 벗어날 수 있는 게 춤이다. 그렇다고 내 작업이 쉽다는 게 아니다. 아저씨들이 와일드하니 춤도 엄청 와일드해진다. 무용수들이 연습하다 부상당하고 난리도 아니다. 눈물 없이 볼 수 없을 정도로 처절한 작업이다.

객석까지 하나가 된다는데 민망해하는 관객은 없나?

노래는 음치가 있지만 춤은 몸치가 없다. 박치도 생각 나름이다. 일부러 엇박을 출수도 있고 흔들면 다 된다. 그래서 춤이 좋은 거다. 옛날에 누가 춤을 배워서 췄나. 노래도 사실 할머니들 노래 들으면 다 좋다. 원래 우리에겐 음치가 없었다. 서양음악 기준에서 음치가 생긴 거지, 옛날엔 그냥 자기 맘대로 랩이었다. 요즘엔 랩도 박자가 있고 틀리면 안 된다. 언제부터인가 틀리면 안 되는 세상이 된 거다. 이 작업은 틀려도 되는 세상, 틀림이 없는 세상이라는 자유로운 해방감을 줄 수 있는 프로젝트다. 그래서 감동적이다. 잘하고 못하고의 각도가 아니라 다른 기준을 주기에 누구나 즐길 수 있다.

대부분 막춤일 텐데 현대무용과 어떤 접점이 있나?

현대무용이란 이 시대의 춤이다. 우리가 공감할 수 있는 것을 논의하는 거다. 결코 어려워야 하는 게 아니다. 어렵기만 하다면 혼자 추는 춤이지 현대춤이 아니다. 나는 막춤을 우리 스스로 추는 춤이라 정의한다. '프리덤 댄스'라고 하면 그럴듯하지 않나. 누군가는 관찰하고 기록해야 하는, 역사적으로 중요한 춤이다. 왜 한국 사람들은 저렇게 추는가, 세대에 따라 전혀 다른 춤의 모습들을 데이터베이스화 해가자는 거다.[129]

안은미의 막춤은 단순한 소재의 차원을 넘어서서 막춤을 재해석하고 그것이 주재료가 됨으로써 현대무용과의 접점을 만들어낸다. 우리 사회에서 자신의 발언권이 미약한 사회적 약자, 소수자들을 무대 위로 불러내고 그들에게 언어와 몸짓으로 표현할 시간과 공간을 제공했다. 이곳에서 그들은 단지 작품의 수단으로만 머물지 않고 극의 주체이자 춤의 행위자로서 자신들의 춤을 추었다. 안은미는 그들의 이야기를 대신 들려주는 전통적 의미의 예술가 지위를 벗어버리고 그들의 이야기를 스스로 하게 했다. 그들은 자신들의 몸의 기억을 어떤 정형화된 춤의 틀에 개의치 않고 움직였으며, 누구도 귀 기울이지 않았을 목소리를 몸으로 말하는 과정에서 도저히 출처를 알 수 없는 내재된 흥의 자연발생적 짓이 터져 나왔다. 그것이 막춤이다. 그래서 막춤은 잘 추기도 어렵지만 못 추기는 더 어렵다.

---

129 유주현, 「민망해? 아저씨 춤추는 女무용수 몸짓이…」, 『중앙일보』, 2013년 2월 24일.

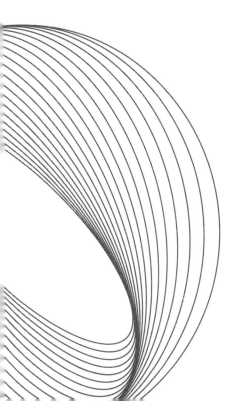

제3부

안은미 춤의 수행적 특성

제1장

수행성의 개념과 수행적 공연의 주요 전략

1. 신체적 공동 현존이란?

1960년대 이후 진행된 공연예술의 '수행적 전환(performative turn)'의 시기에 드러난 새로운 시도는 매우 다양하며 수행성의 개념도 불확실한 부분이 있다. 그렇지만 그 특성을 말 그대로 '퍼포머티브'라는 개념에서 찾는다면 우리는 그것을 경계 허물기의 차원에서 설명할 수 있다. 여기서 경계 허물기는 퍼포먼스에서 흔히 보듯이 예술과 현실의 경계 넘어서기의 문제이기도 하며, 예술형식 혹은 장르 간 틈새 허물기의 상황이기도 하다. 예술적으로는 이제 조형·음악·무용·연극·영상·문학 등의 고유성이 절대적인 가치가 아니며, 예술형식과 장르 또한 공연 요소가 융합하는 가운데 발생하는 상호매체적 효과가 주목받게 되었다. 그러면서 공연은 그러한 상호매체적 효과의 연출을 시도하는 예술적 이벤트로서 사건성에 대하여 논의하기 시작하였다. 이제 공연예술은 작품이 아니라 사건일 수 있다. 사건은 "예술가뿐 아니라 수용자, 관찰자, 청중, 관객이 모두 연계되어 하나를 이루는"[1] 행위를 말한다. 따라서 수행적 전환을 맞이한 공연예술의 핵심은 행위자와 관객의 새로운 관계 규정으로 전통적인 주체와 객체의 관계가 통용되지 않으며, 관객은 행위자와 동등한 권리를 가지고 스스로 공연에 참여하게 된다.

그런데 문제는 이러한 수행적 공연을 전통적 미학 이론으로는 설명하기 어렵다는 사실이다. 왜냐하면, 수행적 공연은 행위자의 행위에 대한 이해가 중요한 것이 아니라 행위자와 관객 사이에 발생하는 상호작용과 그것이 발생시키는 '미학적 경험'이 핵심이기 때문이다.

여기서 피셔-리히테는 "수행성의 미학의 근본적인 전제로 인간의 현상학적 인지론을 바탕으로 하는, 행위자와 관객의 '신체적 공동 현존(Ko-Präsenz)'을 내세운다."[2] 그에 따르면 행위자와 관객의 공동 현존은 공연을 이루는 토대이며, 그 토대 위에서 사건성이 창출된다. 사건성은 행위자의 일방적 방향이 아니라 상호작용이 되어야 하며, 그런 의미에서 행위자와 관객은 지금 여기, 즉 같은 공간과 같은 시간에 같이 존재하는 공동주체(Ko-Subjekte)이자 신체적 공동 현존이 전제되어야 한다.

가령 1952년 존 케이지(John Cage)가 작곡한 〈4분 33초〉 피아노곡은 피아니스트 데이비드 튜더(David Tudor)가 단 하나의 음도 내지 않고 피아노 앞에 앉아 있다가 피아노 덮개를 닫는 것으로 연주를 끝냈다. 이것은 연주회인가 행위예술인가, 아니면 음악인가 연극인가. 이것을 무엇으로 설명할 것인가. 마리나 아브라모비치(Marina Abramovic)가 1975년 공연한 〈토

---

1   Erika Fischer-Lichte, 『수행성의 미학』, 김정숙 역, 문학과지성사, 2017, 39쪽.
2   김정숙, 「에리카 피셔-리히테의 수행성의 미학과 기본 개념들」, 『연극평론』 64
     호, 한국연극평론가협회, 2012, 129쪽.

마스의 입술〉은 아브라모비치가 엄청난 양의 꿀을 마시고 면도칼로 자신의 배에 별 모양을 새기며 시작한다. 그러나 그의 배에서 흐르는 것은 케첩이 아니다. 관객은 경악한다. 두 공연에서 벌어지는 이와 같은 행위는 해석학적 이해의 범주를 넘어서는 하나의 사건이다. 사건은 예측 불가능성 아래서 행위자와 관객이 맺게 되는 일련의 과정으로 "특정한 사회적 실재가 생산되도록 하는 수행적 행위"[3], 즉 '수행성'이라고 할 수 있다.

〈4분 33초〉에서는 연주자가 퇴장하는 순간, 공연장이 소음으로 덮혔다. 음악의 고정관념을 역전시키면서 공연의 실재는 공연장을 찾은 관객들의 수행적 행위로 끝났다. 〈토마스의 입술〉에서는 예술가가 계속해서 자신을 학대하자 관객이 더는 그 고통을 참지 못하고 무대 위로 난입한다. 그리고 관객들은 서둘러 얼음 십자가에 누워 있던 예술가를 일으켜 다른 곳으로 옮겼다. 이 행위로 인해 퍼포먼스는 끝났다. 두 개의 공연은 예술가가 촉발한 행위에 관객이 반응했고 그것을 행위로 옮겼다. 즉, 주체와 객체가 하나의 사건에 휘말리게 됨으로써 둘의 관계는 분명하게 규정되거나 구별되지 않았다는 것이다.

안은미의 커뮤니티 댄스는 사건성의 또 다른 예가 될 수 있다. 그의 춤 공연은 철저히 '공연지향'이다. 따라서 대부분의 공연이 프로시니엄 무대에서 진행된다. 그러나 그의 '댄스 3부작'은 서양의 극장식 무대가 도입된 1900년대 이후 계속되어온 예술가와 관객의 이분법에 균열을 가한다. 균열의 핵심은 공연의 참가자들이다. 춤의 전문화가 이뤄지면서 무대는 예

---

3   백인경, 「에리카 피셔-리히테의 퍼포먼스 이론 연구」, 서울대학교 대학원 석사 논문, 2014, 10쪽.

수행성의 개념과 수행적 공연의 주요 전략

술가의 자리였다. 그런데 안은미는 이 자리에 노인, 청소년, 40대 이상의 배불뚝이 아저씨들을 수십 명이나 무대에 세운다. 사실은 이것 자체가 사건이다. 그러면서 관객들은 이들의 춤을 보며 현존재의 '자기동일성(self-identity)'[4]을 체험한다.

이때 관객들의 심리적 경향은 대상을 통해 자신의 우월감을 드러내기도 하지만, 대다수의 많은 관객은 출연자들의 행위에 무심한 채 부동(不動)의 동일성을 유지하는 것이 아니라 행위로 친밀감을 형성한다. 현존재의 자기동일성이 끊임없이 존재를 추구하는 행위에 있듯 공연의 피날레에 행위자와 관객이 어우러져 한바탕 난장과도 같은 막춤을 펼치는 것도 이와 같은 측면에서 이해할 수 있다. 공연에 참여한 비전문인과 관객들은 같은 장소와 시간에 섞임으로 자신을 새롭게 설정된 커뮤니티의 주체로 인식한다. 따라서 피날레의 막춤은 단순히 결핍의 보상이 아니라 자기동일성을 향한 생산적 변화를 의미한다.

이처럼 신체적 공동 현존은 공연의 가장 기본적인 매체적 조건이 된다. 그렇다면 그와 같은 매체적 조건 속에서 사건성은 누구에 의해서 만들어지며, 어디로 흐르는 것일까? 또한, 사건성은 꼭 행위자에 의해서만 시작

---

4   "하이데거에게 있어서 현존재의 자기동일성은 고정적인 것을 함축하고 있는 명사화된 본질로 구성된 것이 아니라 역동성을 표현하는 동사적인 본질로 구성되어 있다. 인간의 본질은 고정적인 실체가 아니라 행위에 놓여 있다. 현존재의 자기동일성은 다양한 변화로부터 무관한 채 닫힌 영역에서 부동의 동일성을 유지하는 것이 아니라 끊임없이 행위함을 의미한다. 동사적인 본질에 기초해 있는 현존재의 자기동일성은 끊임없이 '존재함(Zu-sein)'을 추구하는 동일성이다. 다시 말해 현존재의 동일성은 주어진 존재에 만족하지 않고 항상 앞으로(zu) 나아간다." 하피터, 「하이데거에게서 자립성으로서의 자기동일성 개념」, 『철학논집』 24권, 서강대학교 철학연구소, 2011, 113~117쪽 참조.

되고 만들어지는가?

일단 관객은 행위자의 행위를 지각하고 이에 반응한다. 관객의 내적 충동은 울고, 웃고, 한숨을 쉬고, 탄식하는 작은 반응에서부터 소리치고, 발을 구르고, 손뼉을 치거나 야유를 내뱉는 격한 반응으로 나타나기도 한다. 그러다가 흥분하면 자리를 박차고 일어나 공연장을 나가버리기도 한다. 그 밖에도 관객은 공연과 상관없는 생리적 반응을 보이기도 한다. 하품을 하거나, 시계를 보거나, 다리를 꼬거나, 갑작스럽게 재채기를 하거나, 코를 골며 자거나, 또는 돌발적으로 휴대전화 벨 소리가 울리기도 한다. 그런데 이러한 관객들의 반응을 행위자인 배우들도 지각한다는 사실이다. 이에 대해 배우들은 어느 쪽으로든 영향받는다. 집중력이 흐트러지거나 더 강해지거나, 불쾌함을 드러내거나 숨기려고 노력하거나, 때로는 대사를 잊어버리기도 하고 퇴장 시점을 놓치기도 한다. 관객의 이러한 행위들은 배우들의 연기에 영향을 주고 나아가서는 공연에까지도 미친다. 또한, 관객의 돌발적 행위들은 다른 관객의 흥미와 긴장감의 정도를 높이거나 낮추기도 한다. 자신의 웃음이 다른 관객과 일치하지 않을 때, 우리는 주변을 두리번거리며 다른 관객의 눈치를 살핀다. 다시 말하면 공연에서 발생하는 사건은 행위자와 관객의 공동 현존이라고 하는 매체적 조건 속에서 상호작용하는 것이다.

피셔-리히테는 이것을 '자동형성적 피드백 고리(Autopoietische Feedback-Schleife)'로 설명하는데, "행위자가 무엇을 하든 그것은 관객에게 영향을 미치고, 관객이 무엇을 하든 그것은 행위자와 다른 관객에게 영향을 미친다. 이런 의미에서 공연은 공연 자체에서 생성되었으나, 점점 변화하며 되돌아와 연결되는 고리, 즉 피드백 고리로 채워진 현상이 된다. 따라서 공연 과정은 완벽하게 계획되거나 예측될 수 없다."[5] 이와 같은 실명에 따르면 관객의 반응이 비록 내적으로만 일어난다고 하더라도 피드백 고리는 공간의 분위기를 조성하는 데 영향을 준다는 것이다. 그리고 이때 관객의 역할은 공동주체로서 "연출되고 재현되는 행위들의 의미들을 읽어내는 것이 아니라, 공간 내에서 형성되는 분위기를 스스로 지각하고 의미를 구성해나가게 되는 것이다. 바로 이러한 과정을 가능하게 하는 것이 '수행성'이다."[6]

그렇게 본다면 자동형성적 피드백 고리의 핵심은 결국 신체적 공동 현존 속에서 발생한 수행적 사건이다. 1960년대 수행적 전환 시대의 예술가들은 이러한 수행적 사건을 공연에 적극적으로 도입하고 실험한다. 이제 예술가들의 관심은 공연을 통제하거나 조정하는 것이 아니라 피드백 고리를 구상하고 실행하는 연출전략에 집중한다.

이와 같은 수행적 공연에서 피드백 고리가 나타나는 연출전략들을 피셔-리히테는 다음의 몇 가지로 분석한다.

> 연출전략은 실험을 위해서건 놀이를 위해서건, 항상 서로 밀접하게 연결된 세 가지 요소를 지향한다. 첫째는 행위자와 관객의 역할 바꾸기고, 둘째는 그들 간의 공동체 형성, 셋째는 다양한 형태로 드러나는 상호 간의 접촉, 즉 멀거나 가까운 거리, 공적이거나 사적인 관계, 시선이나 몸의 접촉 등이다.[7]

---

5   Erika Fischer-Lichte, 앞의 책, 80~81쪽.
6   최승빈, 「수행적 사건으로서의 퍼포먼스에 나타나는 상호매체적 지각 변화 연구」, 홍익대학교 대학원 박사논문, 2017, 30쪽.
7   Erika Fischer-Lichte, 앞의 책, 84쪽.

피셔-리히테가 연출전략의 첫 번째 요소로 지적하는 '역할 바꾸기'와 관련해서 말해보면, 그것의 좋은 예로는 2010년 크리스 콘덱(Chris Kondek)의 〈죽은 고양이 반등(Dead Cat Bounce)〉[8]이 적당하다. 이 공연은 관객들의 당일 관람료를 종잣돈으로 주식에 투자하며, 주식시장의 변동을 관객들과 함께 지켜본다. 그러나 이 공연은 관객들을 지켜만 보게 두지 않는다. 왜냐하면, 주식투자로 이익이 생기면 당신들과 나누겠다는 진행자의 설명이 있었기 때문이다. 내용은 공연이 진행되는 90분 동안 실시간으로 일어나며, 당일 관람료로 런던의 주식시장에서 주식을 매입한다. 어떤 주식에 투자했으며, 그 주식이 올랐는지 내렸는지를 관객들에게 알리고, 가지고 있는 주식을 팔지 말지 또한 관객들과 의논한다. 그러면서 행위자와 관객의 역할 바꾸기는 관객들도 모르는 사이에 조용히 진행된다. 관객 중에는 관람 중간에 투자금을 즉석에서 더 내기도 하며 적극적으로 공연에 개입하기도 한다. 여기서는 상당 부분 우연성에 따라 만들어졌다. 공연은 기본적인 흐름 속에서 구체적인 대사나 지문도 없이 관객과 행위자들이 주식투자의 상황을 두고 함께 만드는 장면으로 진행되었다. 개개인이 낸 관람료로 투자하기 때문에 관객들은 주가가 올라갔다는 진행자의 말에 환호성을 지르고 내려갔다는 말에는 저절로 탄식 소리를 낸다. 그러면서 이따금 여자 연기자가 알려주는 주식 포인트는 관객을 끊임없이 행위자로 만든다. 그와는 반대로 행위자들은 주식 상황에 몰입된 객석을 지켜보는 관객으로 역할을 바꾼다.

그에 비해 안은미의 공연에서 '역할 바꾸기'는 연습 과정, 즉 연습장에

---

8 페스티벌 '봄', 2010년 3월 31일~4월 1일, 서강대학교 메리홀 대극장.

서 일어난다. 안은미의 커뮤니티 댄스 중, '시민참여형 예술 프로젝트'는 자발적으로 모인 일반인 참가자들이 2개월에서 3개월에 걸쳐 춤과 관련된 워크숍을 진행한다. 하지만 이 과정은 무용수가 되기 위한 훈련을 받는 것이 아니라 자신의 몸을 관찰하고 그 몸으로 자신을 표현할 수 있는 인식의 전환을 익히는 과정이다. 여기서 일반인 참가자들은 그전까지 모두 관객이었다는 사실을 상기할 필요가 있다. 이들은 모두 역할 바꾸기에 기꺼이 동참하기 위해 모인 공동체이다. 일반인 참가자들은 연습이 진행되는 동안 안은미를 비롯한 전문 무용수들의 조언을 받으며 행위자로 역할 바꾸기를 시도한다. 이 과정에서 안은미를 비롯한 전문 무용수들의 직접적인 춤 지도나 지시적 행위는 이루어지지 않는다. 전문 무용수들의 역할은 직접적인 행위자, 또는 행위의 지시자가 아니라 조력자일 뿐이며, 전통적 미학 안에서 관객이었던 이들을 계속해서 역할 바꾸기에 동참하도록 격려하는 안내자이다. 그러므로 일반인 참가자들의 연습장은 역할 바꾸기의 현장이며 천천히 행위자가 되기 위해 간접적 도움을 받는 장소이다. 이를테면 이들의 생각을 끌어내기 위한 상담이나 아이디어 회의와 같은 것이다. 연습 과정에서 이들에게 어떤 일이 일어날지는 아무도 예측할 수 없으며, 이때 안무가인 안은미는 이 과정에서 행위자의 임무를 수행할 수 없으며 오직 관객으로 남게 된다. 애써 그의 역할을 찾는다면 〈죽은 고양이 반등〉에서처럼 진행자 내지는 코디네이터라고 할 수 있다. 이후 공연이 진행되는 동안에도 안은미는 공연의 내용에 어떠한 영향력도 행사할 수 없다.

여기서 피셔-리히테가 얘기하는 두 번째 요소, '그들 간의 공동체 형성'은 '역할 바꾸기'와 불가분의 관계에 있다고 볼 수 있다. 왜냐하면, 역할 바꾸기 없이는 공동의 이행을 생각할 수 없다. 피셔-리히테가 얘기하는 공동체 형성은 제한된 시간이라는 조건 아래 공동의 행위와 경험 즉, 공연으로 형성된 공동체다. 〈죽은 고양이 반등〉에서 행위자와 관객은 주식 투자라는 공동의 행위와 경험을 위해 제한된 시간 안에서 공동체를 이루었다. 그리고 이 공동체의 특징은 모든 참여자의 개인성이 존중된다는 데에 있다. 관객 중 누구는 적극적 투자를 희망하고 또 누구는 투자를 관망하고자 한다. 그러면서 서로의 의견이 충돌할 수 있다. 하지만 다른 한편에서는 어느 쪽에도 연대하지 못하는 관객들도 생겨난다. 즉, 양쪽의 의견을 경청하며 소극적 연대로 만족하는 경우도 생겨난다. 하지만 제한된 시간이라는 조건 아래에서 형성된 그들 간의 공동체는 "이 공동체에 연대하지 못하는 사람과도 갈등을 일으키지 않는다. 즉 이들은 공동체의 구성원에게 무엇도 강요하지 않으며, 오히려 각 개인에게 경계 경험과 변환 경험을 제시했을 뿐이다. 나아가 이들은 공동체에서 제외된 사람들에게도 아무런 폭력을 가하지 않았다. 상대방을 적대화하고 소외시키며 개인을 추방하는 행위는 일어나지 않았다."[9] 공연의 진행자이며 행위자 또한 투자 위험에 대한 위험성을 알리는 공동체의 일원일 뿐, 어느 쪽도 지지하지 않음으로써 갈등을 유발하지 않는다.

안은미의 '시민참여형 예술 프로젝트'는 공고를 통해 모집된 개인이다. 이들은 이제 관객이기를 희망하지 않았으며, 공동의 행위와 경험을 형성하기 위해 모인 공동체다. 이들은 일정 기간의 워크숍을 통해 공동체를 진행하는데, 이때 안은미는 행위자가 아니라 공동체의 일원이다. 관객들

---

9   Erika Fischer-Lichte, 앞의 책, 118~119쪽.

은 〈죽은 고양이 반등〉에서처럼 즉석에서 행위의 공동체를 형성하지는 않았지만, 배우들의 행위에서 자기동일성의 에너지가 지각되는 순간 공동체를 형성한다. 이에 대해 피셔-리히테는 "자동형성적 피드백 고리가 관찰 가능한, 즉 보고 들을 수 있는 행위자와 관객 간의 행위나 태도뿐만 아니라, 이들 사이에 순환하는 에너지에 의해서도 진행되고 유지된다"[10]고 설명한다. 관객은 자기동일성을 지각하는 자로서 관객이며, 에너지의 지각을 순환시켜 공연에 영향을 끼친다는 점에서 행위자다.

세 번째, '다양한 형태로 드러나는 접촉' 상황은 무엇보다도 두 그룹 간의 실제 접촉, 즉 행위자와 관객의 육체적 접촉을 의미한다고 볼 수 있다. 전통적인 공연예술에서 공연은 공공성을 띤다. 그러므로 육체적 접촉, 사적 친밀감을 나타내는 행위는 상상할 수 없다. 육체적 접촉은 환영에 대한 침입으로 감정이입을 방해하는 것이다. 행위자와 관객은 말을 섞을 수 없으며 관객에게 허용된 접촉은 시각, 청각, 후각에 의한 접촉이다. 다시 말해 촉각을 허용하지 않았다. 이것은 시각과 촉각 사이의 엄격한 구분이다. 그러나 피셔-리히테는 메를로-퐁티(Maurice Merleau-Ponty)의 말을 인용해서 시각과 촉각 사이의 접촉 구분은 유지될 수 없다고 이야기한다. "볼 수 있는 것에는 만질 수 있는 촉각적인 것이 이미 전제되어 있다. 그리고 그 반대로 촉각도 시각적 존재 없이는 존재할 수 없다. 즉 같은 신체가 보고 또 만진다. 따라서 볼 수 있는 것과 만질 수 있는 것은 같은 세계"[11]에 속하는 감각임을 주장한다. 그렇다고 한다면 시각적 접촉 또한 촉각처럼

---

10 위의 책, 130쪽
11 위의 책, 137쪽. 자세한 내용은 위의 책 136~137쪽 참고.

관객과의 교감을 형성할 수 있는 중요한 감각 요소라고 할 수 있다.

〈죽은 고양이 반등〉은 행위자와 관객이 무대 위의 주식 상황판을 보고 시각적 접촉을 통해 진행된다. 접촉은 에너지를 순환시켜 두 그룹 간의 공동체 형성에 기반이 된다. 그러면서 공연이라고 하는 공공성은 희미해지고 사적 친밀감은 증대된다. 두 그룹은 서로 시선을 교환할 뿐만 아니라 사실상 의견을 교환하며 소통한다. 즉, 청각적 접촉을 시도한다. 때로는 피드백 고리의 우연성이 돌발적으로 일어나며 행위자와 관객의 신체적 접촉이 일어날 가능성 또한 배제할 수 없다. 예를 들면, 투자금을 건네기 위해 행위자와 관객의 손이 직접적으로 스친다거나, 토론 과정에서 관객이 행위자의 몸을 접촉할 수도 있다.(물론 한국공연에서 그런 일은 일어나지 않았다) 접촉은 관객들 사이에서도 일어날 수 있다. 실제로 관객 중 한 명은 지갑에서 돈을 꺼내 적극적 투자를 희망했다. 이때 투자를 관망하던 일부 관객들이나, 이 공연이 실제인지 허구인지 여전히 갈팡질팡하던 관객들의 시선은 적극적 투자자에게로 모인다. 적극적 관객은 다른 관객에게 특별히 반응하지는 않았지만, 자신과 다른 관객 사이에서 시각적 접촉의 에너지를 느끼기에는 충분했다.

안은미의 춤에서 드러나는 접촉 상황은 커뮤니티 댄스에서 주로 나타난다. 그의 커뮤니티 댄스는 공연의 피날레에 관객과 출연자들의 '막춤' 파티가 있으며, 출연자들의 '자기 이야기하기' 장면이 있다. 안은미의 막춤은 커뮤니티 댄스에서 고정 레퍼토리나 다름없다. 그는 공연의 끝 무렵에 등장해 관객들을 무대 위로 불러내고 막춤을 유도한다. 이것은 안은미가 관객들에게 신체적 접촉을 요청하는 행위이며 시각적 접촉을 촉각으로 바꾸는 지각의 변환이다. 무대는 순식간에 관객들의 난입으로 만원이 되고 심지어는 객석의 통로에서도 막춤은 이어진다. 관객들은 저마다 춤을 추기 위해 공간을 확보하고 그 와중에도 부딪힘을 최소화하기 위해 자연스럽게 이리저리 움직인다. 이때 다른 사람과의 시각적 접촉은 물론이고 신체적 접촉 또한 자연스럽게 이루어진다. 무대 위의 관객들은 막춤을 추며 전통적 공연예술의 확고한 이분법이 흔들리는 경험을 하는데, 결과적으로 막춤은 공연의 공공적 성격과 사적 친밀감의 대립적 이분법을 적용할 수 없게 만드는 효과를 보인다. 그리고 잠시뿐이지만 신체적 접촉을 통해 변환을 체험한다. 이분법이 흔들리는 경험은 '자기 이야기하기'에서도 볼 수 있다. 일반인 배우들은 자신의 사적인 경험을 이야기하며 관객과의 사적 친밀감과 공감대를 형성한다. 그러면서 공연의 공공성은 흐릿해진다. 〈안심땐쓰〉와 〈대심땐쓰〉의 장애인들, 〈쓰리쓰리랑〉의 아들을 잃은 어머니들의 경험이 가공된 허구가 아니라고 했을 때, 경험의 당사자가 직접 시도하는 청각적 접촉은 모든 이야기의 가능성과 자신의 입장 사이에서 관객의 경험을 리미널리티의 상황에 빠지게 한다. 결국, 신체적 공동 현존이 요구하는 자동형성적 피드백 고리는 행위자뿐 아니라 관객들도 공연의 공동주체로서 자신의 신체를 통해 공연을 직접적으로 경험하는 것이다.

2. 공연에서의 물질성 – 몸성/육체성

앞에서도 지적한 바와 같이, 수행성은 신체적 공동 현존을 기본적인 전제로 한다. 다시 말해 공동 현존의 또 하나의 핵심은 신체, 즉 몸이며 몸과 함께 벌이는 이벤트, 그 사건성이 수행성을 전제한다. 피셔–리히테에 따르면 이러한 사건성의 창조는 "물질성의 수행적 창출과 같은 방법적 절차로 드러난다는 것이다. 또한, 저자는 물질성을 '몸성/육체성', '공간성', '소리성', '시간성(리듬)'으로 분류하며, 그중에서도 '몸성/육체성'을 수행미학에서 본질적인 것으로 취급한다."[12]

따라서 본 장에서는 물질성의 본질적인 것으로 취급되는 '몸성/육체성'의 논의에 집중하며 살펴보겠다. 그 논의는 배우의 연기가 만들어내는 육체성을 관객이 지각하는 데서 출발한다. 그리고 배우와 등장인물의 관계성을 이해하도록 요구한다. 배우의 육체는 등장인물을 연기한다. 이때 배우의 육체는 배우 고유의 것인가, 아니면 등장인물의 것인가. 이에 관한 논의에 있어 유의해야 하는 것이 '체현(embodiment)'이라는 개념이다. 18세기에 체현의 개념은 배우의 몸이 텍스트를 옮기기 위한 도구적 육체라는 생각과 같이한다. 여기서 배우의 몸은 배우 고유의 현상적 신체가 아니며, 텍스트의 기호를 구현하기 위해서는 자기의 몸으로부터 탈육체화 또는 탈신체화가 이루어져야 한다. 그러나 이와 같은 체현 개념은 20세기 초 역사적 아방가르드 예술가들에게서 강하게 비판받았으며, 그 이후 현재까지 다양한 측면에서 배우의 육체에 대한 사용 방안이 시도되고 실험되었다. 육체의 사용이라고 말했지만 그런 입장이 배우의 몸을 도구화하는 것은 아니며, 그렇다고 조종하고 형태화 할 수 있는 물질로서만 보려는 것도 아니다. 피셔-리히테의 말처럼 배우의 몸은 현상적 신체와 기호적 육체의 '이중성' 안에서 자신의 몸을 이리저리 옮겨가며 변화하는 것이다.

---

12   김정숙, 앞의 논문, 131쪽.

피셔-리히테는 이와 같은 '몸의 이중성'을 다음의 네 가지로 이야기한다.

1) 배우와 역할 사이의 관계 전도,
2) 개인으로서의 배우(육체)의 강조와 전시
3) 육체의 훼손 가능성, 취약성, 결핍성의 강조
4) 크로스 캐스팅(Cross-Casting)이다. 주로 두 가지 혹은 더 많은
전략을 서로 결합했다.[13]

위에서 소개하는 몸의 이중성은 연출전략에 따라 서로 결합하는 양상을 보이는데, 첫째로 이야기되는 '배우와 역할 사이의 관계 전도'는 배우의 몸이 전통적으로 이해되던 체현 개념뿐만 아니라 신체-존재와 육체-소유로 분리되어 나타날 수 없다는 것이다. 이와 같은 이분법적 사고를 극복하는 데 중요한 개념을 제공한 사람은 메를로-퐁티인데, 그의 살(la chair) 개념은 '신체/육체'[14]의 관계를 비대립적 관계로 이해하는 데 중요한 동기를 제공했다. 메를로-퐁티에 따르면 인간의 "육체는 항상 살을 통해 세상과 연결된다. 세상에 대한 인간적 행위는 모두 신체를 통해, 체화된

---

13 Erika Fischer-Lichte, 앞의 책, 183쪽.
14 "신체육체(Leibkörper) 개념은 메를로-퐁티(Maurice Merleau-Ponty)의 신체도식(schéma corporel) 개념에 입각해서 살펴볼 수 있는데, 연기자의 신체는 실존하는 몸으로 자신의 신체가 세계 속의 존재이자 동시에 세계로 향하는 존재이다. 즉, '세계-내-존재'이다. 실존은 의식과 신체의 결합에 근거하므로 의식과 신체가 통합된 몸은 대상을 감각하는 주체이면서 동시에 감각되는 대상, 즉 객체로 자신을 나타내려고 하는 이중적 감각을 지니고 있다. 그러므로 연기자는 신체도식에 따라서 자신의 신체 주체이자 객체로서 연기를 이끌어나가게 된다." 심재민, 「지각화의 관점에서 본 연극에서의 수행성과 매체성」, 『순천향 인문과학논총』 33권 3호, 순천향대학교 인문과학연구소, 2014, 251~255쪽 참조.

것으로서 이행된다. 그래서 신체는 살의 속성 속에서 모든 도구적이고 기호적인 기능을 넘어선다"[15] 이것은 배우의 살을 매개로 하는 연기에서 도구적이고 기호적인 기능 즉, 역할은 어느 특정한 방식으로만 나타날 수 없으며 인간의 살이라고 하는 배우의 현상적 신체를 벗어나서 표현될 수도 없다. 살의 개념에서 배우의 몸은 배우 고유의 현상적 신체로 계속 머물지도 않으며 그럴 수도 없고, 그렇다고 등장인물을 구현하기 위한 재현적 기호의 육체만으로 계속될 수도 없고 계속되지도 않는다. 연기하는 배우의 몸은 '현상적 신체-존재'와 '기호적 육체-소유'의 진자운동 속에서 자신의 몸을 매우 전략적으로 사용한다.

2009년 재공연한 〈바리-이승〉에서 안은미는 빡빡 깎은 민머리와 기괴할 정도의 파란 얼굴, 그리고 새하얀 소복 차림으로 등장한다. 이후 그의 독무는 한국무용의 살풀이를 연상시키기도 하지만 그보다는 어떤 규범에 저항하는 몸짓으로 즉흥적인 '퍼포먼스'에 가깝다. 이 몸짓은 그의 정신이 아니라 정신을 체현한 어떤 몸의 현존 즉, 바리의 현신이다. 하지만 그의 그로테스크한 분장은 성(性)의 구별을 방해하고, 하얀 치마를 펄럭일 때마다 자신의 속살과 속옷이 처연하게 드러난다. 여기서 안은미가 재현하려고 하는 역할은 무엇인가. 그러나 그의 춤에서 역할의 정체를 파악하기는 힘들다. 그의 춤은 역할을 재현하기 이전에 물질로 지각된다. 다시 말해 현상적 신체가 기호적 육체를 역전시킨다. 그가 드러내는 속살은 에로티시즘이 아니다. 그냥 안은미의 살이며 자기 지시적 신

---

15 Maurice Merleau-Ponty, *Das Sichtbare und das Unsichtbare*, München, 2 Aufl, 1994. Erika Fischer-Lichte, 앞의 책, 186쪽에서 재인용.

체이다. 이어서 퍼포먼스가 절정으로 향할 때쯤 입에서는 붉은 액체가 쏟아진다. 그리고 치맛자락을 들어 올려 입에서 쏟아지는 액체를 받아내고 바닥에 떨어진 액체를 치마로 닦는다. 하얀 치마에 떨어지는 붉은 액체와 파란 얼굴은 시각적으로 강렬한 대비를 준다. 여기서는 지각을 자극하는 요소로 육체와 함께 사물, 색깔 등도 유용하게 적용됨을 알 수 있다. 안은미는 퍼포먼스에서 자신의 몸을 재현의 도구나 기호로 이용하지 않았다. 따라서 안은미의 몸은 배우와 역할 사이에서 관계가 전도되며 안은미 개인으로서의 살이 강조되고 행위가 전시되는 양상으로 나타난 것이다.[16]

여기서 몸의 이중성의 두 번째 요소인 '개인으로서의 배우(육체)의 강조와 전시'가 '배우와 역할 사이의 관계 전도'라고 하는 첫 번째 전략과 서로 결합하는 양상을 보인다. 위의 예에서 안은미가 연기한 몸은 배우와 등장인물 사이에서 관계 전도를 유도한다고 할 수 있는데, 그 이유는 안은미라고 하는 개인적 신체가 강조됐기 때문이다.

'몸의 전시'라는 문제와 관련해서 로버트 윌슨(Robert Wilson)은 "1960년대 후반에 시작된 작업 때부터 아마추어나 장애인, 배우지망생, 행위자 또는 배우의 개별적이고 고유한 성격을 강조"[17]하며, 배우들에게 기하학적 무늬를 그리거나, 매우 느리고, 대부분 반복적 행동들을 하도록 요구했다. 이러한 움직임은 무엇보다 배우 개개인으로부터 구현되는 물질성을 주목하게 만들며 고유한 존재의 전시효과로 나타난다.

---

16 전형재, 「춤연극에서 연기의 물질성이 지각과 의미생성에 미치는 영향」, 『연기예술연구』 13호, 한국연기예술학회, 2018, 83~84쪽 참조.

17 Erika Fischer-Lichte, 앞의 책, 187쪽.

안은미의 커뮤니티 댄스에서도 윌슨의 경우처럼 아마추어나 장애인 배우들이 등장하는데, 이들은 70세 이상의 할머니들, 10대의 청소년들, 40대 이상의 아저씨들, 시각장애인, 저신장 장애인들이다. 이 공연들은 전문적인 무용 예술을 보여주는 것이 아니라 춤을 통해 아마추어 무용수들의 고유한 존재가 전시되는 효과를 보여준다. 여기서 이들 행위자가 재현해야 할 등장인물은 개개인의 몸이 시간과 공간 속에서 자연발생적으로 형성한 주름진 몸 즉, 현상적 신체 그 자체이다. 〈대심땐쓰〉에는 2명의 저신장 장애인이 등장하는데 이들은 전문 무용수에 버금가는 춤 실력을 뽐낸다. 그런데 춤 실력이 뛰어날수록 이들의 특별한 육체성은 점점 더 개인의 신체적 장애가 강조된다. 일반인과 구별되는 저신장의 특별한 몸은 관객들에게 춤의 기교보다는 물질성의 의미로 지각되는 것이다. 다시 말하면 육체에 대한 기호가 아니라 현상적 존재를 수용하게 되는 것이다.

셋째, '육체의 훼손 가능성, 취약성, 결핍성이 강조'되는 좋은 예로는 2007년 루크 퍼시발(Luk Perceval)의 〈세일즈맨의 죽음〉[18]을 들 수 있다. 루크 퍼시발은 아서 밀러(Arthur Miller)의 원작을 독일식으로 번안해놓았는데, 무대를 동시대 독일 하층 노동자의 삶으로 가지고 왔다. 여기에 등장하는 주요 배우들의 육체는 외부적 충격으로부터 인간의 몸이 얼마나 허약한 존재인지 잘 보여준다. 주인공 윌리 로먼과 큰아들 비프의 터질 듯 출렁이는 뱃살과 늙어서 초라하게 늘어진 린다의 젖가슴, 향락에 취한 해피의 몸, 거기에다 린다의 몸과 대비되는 엄청난 젖가슴의 창부의 몸은

---

18   2007 서울국제공연예술제, 2007년 10월 8~9일, 남산예술센터.

수행성의 개념과 수행적 공연의 주요 전략

관객들에게 지속해서 배우들의 결핍과 장애를 상기시킨다. 즉, 배우의 현상적 신체가 가진 물질성에 노출되는 것이다. 그러면 배우들의 육체성을 등장인물의 기호성과 연관 지어 해석할 가능성은 없는가. 그렇게 해석할 여지는 충분하다. 그러나 관객들은 배우들의 몸이 조작된 육체가 아니라는 사실에 놀라거나 감동하기도 하면서 한편으론 불쾌하고 경악하기도 한다. 다시 말해 신체-존재와 육체-소유의 몸의 이중성이 나타나게 되는 것이다. 두 개의 혼란스러운 지각 사이에서 관객은 무엇도 확정할 수 없는 상태로 배우의 몸과 계속해서 만난다. '몸의 이중성'에서 등장인물은 배우의 개인적인 육체를 떠나서는 만들어질 수 없고 그렇다고 기호적 의미로만 이해되지도 않는다.

안은미의 경우 그와 같은 예는 앞서 설명한 〈대심땐쓰〉에서처럼 저신장 장애인의 뛰어난 춤 실력이 강조될수록 그들의 육체적 취약성과 장애는 관객들에게 더욱 상기된다. 〈안심땐쓰〉에서는 시각장애인들의 신체 일부라고 여겨지는 흰색 지팡이를 주요 오브제로 사용한다. 흰색 지팡이는 시각장애인들에게는 매우 특별한 물건이다. 하지만 공연에서는 장애인 무용수뿐만 아니라 일반 무용수들 또한 흰색 지팡이를 매우 일상적 소도구로 이용한다. 그러면서 소도구의 사용이 빈번해질수록 시각장애에 대한 결핍과 취약성은 관객들에게 계속해서 노출된다. 관객들은 이때 시각장애인들의 몸이 조작된 육체가 아니라는 사실, 즉 현상적 신체와 그들의 춤, 즉 기호적 육체 사이에서 무엇을 경험해야 할지 지각의 혼란을 겪게 된다.

넷째, 크로스 캐스팅(Cross-Casting)은 의도적으로 역할과 성(性)이 다른 배우를 등장시키는 가운데 "배우의 현상적 신체를 주목하게 하고 연기자

혹은 그의 육체와 등장인물을 분리"[19]하는 방법이다. 그럼으로써 몸의 물질성은 강화되고 지각의 혼동이 만들어진다.

이와 같은 예는 안은미의 〈바리-이승〉에서 찾아볼 수 있다. 〈바리〉에서 바리 역할을 연기한 이희문은 남자배우이다. 그런데 이희문의 소리나 몸짓은 여성적 형식을 취한다. 다시 말해 자신의 남성성을 애써 역할 속에 숨기지도 않았다. 소리를 할 때나 작은 걸음걸이에서는 여성적인 형식이 강조되면서도 뛰고 구르는 역동적인 움직임에서는 남성적인 기운이 전달된다. 처음부터 관객은 바리를 남자배우가 연기하고 있음을 정확하게 인식하고 있었다. 그런데도 바리를 왜 남자배우가 연기하는지에 대한 분명한 판단은 내릴 수 없었다. 즉 이희문과 바리라고 하는 등장인물 사이에서 지각의 혼란은 계속해서 강화되었다. 부정할 수 없는 남성의 육체와 또한 부정할 수 없는 바리의 여성적 행동은 맞아떨어지지 않았다. 그렇다면 우리는 어떤 명확한 판단을 내릴 수 없는 이희문과 등장인물 바리 사이에서 무엇을 선택해야 하는가. 이희문의 몸은 '세계-내-존재'하는 현상적 신체로서 누구도 오해할 수 없는 남성성 그 자체를 지시한다. 하지만 몸의 이중성 개념에서 보자면 현상적 신체는 등장인물 바리를 연기하는 기호적 육체와도 분리할 수 없다.[20]

여기서 관객은 등장인물의 형상을 잃어버릴 수 있다. 그러나 그것은 형상을 잃어버리는 것이 아니라 지각의 혼동을 유발함으로써 둘 사이를 수시로 오가며 지각할 가능성을 열어주는 것이다. 공연의 지각 가능성은 다

---

19 Erika Fischer-Lichte, 앞의 책, 194쪽.
20 전형재, 앞의 논문, 86~87쪽 참조.

음에 얘기할 관객의 미학적 경험을 만드는 데 중요한 요소이다.

3. 미학적 경험 – 지각의 급변과 의미의 창발

수행성의 미학의 근본적 토대를 이루는 신체적 공동 현존, 자동형성적 피드백 고리, 몸의 물질성, 사건성은 궁극적으로 무엇을 지향하기 위함인가. 다시 말하면 위의 것들이 요구하는 특별한 지각 가능성은 왜 필요한 것인가 하는 것이다. 1960년대 이후 공연예술의 환경적 변화는 주지의 사실이다. 변화의 요점은 첫째, 행위자가 생산하는 물질성이 논리적 근거나 동기도 없이 돌발적으로 발생한다는 데 있으며, 둘째 그 물질성을 어떤 방식으로 이해하고 해석할 것인지에 대한 과제가 관객들에게 있다는 사실이다. 여기서 관객들은 자기의 의지와 상관없이 그 과제를 떠안게 되는데 그 과정에서 관객들은 지각의 혼란을 겪게 된다. 하지만 다른 한편으로는 지각의 혼란 상태에서 자기 자신이 공연의 의미를 생성하는 가장 중요한 조건이며, 공연을 이해하고자 하는 과정의 일부인 동시에 생산자라는 특이성을 이해하는 일임이 분명해졌다.

그렇게 본다면 신체적 공동 현존, 자동형성적 피드백 고리, 몸의 물질성, 사건성이 궁극적으로 지향하는 바는 관객들이 겪게 되는 지각의 변화이며, 새로운 지각의 경계를 경험하는 것이 곧 '미학적 경험'이다.

피셔-리히테는 "현대 연극에서는 '지각의 다층적 안정성'이 관건이다. 주된 관심은 현상적 신체에 대한 지각이 등장인물에 대한 지각으로 넘어가는 순간과 그 반대로 넘어가는 순간에 있다"[21]고 말한다. 이 말은 다시

21　Erika Fischer-Lichte, 앞의 책, 198쪽.

말하면 지각의 경계적 상황에서 지각 주체가 느끼는 '지각의 급변'이 미학적 경험의 주요 관심사라는 것이다. 그런데 문제는 "실제로 지각을 그때그때 급변하게 하는 것이 무엇인지 분명하지 않다"[22]는 것이다. 〈세일즈맨의 죽음〉에서 주인공 윌리의 출렁이는 뱃살은 그의 현재 상태를 보여주는 기호적 지시였다가 어느 순간에는 배우 개인의 특수한 육체로 지각되기도 한다. 이처럼 의식적이든 무의식적이든 상황마다 관객의 지각을 다르게 조정하는 지각의 급변은 그것이 무엇 때문인지 분명하지 않다. 지각의 급변은 극작술이나 연출법, 연기 방법과도 무관하며 관객의 의지와도 상관없이 일어난다. 그렇지만 지각의 급변에서 관찰할 수 있는 것은 관객을 '이도 저도 아닌' 사이 상태에 빠뜨렸다는 것이며, 두 가지 지각 사이의 문지방에 서게 했다는 사실이다.

이와 같은 지각의 급변 사례는 이미 〈바리〉에서 얘기한 바와 같이, 몸의 이중성을 통해 어느 정도는 해소되었다고 할 수 있다. 몸의 이중성은 바리 역을 연기하는 이희문의 '크로스 캐스팅'과 같이 배우의 몸이 현상적 신체와 기호적 육체의 '이중성' 안에서 자신의 몸을 이리저리 옮겨가는 가운데 지각의 혼돈을 유발함으로써 지각의 변화를 초래할 수 있었다.

그 외에도 〈조상님께 바치는 댄쓰〉를 살펴보면, 공연의 초반에 약 20분간 할머니들의 춤이 영상으로 등장한다. 춤 영상을 보며 관객들은 웃음을 참지 못한다. 여기저기서 웃음이 난무한다. 그들의 무질서한 육체가 생산하는 몸의 물질성이 1차적 지각으로 나타난 것이다. 그런데 그 웃음은 오래가지 못한다. 다음 장면이 되면 영상 속의 인물들이 실제로 등장하는

---

22 위의 책, 197쪽.

데, 이때 할머니들의 춤은 영상 속의 재현이 아니라 그 자신들의 특별한 신체의 현존을 보여준다. 그러면서 관객들은 영상 속의 할머니들 춤과는 전혀 다른 2차적 지각을 겪게 되는데, 웃음소리가 점차 잦아지며 초반의 코믹한 분위기에서 애틋한 분위기로 지각의 급변을 경험하는 것이다. 핵심은 앞에서도 설명한 바와 같이 그러한 지각의 급변이 어떻게 발생한 것인지는 알 수 없다는 것이다. 다만 할머니들의 특별한 신체적 현존이 관객들의 웃음을 멈추게 한 것만은 틀림없어 보인다. 이를테면 할머니 한 사람 한 사람의 투박한 몸짓이 '어느 순간' 나의 할머니, 어머니를 연상시키며 단순한 웃음거리로 보기에는 논리적 설명이 불가능한 정서적 변화를 가져왔을 수 있다.

여기서는 '어느 순간'이 변화의 핵심이 될 수 있는데, 피셔–리히테의 주장을 인용하자면 "지각은 지각행위가 이루어지는 동안에만 급변할 수 있다"[23]고 말한다. 즉, 그 장면이 지나가거나 공연이 끝난 다음에는 그 지각의 급변을 경험할 수 없다. 지각의 급변은 지각행위를 하는 동안에만 발생한다. 따라서 관객의 능동적 지각행위는 공연을 이루는 절대적인 요인이다. 그렇게 본다면 〈조상님께 바치는 댄쓰〉에서 낯선 행위자(할머니들)가 생산한 몸은 어느 순간 나의 능동적 지각행위와 함께 나를 지각의 경계지점인 문지방에 서게 하였으며, 그 사이에서 나의 할머니, 어머니를 연상시키며 지각의 변화를 유도한 것이다.

그럼 미학적 경험으로서 지각이 급변하는 순간 관객에게는 무슨 일이 일어나는가? 지각의 급변은 지금까지 유지되던 지각 질서를 파괴한

---

23 위의 책, 327쪽.

다. 안정된 지각 질서가 파괴되는 순간 지각 주체는 불안정한 상태에 빠지며, 문지방 단계에 서게 된다. 이는 일종의 경계지점으로 '문지방 경험(schwellenerfahrung)'이라고도 하는데, 사이 단계 또는 사이 상태를 말한다. 이와 같은 문지방 단계는 '이도 저도 아닌(betwixt and between)' 상태이다. 왜냐하면, 공연에서 지각 질서의 파괴는 관객의 지각작용에 따라 수시로 일어나며 그 무엇도 완전하게 확정된 상태가 아니기 때문이다. 여기서 관객은 '지각의 다층적 안정화'를 이루려고 노력한다. 이것은 경계성의 불안정한 상태를 벗어나기 위한 관객의 의식적인 노력이다. 앞에서도 설명한 바와 같이 지각의 급변은 수시로 발생하는데, 이때 관객은 두 질서 사이를 오가며 지각의 불안정한 차이를 안정 상태로 만들기 위해 노력한다. 하지만 지각의 급변은 경계성(liminality)에서 벗어나기 위한 관객의 노력에 계속해서 균열을 가하는 행위이다.

관객이 경계성의 불안정한 상태를 벗어나기 위해 하는 노력은 결국 지각의 다층적 안정화를 이루기 위해 자신의 지각 질서를 자기가 의도하는 어느 한쪽으로 옮겨가려는 노력이다. 이럴 때 그것이 재현의 질서로 옮겨가든 현존의 질서로 옮겨가든 방향은 중요하지 않다.

핵심은 어느 쪽의 질서로 옮겨가든 그 질서를 선택하도록 영향력을 행사한 지각작용이 무엇인가 하는 것이다. 왜냐하면, 옮겨가는 순간의 지각이 관객에게 어떤 방식으로든 영향(의미)을 주었기 때문에 옮겨가는 것이다. 다만 무엇이 영향력(의미)을 행사했는지는 알 수 없다. 이에 대해 피셔-리히테는 "이러한 현상에서 심리적 설명을 찾는 것은 우리의 맥락에서 중요하지 않다. 이 현상의 본질은 바로 창발(創發, emergence)성에 있음을 확인하면 충분하다. 왜냐하면, 지각의 급변에는 어떤 이유도 없기 때문이다"[24]라고 설명한다. 그렇다고 한다면 지각의 급변과 의미의 생성은 모두 창발 현상이며 미학적 경험 또한 창발 현상이 된다고 할 수 있다.

공연의 본질은 공연을 만드는 행위자와 그것을 수용하고 의미를 생성하는 관객에 의해서 규정된다. 그러나 전통적 공연예술이 의미생성을 행위자의 절대적 권위로 여겼던 반면, 수행성이 강조되는 공연에서는 행위자와 관객의 상호작용(interplay)이 중요한 덕목으로 대두되었다. 이제 관객은 공연의 기호성과 수행성이 상호작용하는 가운데 어떤 식으로든 공연에 생산자의 태도를 보여야 한다. 관객의 입장이 기호성, 재현적 질서를 따른다면 그것은 행위자의 의도대로 지각하고 그에 따른 해석으로 의미가 생성될 것이다. 반면에 물질성, 현존적 질서에 따른다면 수용 주체가 부르지 않았는데도 의식 속에서 불현듯 솟아오르는 정체 모를 느낌, 생각, 즉 창발에 자신의 연상 작용, 지각작용을 맡김으로써 그것에 의해 의미를 규정한다. 그러므로 창발은 관객의 의미생성이 기호성과 수행성 가운데 어느 한 축에 의해서만 이루어지지는 않는다. 관객은 기호성에 무작정 끌려가지도 않지만 그렇다고 수행성의 자율적 주체만도 아니다. 관객의 미학적 경험은 기호와 창발적 연상 사이를 오가는 문지방 단계에서 관객이 겪게 되는 감정적 변환 혹은 육체적 변환을 통해 진행된다.

문지방 경험의 극단적 사례는 1977년 마리나 아브라모비치(Marina Abramovic)의 공연 〈측정할 수 없는 것(Imponderabilia)〉을 통해서 살펴볼 수 있다. 이탈리아의 볼로냐에 있는 한 갤러리 출입구에 아브라모비치와 울라이라는 두 명의 남, 여 퍼포머가 나체로 서로를 마주

---

24 위의 책, 같은 쪽.

보며 서 있다. 두 퍼포머의 간격은 관람객들이 몸을 옆으로 비틀어야 간신히 통과할 수 있을 만큼의 공간밖에는 남아 있지 않다. 그러나 갤러리로 들어가기 위해서는 이 출입구의 문지방 사이를 통과해야 한다. 문지방 통과 자체가 공연이다. 관람객들에게는 일종의 사건이며 위기가 닥친 것이다. 관람객은 위기의 경계지점에서 이곳을 지나갈 것인지 포기할 것인지, 지나간다면 어떤 자세로 지나갈 것인지, 또는 어느 쪽과 마주하며 지나갈지 결정해야 한다.[25]

여기서 관객의 미적 경험은 전례 없는 문지방 상황과 맞닥뜨리게 된다. 관객은 이 리미널리티의 상황에서 행동해야만 하는 것이다. 경계에 머물 것인가, 새로운 변화를 창조할 것인가. 문제는 누구도 그 방향성에 도움을 주지 않는다는 것이며, 설사 용감하게 문지방을 통과한다고 하더라도 결과를 예측할 수 없다는 것이다. 누구는 실패할 수도 있고 누구는 운 좋게 성공할 수도 있다. 그러나 중요한 사실은 그들이 모두 문지방을 경험했다는 것이지 성공과 실패는 중요하지 않다. 그들이 문지방을 넘어서며 그 감정적 변화와 육체적 변화가 성공했는지 실패했는지 어떻게 판단할 것인가. 관객들이 아브라모비치를 얼음 십자가에서 끌어 내림으로써 〈토마스의 입술〉은 끝났다. 그럼 이 공연은 성공인가 실패인가. 성공과 실패를 평가하는 기존의 조건으로는 관객의 문지방 경험을 평가할 수 없다.

그렇다고 한다면 앞에서 소개한 〈조상님께 바치는 댄쓰〉에서 할머니들의 몸짓이 일으킨 지각의 급변 역시 창발로 이해할 수 있을 것이다. 관객들이 지각한 초반의 희극적 정서는 계속해서 유지되지 못하고 어느 순간

---

25 전형재, 앞의 논문, 80~81쪽.

감정적 변화를 일으키며 문지방을 통과하는 경계 넘기를 시도하였다. 그 가운데 누구는 계속해서 경계에 머물며 희극적 감정을 유지했을 수도 있고 또 누구는 운 좋게 경계 넘기에 성공하여 감정적 변화를 경험했을 수도 있다. 경계에 머문 사람들은 할머니들의 춤을 전통적 관객의 관점에서 관람했을 것이고 경계 넘기에 성공한 사람들은 창발에 자신의 연상과 지각작용을 맡김으로써 새로운 변화를 경험했을 것이다. 그러나 여기서 말하는 성공과 실패는 공연의 조건이 아니다. 그들 중에 누가 경계 넘기에 성공하고 실패했는지는 판단할 수 없다. 그러므로 감정적 변화와 변환의 경험에 대한 논의는 피셔-리히테가 주장하듯 현상의 본질이 창발성에 있음을 확인하는 것으로 만족할 수밖에 없다.

그런 의미에서 미학적 경험은 지각 주체가 경계적 상태에서 개별적으로 생성하는 의미의 창발이며, 관객의 변환과 문지방 경험은 따로 분리하여 생각할 수 없다.

제2장
안은미 춤의 특징적 사례들

1. 춤의 B급 마이너리티

한국 현대무용에서 안은미를 수식하는 용어는 참으로 다양하다. 그의 작품과 외모에서 비롯된 '도망치는 미친년', '테크노 샤먼', '빡빡머리 무용가', '동양의 피나 바우쉬' 등의 다양한 닉네임은 안은미라고 하는 개인과 그의 작품 세계를 상징적으로 잘 설명한다. 언제부턴가 그의 공연은 평단과 언론, 특히 대중의 관심을 집중시키는 독자적인 브랜드 경쟁력을 지니게 되었는데, 그것은 안은미가 한국 현대무용에서는 보기 드물게 '창의성'과 '대중성'을 모두 잡은 성공한 예술가라는 의미일 것이다. 사실 현대무용을 바라보는 일반 대중의 생각은 그리 호의적이라고 할 수 없다. 하지만 그러한 와중에도 유독 안은미의 춤에는 열정적으로 반응하는 대중들의 심리는 어디에 있는가?

안은미가 지향하는 춤 세계는 우리에게는 익숙하지 않고, 때로는 너무 극단적이기까지 하다. 한마디로 거칠고, 거침없으며, 강렬하다 못해 공격적이다. 세련미보다는 촌스러운 B급 마이너리티를 당당하게 앞세운다. 출렁거리는 가슴과 허연 허벅지를 드러내고 마치 미친년처럼 춤추는 그의 도발적인 춤은 그래서 언제나 비난과 오해의 소지를 안고 있다. 안은미의 춤에 대한 평단의 비평은 비교적 호불호가 분명하게 나뉘는 경향을 보이지만 대중들의 반응은 평단과 비교해 조금은 더 우호적이다. 물론 대중적 인지도가 창의성을 담보하는 것은 아니다. 하지만 완전히 상반된다고 여겨지는 두 개의 가치 즉, '창의성'과 '대중성'이 충돌을 일으키지 않고 병존하는 상황은 안은미 춤의 '양가성(ambivalence)'을 대표한다.

우선 '창의성'의 측면에서 2006년 〈新춘향〉을 통한 심정민의 비평은 안은미의 춤에 대해 참고할 만한 내용을 담고 있다.

주목할 만한 것은, 안은미의 움직임이 전혀 새롭게 개발된 것은 아니라는 점이다. 그녀의 움직임은 기존에 존재하고 있는 움직임들을 재조합하는 데 있어서 그녀만의 개별적인 관조에 따르며, 그럼으로써 충분히 새롭고 창의적인 것으로 재탄생한다. 그리고 이것은 컨템포러리 댄스의 동작 구성을 특징짓는 요소이기도 하다. 다시 말하자면, 행위 지향적인 일상적 움직임, 한순간에 도약하는 원시 충동적인 움직임, 한국 춤의 춤사위, 그리고 현대무용적인 동작을 연결하고 반복하고 변형하는 데 있어서 안은미 특유의 예술적 개성을 깃들이고 있다. 그 속에서는 이따금 본능적인 리듬감, 혹은 장단에 근거한 무작위성이 내재하기도 한다. 그러므로 그녀의 움직임이 전혀 새로운 것은 아니라 할지라도 그 연결된 전체를 보는 순간 '안은미의 것'임을 지각시키는 독자성을 지니는 것이다.[26]

---

26 심정민, 「우리 춤 예술의 표현영역을 확장시키는 무용가-안은미의 신춘향」, 『21

우리가 어떤 예술작품에 대해 감동하는 경우는 그 사람이 보여준 형식미에도 있겠지만 그 사람만이 가질 수 있는 특별한 에너지, 시대와 공간을 초월하는 예술가적 기질을 느끼는 순간이다. 그것은 남을 모방하는 기술로는 나올 수 없는 것이다. "외국 가서 많이 보고 인터넷도 있고 잘 조합하는데, 정보가 너무 많으니까 그럴싸하게 잘 재단해. 그런데 그걸 마치 자기 것처럼. 깜짝깜짝 놀란다. 자기 것을 찾는 고통의 시간을 견디지 못하는 것 같다"[27]는 안은미의 염려와 우려는 한국 현대무용에 시사하는 바가 있다고 하겠다.

다음으로 안은미 춤의 '대중성'은 한국 현대무용에서 이미 견고한 위치를 점유하고 있다. 더군다나 자신의 작품에 대한 마케팅 능력은 타의 추종을 불허한다. 안은미가 자신의 이름을 걸고 작품을 시작한 것은 1988년 2월 〈종이계단〉이다. 이후 30년 동안 그가 단지 남과 다른 독창적인 작품만을 추구하며 오늘날의 대중적 인지도를 획득했다고는 보기 어렵다. 안은미가 자신의 무용단을 만들고 본격적인 활동을 시작하려던 무렵인 1990년대 초 한국 현대무용은 대중들에게 어려운 장르로 인식되고 있던 시기였다. 그리고 현실과 동떨어진 기획은 현대무용에 관한 관심을 대중들한테서 더욱 멀어지게 하고 있었다. 하지만 안은미는 현대무용이 그런 춤이 아니란 걸 알리고 싶었다. 그리고 극장으로 관객을 모으기 위해서는 그들의 관심을 끌 수 있는 무언가가 필요했다. 그는 앉아서 관객을 기다리지 않았다. 그는 찾아가는 예술가였다. 다른 무용가들이 소비자인

세기 전환기의 무용 변동과 가치』, 현대미학사, 2007, 207~208쪽.
27   김뉘연, 「어느 '미친년'의 한판 굿」, 『필름 2.0』, 토크 2.1, 2007년 9월 18일.

관객보다 생산자인 자신에게 집중하며 예술지상주의 지향의 작품 세계를 고수할 때, 안은미는 대중이 함께 할 수 있는 춤으로 그들에게 다가갔다. 아이디어를 지속해서 공연화하고 동시에 자신의 존재와 작품을 무용 소비자들에게 적극적으로 알리는 '셀프 마케팅'을 시도한 것이다.

그의 셀프 마케팅 능력은 미디어의 힘과 장점을 적극적으로 활용하는 데서 잘 나타난다. 작품을 발표하기 전에 작품 소개 사진과 함께 보도자료를 배포하는 것은 그가 신인 무용가 시절부터 습관적으로 해온 일이다. 지금에야 이와 같은 일이 일상다반사가 되었지만, 그 당시 현대무용계의 현실에서는 낯선 풍경이었다.

1988년 '안은미컴퍼니'의 첫 작품 〈종이계단〉을 할 당시를 회고해보면, 그가 얼마나 마케팅의 중요성을 인지하고 있었는지 짐작할 수 있다.

현대무용 공연 관객들은 가만히 살펴보면 아는 사람들이 대부분인 경우가 많았습니다. 저는 제가 열심히 만든 작품이 존재감 없이 사라지게 하고 싶지가 않았어요. 그래서 공연을 홍보하는 데 많은 시간을 투자했죠. 공연을 도와주는 기획사가 필요했습니다. 그러나 그때는 지금처럼 무용 기획사가 없을 때였습니다. 그래서 연극 〈칠수와 만수〉를 기획한 연극기획사 대표인 유인택 씨를 무작정 찾아갔죠. "돈이 없다. 그러니 100만 원 정도만큼 기획해 달라"고 졸라 신문사에 찾아가 보도자료 돌리고 포스터와 프로그램을 혁신적으로 제작하는 등 작품을 관객들에게 알리는 데 최선을 다했습니다.[28]

28　김승현, 『정의숙, 전미숙, 안은미의 춤 — 한국춤 백화제방의 세 꼭지점』, 늘봄, 2011, 161쪽.

이와 같은 적극적 마케팅은 안은미가 1992년 뉴욕에서 활동하던 당시 그를 뉴욕 현대무용계의 주류로 편입시키는 데 큰 역할을 한다.

당시 뉴욕 무용계는 백인 남성이 주도해 보수적인 측면이 강했다. 이름도 모르는 동양 여성 무용가에게 별 관심이 없었다. 또 뉴욕 무용계에서 성장하기 위해선 오랜 시간이 걸린다. 대학교나 소극장에서 하는 작은 공연부터 차근차근 경력을 쌓아야 한다. 그중에서 실력이 좋은 사람만이 대형 극장이나 유명 스튜디오에서 초청하는 개인전을 열 수 있다. 초청된 개인전에서도 꾸준히 좋은 평가를 받아야 뉴욕 무용계에서 입지를 구축할 수 있다. 적게는 5년, 길게는 10년이 넘게 걸리는 과정이다. 안은미는 고민 끝에 새로운 방식을 택했다. '사람들이 나를 초청하지 않는다면 내가 사람들을 초청하면 된다'는 역발상으로 접근한 것이다. 그는 뉴욕대 석사 과정을 마칠 무렵인 1995년, 갖고 있던 전 재산을 털어 뉴욕의 유명한 공연장인 머스 커닝햄 스튜디오를 빌려 개인 창작 작품인 '달 시리즈(Moon Series)'를 발표했다. 일종의 '셀프 프로덕션(Self Production)' 방식으로 푸시마케팅(Push Marketing)을 시도한 것이다.[29]

그러나 마케팅 능력만으로 안은미 춤의 대중성이 입증되었다고는 할 수 없다. 그는 자신의 작품을 알리기 위해 마케팅을 필요조건으로 삼았을 뿐, 진정한 충분조건은 결국 작품의 완성도다. 적극적 홍보로 관객이 온다 한들 안은미의 춤에서 기존의 현대무용과 뚜렷한 차이를 느끼지 못했

---

29 임수빈 · 이미영, 「작품형식, 가치관, 전통, 관객과의 소통, 모든 것을 깨고 현대무용의 전설이 되다」, 『동아 비즈니스 리뷰』 236호, 동아일보사, 2017년 11월호 이슈1, 61~62쪽.

다면 무용계나 대중들은 그를 주목하지 않았을 것이다. 오히려 그의 적극적 마케팅은 독이 됐을지도 모를 일이다. 하지만 그의 적극적 푸시마케팅은 다소 거칠지만 솔직하게 관객에게 다가서는 안은미 춤의 당당함, 창의성과 함께 성공을 거둔 것이라고 할 수 있다. 그렇다면 이러한 안은미의 춤은 어디서부터 비롯된 것이며, 도전적인 창의성의 밑바탕은 무엇으로부터 생겨난 것일까?

2. 몸과 영상이 만나는 춤

안은미의 커뮤니티 댄스에서 영상은 단골 레퍼토리이며 실재하는 몸이나 춤만큼 높은 비중을 차지한다. 〈조상님께 바치는 땐쓰〉와 〈사심 없는 땐쓰〉〈아저씨를 위한 무책임한 땐쓰〉(이하 '댄스 3부작'으로 칭함)가 보여주는 영상의 핵심은 청각적 요소가 제거된 채 시각적 요소만으로 관객들의 지각작용을 개방하는 데 있다. 눈을 통해 지각된 일반인의 춤은 일단 관객의 관심을 유도하고 희극적 웃음을 유발하는 데 성공한다. 그러나 어느 시점에 이르면 이 희극적 웃음은 잦아들고 극장 안은 묘한 분위기에 빠져든다. 다시 말해, 영상은 관객의 웃음을 지속시키지 못하고 처음과는 매우 다른 정서적 상황을 연출한다. 그렇다면 영상이 이처럼 정서적 상황을 변화시킨 이유는 무엇일까. 사실 '댄스 3부작'의 영상은 같은 형식과 매개 방식을 사용하고 있어서 어느 작품을 대상으로 하여도 같은 가능성을 확인할 수 있다.

여기에서 영상은 새로운 매체적 체험을 유도하거나 예술적 전략을 드러내기 위한 상호매체적(intermedia) 관계는 아니다. 아직 상호매체적 관계 즉, 상호매체성(intermediality)이란 개념이 일치된 견해로 정립된 것은 아니지만, 그것의 의미가 미디어의 혼합이나 공존의 상태성을 나타낸다는 데에는 어느 정도의 합의가 이루어진 것으로 보인다. 그러므로 상호매체성은 아직 완전히 혼합되지 않은 두 매체의 사이, 혹은 매체 융합의 과정으로 이해할 수 있다. 물론 두 매체의 사이에서 새로운 긴장 관계가 촉발하는 제3의 어떠한 것, 즉 융합의 새로운 기능이 발생할 수 있다. 그러나 '댄스 3부작'의 영상은 미디어의 효과적 체험이나 영향력을 높이기 위해 기술적 마법을 부리지도 않으며, 춤과 영상이 중첩되거나 충돌하지 않는다. 다시 말해, "융합의 개념과 달리 관련된 미디어들의 관계가 느슨하다고 할 수 있다. 느슨한 결합이란 완벽하게 화학적으로 결합한, 그야말로 융합된 경우와는 다르다."[30] 따라서 미디어의 결합이나 공존의 상호매체성보다는 미디어의 매개 행위로 영상의 쓰임을 설명하는 것이 좀 더 효과적이라고 판단된다.

매개 행위에 대하여 볼터(Jay David Bolter)와 그루신(Richard Grusin)은 "이제 모든 매개는 재매개라 할 수 있다. 우리는 이것이 선험적 진리라고 주장하는 것이 아니라 오히려 이같이 확장된 역사적 관점에서 현재의 모든 미디어가 재매개체(remadiators)로 기능한다고, 그리고 재매개는 기존 미디어에 대한 해석 수단도 아울러 제공해준다고 주장"[31]한다. 그러면서 재매개의 매개 행위는 비매개(immediacy)와 하이퍼매개(hypermediacy)라는 서로

---

30 김무규, 「미디어의 공존과 변형」, 『영상과 상호 미디어성』, 한울아카데미, 2013, 18쪽.

31 Jay David Bolter · Richard Grusin, 『재매개, 뉴미디어의 계보학』, 이재현 역, 커뮤니케이션북스, 2006, 65쪽.

모순된 원리들이 발생할 수밖에 없음을 '재매개의 이중 논리'[32]로 이야기한다.

'댄스 3부작'의 영상은 그저 채록된 몸짓의 파편적 몽타주를 보여줄 뿐, 두 세계가 선명하게 구별되는 하이퍼매개를 지향하지 않는다. 오히려 공연은 관객들이 영상의 내용에 집중할 수 있게 영화관 모드로 전환하는 친절을 베푼다. 따라서 영상은 비매개를 실현함으로써 관객들의 몰입을 유도하고 실제 춤과 영상 속의 춤의 차이를 은폐한다. 이것은 영상의 매개 행위가 매체들을 부가하는 방식으로 열거되는 다중매체적(Multimedia) 관계의 입장이라고 이해할 수 있다.

그러나 "투명성의 비매개 논리가, 표상하는 대상과 표상이 동일할 것이라고 믿는 순진한 관람자들을 만드는 것이 아니라는 점을 인식할 필요가 있다. 비매개는 서로 다른 시대에, 다양한 집단들 사이에 서로 다르게 표현되는 일군의 믿음과 관행들을 지칭하기 위한 이름이다."[33] 따라서 미디어의 존재를 잊게 하는 것이 비매개의 특징이라 하더라도 한순간 관객을 완벽하게 속이는 데에 비매개의 논리가 꼭 필요하지는 않다. 왜냐하면, 비매개에 관한 적당한 사례로, 1895년 뤼미에르 형제(Auguste and Louis Lumière)가 상영한 〈열차의 도착(Arrival of a Train at La Ciotat)〉에서 관객들은 화면 속의 열차가 자기를 향해 달려오는 것으로 착각하고 영화관에서 모두 일어나 달아났다. 하지만 관객들은 그것이 거짓 표상임을 알고 난 후

---

32 "우리 문화는 미디어를 증식시키고자 하면서 동시에 그 매개의 모든 자취들을 지워버리려 하기도 한다. 즉 이상적으로, 우리 문화는 미디어를 증식시키는 바로 그 계기에 그 미디어들을 지워버리고자 하는 것이다." 위의 책, 3쪽.

33 위의 책, 33쪽.

에 영화라고 하는 매체의 놀라운 능력에 대해 감탄했다. 다시 말해 비매개의 논리 안에서 영화의 하이퍼매개 논리를 인식하게 된 것이다. 따라서 비매개의 논리가 미디어의 작동방식을 은폐한다고 하더라도 그것은 계속해서 유지될 수 없으며, 비매개의 논리 안에서 하이퍼매개의 논리는 언제든 드러날 수 있다.

그럼 비매개와 상반되는 하이퍼매개는 어떻게 드러나는가. 하이퍼매개 논리는 2010년 몬탈보(Jose Montalvo)와 에르비유(Dominique Hervieu)가 연출한 〈오르페(Orphée)〉에서 확인할 수 있는데, "〈오르페〉에서 영상과 춤의 이미지는 논리적으로 연결되지 않는다. 진행되는 춤은 영상의 동물이나 첼리스트와 전혀 관련이 없다. 기술적으로나 내용상으로 몽타주의 방식을 따르는 춤과 영상의 결합은 즉흥적인 상상과 연상으로만 가능하다. 선형적이지 않은 매개, 연결과정의 불투명성(opacity) 앞에서 관객은 깨어서 스스로 구성하기를 강요받는다."[34]

이러한 사실은 현대에서 영화를 완벽한 비매개로 인식하는 관객이 없다는 것에서도 알 수 있다. 현대영화에서 사람이 다치거나 건물이 부서진다고 해서 그것을 사실로 수용하는 관객은 없다. 관객은 오히려 그와 같은 환영을 사실적으로 만들어낸 놀라움과 감탄으로 인해 비매개의 은폐를 잊어버린다. 영화에 대한 어떤 놀라움이나 감탄은 관객 자신이 알고 있던 것과 자신이 보고 있는 것 사이의 틈새를 더 확실하게 인식하며, 오히려 하이퍼매개의 논리를 더 크게 인지한다. 다시 말해 관객들은 비매개

---

34 남상식, 「춤과 영상이 만나는 무대, 그 탈경계의 상황」, 남상식 외, 『경계를 넘는 공연예술』, 태학사, 2017, 264쪽.

의 몰입과 미디어를 인식하도록 해주는 하이퍼매개 사이를 왕래한다. 따라서 하이퍼매개 논리는 미디어에 대한 개방적 인지가 있어야 한다.

볼터와 그루신은 이것을 "'표면을 보는 것'(looking at)과 '들여다보는 것'(looking through)의 이중성을 경험하는 것"[35]으로 설명한다. 앞서 설명한 〈열차의 도착〉에서 비매개의 논리대로 미디어의 존재를 완벽하게 사라지게 했다면 관객은 영화에 속거나 달아나지 말았어야 한다. 하지만 관객들은 달아났다. 이후 관객들이 영화에서 느낀 놀라움과 감탄은 관객이 무엇인가를 스스로 구성했다는 것이며, 구성을 위해서는 미디어의 하이퍼매개 논리가 필요하다. 그리고 이 말은 '표면을 보는 것'에서 '들여다보는 것'으로 인식의 사이를 왕래한 것이다. 즉, 재매개의 이중 논리가 성취된 것이다. 이처럼 영상에서는 비매개만이 계속해서 관찰될 수 없다. "비매개와 하이퍼매개는 상반되지만 하나의 공연에서 번갈아가며 관찰될 수 있다."[36]

이와 같은 재매개의 이중 논리는 '댄스 3부작'에서도 성취된다. 영상이 나가는 동안 무대에는 춤(표상하는 대상, 실재하는 몸)이 없지만, 영상으로 관찰되는 춤(표상, 허구적인 몸)은 실재하는 춤, 그 이상의 춤을 본 것처럼 관객의 변화를 끌어낸다. 그러나 관객들은 영상에서 청각을 통한 어떠한 자극도 받지 못한다. 음악도 없는 움직임은 그냥 몸을 마구 흔드는 것 그 이상도 이하도 아니다. 하지만 영상은 마치 〈열차의 도착〉과 같이 '무성영화'를 보듯 오직 시각에 의존해서 다른 감각기관을 열도록 강제한다. 즉, 관객들 스스로 구성하기를 강요하는 것이다. 그렇게 강제된 청각적 요소

---

35 Jay David Bolter · Richard Grusin, 앞의 책, 190쪽.
36 남상식, 앞의 글, 앞의 책, 265쪽.

는 춤을 추는 장소의 주변 환경, 깔깔대는 현장의 분위기들과 결합하며 우리의 지각 안에서 다양한 연상 작용(기억, 느낌, 감정)을 일으킨다. 즉, 하이퍼매개의 작용을 인지하는 것이다.

그러면서 시각과 청각이 동시에 작동할 때와 시각만 작동할 때 느껴지는 지각의 변화를 빠르게 몸으로 체험한다. 이때 무한하게 열린 연상공간은 무성영화를 볼 때처럼 "무대와 테아트론(theatron, 보는 장소)을 포함하는 제3의 공간을 창조"[37]한다. 물론 제3의 연상공간이 관객의 의식 안에서 어떤 방식으로 확장되는지는 알 수 없다. 더군다나 자신들의 지각을 의식하고 발현하는 정도에 있어 사람마다 차이를 고려하면, 여기서 확인할 수 있는 것은 개방된 지각이 의미생성에 어떠한 방식으로든 영향력을 행사했다는 것뿐이다. 그리고 그것이 문지방 단계에서 어떤 미학적 경험을 성취했는지 또한 관객의 역할이다.

공연에서 안은미가 할머니들, 청소년들, 아저씨들의 몽타주 영상으로 무엇을 촉발하려 했는지는 알 수 없다. 하지만 그 매개 행위가 관객의 정서변화를 유도한 어떤 타당한 이유는 발견할 수 있다. 그것은 역사의 순간순간을 관통해온 할머니들의 몸짓에서 그 표상하는 대상이 나의 할머니, 나의 어머니로 연상되는 순간 더는 웃음의 대상이 되지 못했다는 사실이다. 청소년들의 활기찬 막춤에서는 나의 학창 시절, 내 아들과 딸이

---

37 "무성영화를 볼 때 청각적 공간은 무한하게 열린다. 무성영화를 보는 동안 우리는 목소리를 상상하는데, 그 목소리의 물리적 현실, 곧 입, 얼굴, 표정만을 본다. 다시 말하자면 무대의 공간은 무대와 테아트론(theatron, 보는 장소)을 포함하는 제3의 공간을 창조하는 것이다." Hans-Thies Lehmann, 『포스트드라마 연극』, 김기란 역, 현대미학사, 2013, 290쪽.

연상되며, 아저씨들의 질이 낮은 몸은 우리의 아버지, 삼촌, 남편들의 얼굴과 교차한다. 그리고 이들의 몸은 우리의 일상적 현실과 맞물려 숙연한 페이소스로 넘어간다. 차마 대놓고 물어볼 수 없었던 자신의 기억과 마주하게 됨을 발견하는 것이다. 왜냐하면, 이어지는 3장에서 영상 속에서만 실재하던 몸들이 춤으로 현존하는 광경을 보게 될 때, 몽타주 영상의 미적 경험이 확대될 가능성은 더 커지기 때문이다.

이처럼 하이퍼매개에 의한 개방된 지각은 일련의 매개 행위를 통해 기억을 소환한다. 이것은 피셔-리히테가 강조하는 의미의 창발과 같은 맥락으로 이해할 수 있다. 정서의 변화는 미디어를 통해 촉발된 연상으로 "의미는 관련된 주체의 의지나 노력 없이 떠오른다. 그리고 가끔은 주체의 의지와 반대로 작동하기도 한다. 이러한 과정에서 생산되는 의미는 창발하는 것이라 할 수 있다."[38] 만일 이 영상을 비매개의 논리로만 지각하고자 한다면 무의미한 동작의 화면 속 나열에 머물 뿐이다. 그러나 관객들은 '표면을 보는 것'에서 어느 순간 하이퍼매개의 논리인 '들여다보는 것'으로 인식의 사이를 왕래하며 파편적 영상이 재매개의 이중 논리를 성취하게 한다. 따라서 '댄스 3부작'의 영상은 비매개를 실현하지만, 한편으로는 지각이 확장되는 하이퍼매개의 특징도 보인다. 물론 하이퍼매개의 논리 또한 무작정 주어지는 것은 아니다. 그것은 지각의 능동적 개입과 함께 관객이 공연의 공동 생산자로 올라설 준비가 되어 있을 때만 가능하다. 재매개의 이중 논리가 지각의 확장을 강제할 수는 있지만, 의미생성은 수용하는 태도에 따라 얼마든지 달라질 수 있다. 그것이 성공한다면

---

38   Erika Fischer-Lichte, 앞의 책, 317~318쪽.

음악을 눈으로 지각하는 경험을 획득하게 됨은 물론, 공연의 또 다른 흥밋거리를 스스로 발견하는 경험도 동시에 체험할 수 있게 된다.

결과적으로 '댄스 3부작'의 영상은 "미디어의 현존, 현전을 마주하도록 하고 매개의 과정을 통해 미디어를 관찰하거나 대상을 구조하며 미디어의 경험을 실제적인 것으로 여기도록 하는 하이퍼매개의 특징을 보인다. 상반되어 보이는 비매개와 하이퍼매개의 특징은 언제라도 미디어의 결합 양상에 따라 중첩, 병치"[39]될 수 있음을 다시 한번 확인할 수 있다.

3. 춤에서의 언어 사용과 자기 이야기하기

춤은 오랫동안 인간의 몸을 매개로 움직임을 조직하고 생각을 전달하는 예술이었다. 따라서 무용수나 안무가에게 춤은 그 자체로 하나의 언어이며 의사소통의 도구이다. 무용가는 자신의 몸이 만드는 움직임에서 무엇이 춤의 재료가 되기에 적당한지를 선택한다. 그리고 그중에서 단순한 신체적 요구가 아닌 정신적이고 정서적이며 형이상학적 몸짓을 골라 춤의 암시적인 형태로 표현한다. 그렇게 춤은 몸이라고 하는 물질적 도구를 이용해 정신이나 이성이라고 하는 비물질적 형이상학을 전달하기 위해 노력해왔다. 그렇게 본다면 춤은 몸의 감각적 느낌만으로 자신의 언어를 제한적으로 이해했으며, 또 고집스럽게 몸짓언어만을 고수해온 측면이 있다.

그렇다면 오늘날의 춤은 어떻게 소통할까? 현대무용사에서 라반(Rudolf von Laban)과 비그만(Mary Wigman)으로 출발한 표현무용은 피나 바우쉬의

---

39   남상식, 「'보기'와 '시선'의 공연」, 앞의 책, 104쪽.

안은미 춤의 특징적 사례들

탄츠테아터에서 춤 형식의 스펙트럼을 더욱 확장했다. 바우쉬의 춤은 화려한 기교와 더불어 일상의 자연스러운 몸짓을 빌렸으며, 특히 시, 노래, 울부짖음, 웃음 등의 연극적인 요소들과 말의 삽입은 춤을 이해하는 데 사실성을 높여 주었다. 그러나 당시로써는 획기적이라고 할 만한 춤과 연극의 융합이 오늘날에는 특별히 새로울 것도 없는 시대적 경향으로 발전하였다.

이와 관련하여 평론가 김혜라가 말하는 최근 유럽 컨템포러리 춤의 경향은 참고할 만한 내용을 담고 있다.

> 특정한 경향이 없는 것이 최근 유럽의 컨템포러리 춤의 경향이랄까? 아니면 '다양성' 혹은 '다가치성'이라 할 것이다. 다양성과 다가치성을 좀 더 자세히 설명하면 우선 최근 경향에서 유럽의 극장과 공간에서는 춤보다는 담론이 선도하는 개념 무용이 여전하며, 이런 연장선상에서 새로운 개념을 발견하려는 시도 중 하나로 각종 매체와 장르 간 융합이 활발하다. 아울러 공간의 문화·역사적 특질과 결합한 장소 특정적 방식 및 과정과 참여에 의미를 두는 퍼포먼스와 커뮤니티적 접근은 유지되고 있다.[40]

이러한 '다양성'과 '다가치성'의 경향 중에서도 김혜라가 지적하는 첫 번째 경향은 '말, 이야기의 비정상적 출현'이다.

> 처음 얘기하고 싶은 경향은 춤 작품에서 언어 사용의 비중이 놀랍

---

40 김혜라, 「서유럽 춤 축제에서 짚어보는 최근 유럽 컨템포러리 춤 경향」, 『춤웹진』 114호, 한국춤비평가협회, 2019년 2월호.

게 확대된 점이다. 심지어 이제는 춤 공연에서 언어를 사용하지 않은 작품을 찾기가 쉬울 정도이다. 다시 말해 기존의 작품에서 언어는 부분적이거나 상징적인 기표로서만 사용되었던 데 반해, 최근에는 언어의 테크닉은 작품을 선도하거나 맥락을 풀어 작품 전체 스토리의 핵심 요소가 되었다. 예를 들면 연극적 대사로, 서사적·은유적 내레이션으로 그리고 패러디(parody)와 렉쳐(lecture) 퍼포먼스의 형식이 사용되고 있다.[41]

물론 그 안에는 여전히 우리가 보편적으로 생각하는 춤, 다시 말해 움직임을 위주로 생성해내는 정서 표현에 기반을 둔 작업이 항상 공유되고 있음은 주지하는 바다. 그러나 다양성과 다가치성의 측면에서 현대춤의 경향은 바우쉬가 실현했던 것처럼 춤과 연극성에 문학이 결합하면서 현실적 상황이나 시사적 문제가 강조된다. 그러면서 춤은 자기만의 독자적 언어를 고집하지 않으며 춤과 현실을 매개하는 중간자적 역할을 자임하는 듯 보인다. 김혜라는 그 이유를 "아마도 포스트모던한 춤에서 배제된 서사, 일부 좌표 없이 논의되는 담론의 한계를 극복하기 위한 탈출구 같은 것이 아닐까? 추정한다. 언어를 통한 스토리 구성은 관객에게 정확한 의미를 전달하는 가장 강력한 수단일 것이다. 따라서 이전에 말할 수 없는 것을 춤으로 추었다면 이제는 말할 수 없는 것을 언어를 통해 전달하고 있다."[42] 그러면서 춤이 논리와의 접점을 찾고자 하는 모양새를 취한다.

예를 들면, 2017년 빔 반데키부스(Wim Vandekeybus)의 〈동시대 구원자의

---

41 위의 글.
42 위의 글.

모큐멘터리(Mockumentary of a Contemporary Saviour)〉[43]는 춤인지 연극인지 구분하기 어려울 정도로 배우들의 입에서 말이 쏟아진다. 그만큼 관객들은 좀 더 정확한 이야기를 전달받으며 춤의 상징성과 언어의 구체성 사이에서 현실을 스스로 조합한다.

안은미의 공연에서도 언어의 사용은 낯선 풍경이 아니다. 〈바리〉 1장의 '버림의 장'은 왕비가 6명의 딸을 낳고 마지막 일곱 번째 딸로 태어난 바리가 버려지는 장면이다.

> 궁인들 : 아들, 딸, 아들, 딸⋯⋯.
> (왕비의 임신을 계속해서 알린다)
> 왕 : 아들, 아들, 아들, 아들.
> (첫째 딸이 태어난다)
> 내관 : 청대공주~~~~.
> 왕 : 별궁 하나 지어줘라.

---

43 2017년 4월 14일 벨기에 브뤼셀의 'KVS Bol'에서 초연했으며, 2019년 3월 1일 런던의 '사우스뱅크 센터'에서도 공연할 예정이다. "머나먼 미래에 지구상의 모든 생명체는 완전히 파괴된다. 그중 몇몇 사람들은 어린아이의 도움으로 안전한 곳에 도달한다. 그러나 이곳에서의 삶도 결코 쉽지는 않다. 7명의 생존자는 나라와 언어가 모두 다른 데다가 생각과 양식도 다르다. 생존자들은 인간으로서 끊임없이 대립한다. 그렇다고 선택된 삶을 피할 수도 없으며, 자살이 활로를 열어주지도 않는다. 그러면서 7명의 작은 지구는 어린아이(구원자)와의 애매한 관계, 내부의 갈등, 문화적 차이, 그리고 인류의 충동과 본능적 특성이 끊임없이 소란을 일으킨다. 인류는 실제로 구원할 가치가 있는가? 〈동시대 구원자의 모큐멘터리〉에서 빔 반데키부스는 7명의 인물을 매개로 메시아의 날카로운 초상화를 상상 속의 인물로 보여준다. 공연은 유토피아와 디스토피아가 한눈에 들어온다. 그러나 이 미래적 현실에서 보이는 것은 아무것도 없다." 울티마 베즈(Ultima Vez) 빔 반데키부스 현대무용단 홈페이지 참조. https://www.ultimavez.com/en/productions/mockumentary-contemporary-saviour.

(둘째 딸이 태어난다)

내관 : 홍대공주~~~~.

왕 : 별궁 하나 지어줘라.

왕은 딸들이 태어날 때마다 '별궁 하나 지어줘라'를 반복한다. 그리고 일곱 번째 바리가 태어나자,

왕 : 또 딸이냐?

내관 : 보기도 싫다~~~~.

궁인들 : (반복적으로) 갖다 버려라. 갖다 버려라. 갖다 버려라.

그리고 모든 배우가 동물 같은 괴성을 지르며 제자리 뛰기를 한다. 여기에서 말(언어)은 춤이 가진 이야기 전달의 한계를 지혜롭게 극복하며, 의미전달의 기호성과 함께 불규칙한 소음으로서 소리의 물질성을 동시에 나타낸다.

〈바리〉에서의 언어 사용이 미메시스(Mimesis)적이었다면 커뮤니티 댄스에서는 '디에게시스(Diegesis)[44]적인 자기 이야기하기'의 형태로 나타난다. 〈사심 없는 댄스〉에서는 22명의 참가 학생들이 춤을 추기에 앞서 자기 이야기를 먼저 시작한다. 〈Pina Ahn in Seoul〉에서 반듯한 중년 남성은 춤

---

[44] "이야기하는 방식에는 두 가지가 있다. 하나는 그 상황을 재현해서 보여주는 것, 다른 하나는 있었던 일을 말로 설명해주는 것. 모방을 뜻하는 미메시스와 서술이라는 의미의 디에게시스가 각각 이 둘에 해당한다. 미메시스는 연극이나 그림처럼 대상을 묘사하고 재현하는 방식이고, 디에게시스는 이야기의 대상을 작중인물의 대사나 해설을 통해 전달하는 것이다." 서영채, 『인문학 개념 정원』, 문학동네, 2013, 135쪽.

공연에서 1분 59초 동안 자기 이야기만 하다 퇴장한다. 〈초생경극〉은 '죽음'에 대한 일반 시민들의 목소리가 스피커를 통해 재생된다. 〈OK, Let's talk about SEX〉에서는 키스, 혼전 순결, 자위 등 쉽게 일상에서 꺼내놓을 수 없는 '성'에 대한 다양한 시각들을 퍼포먼스뿐만 아니라 이야기로 꺼내놓는다. 〈안심땐쓰〉와 〈대심땐쓰〉에서의 장애인들은 장애와 관련된 에피소드를 재현이 아닌 자기 이야기로 서술한다. 〈쓰리쓰리랑〉은 춤보다는 텍스트의 비중이 상대적으로 높게 나타난다. 스크린으로 투사되는 언어 정보는 관객들의 직접적 이해를 구하는 서사적 행위로도 읽힌다. 그리고 자식을 잃은 어머니들이 직접 나와서 군대 의무 시스템에 대해 고발하는 낭독과 생전에 아들에게 못다 한 말들을 편지로 읽어내려간다. 이처럼 안은미의 커뮤니티 댄스에서의 '디에게시스적 자기 이야기하기'는 몸짓만으로는 부족한 내용을 상쇄하며 관객들의 이해와 동의에 직접적으로 다가간다. 이것은 뉴다큐멘터리 연극에서의 자기 이야기하기와 기능적 측면에서 거의 같은 효과를 발휘한다. "실제 인물이 등장하는 뉴다큐멘터리 연극에서 공연자는 더는 심리분석의 주체가 아니며, 그의 신체는 캐릭터의 전형성을 재현하거나 성격을 드러내는 연극적 기표로서 봉사하기를 거부한다."[45]

커뮤니티 댄스에서 안은미 역시 참가자들에게 춤의 기교를 전수하거나 표현의 방향을 제시하지는 않는다. 춤에 참가하는 일반인들은 무엇도 재현할 필요가 없는 실제 인물이며, "예술적인 가감 없이 매개되지 않은 상

---

45 남지수, 「뉴다큐멘터리 연극 연구, 사실과 허구의 경계 허물기」, 동국대학교 대학원 박사논문, 2015, 149쪽.

태로 드러나는 실제 인물의 현존하는 몸은 그 자체로 진정성을 가질 뿐 아니라, 물질로서의 몸은 켜켜이 쌓인 시간 속에 역사와 문화와 경험이 아로새겨진 다큐멘트 그 자체로서 기능"[46]한다. 그렇게 본다면 〈조상님께 바치는 댄쓰〉에서 할머니들의 몸이나 〈무책임한 댄쓰〉의 아저씨들의 몸, 〈안심댄쓰〉와 〈대심댄쓰〉의 장애인들의 몸은 기능적으로 획득된 기호적인 몸이라고 볼 수 없으며, 현상적 신체로서 자전적으로 획득된 다큐멘트 (document)의 몸이다. 그러므로 다큐멘트의 몸이 자기 자신에 대해서, 자신의 경험과 기억에 관해 서술하는 것은 재현의 형식을 벗어난 디에게시스적 자기 이야기하기이다.

물론 뉴다큐멘터리 연극과 커뮤니티 댄스는 장르적 규범에서 구별되는 특징들을 갖고 있다. 대표적인 뉴다큐멘터리 연극인 〈자본론〉이나 〈100% 광주〉〈장애극장〉은 자기 이야기하기 자체가 공연의 중심이다. 그에 비해 커뮤니티 댄스에서의 자기 이야기하기는 몸짓에 대한 부분적 차용이다. 그러나 뉴다큐멘터리 연극이 "기억과 경험이라는 인류학적 측면에 주목하며 개인 또는 커뮤니티의 일상을 포착"[47]하고, 실제 인물들의 등장이 "관객과의 수행적 관계 속에서 그 진정성의 가치가 인정"[48]되는 것을 추구하며, '거대서사를 폐기하고 미시서사'로의 전환에 주목하는 것은 뉴다큐멘터리 연극과 안은미의 커뮤니티 댄스가 공유하고 있는 부분이다. 그리고 이와 같은 상황은 레만이 '실제적인 것의 난입(Einbruch des Realen)'[49]을

---

46   위의 논문, 138~139쪽.
47   위의 논문, 97쪽.
48   위의 논문, 101쪽.
49   "실제적인 것 없이는 그 어떤 무대도 만들어지지 않는다. 재현과 현존, 미메시

포스트드라마 연극의 미학적 특징으로 내세우는 바와 같으며, 뉴다큐멘터리 연극과 커뮤니티 댄스에서 공통적으로 나타나는 디에게시스적 자기 이야기하기는 포스트드라마 연극의 우산 개념(umbrella notion) 아래서 같은 특징을 갖는다고 할 수 있다.

그렇다면 커뮤니티 댄스에서 자기 이야기하기가 가져오는 궁극적 효과는 무엇인가. 커뮤니티 댄스에서 이야기를 하는 행위자들의 공통적인 특징을 살펴보면, 자신의 감정적 몰입을 자제하고 이야기의 내용과 일정 거리를 유지하려고 노력한다는 것이다. 그것이 무대라고 하는 낯선 환경적 요인 때문인지, 개인적 프라이버시에 대한 심리적 요인 때문인지는 알 수 없다. 단지 분명한 사실은 그것이 반복된 훈련이나 의도된 행위의 재현은 아니라는 것이다. 그들이 무대에 선 모습을 보면 시선이나 행동, 서 있는 방향이나 위치, 구도에서 불안한 모습을 읽을 수 있다. 한마디로 어중간한 포지션을 취하고 있다. 이때 관객들은 실제 인물들의 불안한 행위가 흉내 내기나 모방이 아니라는 진정성과 만나면서 무대의 상황을 실제로 공감하며 체험한다. 그러면서 관객들의 관극행위는 발화자의 행위에서 이야기로 전이되며 발화자의 내용, 즉 언어 텍스트에 집중한다. 이때 관객들에게 발화자의 언어 텍스트가 실제적인 것으로 관철될 가능성은 점점 더 커진다.

이에 대하여 레만은 "공연되어야 할 것이 무대 위에서 실제적인 것으로

스적 공연과 퍼포먼스, 표현된 것과 표현과정, 이러한 이중성으로부터 이것들을 급진적으로 주제화하고 실제적인 것과 허구적인 것에게 동등한 권리를 부여하는 동시대 연극은 포스트드라마 패러다임의 중심적 요소를 획득할 수 있다." Hans-Thies Lehmann, 앞의 책, 189쪽.

관철된다면, 이것은 거울에 비치는 것처럼 관객석에도 반영된다."[50]고 말한다. 다시 말하면 환영과 실제의 와중에 실제적인 것이 개입하여 경계를 넘어서는 경우, 관객은 그 사태에 대하여 성찰을 도모할 수 있다. 하지만 여기서 디에게시스적 자기 이야기하기가 주의해야 할 것은 "실제적인 것의 존재가 아니라, 그것의 자기 반영적(자기 지시적) 사용이 포스트드라마 연극의 미학을 특징짓는 것이다."[51] 그러므로 자기 이야기하기는 발화자의 이야기에 감정을 이입하기 위한 것이 아니라 그것이 사실인지 허구인지에 대한 객관적 거리를 설정하며 이야기의 실제적인 공감대를 형성하기 위함이다. 따라서 디에게시스적 자기 이야기하기는 언어 텍스트의 객관적 성찰을 도모하는 데 있어서 미메시스적 언어 사용보다 좀 더 중간적 상황에 있다고 할 수 있다.

4. 아방가르드와 키치의 경계

안은미의 공연비평에서 자주 등장하는 용어 중의 하나는 '키치(Kitsch)'이다. 어떤 비평은 키치에 미(美)를 붙여 예술적 카테고리로 규범화하는가 하면, 또 어떤 비평은 싸구려, 천박한 몸짓, 저질 춤으로 비평 자체가 불가한 '키치' 그 자체로 매도하기도 한다. 지금까지 안은미의 춤은 무난하다거나 볼 만하다는 등의 의례적 평가를 찾아보기가 어렵다. 그의 춤은 예술적 측면에서 보면 '실험'이나 '파격', '전위', '직설'처럼 매우 공격적이고 키치의 측면에서 보면 '도발', '과장', '천박', '유치', '저질' 등 정제되지

---

50   위의 책, 191쪽.
51   위의 책, 189쪽.

않은 어떤 것(춤 이거나 퍼포먼스)이다. 그러나 이유가 무엇이든 이러한 양극단의 비평에는 항상 '키치' 혹은 '키치적'이라고 하는 비규범적 양상들로 인하여 공연계의 관심을 불러왔다. 그러면서 안은미의 춤에 대한 예술적 판단은 혼란스럽고 때에 따라서는 유보되어 온 측면이 있다.

여기서는 안은미의 공연에 등장하는 키치적 양식이 안은미의 춤을 특징짓는 미학적 규범으로 적당한지 살펴보고자 한다. "키치의 원어명은 독일어 'Kitsch'의 형용사로 '가짜' 또는 본래의 목적에서 벗어난 '사이비' 등을 뜻하는 미술 용어이다."[52] 그러나 아직도 키치의 어원에 대한 의견에 통일된 것은 없다. 따라서 키치가 드러나는 양상을 추적해봄으로써 키치를 이해하는 것이 가장 현명한 지름길이 될 것이다.

키치의 등장은 19세기 말 유럽이다. 유럽에서는 급속한 산업화 과정에서 중산층의 예술적 욕구를 충족시키기 위해 미술품이나 그림들의 모사가 성행하며 키치가 소비되었다. 따라서 키치는 원본의 절대성과 고유성을 우선 가치로 인정하는 전통적 예술 개념과는 완벽한 대척점에 있으며, 원본의 모사, 복제 등을 가리키는 수준 낮은 저급문화를 지칭한다. 키치를 저급문화로 지칭하는 용어로는 조악함, 싸구려, 저속함, 투박함, 촌스러움, 천박함, 눈속임, 상투적인, 통속적인, 유치함 등등이 있다. 키치의 형용사가 이처럼 많은 것은 그것이 대중들에게 미치는 영향력에 비해 규범적 가치가 무시되어 왔다는 뜻일 것이다. 그러나 키치는 고급문화와 저급문화 혹은 대중문화로 양분되는 모더니즘의 엄격한 이분법 아래에서도 자신의 영향력을 무한증식해간다. 그리고 20세기 중반, 포스트

---

52 이현영, 『콘셉트 커뮤니케이션』, 커뮤니케이션북스, 2014, 108쪽.

모더니즘의 정신사적 배경에서 키치는 자신의 보폭을 더욱 확장한다. 60년대 팝 아트를 시작으로 키치를 예술적으로 수용하는 흐름이 생겨난 것이다. 우리의 경우 키치문화는 1970년대 급속한 서구화 과정에서 서구의 원형을 모방하고 그들의 문화를 추종하려는 심리적 경향과 무관하지 않은데, 7~80년대 동네 이발소의 벽면을 장식하던 밀레의 〈만종〉이나 고흐의 〈해바라기〉, 그도 아니면 세계의 명화가 인쇄된 달력이 일종의 키치 문화를 만들었다고 할 수 있다. 경양식집 입구에서 〈비너스〉나 〈다비드〉상(像)이 손님들을 기다리고 90년대에는 유럽의 고풍스러운 성(城)을 흉내 낸 모텔이며 백악관을 모방한 예식장, 경복궁을 본뜬 한정식집 등이 저렴하게 우리의 문화적 허영심을 채워줬다. 우리도 오랫동안 키치의 영향력 아래에 있었다.

그러다 20세기 후반에 들어 키치는 미적 논의의 대상으로 그 의미와 사용 범위를 확대해나간다. 구매력을 갖춘 대중은 예술의 질이나 진위를 따지기보다 개인적 취향과 기호에 따라 예술을 소비한다. 이때 키치는 점점 더 자신의 통속성을 노골적으로 드러내며 인간의 예술적 허영과 결합하거나 나아가 다른 차원에서 예술을 즐기는 방식을 제공했다. 포스트모던이라고 하는 시대적 배경은 고급과 저급, 예술과 키치의 경계를 더는 유효한 것으로 인정하지 않거나 최소한 그 경계를 흐릿하게 했다.

문제는 정의하기 쉽지 않은 포스트모더니즘만큼이나 키치에 대한 정의도 오랫동안 상반된 태도를 보여왔으며, 지금까지도 예술의 키치에 대한 수용은 인색하다. 키치에 대한 의견은 1930년대 클레멘트 그린버그(Clement Greenberg)와 발터 벤야민(Walter Benjamin)의 상반된 입장에서 잘 드러난다. 그린버그는 1939년『아방가르드와 키치(Avant-garde and Kitsch)』에서 키치의 모방과 독창성 결여를 비판한다.

아방가르드가 절대적인 것을 추구하는 반면, 키치는 '과학과 산업에서 끌어들인 그럴듯한 기법'을 사용하여 아방가르드가 지닌 가장 효과적인 시각적 기재를 빌린다. 키치는 아방가르드의 효과를 모방할 뿐이며, 따라서 '대리 경험과 위조된 감각'을 제공한다. 키치는 아방가르드가 축적한 경험에서 생명력을 얻고, 빌려온 경험을 모방의 체계로 전환한다. 창조력이 빠진 키치는 이미 가공된 문화적 의미를 수동적으로 소비할 뿐이며, '보는 사람이 힘들여 예술을 이해할 필요가 없게 변환시켜 예술을 쉽게 즐길 수 있도록 지름길을 제공'하므로 키치는 키치 관객을 수동적인 소비자로 만든다.[53]

이에 비해 벤야민은 1936년 『기술 복제 시대의 예술작품(Das Kunstwerk im Zeitalter seiner technischen Reproduzierbarkeit)』에서 진본(Original)에 대한 기술적 복제가 새로운 예술의 원리로 기능할 수 있음을 강조한다.

예술작품이 기술적으로 복제할 수 있게 된 시대에 힘을 잃어가는 것은 예술작품의 아우라이다. 이 과정은 징후적이다. 다시 말해, 이 과정이 지닌 의미는 예술의 영역을 훨씬 넘어간다. 복제기술은 복제된 것을 전통의 영역으로부터 분리해버린다. 복제기술은 복제품을 많이 만들어냄으로써, 복제의 대상이 되는 것을 단 한 번 출현시키는 것이 아니라 대량으로 출현시킨다. 그리고 수용자가 그때그때의 자신의 상황에서 복제품과 대면하는 것을 가능케 함으로써, 복제기술

---

53 김희영, 「예술과 문화의 영역에 대한 재고－문화의 타자 키치, 아직도 예술의 적인가?」, 『미술이론과 현장』 5호, 한국미술이론학회, 2007, 27쪽.

은 그 복제품을 현실화한다.[54]

이처럼 벤야민은 복제품을 예술작품의 위기로 간주하는 것이 아니라 예술작품에 내재한 또 다른 가능성이 현실화하는 것으로 보았다. 벤야민의 기술 복제 가능성은 경계적 융합이 예술적 화두로 부상한 디지털 기술 시대에 예술과 인간의 관계를 새롭게 규정하는 데 이바지했다. 그럼 오늘날과 같은 디지털 문화 환경에서 첫째, 키치는 어떤 양상으로 나타나며, 둘째, 키치를 감상하는 수용자들은 이것을 어떻게 받아들이는가?

첫째, 키치가 드러나는 양상에 따라 "키치를 대상으로 볼 것인가, 정신적 태도로 볼 것인가?"[55] 하는 것이다. 대상으로서의 키치는 앞에서도 서술한 바와 같이 초창기 키치의 소비 형태와 같다. 동네 이발소의 복제 그림이나 유럽의 고성을 흉내 낸 도시 속의 조악한 건물들을 들 수 있다. 그리고 그린버그가 비판한 것처럼 창조력이 빠진 상태에서 수용자들은 키치를 대상으로 저급한 감정을 소비한다. 물론 여기서도 키치의 긍정적 측면은 충분히 고려될 수 있다. 통속적 멜로드라마가 예술인 척 수용자를 기만하더라도 대중은 그것에 감정을 이입하며 휴식과 오락을 취한다. 여기에는 어려운 해석이 필요하지 않으며 깊은 이해와 통찰도 요구되지 않는다.

그러나 키치를 정신적 태도로 보면 양상은 크게 달라진다. 예를 들어, 과거에 우리가 키치라고 부르던 것에 생산자가 예술적 조작을 가해 예술

---

54 Walter Benjamin, 『기술적 복제시대의 예술작품』, 심철민 역, 도서출판b, 2017, 24쪽.
55 정미경, 『키치의 시대, 예술이 답하다』, 사문난적, 2014, 32쪽.

이라고 지칭하는 경우, 가령 20세기 초 생활용품을 예술작품으로 둔갑시킨 마르셀 뒤샹(Marcel Duchamp)이나, 1960년대 실크스크린 기법을 이용하여 벤야민의 기술 복제를 몸소 실천한 앤디 워홀(Andy Warhol)의 미술품들은 키치인가, 예술인가. 워홀은 "원본이 아님을, 얼마든지 복제 가능함을 부끄러워하지도 굳이 감추지도 않으며, 오히려 이를 전시하고 연출한다."[56] 그런 의미에서 그의 미술품 〈100개의 수프 캔〉〈100개의 코카콜라 병〉〈1달러 지폐 200장〉은 키치다. 그러나 그것이 대량생산, 대량소비로 대표되는 미국 자본주의와 과열된 미술시장을 조롱하기 위한 전시라면 그것은 예술이 될 수 있는가. 이것은 어디까지를 예술로 규정할 것인가라고 하는 예술과 키치의 헤게모니 속에서 키치는 결국 미궁으로 빨려든다.

둘째, 키치를 감상하는 수용자의 관점으로 이동시켜보면 키치 개념에 대한 존재론적 이해의 필요성이 대두된다.

원래 이 개념은 일정한 특성을 보인 사물을 가리켰다. 하지만 어느 순간부터인가 사람들은 키치와 관련하여 생산자나 수용자, 특히 수용자의 태도에 더 주목하기 시작했다. 아주 위대한 예술작품이라도 그것을 감상하는 사람의 태도에 따라 그에 합당하지 않은 방식으로 감상되어질 수 있기 때문이다. 감상자가 속물적인 태도를 지니고 있다면 베토벤이나 바흐가 작곡한 불후의 명곡을 듣더라도-적어도 그 순간에는-그 작품이 지닌 의미를 제대로 느낄 수 없다. 키치의 중요한 특징이라 여겨졌던 저급한 취향이 생산자나 판매자뿐만 아니라 수용자와 관련되어서도 논의되기 시작했던 이유가 여기에 있다.[57]

56　위의 책, 25쪽.
57　김동훈, 「키치 개념에 대한 존재론적 고찰-키치와 숭고의 변증법을 중심으로」,

키치의 역사성을 따져보면 모방(mimesis)은 원래부터 있었다. 문제는 시대마다 그것을 이해하는 수용자의 변화된 태도이다. 1960년대 워홀의 팝아트가 등장하던 시기에 포스트모던은 천박하고 유치한 키치적 속성을 의식적으로 수용하며, 고급예술의 엘리트주의와 위선적 태도에 도전한다. 이에 대해 수전 손탁(Susan Sontag)은 1964년 「캠프에 관한 단상(Notes on 'Camp')」에서 이와 같은 예술적 흐름을 '캠프'(Camp)라고 지칭하며 키치를 문화의 전면에 등장시킨다. 대중은 의식적으로 엘리트예술이 저질문화로 규정하는 나쁜 취미들, 이를테면 조악함, 천박함, 유치함, 싸구려 취향들을 더 선호하고 거기에서 쾌감을 느꼈다. 따라서 캠프는 손탁의 말처럼 '해석을 반대한다.' 그렇다고 해서 이러한 것들이 모두 캠프가 되는 것은 아니다. 손탁은 캠프의 특징을 내용보다는 스타일에 있다고 말한다.

> 캠프 취향은 특정한 예술과 유사성이 있다. 예컨대 옷이나 가구, 온갖 시각적 장식의 요소 등이 캠프에서 큰 비중을 차지한다. 보통, 캠프 예술이란 질감과 감각적 표면을 강조하고, 내용을 희생해 스타일을 취하는 장식 예술이기 때문이다.[58]

스타일은 생산자의 의도된 연출로서 특정한 예술과의 유사성에 '과장'과 '인용'이 덧붙여짐으로써 예술적 아이러니를 발생시킨다. 따라서 외적으로 드러나는 양상은 풍자적이고 비판적이며, 때로는 과격한 도발과 엽기 코드를 동반한다. 이처럼 캠프는 "저급한 취향이라는 점에서 키치와

『철학논총』 65호, 새한철학회, 2011, 101쪽.
58 Susan Sontag, 『해석에 반대한다』, 이민아 역, 이후, 2002, 413쪽.

안은미 춤의 특징적 사례들

만나는 지점이 있긴 하지만, 둘은 그 정신에서 확연히 구분된다. 키치는 자신을 아름답게 포장하려는 허위의식이 지배적이지만, 그래서 사회적 상승에 대한 심리도 깔려 있지만, 캠프는 오히려 반대이다. 캠프에서는 고급문화에 대한 열망이 없고, 그러므로 이를 모방하고자 하는 욕망도 없다. 즉, 키치가 고급문화를 향해 상승하고 싶은 심리를 보여준다면, 캠프는 하위문화가 그 자체로 가치 있음을 증언한다. 그래서 통속성을 애호하고 찬양하는 것이 캠프의 정신이라고 할 수 있다."[59]

그렇게 본다면 키치는 생산자의 정신적 태도와 함께 수용자의 관점이 중요한 덕목이다. 캠프로부터 선취된 정신과 의도는 1990년대에 들어와서 키치를 폄훼하던 대중의 관점을 변화시켰다. 대중이 키치를 대하는 태도는 사회적 상승에 대한 보상심리가 깔려 있지만, 그 이면에는 키치에 관심을 보이고 키치를 소유하며 키치를 미적 현상으로 진지하게 인식하는 양가적 관점을 동시에 갖고 있다. 따라서 키치를 해방적 측면에서 수용하는 사람들에게 키치는 '키치아트'로 이해될 수 있다.

지금까지 드러난 키치의 문제와 함께 안은미의 춤을 살펴보면, 그의 춤은 대부분 '키치'이거나 '키치적'인 것들의 전시장이다. 특히 그의 외모, 의상, 음악, 소품 등에서 키치를 대상으로 볼 경우, 오히려 키치적이지 않은 것을 찾는 것이 더 수월할 정도다. 안은미의 키치는 공연뿐만 아니라 평상시의 조잡한 꽃무늬나 물방울무늬, 과도하게 반짝이는 의상과 싼 티나는 액세서리의 착용 등에서 키치적 취향을 읽을 수 있다. 여기에 삭발 패션은 키치적 취향을 증폭시킨다.

---

59   정미경, 앞의 책, 114쪽.

1991년부터 시작된 안은미의 삭발 패션은 여성으로서의 절대적 형식에 대한 자기 기만적 행위이며 사이비적 몽상이란 측면에서 키치이다. 전통적 윤리와 미의 개념에서 벗어난 자기 향유적 삭발 패션은 자신을 스스로 예술인 척 흉내 내며, 보는 사람들에게 손쉽게 호기심과 감상주의를 자극하고 미적 허위의식을 드러내는 듯 보인다. 따라서 삭발 패션은 감정을 표현하는 손쉬운 방법으로서 상투적 키치를 선취한다. 그런가 하면 토플리스와 같은 노출 패션도 노골적으로 키치를 자극하는 요소이다. 안은미의 춤에서 상반신 정도의 노출은 흔한 일상이며 전신 노출도 그의 작품에선 어렵지 않은 광경이다. 더러는 저속한 성행위를 묘사함으로써 과한 선정성을 감행하기도 한다. 대부분의 공연에서 그가 직접 디자인하는 의상은 말할 것도 없이 키치이다. 의상에서의 키치는 "단순함과 절제를 거부하며, 장신구를 과도하게 사용하거나 색채나 문양을 지나치게 표현하는 누적성을 보이거나 마무리하지 않은 끝 처리 등의 표현을 보인다. 키치의 시각적 특성은 색채에서 강렬하게 드러난다. 키치가 선호하는 색채 구성은 순수하게 보색 관계에 놓여 있는 색들의 대비, 흰색의 가감에 의한 색조의 변화, 특히 빨강에서 보라, 자주, 연분홍으로 이어지는 색조 또는 무지개 스펙트럼 등이다."[60]

1992년 〈아릴랄 알라리요〉는 상상을 초월한 특이한 의상뿐만 아니라 싸구려로 연상되는 디스코 뽕짝 메들리가 논란의 불씨를 지폈다. 1996년 그의 대표적인 솔로 작품 〈하얀 무덤〉에서 상의가 실종된 하얀색 웨딩드레스는 싼 티를 솔솔 풍기며, 안은미의 가슴에 그려진 커다란 흰색 꽃잎

---

60 이현영, 앞의 책, 110쪽.

은 과도하고 그림 자체도 정교함이 떨어지는 유치한 페인팅에 머문다. 마지막 장면에서 연미복으로 갈아입은 안은미가 하얀 드레스 옆에서 결혼사진을 찍으며 마무리하는 장면은 촌스러운 동네 사진관을 연상시킨다.

1999년 〈무지개 다방〉은 무용수들의 전라(全裸)가 세간을 시끄럽게 했다. 제목에서 빌린 일곱 빛깔 무지개색 조명은 제목이 '무지개'라고는 하지만 너무나 상투적이면서 촌스럽고 유치하다. 공연에서는 뱀 인형, 전구 뭉치, 오렌지, 커다란 황금빛 새장, 새의 알, 수백 개의 녹색 공, 삽, 생크림 케이크. 무용공연에서 생활소품들이 쉴 새 없이 등장한다. 무용수들의 행위는 성교를 연상시키고 나중에는 온몸에 케이크를 덕지덕지 바른다.

2000년 〈장미의 뜰〉에서는 분홍색 드레스에 타조 털을 두르고, 모자에는 싸구려 깃털을 잔뜩 꽂았다. 화려함을 가장한 촌스러운 의상과 소품들은 저급한 조합의 극치를 보여준다. 그것들은 지극히 통속적이고 조악하다. 2001년 〈은하철도 000〉에서는 백 벌이 넘는 의상이 등장한다. 하지만 하나같이 반짝거리는 원색이며 디자인은 전위적이다 못해 유치하다. 주방에서, 욕실에서, 동네 문방구에서 볼법한 생활소품은 여전히 등장한다. 2007년 〈I can not talk to you〉는 거대한 닭장 안에서 안은미가 살아 있는 수탉 한 마리와 벌이는 퍼포먼스다. 닭장 안에서 안은미가 "노래방 가요에 맞추어 흔드는 막춤은 싸구려 신파이며 역겨움의 극치로 완벽한 무용 파괴 행위"[61]라는 비판을 받아야 했다.

2010년 이후 안은미가 주력해온 커뮤니티 댄스의 막춤은 그 자체로 키치다. 막춤은 품위 없고 경망스러운 몸짓이다. 다듬어지지 않고 훈련되지

61　송종건, 『무용의 이해와 비평』, 안단테, 2008, 101~102쪽 참조.

않은 춤은 통속적 멜로드라마나 길거리 손수레에서 들리는 뽕짝과 다를 것이 없다. 창조력이 빠진 저급한 감정의 무한 소비심리의 상징이다. 고급예술의 관점에서 보면 막춤은 지식인의 전문적인 식견이 필요하지 않으며, 해석이나 설명도 필요 없다. 따라서 막춤은 엘리트주의의 자리를 빼앗는 불온한 행위이다.

이 밖에도 안은미의 공연에서 키치적 양상은 어디서든 어렵지 않게 관찰된다. 그러나 안은미의 키치가 키치로 끝날 가능성은 거의 없다. 안은미는 키치가 요구하는 B급 마이너리티 감성으로 대중을 끌어들인다. 그리고 대중에 대한 영향력을 이용해 자신이 발언하고자 하는 정신적 태도를 드러낸다. 그것은 기성 질서, 우리 무용의 이해에 대한 도전이며 그것의 전복일 수도 있고, 표리부동한 우리네 정서를 드러내는 아이러니일 수도 있다. 안은미의 춤은 품위 있는 고급문화를 열망하지 않는다. 따라서 고급문화를 모방하지도 않으며, 대중적이고 일상적인 것 자체가 가치 있는 것임을 선언하고 제시한다. 그래서 그의 춤은 대중적이지만 한편으로는 정치적이고 비판적이다. 때로는 대중성이 통속성에 가려져 키치가 과도하게 드러나는 양상을 보이며 논란을 일으키지만, 그 논란을 냉소하지 않고 오히려 유희로 수용한다. 따라서 안은미의 춤에 나타나는 키치는 유희의 통속성을 사랑하고 찬양한다는 측면에서 캠프 정신에 가깝다.

안은미의 캠프 정신은 손탁이 이야기하는 스타일의 시각적인 장식에서 발견된다. 평소 그의 스타일은 삭발한 머리와 싸구려 모조품 장신구, 그리고 형광이나 촌스러운 꽃무늬 의상으로 대중의 시선을 자극한다. 하지만 이것은 우리 사회의 전통적 엄숙주의와 윤리주의가 여성을 규정 짓는 관습적 태도에 대한 비판적 표현이라는 인상을 준다. 그가 공연에서 보여주는 토플리스 또한 우리 사회가 가진 성 차별적 의식에 대한 저항이다. 물론 이러한 저항은 평론가 문애령이 지적하듯 '몸 파는 여흥'이나 평론가 정순영이 지적하듯 '관광업소의 쇼'로 인식될 위험성이 다분하다. 거기에다 파격적 성행위의 묘사는 유교권의 문화에서 금기를 건드리는 부담스러운 행위일 수 있다. 그리고 춤의 본질을 흔드는 행위로 비판될 수 있다. 그러나 그런 것들이 오늘날 문화적 시각이나 수준에 비추어 특별히 과하다고 말하기 어려우며, 더욱이 성애 본능은 남성이건 여성이건 동일하게 주어진 욕구인데, 유독 여성의 노출에 대해서만 죄의식과 수치심을 강제하는 것은 아닌가 생각할 만한 대목이다. 그의 토플리스는 너무나 직설적이어서 저속한 것으로 비난받지만, 그것 자체로도 저속, 외설 등의 차원과는 거리가 멀다고 판단되며 또한 성애의 쾌락을 도발적이고 솔직하게 묘사함으로써 오히려 관객들을 긴장하게 하는 연출적 효과를 가진다.

〈하얀 무덤〉의 키치적 꽃무늬 페인팅은 젊은 날에 만개한 아리따운 처녀이며, 피어보지 못하고 시들어간 죽음의 상징이기도 하다. 〈무지개 다방〉〈장미의 뜰〉〈은하철도 000〉의 일상적 소품들은 예술에 대한 엄숙주의를 해체하고 키치적인 유토피아를 연출한다. 더군다나 〈은하철도 999〉의 만화영화 이미지는 그 자체로 키치적 발상이며, 현실 도피적 가상의 유토피아는 현대인의 끝없는 욕심과 욕망을 비웃는다. 이것은 고상하고 우아한 척하는 세상에 대한 안은미식 키치이다.

안은미는 공연에서 노래, 특히 뽕짝은 단골 레퍼토리다. 〈장미의 뜰〉에서 그는 노래까지 한다. 그러나 그의 노래는 이미 뽕짝의 또 다른 복제품이다. 따라서 복제의 복제, 모방의 모방이다. 그러나 대중은 가짜임을 알고도 키치를 구매한다. 〈I can not talk to you〉의 닭장 같은 철조망은 현대 사회의 소통 단절을 보여주는 알레고리이자 키치이다. 닭장 속 여자의 몸은 오늘날 상품으로 소비되는 몸, 환영받지 못하는 몸이다. 〈Please, hold my hand〉는 키치를 감상하는 관객의 상반된 관점을 잘 드러내는데, 파스텔 색조의 야광 의상과 누드를 평론가 송종건은 "'눈요깃거리'라고 지적하고 있으며, 특히 안은미의 토플리스는 '누드'를 위한 '누드'로 예술가의 윤락행위라고 비판한다. 붉은 원피스를 입고 무대를 뒹굴고 연두색 간이 의자에 앉아 몸을 좌우로 휘돌리는 단순한 행위의 반복은 창의력 부재를 증명하는 것"[62]으로 바라본다.

그에 비해 평론가 김승현은 "알록달록한 원색에 분홍빛 조명은 미아리 사창가를 연상시키고, 뒤로 보면 여성인데 앞으로 보면 남성인 무용수의 모습은 성차별을 무시하는 도발적 의도로 읽힌다. 색동 원색이라든지 물동이를 진 아가씨는 한국적 정서를 느끼는 샤머니즘적 요소로 원시적인 생명력이 느껴진다. 권력을 상징하는 의자 위에서 이익을 위해 싸우는 사람들의 모습이 재미있고, 그 아래에서 전라로 기어가는 행위들은 참혹한 현실의 패러디"[63]라고 읽는다. 김승현은 키치를 미(美, 키치아트)의 관점에서 비평한다. 따라서 수용자의 태도 즉, 키치를 개방적 태도로 수용하느냐 비판적 태도로 수용하느냐의 문제는 키치가 드러나는 양태와는 별개의 문제이다. 키치를 키치로 수용하며 키치의 통속성을 즐기는 것과 예술적 관점에서 키치를 저질문화로 간주하고 비판하는 것 중에 어떤 것도 잘

62　송종건, 『무용의 비평적 현실』, 안단테, 2006, 75쪽 참조.
63　김승현, 『정의숙, 전미숙, 안은미의 춤 – 한국춤 백화제방의 세 꼭지점』, 197~198쪽 참조.

못된 것이라고 말하기는 어렵다.

여기서 확실한 것은 안은미가 키치를 사용하는 방식이 다른 예술가들에 비해 좀 더 과격하고 솔직하며 직접적이라는 사실로 인해 논란이 발생한다는 점이다. 하지만 그는 키치를 더욱 키치답게 강조할 뿐이다. 그러면서 자신의 정신적 태도를 드러내는 캠프로 전유하고 그 캠프는 기존의 규범들을 반어적이고 풍자적으로 나타낸다. 반짝이 의상이나 토플리스, 과도한 빛과 독특한 소품들은 움직임의 질감이 두드러지게 한다. 그것은 안은미의 전매상품이며, 내용보다 스타일의 시각적 색채를 중시하는 안은미 춤의 메소드다. 메소드가 꼭 내용이어야 하는지의 문제와 상관없이 안은미가 전통 '춘향'과 '바리'를 키치적 방식으로 패러디하면서 대중의 마음을 사로잡는 강렬한 효과를 만들었다는 사실은 분명하다. 그리고 그 가운데 일상에서 간과하고 있던 막춤을 자신의 것으로 스타일화 했다. 이것은 예술적 전통과 완전히 단절되어서는 할 수 없는 것이다. 만일 그가 예술과 춤, 사회와 인간에 대한 비판과 대안에 대한 고민 없이 작업을 해왔다면 그의 작품들은 정말 싸구려 키치로 남게 될 것이다.

그러나 지금까지 안은미의 키치가 드러나는 양태를 살펴보면, 그의 키치는 캠프의 정신을 선취하며 키치를 '키치아트'로 이해할 만한 타당한 근거가 있다. 수용자들은 키치를 키치로 소비하려는 통속적 욕망을 숨기지 않지만, 안은미 또한 키치를 꼭 예술의 범주로 포장하려 애쓰지도 않는다. 안은미는 키치를 전시하고 선언할 뿐이다.

5. 가슴을 풀어헤친 〈新춘향〉

안은미는 8~90년대에 '달' 시리즈를 비롯한 '무덤', '카페' 등의 연작물들을 통해 여성의 정체성, 죽음에 관한 탐구, 인간의 유희본능 등 인간의 존재론적 물음으로 자신의 춤작가적 세계를 구축한다. 그리고 이후의 행보를 살펴보면, 2003년 〈안은미의 춘향〉, 2006년 〈新춘향〉과 2007년 〈바리-이승〉, 2010년 〈바리-저승〉을 통해서 집단 속에 함몰된 주체적 자아로서의 개인, 그로부터 발생하는 사회의 편향된 시각에 집중한다. 이 시기는 춤작가로서 자신의 개인적 탐구 작업과 전통적 소재의 재해석을 통해 춤의 확장을 병행하던 시기이다. 그러나 전통 소재에 좀 더 천착하며 춤 공연의 성과를 보여줬다. 따라서 이 시기는 안은미 춤의 새로운 변곡점이 되는 시기라고 할 수 있다.

1) 〈안은미의 춘향〉

안은미는 2003년 대구시립무용단의 예술감독으로 있으면서 대구시립무용단과 함께 〈안은미의 춘향〉(3.28~30, LG아트센터, 90분)을 발표한다.[64] (이하 〈춘향〉으로 통일함) 현대무용에서 언제나 파격과 도발의 아이콘으로 인식되던 안은미가 고전소설 '춘향'을 소재로 춤을 만든다고 하는 것은 쉽게 상상하기 어렵다. 그러던 그가 전통적 소재에 관심을 둔 이유를 들어보면,

---

64 2003년 5월 1일부터 3일까지 대구시립무용단의 제43회 정기공연으로 대구문화예술회관 대극장에서 재공연되었다.

한국 사람으로는 반드시 거쳐 가야 할 징검다리 같아 보였습니다. 저는 한국 전통 양식을 별로 좋아하지 않았는데 알고 보니 선조들이 가진 유머 감각과 지혜가 엄청나더군요.[65]

그러나 안은미는 이 징검다리를 통과의례처럼 지나가고 싶지 않았다. 그는 〈춘향〉에서 전통이라고 하는 소재와 양식의 고정관념을 깨부수고 어떻게 하면 자기만의 색깔과 표현을 입힐 것인가 고민했다. 제목에서 '춘향' 앞에 자신의 이름을 넣은 것은 그러한 의지의 반영이라고 할 수 있다. 그동안 전통적 소재를 선택하지 않은 이유를 그는 다음처럼 설명한다.

좋아하지 않았다는 게 아니라 너무나 익숙해서 흥미를 갖지 않았다는 것이 정확한 말일 겁니다. 표피적인 것들의 정보에 지배돼 진짜 중요한 것을 놓친 것이지요. 원본에 있는 중요 장면만 설명할 뿐, 왜 춘향이란 소설이 아직도 우리에게 설득력 있게 다가오는지에 관한 질문. 춘향이는 미모와 절개라는 여성성만 늘 확대되어 드러나는 것 같거든요. 다양성에 대해 잘 끌어주지 않는 사회, 얼마나 답답합니까. 논란의 여지, 선택의 여지가 있어야 발전의 여지, 공존의 여지가 있습니다. 수평적으로 소통하는 사회란 우리 모두의 바람이겠죠.[66]

무작정 이몽룡을 기다리는 소설 속의 순종적 '춘향'은 안은미에게는 너무도 고리타분한 소재였다. 그래서인지 안은미의 '춘향'은 남자의 사랑을 기다리는 여성이 아니라 능동적으로 자기의 사랑을 쟁취하는 여성으로

---

65 김승현, 『정의숙, 전미숙, 안은미의 춤―한국춤 백화제방의 세 꼭지점』, 179쪽.
66 위의 책, 180쪽.

그려진다. 유교적 관점에서 고전소설『춘향전』은 당시의 시대상을 생각한다면 다소 파격적인 설정이라고 할 수 있다. 소설 속 춘향은 엄연한 신분 질서 속에서 자유연애를 주장하며, 사랑을 지키기 위해 죽음까지 불사한다. 이러한 춘향의 저항은 개인의 차원을 넘어 사회적 질서를 교란하는 위험한 도발이다. 그러나 한편으로 춘향의 저항 의식은 곧 여성적 주체의 발견이다. 다만 고전소설 속 춘향의 저항이 자신의 목숨을 담보로 하는 한 가지 선택 외에 다른 방법이 없었다는 점이다. 안은미는 여기서 근대 이후 오늘날까지도 계속되는 남성 중심 사회에서 여성의 자기 결정권에 주목한다. 춘향은 목숨을 버리는 한 가지 선택 이외에도 다른 결정을 할 수 있는 주체적 인간으로 그려진다. 수청을 들라는 변학도의 요구에 춘향이는 기생들을 선동하며 오히려 강력하게 대응한다. 옥에 투옥되지만, 그 결정 또한 스스로 내린 결정이며 이몽룡이 와서 구해주기를 기다리는 수동적 여성은 아니다. 후일 이도령은 판검사가 되어 돌아온다. 하지만 그것은 춘향이를 구하러 왔다기보다는 나쁜 놈을 징계하러 온 것이다. 이전에 이도령과 춘향이 이별하지만 이도령은 이별하고 나서도 나름의 자기 삶을 살았으며, 춘향이 또한 지금의 삶을 살아가는 독립된 주체이다. 둘은 각자의 판단에 따라 살고 대등하게 사랑한다.

　물론 이것은 대본을 쓴 박용구의 해석에 힘입은 바가 크다고 할 수 있다. 어느 날 한국무용 〈춘향〉을 본 안은미는 평소 아버지라고 부르는 작가 박용구를 찾아간다.[67] 그는 박용구에게 "아버님, 제가 춘향이 하면 어떨까요?" 했더니 "그래라. 해라. 마흔 살 노처녀 춘향이를 해라. 안은미를

---

[67]　작가 박용구는 안은미의 대학 동기 박화경의 부친이다.

고유 제목으로 한 춘향이 말이야."[68] 그렇게 해서 고전 「춘향전」과는 전혀 딴판의 〈춘향〉이 만들어졌다. 안은미의 입을 빌려 작가 박용구의 의도를 살펴보면,

선생님께서 저를 잘 아시니까, 너에 맞춰 쓰겠다고 하셨습니다. 춘향이는 자꾸 '무용지물'로 되어 가는 마흔 살 노처녀입니다. 월매는 술집을 하며 돈 되는 놈을 사위로 고르려 하죠. 딸과 충돌할 수밖에 없죠. 결국, 실패하는데 어느 날 지나가던 총각이 냇가에서 목욕하던 춘향을 엿보다 물에 빠지고 춘향이 건져 주면서 둘은 사랑에 빠집니다. 여기에 변학도가 나타나는데 변학도란 이런저런 나쁜 일은 다 하고 색을 밝히고 한국인의 부정적인 남성의 상징적 코드라 할 수 있습니다. 수청 들라는 변학도의 요구에 춘향이는 기생들을 선동하며 오히려 강력하게 대응하는 적극적인 여성입니다. 감옥에 투옥되지만 스스로 가는 거고 스스로 해보자는 거지 이몽룡이 와서 구해주기를 기다리는 여성은 아닙니다.[69]

안은미는 표현과 형식에 있어서, 무대 조명과 세트는 주로 붉은색을 기조로 하여 춘향의 열정과 사랑을 표현한다. 의상과 소품들도 모두 강렬한 원색이다. 그중 〈춘향〉에서의 주요 오브제는 색색의 '보자기'다. '보자기'는 그 자체가 소품이면서 의상으로 기능한다. 그러나 공연의 전체 분위기를 좌우한다는 미학적 관점에서 보자면 보자기의 기능은 단순하지 않다. 〈춘향〉의 보자기를 단지 사물로 본다면, "사물이 다른 사물들과 경계

---

68 유인화, 「빡빡머리 춘향 파격적 춤사위…안은미」, 『경향신문』, 2003년 3월 10일.
69 서경석, 「서경석과 차 한 잔―살아 있으므로 춤을 춘다」, 『참여사회』, 참여연대, 2003년 6월호.

를 지어서 자신 안에 국한되거나 내재적인 성질로 제한되어버린다."[70] 그러나 〈춘향〉에서의 보자기는 몸을 가리는 옷이었다가 이불이었다가, 수건이 되기도 하고 장식용 스카프가 되기도 하며, 공간을 나누는 가리개가 되기도 한다. 즉 내재적 속성을 벗어난 다양한 쓰임을 보여준다. 이처럼 하나의 사물이 다양하게 연출되는 상황은 지각 주체가 사물의 속성을 어떻게 지각하느냐에 따라 공연의 분위기를 조성한다. 여기서 지각 주체는 사물의 속성을 가장 먼저 지각하는 행위자도 포함한다.

심재민은 사물이 조성하는 분위기를 뵈메(Gernot Böhme)의 '엑스터시(ecstasy)'[71]라는 개념을 빌려 '사물의 엑스터시' 즉, 사물의 '탈자현존(脫自現存)'으로 설명한다.

> 사물이 내재적으로 국한되거나 안으로 들어가는 성질이 아니라, 자기의 밖으로 나와서 공간 안에서 자신의 현존을 조성한다. 뵈메는 미학적인 관점에 근거해서 사물에서 생산될 수 있는 엑스터시의 다양한 상황들을 열거한다. 그는 사물의 색깔, 소리, 냄새, 무게, 부피, 형

---

70 심재민, 「수행적 미학에 근거한 공연에서의 지각과 상호매체성」, 『한국연극학』 60호, 한국연극학회, 2016, 133쪽.
71 "이 단어는 독일어로 Aussichheraustreten(자기로부터 밖으로 나오다), Begeisterung(열광), Verzückung(황홀경) 등의 의미 폭을 갖는다. 그중에서 뵈메는 철학에서 일반적으로 사용되는 경우와 마찬가지로 '사물이 자기로부터 밖으로 나오다' 즉 '탈자(脫自)'라는 의미를 취한다. 하지만 뵈메는 철학의 일반적인 경우보다 더욱 적극적으로 이 개념을 사용한다. 사물이 '자신으로부터 밖으로 나와서' 자신이 현존하는 공간으로 들어가, 거기서 자신의 현존이 감지될 수 있게 하는 것을 포괄적으로 '탈자'라고 간주한다. 그러므로 탈자는 내용상으로 탈자현존(脫自現存)을 의미한다고 보는 것이 보다 정확하고 포괄적인 해석이다." 위의 논문, 같은 쪽.

상(공간 형상 포함), 윤곽선(내지 필치)등을 예로 들면서 각각의 경우
가 사물의 속성과 다른 '사물의 엑스터시'로 나타날 수 있음을 설명
한다. 사물의 엑스터시는 결국 공간에서 현존의 감지를 조성하고 자
기를 보여준다는 점에서 볼 때, 영향 미학적 측면과 더불어 지각학적
측면에 근거한다.[72]

평론가 김승현은 2006년 〈新춘향〉에서 보자기의 쓰임을 "보자기 천의
다양한 사용이 빛난다."[73]고 평한다. 이는 보자기의 다양한 속성을 보자
기의 탈자현존으로 지각함과 동시에 지각 주체(행위자와 관객) 역시 신체적
자기 현존을 감지함으로써 보자기에 내재한 속성을 다양한 쓰임으로 지
각하는 것이다. 여기서 보자기의 현존을 지각하는 데 기호성과 물질성은
분리하여 생각할 수 없음이 또 한 번 증명되며, 지각 주체는 자신의 감각
을 열어놓고 자극을 받아들일 준비를 해야 한다.

〈춘향〉과 〈新춘향〉의 보자기의 변용은 한국적인 정서표출은 물론 규격
화되고 정해진 틀이 없는 융통성과 해학성으로 나타난다. 행위의 지각 주
체로서 안은미는 보자기의 변용에 대하여 "어느 민족에게나 포장 수단이
있는데, 우리나라 보자기처럼 융통성 있는 포장 소재가 없어요. 네모난
물건이든 동그란 물건이든 어떤 것이든 보자기로 포장할 수 있잖아요. 뿐
인가요. 보자기는 이불도 되고 목도리, 가방, 머리띠, 치마 등 용도도 다
양하죠. 우리 여인들의 미적 감각은 정말 뛰어나요. 화가 몬드리안의 미
니멀리즘도 여성들의 보자기 미니멀리즘에 비하면 아무것도 아니"[74]라며

---

72 위의 논문, 133~134쪽.
73 김승현, 『정의숙, 전미숙, 안은미의 춤―한국춤 백화제방의 세 꼭지점』, 203쪽.
74 유인화, 앞의 기사.

보자기의 쓰임을 예찬한다.

여기에 '판소리 춘향전'을 비롯한 트로트, 탱고, 왈츠 등의 다양한 음악들이 국악기와 서양악기의 현란한 뒤섞임 속에 장르를 넘나든다. 여기서는 단순히 국악과 양악의 만남이라는 상투적 표현이 무색할 만큼 퓨전의 장점을 잘 담아내고 있다. '월매' 역은 한국무용가 강미선이 맡아 현대무용과 만난다. 여기에 소리꾼 이자람의 '판소리 춘향'은 기존의 판소리 개념을 벗어나 랩처럼 빠르고 비트가 강하다. 이것은 한국의 독보적 인디밴드 '어어부 프로젝트'와 타악기 그룹 '공명'이 있어서 가능한 작업이었다. 더욱이 과감한 토플리스 위에 무용수들의 현란한 보디페인팅은 단청문양에서 아이디어를 빌렸기 때문인지 그 색이 더욱더 원색적이다. 한마디로 색의 향연이다. 안은미는 〈춘향〉을 감각의 요지경 속으로 이끈다. 한국적인 것은 정적이라는 고정관념을 '익살과 신명'으로 풀어낸다. 처음 〈춘향〉을 하기 전에 형식과 표현에 있어서 그가 생각했던 전통적 소재에 대한 고민과 질문들이 상징성과 여백의 미는 확대하면서 색을 통한 시각적 이미지는 강조된 형태로 나타난다.

평론가 장광열은 고전의 해체를 통한 실험성에서나 작품의 완성도 면에서 높은 점수를 주었다. 하지만 아직은 미완성의 작품이란 평가를 한다.

> 안무자는 고전과 현대의 조우를 다채롭게 시도했다. … 도입부 남성 무용수들의 벗은 몸이 눕혀진 채 이동하는 움직임과 청바지를 입은 창자가 경사진 무대 끝에 앉아 판소리를 부르는, 이 두 가지가 오버랩 되는 장면은 연극 연출가 로버트 윌슨의 작품에서 보이는 것과 같은 세련되고 정제된, 이 작품에서 가장 시각적 이미지가 빼어났던 장면이었다. 그러나 결론부터 말하면 안은미의 〈춘향〉은 아직은 미완

성의 작품이다. 해체의 폭이 만만치 않게 큰 데다 … 안은미의 작품에는 언제나 모든 것들이 넘쳐난다. 그리고 그녀의 넘치는 에너지는 정돈을 필요로 한다. 이 작품에서도 예외가 아니다. 무대는 끊임없이 변화하고, 수많은 무용수는 정신없이 움직이며 여러 가지 소품들도 끊임없이 왔다 갔다 한다. … 안은미의 무조건 쏟아내기 식의 에너지 방출은 그전에 그녀의 가슴속에서 한 번쯤 걸러지고 조율되어 무대로 달려 나올 필요가 있다. … 보자기를 활용한 움직임이 돋보였으나 과다한 반복 사용으로 후반부에는 오히려 무용수들의 동성(動性)을 제약했고, 비슷한 음들이 반복되는 음악(장영규) 역시 80분이 넘는 시간 동안 시시각각으로 빠르게 변환되는 캐릭터를 표출하고, 장면 장면의 이미지를 증폭해내기에는 절대적인 보완이 필요해 보인다.

… 옥중 장면에서 죄수와 간수를 백색과 흑색으로 대비시킨 처리, 옥중 춘향을 발레 무용수로 설정한 점, 오케스트라 비트를 활용한 목욕 장면 등에서도 안무가의 재치가 읽힌다. … 안은미가 안무하는 소품들은 무용수의 개성을 살려내는 캐스팅과 쌈빡한 아이디어로 관객들을 즐겁게 하지만, 대구시립무용단 상임 안무가 부임 이후 보여주고 있는 장편 신작들은 안무가 특유의 아이디어가 담기는 반면에, 비슷한 이미지가 반복되고 너무 많은 것들이 정제되지 않은 채 펼쳐지는 아쉬움을 남겼었다. 그런 면에서 〈춘향〉은 안은미가 대구시립무용단 상임 안무가로 부임 후에 보여준 대형 작품 중 실험성에서나 작품의 완성도 면에서 가장 높은 점수를 받을만했다. 무엇보다 이 작품에서 돋보이는 것은 일관된 흐름으로 작품을 풀어내는 논리성이다. 이는 대본의 힘과 그 대본에 자신의 상상력을 덧입힌 안무가의 공이다. '춘향전'을 소재로 한 공연예술 작품 중에서 해석 면에서나 해체 면에서 이만큼 파격적인 작품은 없었다.[75]

---

75 장광열, 「미완성의 의미 있는 실험 무대—안은미의 〈춘향〉」, 『춤』 327호, 월간 춤,

평론가 문애령 또한 구성면에서 아쉬운 점이 있지만 비교적 완성도 높은 공연으로 평가한다.

〈안은미의 춘향〉은 다양한 장르의 춤이 자유롭게 혼용된 '기교 백화점'이었다. 모든 춤이 자연스럽게 뒤섞일 수 있었던 원인은 안무자인 안은미씨가 여러 극적인 상황을 환각 속의 몽롱한 상태처럼 묘사했기 때문이다. 따라서 기존의 춘향을 주제로 한 무용극과 달리, 춘향과 이도령의 2인무가 한 번도 없이 결혼을 했다거나 칼을 쓰고 옥에 갇힌 춘향이가 보이지 않은 것은 극의 전개에서 전혀 중요한 문제가 되지 않았다. 독특한 환영의 세계를 구축한 안무가의 능력이 돋보인 출발이었다. 이 작품을 이끌어가는 가상의 주인공은 흰색 망사치마를 입은 남자 도깨비와 할머니 나비 요정이다. 강렬한 붉은 색조의 무대, 바닥에 나체로 엎드린 군무, 계단에 앉아 노래하는 소리꾼의 모습은 현실과 비현실의 구분이 어려운 요정들의 공간이었다. 한 손에 부채를 든 월매가 전통 기방 춤을 추고 나면 일사불란하면서도 정신없이 보여준 빠른 군무가 흥미를 더했다.

2장에서는 두 명의 춘향이 주역이었다. 안은미가 직접 춘 춘향의 독무는 보디페인팅을 한 몸에서도 한국적인 고전미가 표출될 수 있다는 사실을 알려준 다소 놀라운 장면이었다. 현실의 춘향과 교체된 꿈속의 춘향은 가냘프고 아름다운 발레로 환상을 증폭시켰다. 꿈에서 깨어난 춘향은 결국 어사가 된 몽룡과 결혼하는데, 안은미식으로 재미있게 옷을 입힌 고전극으로 완성도가 높았다. 그러나 '안은미의 춘향'은 뭔가 더 큰 변화를 기대했던 관객들에게는 아쉬움을 남겼다. 예를 들면 춘향의 꿈에 변학도와 이몽룡이 동성애적인 관계로 등장

2003년 5월호.

하지만, 그 결과에 대한 정리 단계가 없었기 때문에 구성 면에서 오히려 사족이 됐다. 춘향의 역할에 변화를 줘 새로운 줄거리를 만들어내는 파격적인 뒤집기에는 결국 도달하지 못한 셈이다.[76]

장광열은 원작의 해체에도 불구하고 일관된 흐름으로 작품을 풀어내는 논리성에 높은 평가를 하였으며, 문애령은 다양한 춤이 뒤섞이며 독특한 환영의 세계를 구축한 안무가의 능력을 높이 평가하였다. 그러나 안은미의 〈춘향〉은 평가가 좋고 나쁨을 뒤로하고라도 그가 전통과 만나고 그것을 새로운 실험의 출발점으로 삼은 것은 상기할 만한 일이다. 〈춘향〉은 그의 춤 세계를 확장하는 계기가 되었음은 물론이고, 이후 〈新춘향〉과 〈바리〉 등의 전통 소재에 조금 더 천착하며, 자신의 말처럼 한국 사람으로서 거쳐 가야 할 징검다리를 찬찬히 그러나 전위적으로 건너간다.

2) 〈新춘향〉

2006년 5월에는 〈新춘향〉(5.12~14, 국립중앙박물관 극장 용, 90분)을 발표한다. 하지만 〈新춘향〉은 한국보다 유럽에서 먼저 초연[77]되었으며, 안은미

---

76 문애령, 「공연 리뷰-안은미의 춘향」, 『중앙일보』, 2003년 3월 31일.
77 1996년에 창설된 '세계음악극축제(World Music Theater Festival)'가 스폰서를 맡아 4월 7일부터 20일 동안 유럽의 4개국 7개 도시를 순회했다. 4월 7일, 우디네(이탈리아)→4월 11~12일, 런던(영국)→4월 14일, 안트베르펜(벨기에)→4월 15일, 암스테르담(네덜란드)→4월 18일, 그로닝겐(네덜란드)→4월 19일, 헤이그(네덜란드)→4월 20일, 로테르담(네덜란드)으로 이어지는 코스다. 이번 공연 투어는 스폰서인 '월드 뮤직 시어터 페스티벌' 측이 제작비·공연장 대관·홍보 마케팅 등 경비 대부분을 부담하고 중앙국립박물관 문화재단이 일부 경비를 지원했다. 여기서 안은미는 작품만 안무하면 되는 공동제작 형식이었다.

에게 '동양의 피나 바우쉬'[78]라는 새로운 별칭을 붙게 했다. 〈新춘향〉은 전체를 관통하는 해석의 기조는 박용구의 대본에서 크게 벗어나지 않는다. 2003년 초연 당시 평론가 장광열은 〈춘향〉을 '미완성의 작품'이라 평했다. 물론 그런 이유 때문만은 아니었겠지만 〈新춘향〉은 그때와는 다른 새로운 형식으로 꾸며졌다. 사실 박용구의 〈新춘향〉 대본에는 무용 대본으로서는 비교적 상세한 스토리 전개와 인물 설정, 무대배경 등이 지시되어 있다. 하지만 안은미는 서사적 개연성에 크게 연연하지 않았다. "시나리오가 있는 작업은 처음 해본 거예요. 드라마를 싫어해서요. 줄거리 설명하느라 상상력이 제한되니까요. 그래서 줄거리를 몰라도 보면 알 수 있게 만드는 데"[79] 주력한다.

초연과 비교해 유럽에 가는 〈新춘향〉은 규모를 대폭 축소한다. 무용수도 43명에서 13명으로 줄었다. 그렇다 보니 2003년 〈춘향〉에서는 군무의 비중이 높았다면, 〈新춘향〉에서는 안은미가 추는 '춘향' 솔로와 강미선이 추는 '월매', 그리고 2인무의 비중을 높였다. 무용단의 면면을 살펴보면 이도령 역의 중국인 무용수와 대만 출신의 여성 무용수가 포함되어 중국, 대만, 한국 출신의 다국적 무용단이 꾸려졌다. 그리고 안은미 작품의 특징 중 하나인 과감한 토플리스도 대폭 축소됐다. 2003년 작품에선 여자 무용수들이 모두 가슴을 드러냈지만, 〈新춘향〉에선 그와 일부 무용수만

---

78 "안무가 안은미는 동양의 피나 바우쉬라 하기에 전혀 손색이 없다. 영국 런던에서 발행되는 유럽의 무용전문지 『댄스유럽』이 지난 4월 11~12일 런던 피콕 극장 무대에 오른 〈新춘향〉을 보고 이렇게 평했다." 이재성, 「세계가 주목한 벗어던진 고정관념」, 『한겨레신문』, 2006년 5월 3일.

79 오미환, 「유럽을 업고 놀았던 안은미 끼 다시 만난다」, 『한국일보』, 2006년 5월 5일.

토플리스로 등장한다.

유럽투어의 첫 공연이자 세계 초연은 2006년 4월 7일 이탈리아 우디네 누오보 조반니(Teatro Uuovo Giovanni da Udine) 극장에서였다. 평론가 유인화는 당시 춤 전문기자로서 공연단과 동행하며 현장 분위기를 전했다.

> 첫 장면부터 실오라기 하나 걸치지 않은 네 명의 남성 무용수가 관개을 향해 전라의 뒷모습을 보인 채 서서히 유영(游泳)하자 관객들은 잔뜩 긴장했다. 그러나 이미 나체 이데올로기를 초월한 유럽인들은 남성의 벗은 몸에 대한 호기심도, 가슴을 드러낸 채 상반신을 세차게 흔드는 안은미의 춤에도 거부감이 없었다. 한국과는 사뭇 다른 풍경이었다. 한국에선 반라로 춤추는 안은미 춤에 대해 한마디씩 하지만 유럽 관객들은 안은미가 이끄는 한국 무용수들이 얼마나 거대한 춤 에너지와 진한 정서를 확대 재생산해내는가를 주목하고 있었다. 또 춘향과 이도령의 합방 장면과 베드씬이 끝난 후 불이 켜지는 두 그루의 벚꽃나무 등장에도 감탄했다. 춘향의 분홍 치맛자락이 누워 있는 이도령을 한 번 덮고 지나가는 동작 하나로 섹스 장면이 설명됐다. 점잖으면서도 야한 러브씬이 분홍치마의 스침만으로도 충분히 전달됐다. 춤의 매력이 아닐 수 없다.[80]

한편 『London Korean Links』의 편집인인 필립 고먼(Philip Gowman)은 4월 11일, 런던 피콕 극장(Peacock Theatre)에서의 분위기를 다음처럼 전한다.

> 나는 댄스의 뛰어난 비평가는 아니다. 그렇지만 1시간 반 동안의

---

80 유인화, 「빡빡머리 현대무용가 안은미, 유럽 무대를 뒤흔들다」, 『레이디경향』, 경향신문사, 2006년 5월호.

공연에 완전히 빠져들었다. 너무나도 다양했고, 나는 몇몇 댄서들의 힘과 체력에 놀랐다. 그것은 많은 에너지가 느껴졌다. 그러나 두 명의 토플리스 남성 리드가 서로 천천히 돌았을 때, 약간은 동성애의 순간을 포함하여 움직임이 많지 않았던 때에도 시선을 사로잡는 장면들이 있었다. 그리고 토플리스는 단지 남자들만은 아니었다. 팁을 준다면. 공연을 보기 전에 프로그램을 꼭 읽으라는 것이다. 여러 번에 걸쳐서. 공연은 추상적인 경험으로 완벽한 즐거움을 줄 것이다. (그런데 물론 나는 춘향의 줄거리를 알고 있었다) 그러나 쇼가 끝난 후에 나는 프로그램 노트를 되돌아보고 공연에서 일어날 예정이었던 것의 약 90%를 놓친 것을 깨달았다. 그렇지만 그것이 실제로 중요한 문제는 아니었다.[81]

영국의 춤 전문 잡지인 『Dance Europe』의 평론가 도나채드 매카시(Donnachadh McCarthy)는 안은미를 '동양의 피나 바우쉬'라 칭한다.

안무가 안은미는 동양의 피나 바우쉬라 하기에 전혀 손색이 없다. 공연이 끝난 후에야 책자에서 읽고 이야기 줄거리를 알 수 있었지만, 줄거리를 모르고 관람한 본인은 그 작품을 즐기는 데 조금도 지장을 받지 않았다. 안은미의 극적인 색채의 사용, 놀라 입이 벌어질 정도로 수많은 창의적인 포즈와 동작을 만드는 인체의 극적인 활용은 숨이 막힐 정도이다. 이 안무는 대체로 대단한 기교가 있어야 하지는 않지만 그럼에도 불구하고 힘, 유연성, 그리고 지극히 동양적인 미묘함을 요구한다. 서구에 기반을 둔 커닝햄(Cunningham)적 속도감을 보여주

---

81 Philip Gowman, "Theatre visit: Eun Me Ahn's Chunhyang—an impossible love", *London Korean Links*, on 11 April, 2006.

는 유동성에서부터 극동(far eastern)의 무대가 보여주는 느린 의례적인 움직임에 이르기까지 다양하며 동시에 가부키의 흔적이 관통한다. 이러한 합성은 거슬리지 않고 아름다움으로 융화되어 경이로움과 존경을 느끼는 관객의 숨을 멈추게 한다. 볼 기회가 어떻게라도 생긴다면 절대 놓치지 마라. 그로 인해 당신의 삶이 윤택해질 것이다.[82]

유럽에서 먼저 선보인 〈新춘향〉에 대한 당시의 평가는 유럽에 진출한 우리 현대무용에서 일대 사건이자 거사(擧事)로까지 여겨졌다.

무용공연의 경우 개런티를 제대로 받고 가는 공연조차 많지 않은 현실에서 20일간 순회공연과 공동제작은 일대 '사건'이다. 무용평론가 박성혜 씨는 "지금까지 유럽에 진출한 우리 현대무용은 대개 무용가(단체)들이 자비로 공연하고 오거나 정부 지원을 받는 문화 교류 행사가 대부분이었다."라며 "국내 현대무용단이 유럽공연단체와 공동제작을 하는 것은 처음"이라고 설명했다.[83]

사실 이번 '춘향'은 안은미 개인뿐 아니라 우리 무용계에도 역사적인 의미로 평가된다. 안은미 개인의 친분으로 유럽을 방문해 공연장에 서는 게 아니다. 지금까지의 관행처럼 항공료 등 교통비는 한국의 무용가가 부담하고 현지의 숙식비를 초청자 측이 지원하는 공연이 아니다. 그렇다고 정부가 '다녀오라'며 돈을 대주는 공연은 더더욱 아니다.[84]

---

82 〈新춘향〉(2006) 보도자료 참조.
83 강수진, 「빡빡머리 춘향 유럽 간다우, 파격적 몸짓의 무용가 안은미」, 『동아일보』, 2006년 3월 29일.
84 유인화, 「빡빡머리 현대무용가 안은미, 유럽 무대를 뒤흔들다」, 『레이디경향』.

유럽에서 돌아온 〈新춘향〉은 국내 공동제작의 파트너였던 국립중앙박물관 극장 '용'에서 5월 12일부터 14일까지 첫 한국 공연을 시작한다. 〈新춘향〉의 무대는 온통 붉은색 천지다. 여기에다 무용수들이 등장하며 걸치는 형형색색의 의상이며 소품들은 오방색을 연상시킨다. 무대는 마치 당집인 듯 착각을 불러일으킨다. 붉은 천으로 장막을 드리운 무대 뒤쪽에는 라이브 연주를 하는 연주자들이 자리한다. 공연의 시작은 판소리 〈춘향가(歌)〉를 배경으로 4명의 무용수가 뒷모습의 누드로 누워 있는 것에서 출발한다. 그러나 조명의 착시 효과 덕분인지 그들이 남자인지 여자인지는 분명하지 않다. 아니 그것은 이들의 성별이 그다지 중요하지 않다는 방증일 것이다. 단지 등뼈의 곡선이 너무도 멋지게 도드라진다. 공연은 2003년 〈춘향〉 때보다 출연 인원이 3분의 1 정도로 대폭 축소되어 왁자한 군무보다는 1인무, 2인무, 3인무에 집중한다. 군무가 주는 일체감과 역동성도 볼만하지만 여러 그룹의 2인무, 3인무의 조밀하고 아기자기한 재미가 〈춘향〉 때와는 또 다른 즐거움을 준다. 의상들은 역시 강렬한 색채의 반짝이는 천으로 이것은 옷을 입었다기보다는 그저 몸을 감싸거나 두르고 있다고 해야 더 적당할 듯싶다. 때로는 이 천을 소품으로 활용하여 춤에 적절하게 이용하는데, 안은미는 이 천을 '보자기'로 명명한다.

　평론가 김승현은 이 보자기의 활용에 재밌는 해석을 붙였다.

　　전통과 현대의 조화 속에 던져진 보자기는 많은 생각을 하게 한다. 이 작품에서 보자기는 '아라비안나이트'에 나오는 '날아가는 양탄자'며, 가리개요, 수건이다. 현실에서 꿈으로 탈출하는 마법의 양탄자 역할을 하면서 현실의 아픔과 괴로움을 가리는 차단막으로도 보였다. 또 건강한 노동을 함께 하는 수건이고, 하나를 걸쳐 포인트를 바꾸는 스카프이기도 하다. 하나의 천의 다양한 사용이 빛난다.[85]

〈新춘향〉에서 무용수들의 몸은 남녀의 이분법적 구도를 무너뜨린다. 남성과 여성이 결합하여 각각 하체와 상체를 이루며 양성 동체의 육체를 보여준다. 이와 같은 모습은 2004년 자샤 발츠(Sasha Waltz)의 〈신체(Körper)〉[86]에서 기괴하고 불규칙적이면서 이질적인 움직임을 보여준 것과 유사하다.

여기서 발츠는 몸의 유기적 통합인 '신체도식'[87]을 해체한다. 남녀 두 사람은 한 벌의 옷을 입고 상체는 여성, 하체는 남성의 몸이 된다. 그러나 이들의 몸은 한 가지 형태로 고정되지 않고 수시로 변형을 시도한다. 하체가 사라지고 상체만 결합한 몸을 보여주기도 하고 남성이 상체, 여성이 하체를 이루기도 한다. 그런데 이들의 결합한 몸은 상체의 앞면과 하체의 뒷면이다. 따라서 걸음을 걸을 때 지각 주체는 그 동작이 앞으로 걷는 것인지, 뒤로 걷는 것인지 방향감각을 상실한다. "결합한 두 신체가 하나로 움직이면서 만들어내는 행위들 속에서 관객은 진동의 상태를 겪게 된다. 더는 춤이 아닌 그리고 비정상적으로 결합한 하나의 신체가 만들어내는

---

85 김승현, 『정의숙, 전미숙, 안은미의 춤-한국춤 백화제방의 세 꼭지점』, 203쪽.
86 2004년 4월 29일~5월 2일, LG아트센터.
87 "행위자와 관객은 각자 자신의 신체를 가진 유기체이다. 유기체는 자신의 목표 -여기서는 행위자의 움직임(Bewegungen)과 이를 수용하려는 관객의 지각-를 실행하기 위해서 신체 부위를 통합하는 능력을 발휘하게 되는데, 바로 이 능력이 메를로-퐁티의 '신체도식' 개념이다." 심재민, 「수행적 미학에 근거한 공연에서의 지각과 상호매체성」, 140~141쪽.

움직임들은 관객에게 다른 자극들로 다가온다."[88] '신체도식'이 해체됨으로써 관객의 지각은 리미널(liminal)한 상태에 빠지게 되며 문지방 단계에 서게 된다. 그러나 새로운 것은 아직 구성되지 않았다. 여기서는 지금 몸의 변형과 결합을 통해 관객과의 놀이가 진행 중이다. 관객은 "진행 중인 공연(work in progress)"[89]에서 리미널한 상태에 처해 있으며, 이 놀이에 참여 여부는 관객에게 달렸다. 관객은 유희적으로 참여할 수도 있고, 관찰자로 남을 수도 있다. 핵심은 문지방을 넘어서는 것이 아니라 자신의 지각이 문지방 단계에서 지각의 변화 조짐을 감지하고 그것을 선택적 놀이로 받아들인 것이다. 이때 관객의 미학적 경험은 창발적으로 솟아오른 어떤 것이며 놀이 안에서의 의미는 아직 확정되지 않고 진행 중이라는 사실이다.

〈新춘향〉에서도 남성이 허리를 숙이고 네 발 자세를 취하면 여성이 그 위에 올라타고 남성과 여성이 한 몸으로 묶인다. 여기서도 역시 결합한 몸의 형태가 상체의 앞면과 하체의 뒷면이다. 이 장면은 행위자들의 몸이 남성이기도 하며 여성이기도 하다. 따라서 성의 고정된 정체성이나 신체의 경계가 모호해지며 '신체도식'을 해체한다. 이때 관객들은 자신의 지각 가능성을 유희적으로 참여할 수 있게 열어둠으로써 자신의 미학적 경험이 수행적 과정으로 나아갈 수 있는 토대를 마련해야 한다. 결국, 신체

---

88 최승빈, 앞의 논문, 125쪽.
89 "의미를 구상하며 통합을 꿈꾸던 연극은 사라졌다. 그와 함께 통합된 해석의 가능성 역시 사라졌다. 규정은 말할 것도 없고 그 어떤 충고도 더는 가능하지 않다. 그저 '진행 중인 작품'으로 남겨진 채, 떠듬떠듬 답변하고 일부분에 한정되는 관점을 제시할 뿐이다. 따라서 이론에게 주어진 책무란 생성된 것을 개념으로 끌어오는 것이지, 그것을 규범으로 가정하는 것이 결코 아니다." Hans-Thies Lehmann, 앞의 책, 38쪽.

의 상호매체적 효과는 지각 주체의 지각이 철저히 개방되어야만 가능하다.

여기서 우리는 지각 주체의 '지각 가능성'과 의미의 '창발'에 관하여 얘기하지 않을 수 없다. 레만(Hans-Thies Lehmann)은 지각 가능성에 대해, "아리스토텔레스의 의미에서 미메시스가 재인식에 대한 욕망을 생산하고, 하여 항상 결과를 성취하는 반면, 감각 데이터는 여기서 항상 아직 도착하지 않은 대답과 연관된 채 머무른다. 우리가 보고 들은 것들은 잠재적으로 남고, 그것의 선점은 연기된다."[90] 즉, 지각 가능성은 확정되지 않은 잠재적 가능성이다.

이것은 피셔-리히테가 얘기하는 의미의 '창발' 과정과 유사한 맥락으로 이해할 수 있다. 창발적으로 솟아오른 어떤 의미는 결과를 선취하는 것이 아니다. 그것은 지각 주체 사이에서 새로운 것을 아직 구성하지 못하고 지각의 잠재적 가능성으로 계속해서 순환하는 피드백 고리와 같다. 그러므로 공연에서 우리가 보고 듣고 했던 지각은 잠재적 가능성으로 순환할 뿐, 모든 것이 즉시 이해되지는 않는다. 즉, 의미의 창발이다. 그러므로 공연에서 무엇이 지각되었다 하더라도 그 선점된 의미는 연기되고, 또 피드백 고리 안에서 다른 지각과 새롭게 연결되는 가능성을 지닌 채 순환한다. 따라서 지각은 잠재적 가능성으로서 철저히 개방되어야만 하며, 의미의 창발 또한 지각 가능성을 염두에 두고 자신을 개방해야 한다. 이처럼 지각 가능성과 창발의 개방성은 공연을 확정될 수 없고 종결될 수 없는 사건으로 만드는 원인이다.

---

90 위의 책, 183쪽.

그 밖에도 무용수들은 전속력으로 뛰어다니다가도 어느 순간 바닥에 납작 붙은 벌레처럼 스멀스멀 기어 다닌다. 그냥 유기체처럼 움직인다. 안은미는 우리가 가진 춤추는 몸에 대한 고정관념을 보기 좋게 깨부순다. 압도적인 군무는 전작보다 대폭 줄었지만, 안은미와 강미선의 솔로, 그리고 그 밖의 무용수들이 펼치는 2인무, 3인무는 현대무용의 각축장을 연상시킨다. 그중에서도 현대무용 안은미와 한국무용 강미선의 솔로는 묘한 화학반응을 일으키며 〈新춘향〉의 특질을 더욱 강화한다.

우선 평론가 심정민은 안은미의 춤을 '물화된 몸의 제시'로 이야기한다.

> 한 명의 무용수가 안은미의 가발을 벗겨버림으로써 시작되는 안은미의 반라의 독무는 마치 그녀가 내뱉은 독백과 같다. 그녀의 반라는 아름다운 육체의 선정적인 전시가 아니다. 40대의 묵직한 살과 같은 본연의 약점마저 그대로 드러내는 몸의 제시이며, 관객의 감각이나 감정에 호소하기보다 객관적인 관조를 유도하는 물(物)화된 몸의 제시인 것이다. 모든 허식과 감춤으로부터 자유로워진 몸은 자신의 지향을 가장 솔직하게 (어떤 면에서는 아이러니하게도 순수하게) 표현하는 한편, 자신의 표명을 강렬하게 각인시킨다는 점에서 예술적 이중성을 지닌다.[91]

한편, 〈新춘향〉을 이루는 근본적인 요소인 한국적인 소재 즉, 오방색과 보자기, 판소리를 비롯한 그 밖의 소품들은 다분히 해외 무대를 겨냥한 한국적 풍취의 의도된 전개처럼 비춰질 수 있다. 여기에 강미선의 한

---

91 심정민, 「우리 춤 예술의 표현영역을 확장시키는 무용가—안은미의 신춘향」, 『21세기 전환기의 무용 변동과 가치』, 현대미학사, 2007, 206쪽.

국 춤은 이것들의 장식적 요소로 오해될 소지가 충분했다. 하지만 강미선의 한국 춤은 서구적인 현대무용과의 화학반응에서 꽤 좋은 결과물을 얻어낸다.

> 한국 춤의 춤사위는 안은미의 춤에서 차용되고 강미선의 춤에서 직접적으로 보인다. 특히, 강미선이 보여주는 한국 춤은 감각적인 색채와 디자인의 한복이나 소품들과 함께 작품을 더욱 풍성하게 해준다. 자칫 장식적 요소로 전락할 위험도 적지 않았을 강미선의 '월매'는 흡인력 있는 존재력으로 작품을 이루는 주요한 이미지상(像)으로 작용하고 있다. 흥미롭게도 이러한 한국풍은 서구적인 것과 사전 융해되어 있는 결과물, 예를 들면 한국 춤사위를 빌린 현대춤, 현대적인 리듬의 국악 같은 것들만을 의미하지는 않는다. 그것은 또한, 양자 간의 개성을 유지하며 서로 병치를 통해 조합되기도 한다. 강미선의 한국 춤사위와 군무의 현대춤적인 동작이 대치되고, 보자기와 레오타드가 대치되듯이 각 구성 요소들은 고유한 개성을 유지하는 각각의 입자들로서 작용한다. 그럼으로써 각각의 성질을 잃지 않으면서 커다란 전체로 조화된 이미지를 보여주고 있다.[92]

여기에 어어부 밴드 장영규의 음악은 공연의 특질을 더욱 강화한다. 딱히 장르의 이름을 붙이기 모호한 음악들은 단순하면서도 중독성이 있다. 가야금과 해금 등의 국악 반주와 판소리에는 테크노 리듬이 합쳐진다. 국악이라고 하기에도, 그렇다고 크로스오버라고 하기에도 애매하다. 동서의 경계를 녹여버리는 음악적 화학반응은 애초부터 음악의 고정관념과

---

92 위의 책, 207쪽.

선입견을 무너뜨리는 도발적 퍼포먼스다.

안은미 하면 으레 떠오르는 이미지 중 하나는 토플리스다. 이번 공연에서도 안은미는 상체를 노출하고 중간중간 다른 무용수들도 토플리스 차림으로 등장한다. 안은미가 공연에서 토플리스를 지향한 것은 이미 오래전이다. 세간에서는 그의 노출을 팬서비스 또는 대중영합주의(Populism)로 격하하여 보는 시각도 분명 존재한다. 노출의 개연성이나 "작품에 아무런 무용적 문맥(context)을 찾을 수가 없다"[93]는 것이다. 그래서 춤보다는 노출이 이슈화되고 그것으로 논란의 중심이 되기도 한다. 하지만 이러한 이슈를 뒤집어 생각해보면 안은미의 토플리스는 이제는 뉴스거리도 되지 않을 만큼 생경한 것이 아니라는 것이다. 그런데도 2006년 〈新춘향〉에서의 토플리스는 여전히 불편한 차림이었다.

> 돌아오는 길에 한 가지 점이 눈엣가시처럼 걸렸다. 섹슈얼리티를 내세우느라 지나친 노출을 한 것은 아닐까. 한 무용인도 "노처녀 춘향역을 맡은 안은미가 공연 내내 굳이 토플리스 차림으로 무대에 설 필요성이 있었을까" 하며 동감을 표시했다. 지나친 노출이 작품 몰입에 방해를 줄 수 있다는 견해에 대해서도 한번 생각해보았으면 좋겠다.[94]

〈新춘향〉은 춘향이와 이도령의 결혼식 장면으로 막을 내린다. 안은미

---

93   송종건, 「안은미 – 국립중앙박물관 개관 기념 공연」, 블로그 『송종건의 무용평론』, 2005년 12월 29일.
94   박종호, 「안은미 무용단 〈新춘향〉 – 동서양 경계 허문 新 색 · 소리 · 몸짓」, 『부산일보』, 2006년 12월 1일.

는 그동안 전위와 전통 사이에서 양쪽 모두에 천착하며 자신만의 춤에 새로운 영역을 개척해왔다. 기존의 작품에서는 자신의 장점들을 수렴하고 2003년 〈Please…〉 이후 지속하고 있는 '물화된 몸성의 미니멀 한 전시'가 〈新춘향〉과 만나며 구현되었다. 안은미의 춤이 과거에도 그랬듯이 이번 〈新춘향〉 역시 해외에서의 호평과는 별개로 국내에서의 평가 또한 분명하게 엇갈렸다. 어떤 예술이든지 형식과 내용에 있어서 완벽한 만족이란 없을 것이다. 더욱이 관객의 취미 기준 또한 개인의 상상력과 지적 능력에 따라 그 판단은 언제나 개방되어 있음을 전제한다면, 각각의 비평들은 지극히 자연스러운 일이 될 수 있다.

그러한 측면에서 평론가 이지현은 〈新춘향〉의 비평을 통해 우리 창작춤 전반에 대한 우려를 나타낸다.

우리의 춤은 삶과 춤을 사유하고 몸으로 철학 하면서 춤을 통해 의미를 생산하는 것이 아니라 형식적 해체, 장르와 그 역사적 내용물들의 교차와 연접이라는 포스트모던의 포장지 정체에만 몰두하고 있다. 성공적인 유럽 순회공연에 대한 언론 매체의 대대적인 홍보를 후광으로 안고 귀국 공연을 한 안은미의 〈춘향〉에서 이런 현상을 확인할 수 있다. (…) 안은미의 〈춘향〉은 우리 고전을 소재로 중국인 남자 무용수를 캐스팅하거나 한국춤 무용수를 기용해 한국춤 그대로를 선보이고, 한국적인 오방색과 판소리, 그리고 그녀 특유의 단순하고 분절화 돼 있는 쉬운 춤동작을 잘 버무린다. (…) 이 두 작품[95]에서는 정

---

95 국제현대무용축제(Modafe, 5.24~6.6, 아르코예술극장 대극장)에 초청돼 주목을 받았던 중국계 미국 현대무용가 쉔웨이의 〈봄의 제전〉과 〈新춘향〉을 동시에 비교 대상으로 설정하였다.

체도 없이 서양인의 사고 속에나 존재하는 '동양적'이나 '아시아적' 혹은 '한국적'인 것을 위해 우리 삶의 파편들이 재조립돼 접합된 것을 볼 수 있다. 그 작품들이 세계적인 것이 되어 돌아왔다면 그들뿐 아니라 우리에게도 보편적인 공감을 얻어야 할 텐데, 그래서 그들의 평가를 자랑하고 확대해 소개하는 매체의 글 속에나 그 찬사를 뒤에 두고 본 공연에서 마음은 허하다. 생존전략으로 언론을 통한 홍보를 무기로 삼은 찬사의 소리가 클수록 더욱더 그러하다.[96]

이지현의 비평 요지는 우리의 창작 춤이 컨템포러리 예술의 의도를 제대로 이해하지 못하고 있으며, 그저 장르적 개념에 자신의 몸을 끼워 맞추는 모양새가 되고 있다는 것이다. 한마디로 옷에다 몸을 맞추는 격이다. 〈新춘향〉의 경우, 실체가 불분명한 '한국적'인 삶의 파편들을 재조립해 서양의 흉내 내기, 장식하기, 포장하기에 심취해 있다는 지적이다. 그러면서 아서 단토(Arthur Danto)가 말한 개인적인 '의미의 집적된 역사' 속에서 새로운 의미를 담아내지 못하고 창작적·존재적 고민이 부재한 가운데 공허함이 느껴진다고 분석한다.

이에 대해 평론가 김남수는 이지현의 의견에 대해 다음과 같은 반론을 제시한다. 이지현이 반론의 근거로 제시한 '의미의 집적된 역사'란 춤의 내적 변화를 꾀하자는 것인데, 그동안 우리 춤이 공허해진 이유가 단지 개인의 창작적·존재적 고민이 부재한 때문만은 아니라고 주장한다. 그것은 첫째, '경지'나 '깊이'를 절대시하면서 몸의 결정론, 미의 형이상학

---

96 이지현, 「우리 예술춤은 왜 공허한가」, 『한겨레 21』 616호, 한겨레신문, 2006년 6월 30일. http://legacy.h21.hani.co.kr/section-021015000/ 2006/06/021015000 200606300616009.html

만을 지지한 결과이며, 둘째 자신만의 고립된 영토를 지키는 데 급급해서 우리 자신을 자족적인 내면으로 소외시킨 때문이며, 셋째 '경지'나 '깊이'의 형이상학에 매달려 오히려 춤의 '쓰임'에서 의미가 나온다는 사실을 망각했기 때문이라고 진단한다. 그러면서 안은미의 〈新춘향〉에 대해서는 몸이 갖는 치유의 진정성이 있었다고 평한다.

> 서구인들에게 영합했다는 혐의를 두고 안은미의 〈新춘향〉을 단순한 오리엔탈리즘의 범주로 비판한다. 정작 그 무대 바닥에서 펼쳐지는 '동물-되기'의 몸, 통나무처럼 개시되는 몸은 보지 않고 있다. '고통의 문법'을 보지 않는다. 〈新춘향〉이 동서양의 관객을 사로잡은 것은 그 바탕에 몸이 가진 물질적 아픔, 감각적 상상력이 있었기 때문이다. 무엇보다 세계 속에서 몸은 비로소 내밀한 몸이 되고, 그 몸이 예리한 고통을 느낀다는 인식이 있기에 이 작품은 치유의 진정성이 빛난다. 〈산해경〉식의 상상 동물, 〈시경〉의 복사꽃 아래 로맨스가 아시아적 문화 코드를 새롭게 팝 아트의 정서로 보여주면서 보기 드물게 '몸으로 철학 하면서 의미를 생산하는' 창작이기에 동서를 가로지를 수 있었다. 이지현씨는 몸·춤·삶의 입장에서 벗어나 단지 춤의 부분적 체계나 공연의 일부 요소에 집착하고 있어서 자기 모순적이다.[97]

이후로도 두 평론가는 재반론과 재재 반론을 이어가며 한 차례 더 필담을 주고받았다. 이지현은 외국에서의 호평이 국내에서도 그대로 이어지는 풍토는 경계해야 하며 춤의 바깥, 즉 외부세계에 예민하게 직감해야

---

97 김남수, 「춤의 바깥으로 눈을 떠라」, 『한겨레 21』 619호, 한겨레신문, 2006년 7월 20일.

함에 동의하지만, 그것이 지침이 되어서는 곤란하다는 의견을 피력한다. 이에 대해 김남수는 여전히 우리에게는 낡은 예술춤 관념이 남아 있으며 이제는 몸과 세계가 결합한 춤을 모색해야 할 시점이라고 의견을 제시한다.[98] 두 평론가는 이 필담에서 한국 창작 춤의 발전적 접점을 찾아가며 토론을 마무리한다.

그런데 여기서 필자는 이지현이 지적한 외국에서의 호평이 국내에서도 그대로 이어지는 풍토는 상기해볼 만한 대목이라고 여겨진다. 그 당시 〈新춘향〉과 동행했던 한 일간지는 공연에 대해 다음과 같은 걱정을 드러낸다.

> 지난 14일 저녁(현지 시각) 안트베르펜의 300석 규모 극장에서 리허설을 처음 봤을 때 서울에서부터 동행했던 관계 인사들은 걱정을 많이 했다. "얼핏 수준 미달의 '3류 리도 쇼' 같은 느낌을 준다"는 것이었다. 한국의 족두리, 중국풍 우산, 인도풍 보리수, 비키니 여성, 팬티 차림의 남성, 유럽 테크노 뮤직과 겉도는 판소리…. 국적 불명의 혼돈 그 자체처럼 보였으니 일부 걱정도 일리는 있어 보였다. "유럽 관객들이 이 공연을 보고 한국적이라 여기면 어쩌지…." 이윽고 공장을 개조한 극장을 벨기에 관객들이 서서 볼 정도로 가득 메우고, 90분 동안 소리죽여 관람한 뒤 막이 내렸다. 관객들은 환호에 가까운 박수를 보냈다. 관객들은 "판타스틱!" 혹은 "브라보!"를 외치며 아낌없는 박수를 보냈다. 어떤 관객은 한국 기자에게 "공연 내용이 아주 다양하기 때문에 좋다"고 설명하기도 했다. 이튿날인 15일 암스테르담의 최신식 극장(800석 규모) 공연 때는 기립 박수까지 터졌다.

---

98 자세한 내용은 『한겨레 21』 621호, 624호를 참고 바람.

예술 공연이나 문학 작품 혹은 영화가 해외로 진출할 때 현장에서 갖게 되는 가장 큰 고민은 "우리가 봤을 때 좋은 것"과, "저들이 봤을 때 좋은 것" 사이의 괴리를 어떻게 극복할 것인가의 문제다. "가장 한국적인 것이 가장 세계적인 것"이라는 말도 통할 때가 있고, 그렇지 않을 때가 있다. 그래서 더 어렵다.[99]

기사의 결론은 관계자들의 걱정을 뒤집을 만한 대성공으로 요약할 수 있겠다. 그럼 "수준 미달의 3류 리도 쇼 같은 느낌"이었다는 한국 관계자들의 공연 전의 걱정은 무슨 걱정이었단 말인가. 자주 있지도 않은 해외 공연에서 저들로부터 작품성을 외면받을까 불안해하는 것은 충분히 이해할 수 있다. 그러나 진정 걱정되는 것은 공연의 질과 성과가 아니라 예술을 보는 우리의 관점과 기준이다. 저들의 눈은 품위 있고 우리의 눈은 저급한가. 외국에서 환호하면 성공한 공연으로 간주하고, 현란한 미사여구를 붙여가며 그들의 비평을 실어 날랐다. 우리가 봤을 때 좋은 것과 저들이 봤을 때 좋은 것 사이의 괴리가 성공과 실패의 괴리를 말하는 것인지, 그것이 외국 진출의 고민거리이고 걸림돌이라는 것인지, 그리고 그것이 과연 극복의 대상인지 묻지 않을 수 없다. 이대로의 논리라면 국내용과 해외용이 따로 있다는 얘기다. 평론가 김남수의 말마따나 안은미의 〈新춘향〉이 호평을 받았다면 그것은 물화된 몸이 가진 물질적 아픔, 감각적 상상력으로 인류 보편이 가진 고통의 문법을 인식했기 때문이다. 우리의 몸과 저들의 몸이 다르지 않다고 했을 때, 〈新춘향〉이 가진 치유의 진정

99　신용관, 「안무가 안은미 춘향 유럽공연, 우리가 봤을 땐 수준 미달 3류 쇼」, 『조선일보』, 2006년 4월 18일.

성이 빛을 발한 것이다. 그걸 우리만 몰랐다면 그동안 우리는 예술작품에 있어서 어떤 뚜렷한 주관이나 기준도 없이 맹목적이거나 무모한 기준으로 예술을 재단해왔음을 고백해야 한다. 그래서 가장 한국적인 것이 가장 세계적이라는 말도 통할 때가 있고, 그렇지 않을 때가 있다는 말조차 동의하기 어렵다. 그네들은 그네들의 방식대로 하는 거고 우리는 우리들의 방식대로 임하면 된다. 저들이 좋아하는 것과 우리가 좋아하는 것이 똑같을 필요는 없다. 저들이 환호했다는 것은 우리와 저들의 공감이 인류공동체적 존재로서 서로 다르지 않음을 확인한 것뿐이다. 그러므로 저들의 기립 박수가 우리의 성공이라고 호들갑을 떨 만큼 우리 스스로 콤플렉스를 가질 필요도 없어 보인다. 그래서 쉽지도 않지만, 마냥 어렵지도 않다.

안은미의 〈新춘향〉은 국내에서의 엇갈리는 비평에도 불구하고 멕시코, 스페인 등에서 초청받았으며, 이탈리아 '우디네' 극장은 차기작의 독점적 공연을 요청하기도 하였다. 그야말로 입도선매(立稻先賣)라고 할 수 있다. 어쨌든 안은미는 〈新춘향〉의 성공을 계기로 새로운 전통 소재인 〈바리〉 창작에 힘을 얻는다.

3) 〈심포카 바리-이승〉

2007년 9월에는 안은미의 대표작이라고 할 수 있는 〈심포카 바리-이승〉(9.13~16, 아르코예술극장 대극장, 90분)을 발표한다. 〈심포카 바리-이승〉은 초연 이후에도 국내에서 여러 차례 재공연되었으며 꾸준하게 해외 초청이 이어지고 있는 작품이다.[100]

---

100 2008년 11월 19일, 독일 피나 바우쉬 페스티벌.
　　 2009년 2월 28일, 벨기에 브뤼셀, 보자르(bozar) 극장

우선 〈심포카 바리-이승〉(이후〈바리〉로 통일)은 그 제목에서부터 낯선 냄새를 풍긴다. 하지만 그러한 낯선 제목의 생경함이 관객들의 호기심을 자극한다. 제목 앞에 붙은 접두사 '심포카(Symphoca)'는 〈바리〉의 대본을 쓴 박용구가 만든 신조어다. 이 단어는 'symphony orchestra arts'의 줄임말로 '교향적 총체 예술'[101] 정도로 부를 수 있을 것이다. 이처럼 〈바리〉는 제목에서부터 기존의 공연과는 다른 차별성을 전략적으로 드러낸다. 이러한 차별적 전략은 현대음악과 국악, 색색의 의상과 디자인이 주는 현란함, 연극적 무대미술과 서사성, 거기에 무용의 상징성까지 더해지며 그야말로 총체 예술을 지향하고 있다. 안은미의 의식 속에서 장르의 전통적 규범이라고 하는 것은 이미 와해되어버린 것 같다.

〈바리〉의 장면은 모두 7장으로 구성된다. "1. 버림의 장, 2. 아기함의 장, 3. 수난의 장, 4. 욕망의 장, 5. 사모(思母)의 장, 6. 만남의 장, 7. 이별의 장이다."[102] 그러나 공연을 통해 장(場)의 구분을 정확하게 이해하는 것은 불가능해 보인다. 텍스트에 나타난 장(場)의 인위적인 구분은 그저 전체를 조망하는 기능일 뿐, 공연의 알맹이는 안은미의 연출적 직관에 전적

2009년 10월 26~27일, 서울국제공연예술제, 아르코예술극장 대극장.
2009년 11월 5~7일, 오스트리아 생폴텐 페스트슈피엘 초청, 생폴텐 시립극장.
2011년 8월 19~21일, 영국 에든버러 인터내셔널 페스티벌, Play house Traverse theatre.
2011년 9월 15~17일, 독일 뒤셀도르프 가을 페스티벌, Theater tent.
2012년 3월 6~7일, 바레인 Spring of Culture Festival, Arad fort.
2013년 7월 15~18일, 파리 여름축제, 로얄 팰리스 임시극장.
2015년 11월 5~8일, 국립극장 달오름극장.
101 〈심포카 바리-이승〉(2007) 보도자료, 작가의 말 참조.
102 이소정, 「무용 작품에 나타나는 설화수용 연구」, 경희대학교 대학원 박사논문, 2013, 45쪽.

으로 의존하고 있는 듯 보이며, 이러한 모습들은 무용수들의 즉흥적인 움직임을 통해서 드러난다. 다시 말하면, 각 장의 주제어인 버림, 아기, 수난, 욕망, 사모, 만남, 이별 등에 대한 테제를 텍스트가 요구하는 지시와 상관없이 무용수들의 몸을 통해 감각적으로 다가오게 한다.

〈바리〉의 첫 장은 '버림의 장(場)'이다. 무대 뒤편으로는 약간의 경사면이 있는 단이 무대 좌우로 길게 뻗어 있고 그 위에 악사들이 일렬로 자리한다. 그리고 악사들 앞으로는 옅은 회색의 망사 막이 내려와 있어 악사와 무용수의 공간을 일단 물리적으로 나눈다. 악사들 앞에 있는 약간의 경사면은 무용수들이 미끄럼을 타고 내려오거나 엉덩이로 기어오르기도 하고 좌우로 길게 횡단하기도 한다. 이 단 밑으로는 그저 벌판이다.

첫 장면은 버림의 장이지만 공연의 맥락에서 보자면 프롤로그라고 할 수 있다. 버려지는 대상, 즉 인간에 대한 안은미의 사유를 담고 있으며, 본격적인 바리의 서사는 오구대왕과 길대부인이 환관과 궁녀를 위시하고 등장하는 곳부터라고 할 수 있다. 프롤로그는, 대각선으로 무대를 가로질러 붉은 천이 놓여 있고 그 위에는 누드의 남성이 뒷모습을 하고 누워 있다. 누드의 남성은 분명 버려진 바리를 상징하고 있는 듯하다. 하지만 그것은 남성의 몸이다. 여기서 안은미는 이 세상에 버려지는 이유가 꼭 여성이기 때문에, 즉 성(性)의 변별 때문에 버려지는 것이 아님을 나타낸다. 모든 인간은 버려질 수 있다. 이러한 안은미의 시각은 오구대왕의 일곱 번째 딸로 태어난 바리를 남자배우(이희문 분)가 연기하는 데서 더 선명하게 드러난다. 이러한 바리의 본질은 "남자도 여자도 아닌 어지자지, 사방지의 모습이다. 과연 안은미다운 발상이다. 현대에 여성이 버려지는 것, (도구화되거나 상품화되는 것) 여성의 불평등을 강조하는 남성 박멸적 페미니즘은 예술에서는 이제 진부할뿐더러 더는 설득력도 없다. 여자라서 버려지는 것이 아니라 남자도 여자도 아닌 정체성의 혼란, 모든 버려지는 것에 대한 위안, 그것이 한국 샤머니즘의 실체이며, 샤머니즘의 원조인 바리의 현대적 본질이 아닐까 싶다."[103]

여기에서 붉은 천은 탯줄을 연상시킨다. 한쪽 끝에서 미끄럼을 타듯이 한 여인이 내려오는데, 가랑이를 벌린 채 엉덩이로 미끄러지듯 기어 나오며 붉은 천을 자기의 가랑이 속으로 쓸어 담듯 누드의 남성에게 다가간다. 그러고는 이내 다수의 여인이 역시 똑같이 엉덩이로 미끄러지듯 무대를 기어 다닌다. 이때 가랑이를 벌린 채 기어 다니는 여인들의 절반은 여성이 아닌 남성 무용수이다. 다소 민망한 이 움직임들은 이 세상 모든 사람은 남자이거나 여자이거나 할 것 없이 전부 여자의 가랑이로부터 왔으며, 또한 세상 모든 여자라면 겪어야 할 출산의 고통, 고행의 시작이며 장엄한 생명의 탄생을 직접적으로 표현하는 움직임이다. 여기서 흘러나오는 처량한 구음(口音)은 그로테스크한 움직임과 뒤섞여 묘한 기운을 느끼게 한다.

잠시 후 무용수들과 교차하며 안은미가 한 남성의 어깨 위에 올라선 채 등장한다. 안은미는 그녀의 상징인 빡빡 깎은 민머리에 얼굴에는 온통 파란 칠을 하고 있으며, 짧은 치마에 소매를 걷어 올린 새하얀 소복 차림이다. 여기서 안은미는 바리의 현신이다. 그러나 치마를 입고 있다고 해서 모두 여성일 수는 없으며 빡빡 깎은 머리와 얼굴에 파란 칠은 성의 구별을 더욱더 방해한다. 더군다나 남성의 어깨 위에 올라선 바리의 자세는

---

103 김승현, 『정의숙, 전미숙, 안은미의 춤—한국춤 백화제방의 세 꼭지점』, 209쪽.

마치 어떤 커다란 거사를 치르기 직전의 결연한 의지를 느끼게 한다. 팔을 몸통으로부터 살짝 들어 올리고 가슴은 크게 열려 바리의 몸은 최대한으로 확장되어 있다. 남성의 어깨 위에 올라선 바리는 언제 떨어질지 모를 불안함과 함께 관객들에게 위태롭게 다가간다. 이때, 하늘에서 커다란 금줄이 내려오고 바리는 그 금줄에 매달려 땅으로 내려온다. 바리는 소복 차림으로 한바탕 춤을 춘다. 여기서 안은미의 춤은 그 정체가 모호하다. 미적으로 아름답지 않은 허벅지와 속옷이 보일 정도로 치마를 펄럭인다. 한국무용의 살풀이를 연상시키기도 하지만 그녀의 춤은 어떤 규범에서 벗어난 무당의 접신(接神)과 같은 움직임이다. 따라서 즉흥적인 '퍼포먼스'에 가깝다. 일종의 해프닝(일회성)이다. 춤을 추는 순간부터 지금과 똑같은 춤은 나올 수 없음을 전제로 무규범의 춤을 추고 있다. 그리고 치맛자락을 들어 올려 입으로부터 쏟아지는 피를 받아 내고 바닥에 떨어진 피를 치마로 닦는다. 하얀 치마에 떨어지는 붉은 피와 파란 얼굴은 시각적으로 강렬한 대비를 준다. 성의 구별이 모호한 파란 얼굴과 하얀 치마의 붉은 피를 뒤집어쓴 바리는 여자도 남자도 아닌 정체성의 혼란을 불러온다. 바리의 춤은 그렇게 버려진 것들에 대한 테크노 샤먼의 살풀이이다.

그동안 바리데기 설화를 모티프로 한 작품들은 많이 있었다. 하지만 그 이야기의 틀은 고대 설화 속 바리데기의 재현이 많았었다. 그렇게 본다면 안은미의 〈바리〉는 바리가 수난을 겪는 얼개만 빌렸을 뿐 시대와 상황, 중심적 맥락은 전혀 다른 이야기라고 할 수 있다. 안은미는 한 인터뷰에서 바리의 해석에 대한 숨은 여지를 보여준다.

우리는 평화를 사랑했던 민족이었어요. 옛날 설화나 동화를 보더라도 누굴 죽이거나 복수하지 않고 참고 이겨냈거든요. 바리도 비록 버려졌지만, 사랑의 힘으로 다시 돌려주려고 했잖아요. 자기 하나를 희생함으로써 누군가를 살리려는 민족성. 그런 것을 바리를 통해 보여주려고 해요. 제 작품에서 바리는 버려진 사람들을 상징해요. 정치적 난민일 수도, 굶어 죽는 아이들의 이야기일 수도 있어요.[104]

안은미가 생각하는 〈바리〉의 중심적 사유는 용서와 화해이다. 안은미는 남성 중심에 대항하는 폭력적 페미니즘을 주장하지 않는다. 그것은 남자와 여자의 상생이며 평화이다. 이후 2010년 〈바리-저승〉에서는 아비(남성)에게 버려진 것에 대한 용서와 아비의 권력(세계)과의 화해를 시도하고 있다. 그러면서 바리는 뒤에 올 이 세상의 버려진 존재들을 보듬기 위해 무(巫)에 귀의하는 것이다.

안은미의 〈바리〉는 〈춘향〉과 〈新춘향〉에 이어 전통 소재를 빌린 세 번째 작품이다. 이때 우리 고전을 현대적으로 재해석하는 창작의 과정은 어쩌면 당연한 절차적 요소일 수 있지만, 한편으로는 진부한 이야기의 재현에 그칠 위험성도 함께 있다고 할 것이다. 그러나 안은미는 그것을 창의적 그릇에 담아내면서 새로운 맛을 내고 있다.

그의 공연에 담긴 창의적 요소는 우선 형형색색의 의상이다. 그동안 안은미는 자신의 작품에서 원색을 사용한 현란한 의상 디자인을 직접 해왔다. 그리고 그것은 일정 부분 안은미 작품의 고유한 성격을 대표하는 요소가 되었다. 〈바리〉에서도 안은미 의상의 특징은 독특한 B급 취향과 색감, 형체를 통해 유감없이 드러난다. 우선 등장하는 무용수들은 모두 치

---

104 정상영, 「버려진 이들을 위하여 펼쳐라, 굿판을」, 『한겨레신문』, 2007년 9월 6일.

마를 입고 있다. 왕과 왕비, 신하와 백성들까지 남녀의 구별이 없다. 치마를 입은 왕비와 상궁은 당연하게 느껴지지만, 그 옆에 치마를 입은 왕과 대신은 왠지 우습고 낯설다. 안은미에게 세상은 그냥 인간들의 놀이마당과도 같다. 그 마당을 뛰어노는 백성들의 옷은 형형색색이고 앞뒤의 구별이 없다. 누구는 맨발이고 누구는 양말을 신었는데 그것마저도 전부 짝짝이다. "짝이 다른 긴 양말과 허드레 원피스나 새하얀 몽당치마, 패치워크(patchwork, 직물 조각들을 이어 붙이는 기법) 풍의 옷매무새처럼 알록달록 촌스러운 정서는 바리의 야단스러움을 의도적으로 드러낸다."[105] 안은미에게 인간은 언제나 불균형과 부조화, 불완전한 존재이며, 의상은 그런 인간상을 매우 인상적으로 표현한다.

〈바리〉에서 사용되는 음악이나 노래들 역시 장르를 불문하며 일반적 예상을 뛰어넘는다. 예를 들어, 갓난아기였던 바리가 어느 정도 성장하여 자기를 키워준 비리 공덕 부부 앞에서 노래를 부르는데, 그 노래는 다름 아닌 동요 〈어버이 은혜〉다. 여기서 관객들은 순간적으로 묘한 지각의 급변을 경험한다. 우선은 공연의 시대적 배경과 어울리지 않는 노래의 선곡 때문에 웃음이 터져 나온다. 하지만 관객들은 계속해서 마냥 웃고 있을 수만은 없는 이상한 경계적 상황에 놓인다. 왜냐하면, 이 노래는 우리가 익히 알고 있던 〈어버이 은혜〉가 아니라 '바리' 역을 연기하는 소리꾼 이희문의 목소리를 통해 구슬프고 애절하게 다가오기 때문이다. 그러면서 관객들에게 이 노래의 장르가 '민요'인지 '판소리'인지 '가요'인지 혼란스럽게 한다. 1차적으로 이희문의 목소리가 지각의 혼란을 초래한 것

---

105 김채현, 「대형사고 부를 몸판의 상상력」, 『플랫폼』 통권 6, 2007년 11, 12월호.

이다. 그다음 지각의 혼란은 관객들이 노래의 장르가 무엇인지 궁금해하는 동안에 극의 감정이입을 방해하며 극의 내용보다 노래 자체에 집중하게 된다. 이때 지각 주체인 관객은 자신의 의지와는 상관없이 자신의 지각을 지각의 경계적 상태인 문지방 단계로 끌고 간다. 관객들은 이 과정에서 문지방 너머의 새로운 경험, 즉 관객들 자신의 의지로 지각의 변화를 경험하게 된다. 여기서 자신이 경험한 지각의 변화를 즉각적으로 이해하지 못했을 수도 있다. 그러나 그것의 성공과 실패는 중요하지 않다. 왜냐하면, 지각 주체로서 관객들은 '이 상황에서 이 노래가 적당한지', '연출은 왜 이 노래를 선택했는지', '나는 왜 이 장면에서 웃음이 나왔는지' 등을 생각하며 공연의 의미 구성에 스스로 동참하였고 그 과정에서 문지방을 경험했다는 사실에는 변함이 없기 때문이다.

이처럼 여러 장르의 음악이 섞이는 장면은 〈바리〉에서 여러 차례 등장한다. 왕비가 바리의 무사 안녕을 기원하며 '정가(正歌)'[106]를 부르고, 바리는 그런 어머니를 그리워하며 한편에서 '회심곡(回心曲)'을 부른다. 국악이라는 공통분모 속에서 전혀 다른 스타일의 노래가 하나의 물리적 공간 안에서 뒤섞이며 각자 자기의 소리를 낸다. 그런데 묘하게도 서로의 소리를 방해하지 않는다. 여기에 왕이 '판소리'를 덧붙이며 등장한다. 왕비는 '정가'를 부르며 바리를 버린 왕을 원망하고 왕은 '판소리'를 하며 왕비를 책

---

106 "조선 시대에 발달한 정악의 기풍으로 노래하는 성악곡으로서 가곡·가사·시조를 말한다. 사대부와 선비계층에서 많이 불렀으며, 우아하고 정대 화평한 기풍을 지녔다. 정가를 歌樂이라고도 한다. 범패, 판소리와 함께 우리나라의 三大 성악곡의 하나에 든다. 정가는 정악 계통의 음악이므로 비교적 느리고 단조롭게 부른다." (사)한국정가진흥회 홈페이지 소개자료.

망한다. 이어서 왕과 왕비가 다투는 중에 '삼채가락'에 '락(Rock)'을 섞는가 하면 왕은 '락 비트'에 맞춰 '판소리'를 이어간다. 이질적 장르의 반주와 다른 스타일의 노래가 뒤섞이며 무어라 규정하기 어려운 혼종이 된다. 그렇지만, 그것들은 서로 독립적으로 작용하며 예상 외의 독특한 분위기를 창출해낸다.

그 밖에도 〈바리〉에는 일반적 춤 공연에서는 보기 드문 연극적 대사들이 차용된다. 그러나 여기에서 언어 사용은 단순히 이야기의 구체적 상황을 제시하는 역할뿐만 아니라 짧은 음절이 반복되며 언어의 물질성(소리성)이 강조된다. 왕이 혼례를 치르고 난 다음 애타게 후사(後嗣)를 기다리는 장면에서 주위의 궁인들이 "아들, 딸. (사이) 아들, 딸."을 외치면, 왕은 "아들, 아들, 아들, 아들"을 사이 사이에 반복적으로 읊는다. 그런데 계속해서 딸들이 태어나고 일곱 번째로 바리가 태어나자, 왕은 "또 딸이냐?", 그러면 옆에 있던 내관이 왕을 대신하듯 "보기도 싫다~~~~"를 외친다. 그러고는 모든 배우가 동물 같은 괴성과 함께 "갖다 버려라, 갖다 버려라, 갖다 버려라"를 반복적으로 외치며 껑충껑충 뛰기 시작한다. 여기에서 말(언어)은 춤이 가진 이야기 전달의 한계를 극복하는 동시에 의미전달의 기호성뿐만 아니라 불규칙한 소음으로서 소리의 물질성을 동시에 성취한다. 결코, 많은 대사가 아님에도 공연에서 대사가 주는 효과는 크게 느껴진다.

다양한 소품의 활용도 재미있는 요소이다. 붉은 천이나 금줄 같은 상징적인 오브제도 있지만, 무엇보다도 붉은 우산의 활용이 독특하다. 우산은 왕과 왕비의 햇빛을 가리고 권위를 상징하는 일산(日傘)이다. 하지만 그 일산은 뒤집힌 채 바리가 버려지는 함(函)으로 바뀌어 강물에 떠내려간다. 그리고 비리 공덕 할아범이 배를 타고 나오다 우산을 발견하고 자기의 배에 우산을 싣고 돌아간다. 그렇게 바리는 비리 공덕 부부의 손에 의해 길러진다. 바리가 성장하여 보쌈을 당하는 장면에서는 최신식 오토바이(2009년 공연)가 등장하여 바리를 납치한다. 이것은 어린 바리가 성장하여 여자가 되는 긴 세월의 시간적 틈을 현대적 기계문명의 등장으로 뛰어넘는다.

〈바리〉의 움직임 요소들은 일상적 삶에서 나오는 동작을 응용하거나 변형한 동작들이다. 그것은 상징이기도 하며 압축이거나 낯설게 하기이기도 하다. 그러나 관객들이 피동적 관람자로 머물기를 거부한다면 움직임의 상징이나 압축의 의미는 어렵지 않게 이해될 수 있을 만큼 우리의 삶과 친숙하다. 첫 장면에서 무용수들이 가랑이를 벌리고 엉덩이로 기어 나오는 움직임은 여자들이 아이를 낳을 때 그 모습 그대로이다. 왕과 왕비가 혼례를 치르기 위해 나오는 장면에서 왕과 왕비, 대신과 상궁의 움직임은 한국무용의 굴신(屈伸)을 이용하긴 하지만, 또 한편으로는 신세대 여자 아이돌 가수의 춤을 따라 한 것 같기도 하다. 비리 공덕 할아범이 바리를 건지러 나오는 나룻배는 정말로 재치 있다. 허연 가발을 쓴 무용수가 몸의 방향을 뒤로하고 바닥에 다리를 뻗고 앉아서 팔의 힘으로 몸을 뒤로 후진시킨다. 여기에는 나룻배라고 인식할 만한 어떠한 소품도 등장하지 않는다. 오직 무용수의 몸과 움직임만 있을 따름이다. 그러나 누가 봐도 그냥 나룻배임을 의심할 수 없게 한다. 바리가 담긴 우산(函)이 배(무용수의 몸)에 닿자 이번에는 몸을 앞으로 숙이고 눕는다. 그리고 가랑이 사이에 우산을 끼고 누운 채 팔의 힘으로 전진한다. 이때는 노(櫓)를 든 다른 무용수 한 명이 옆에 붙어서 노를 젓는다. 마치 잘 짜인 팬터마임을 보는 느낌이다. 이와 동시에 바리가 무대 뒤편 경사진 단 위에서 기어 나온다. 그리고 네발로 걷더니 이내 두 발로 서서 걷는다. 그것은 바리의 성장을 짧은 시간에 함축적으로 담고 있으며 이야기 전개의 효율성이 극대화된 움직임이다. 바리가 〈어버이 은혜〉를 부르는 동안 비리 공덕 부부 중 할멈이 할아범의 발목을 잡으면 밭을 가는 쟁기가 된다. 비록 주워온 아이이지만 부모의 희생과 정성으로 자식이 커가는 과정을 보여준다. 그러면 바리는 옆에서 '회심곡'을 부른다.

평론가 김채현은 다음과 같이 평한다.

> 바리 같은 해묵은 인물이 이번처럼 새롭게 등장할 수 있었던 것은 이질적인 요소들이 춤과 결합하여 유발하는 '낯설게 하기(異化)' 효과 때문이며, 굽이굽이 잠복한 춤 짓이 몸판에서 가질 전술적 역할은 더 강조할 나위도 없다. 요컨대 춤을 끌어안은 〈바리〉는 몸판의 상상력이 문화적 사건으로 이어지는 길을 나선 셈이고 오금을 저리게 하는 안은미의 춤 세계에 의미심장한 변화를 추가하였다.[107]

평론가 김승현은 〈바리〉의 전체적인 소감을 "평소 안은미답지 않은 얌전한 작품"[108]이라고 평했다. 그러면서 한편으로는 덧붙인다.

> 지루하게 의미만을 강조하지 않는 안은미의 춤의 특성도 역시 고스란히 살아 있다. 삼보일배, 굿거리에 락, 사물놀이, 캣우먼과 쥐, 도깨비, 기생 놀이, 도깨비와 바리의 보쌈, 이별가, 농부가 등 전통 설

---

107 김채현, 앞의 글.
108 김승현, 『정의숙, 전미숙, 안은미의 춤－한국춤 백화제방의 세 꼭지점』, 209쪽.

안은미 춤의 특징적 사례들

화에 현대 영화, 민요와 로크, 전혀 다른 내용 등으로 '비빔밥'을 만들어 냈다. 이 모든 것을 반복적 리듬에 깔끔한 지루함 속에 담았는데 하나하나의 의미가 묘한 흥과 관능으로 살아나 조화를 이루는데 가히 진미라 할 수 있다. 전체적으로 재료 맛을 중시해 좀 심심해 보이기도 하는 가운데 재료 특유의 맵고 짜고 달고 고소한 맛에 웃음이 절로 나기도 하고, 때로 콧등이 시큰해지기도 한다. 결코, 최고조로 가지 않는 안은미 춤과 음악이 관객들을 극단으로 밀지 않고 결정적 순간에 생각을 정리하게 한다. 이질적 장르, 경향, 스타일을 대립, 병치하며 독특한 서사미를 만들어내는 안은미의 독특한 안무 전략으로 생각된다.[109]

평론가 김남수는 우리가 〈바리〉를 봐야 하는 이유를 다음과 같이 이야기한다.

〈바리〉 공연은 다름 아닌 '바리'라는 이름으로 현신한다는 것, 이 메마른 엉망진창의 현실을 토대로 춤춘다는 데 의미가 깊다. 그것은 이미 큰 수레의 춤이다. 보라. 우리 현실은 지구의 과열로 요약되지 않는가. 마을 곳곳에 가을장마가 닥쳐오고, 시장은 돈 잔치에 넋이 나가 있다. 사람이 사람 되는 이유는 불문에 부쳐지고 돌고 도는 속도의 사회에서 생존해야 한다는 맹목적 본능만이 난무한다. 아버지의 생사 앞에서 실존적 결단을 내려야만 했던 바리의 이야기가 이제는 아버지가 만든 상징적 질서의 폐해를 어떻게 할 것인가 하는 화두로 진화했다. 그것이 〈바리〉를 봐야 할 이유이다.[110]

---

109 위의 책, 210~211쪽.
110 김남수, 「우리가 안은미의 〈바리〉를 봐야 하는 이유」, 웹진 『아르코』 84호, 한국

그에 비해 평론가 송종건은 2009년 재공연된 〈바리〉에 대하여 혹평했다.

> 지난 10여 년 동안 평자가 보아온 안은미의 작품들은 거의 모두가 단세포적이고 조잡한 안무, 움직임, 의상, 음악, 무대장치 등등을 보여 왔다. (…) 작품의 어떤 철학도 보이지 않고, 아름답지도 않고, 예술적 감성도 없던 이 작품은 실험을 빙자하면서 무용안무가로서의 자신의 기본적 역량 부족을 감추고 있는 모습이 역력했다. (…) 안은미 혼자 남아 치마를 두 손으로 잡고 올렸다가 내렸다가 하기도 한다. 적당한 가락에 맞춰 사지를 덜렁이기도 하는데, 예술적으로 건질 것이 없다. 과다한 사이즈의 치마를 입은 여인이 나타나기도 하고, 10여 명이 껑충껑충 소리 내며 뛰기도 한다. 그런데 도대체 무슨 짓을 하는 것인지? 비바람 부는 소리를 내며 뭔가 표현해 보고 싶어 하기도 하는데, 객석에서는 전혀 알 수가 없다. 한 명이 뜬금없이 '나실 때 괴로움 다 잊으시고' 운운의 노래를 부르기도 하는데, 아이디어 부족과 창의력 빈곤의 모습이 역력하다. (…) 1명이 오토바이를 직접 몰고 무대에 나타나기도 한다. 뭔가 발악을 하는 느낌이다. (…) 이 공연의 팸플릿을 보면 '우리 전통에 바탕을 둔 예술 미학을 현대화하고 재해석하는 데 앞장서는 안은미'라고 되어 있다. 그런데 안은미는 이 작품의 실제 무대에서는 우리 전통에 뿌리를 둔 무용 예술의 수준을 최소한 수백 년은 후퇴시키는 모습을 보여주었다.[111]

송종건의 비평은 공연예술의 한 축을 담당하고 있는 평론의 역할과 관

문화예술위원회, 2007년 9월 14일.
111 송종건, 『무용의 이성적 토론과 비평』, 157~158쪽.

점의 다양성 측면에서 존중되어야 하지만 전통적인 무용 시각과 보수적인 예술 인식에 좀 더 천착한 면이 없지 않다. 전통의 수용을 현대예술의 과제로만 이해한다면 전통과 현대무용의 관습을 넘나드는 지금의 컨템포러리 무용은 나오지 못했을 것이다. 안은미가 보여주는 〈바리〉는 고전의 해체된 형식과 몽타주적 구성, 그리고 현실을 조망하는 춤작가로서의 세계관이 창발적 공간을 만들어낸다. 그 공간은 관객들이 겪게 되는 흥미로운 체험의 장소이며, 동시대의 현대예술이 간과해서는 안 될 미적 경험이다. 오늘날의 예술가는 작품을 만드는 대신 사건을 일으킨다는 피셔-리히테의 말을 빌린다면, 안은미의 공연은 공연 참여자의 변화를 끌어내는 특별한 지각사건을 발생시킨다는 점에서 주목할 만하다. 그러나 송종건의 비평에는 이러한 흥미로운 사실들이 언급되고 있지 않아 안타깝다.

이후 〈바리〉는 세계 여러 곳으로부터 초청받는다. 그중에서도 2011년 에딘버러 페스티벌은 주최 측으로부터의 공식초청이라 다른 때와는 남다른 의미가 있다. 공식초청은 스스로 경비를 대고 마케팅까지 해야 하는 프린지 페스티벌이 아니라, 주최 측으로부터 정식으로 초청받은 개인이나 단체만이 설 수 있는 인터내셔널페스티벌 초청을 의미한다. 공연 당시 영국의 'The Guardian'의 평론가 앨리스 베인(Alice Bain)은 〈바리〉에 별 4개의 평점을 주었다.

안은미는 안무와 세트, 의상 디자인의 격식을 허물고 동시대 서구식 기법에 한국 전통춤 훈련을 접목했으며, 육체적 재미의 함정과 매우 지능적인 유머를 느낄 수 있는 개인 스타일을 선보인다. 그녀의 친구 피나 바우쉬의 작품처럼, 그녀의 작품은 시작부터 우리를 사로

잡았으며, 빠른 것으로부터 천천히 미끄러지고, 기어오르고, 날고, 이리저리 흔들며, 모든 솜씨들이 대담한 기술과 함께 배우들의 기획 속에 펼쳐지고 있다. 오보에, 바이올린, 가야금, 북 등의 음악들은(현대와 전통을 아우르며) 판소리, 장례식 노래(口音)와 풍부하게 결합하여 있다. 서양의 귀와 눈에는 이국적인 묘한 매력으로 이 모든 것이 환상적인 연극을 만든다.[112]

『Three Weeks』지의 평론가였던 앨리스 롱허스트(Alice Longhurst)는 2011년 에딘버러 페스티벌에 참가한 작품들에 대한 비평에서 고정 지면을 갖고 있던 평론가였다. 그도 〈바리〉에 대하여 비교적 호의적인 평가를 한다.

이 작품은 서양의 발레 그리고 토속 악기인 양머리 드럼(장구, 북)과 두 손으로 연주하는 바이올린 등을 포함하여 판소리(한국의 오페라)와 현대음악이 융합된 전통과 현대의 풍성한 콜라주이다. 비록 사용되는 언어는 한국어지만, 아름다운 이미지와 표현적인 육체적 전시는 구성을 설명하고, 마음을 사로잡고, 상상력을 동원한다. 전체적인 효과는 마법적이고, 매우 윤기 있으며, 시각적으로 놀랍고, 성적인 요소들은 진정된 에너지로 폭발한다.[113]

그에 비해 『The Telegraph』지의 평론가 사라 크롬프턴(Sarah Crompton)은

---

112 Alice Bain, "Edinburgh festival 2011, Eun-Me Ahn Company - review", *The Guardian*, on Sun 21 Aug 2011.

113 Alice Longhurst, "Princess Bari (Edinburgh International Festival/Eun-Me Ahn Company)", *Three Weeks*, on Wednesday 31 August 2011.

별 3개의 평점을 매기며 몇 가지 만족스럽지 못한 부분을 제기한다.

　영국사람 대부분은 한국의 현대무용에 대해 잘 알지 못하기 때문에 '안은미컴퍼니'의 에든버러 인터내셔널 페스티벌 초청 공연에서 무엇을 기대해야 할지도 잘 모르고 공연이 끝난 뒤 공연이 전하는 메시지도 잘 알지 못했다. 공연을 본다고 해도 이와 같은 전설 내용을 추측할 수는 없을 것이다. 하지만 주요 장면의 내용은 이해가 안 되더라도 정말로 아름답다고 생각되는 일부 주요 장면과 밝은 색상의 생동감 넘치는 모든 주요 장면은 기억에 남을 것이다. 전통적인 한국 스타일 중에는 볼거리가 많고 특히 안은미가 혼자서 파도 모양으로 몸을 움직이는 동작은 일품이다. 하지만 이런 동작이 반복되지는 않는다.

　일련의 행진이 계속되는 동안 가수들이 반짝이는 예복을 입은 인형처럼 흔들거리며 등장한다. 어느 순간 갑자기 한 남자가 여자 중 한 명을 붙잡고 고통으로 비명 지르는 여자에게 충격을 가하고는 뒤에서 붉은색 직물 띠로 당긴다. 이 남자의 행동은 대단히 위력적인데 이를 통해 바리가 강간당한다는 사실을 암시하고 있는지도 모른다. 하지만 나는 자막으로 설명을 안 해주는 이유를 알지 못한다. 이처럼 의도적으로 불분명하게 처리했음에도 불구하고 바리공주는 사람들의 관심을 끌기에 충분히 훌륭한 작품이다.[114]

　이처럼 〈바리〉는 국내에서뿐만 아니라 외국에서도 다양한 관심을 끌어냈다. 그러나 그들이 어떠하든 우리는 우리의 시각으로 세상을 보는 독자

114　Sarah Crompton, "Edinburgh Festival 2011: Princess Bari/Last Orders, Edinburgh Playhouse/Traverse Theatre, review", *The Telegraph*, on 22 August 2011.

적 관점을 〈바리〉를 통해 확인할 수 있다. 모든 예술이 결국은 인간의 삶으로 귀결될 수밖에 없음을 전제할 때, 안은미의 춤은 그동안 한국 현대무용이 보여왔던 어렴풋한 사유와 추상의 접점을 벗어던지고 철저히 인간의 현실과 일상에서 소재를 선택하고 있다. 그중에서도 〈바리〉는 한국적 정서에 기초하고 있으면서 세계의 어느 사람이 보아도 공감할 수 있는 이야기와 함께 보편적 정서를 끌어낸다. 피나 바우쉬의 탄츠테아터가 그러하듯 보편적이고 일반적인 인간의 정서는 안은미의 춤에서도 곳곳에서 발견되며 그것은 곧 탄츠테아터가 가진 특징들과도 다르지 않다.

〈바리〉에 나타나는 특징들을 정리해보면 첫째, 전통적으로 규정되어온 장르의 관습적 요소들을 거부한다. 안은미에게 있어서 장르 간의 '혼합'은 그녀 자신의 공연 전체를 관통하는 중요한 양식으로 자리 잡은 것으로 보인다. 국악과 현대음악이 서로 상응하며 배척하지 않는다. 북이 아닌 현대식 드럼과 장구를 사용하여 락(Rock)비트를 구현하지만, 리듬은 국악에 기초한다. 따라서 〈바리〉가 탄츠테아터의 특징인 브레히트의 연극적 요소들을 빌리며 낯설게 하는 효과에는 일정 부분 이바지하지만, 객관적 거리 두기를 통한 감정이입의 차단과는 차이가 있다. 다시 말해 차이가 드러내는 낯설게 하기에 주력하는 것이 아니라, 차이로부터 발생하는 신나고 즐거운 난장(亂場)을 발생시킨다.

둘째, 무용수들의 움직임은 미학적 아름다움보다 일상적 삶에서 그 동작의 원형을 구한다는 측면에서 탄츠테아터와 상당 부분 유사하다고 할 수 있다. 그리고 안은미의 두 번의 독무와 무용수들의 군무 여러 곳에서 발견되는 반복, 재현 불가능의 일회성과 즉흥성이 강조된 춤 역시, 형식미보다는 해프닝에 가까운 퍼포먼스다. 그것은 몸의 물질성을 드러내는 퍼포먼스의 초기 양상으로 몸의 약한 현존과 수행성을 바탕으로 전개된다. 결과적으로 〈바리〉에서의 안은미는 서사의 구축에 더 큰 관심을 가지는 듯 보인다.

셋째, 서사에 주목하고 있는 〈바리〉에서는 전통적 연극성이 가진 논리적 이야기 전개에 집중하고 있으며, 따라서 춤의 몽타주나 콜라주 기법들이 전작들과 비교해 조금은 제한적이다. 대신에 안은미는 〈바리〉가 가진 시대성을 초월하여 자신의 상상력을 자유롭게 반영한다. 페미니즘적 시선, 무속에 대한 현대적 해석, 죽음에 대한 성찰, 권력 지향적 남성성에 대한 부정적 이미지들을 자신의 독창적 관점으로 재해석하는 것이다. 안은미에게 페미니즘적 시선은 남성 중심 사회에 대한 전복이나 도전이 아니다. 더군다나 남성이 갖는 지배와 여성이 갖는 피지배의 이분법적 구별은 더더욱 아니다. 그리고 〈바리〉에서의 무속은 인간의 앞길을 예언하는 전통적 기능만을 재현하지 않는다. 안은미의 무속은 이승과 저승을 연결하는 계단이며 고단한 일상의 치유이자 현실을 향한 외침이다. 현실에 등 돌린 무속은 결국 치유의 기능을 상실한 사이비(似而非)적 신앙이다. 바리가 생(生)과 사(死)의 경계에서도 아비를 살리기 위해 저승으로 향하는 것은 단지 효에 대한 전통적 가치관의 이행이 아니다. 바리의 죽음은 나를 던져서 나 아닌 다른 이를 구하는 화해의 메시지이며, 지금 우리에게 만연한 사이비적 세계관에 대한 비판이다. 그렇게 엉망진창이 된 현실 세계에서 바리는 삶과 죽음의 경계를 넘나드는 무속의 신이 되어 춤을 춘다. 바리의 춤은 현실에서 버림받고 정처 없는 것들에 대한 위로의 굿이다. 그의 춤에는 남녀의 구별도 동서양의 구별도 없다. 굿은 그가 시대에 던지는 메시지다. 이러한 그의 해석은 세상의 보편적 기준에 자기의 가치관을 맞추는 것이 아니고, 세상의 보편적 기준을 품어서 녹여버리기 때문일 것이다. 세계를 바라보는 특이한 관점과 자유로운 작가적 상상력이 안은미의 〈바리〉가 담고 있는 궁극의 가치라고 할 것이다.

6. 춤의 야단법석 – 커뮤니티 댄스 프로젝트

1) 몸과 춤에 관한 아카이빙 프로젝트

2011년 2월에는 〈조상님께 바치는 댄쓰〉[115](2.18~20, 두산아트센터 연강홀)

---

115 2013년 9월 28일, 군포 문화예술회관 수리홀.

2014년 2월 13일, 벨기에 현대무용축제(Pays de danses), 리에주 극장(Théâtre de Liège)

2014년 8월 6~9일, 파리여름축제, 콜린 극장(Théâtre National de la Colline).

2015년 9월, 파리가을축제(Festival d'automne), 〈안은미 댄스 3부작〉 공식 초청. 〈사심 없는 댄쓰〉(9.23~25), 〈조상님께 바치는 댄쓰〉(9.27~29) – Théâtre de la Ville, 〈아저씨를 위한 무책임한 댄쓰〉(10.2~3) – MAC, Maison des Arts de Créteil.

2015년 10월 8~22일, 프랑스 릴, 보르도 등 4개 도시 투어.

2016년 2월 3~4일, 호주 그르노블 문화센터(Maison de la culture de Grenoble).

2016년 3월 26~27일, 여수 문화예술공원 예울마루.

2016년 4월, 스위스 댄스페스티벌 스텝스 초청 4개 도시 투어.

2016년 5월 9일, 영주 문화예술회관 까치홀.

2016년 12월 7~10일, 독일 함부르크(Kampnagel Internationale Klturfabrik GmbH).

2017년 3월 25~26일, 두산아트센터 연강홀.

2018년 1월 24일, 네덜란드 홀랜드 댄스 페스티벌(Holland Dance Festival), 암스테르담(Amsterdam stadsschouwburg),

2018년 1월 26~28일, 네덜란드 홀랜드 댄스 페스티벌, 헤이그(Hague Spui).

2018년 6월 16일, 루마니아 시비우 국제연극제(Sibiu International Theatre Festival).

2018년 6월 23~24일, 체코 프라하 국제현대무용 페스티벌(TANEC Praha).

를 발표한다. 이 공연은 '안은미컴퍼니'가 두산아트센터의 상주예술단체로 지정되면서 두 단체가 공동제작한 작품이다. 상주예술단체 지정제도는 공연장의 전문화와 예술단체의 안정적인 공연장 확보를 위한 매칭 프로그램의 일환이었는데 〈조상님께 바치는 댄쓰〉는 그 첫 번째 결실이었다. 한편 안은미의 작업은 커뮤니티 댄스를 변곡점으로 하여 춤의 영역을 확장한다. 그것은 일상적 움직임이 춤 안에서 더욱 강조되며, 타인과의 소통에 주력하는 모습으로 나타난다. 그러면서 춤의 기술적 측면보다 현상적인 몸을 유용한 콘텐츠로 이용한다. 이후 안은미의 작업은 마치 동시대의 춤이 감상하는 것에만 머물지 않을 것이라고 예상이라도 한 것처럼, '커뮤니티 댄스 3부작'으로 일컬어지는 〈사심 없는 댄쓰〉〈아저씨를 위한 무책임한 댄쓰〉 등을 발표하며 안은미 춤의 변곡점이 되는 춤 소재들을 개발하고 창작한다.

안은미가 이 프로젝트에서 주목하는 것은 '한국인의 몸과 춤'이다. 과거의 시간과 공간을 기억하는 인간의 몸은 그 자체가 역사의 기록저장소다. 역사는 글로 기록되기 이전에 이미 인류의 몸에 먼저 새겨지며 몸은 훨씬 더 치밀하고 섬세하게 그것들을 저장한다. 반면에 치명적인 약점이라면 인간의 삶이 유한하다는 것이다. 따라서 글로 기록되어 책에 담기는 역사보다 수명이 현저하게 짧으며 생명이 소멸하는 순간 역사도 함께 소멸한다는 것이다. 여기서 안은미는 한국인의 몸을 탐구하며 그 살아 있는 몸을 저장하기 시작한다. 그 첫 번째 작업이 바로 〈조상님께 바치는 댄쓰〉다.

2018년 7월 9~10일, 스페인 바르셀로나 그렉 페스티벌(Barcelona Grec Festival), 메르카 데 레 플로르(Mercat de les Flors) 극장.

안은미가 선택한 첫 번째 몸의 탐구는 여성, 그중에서도 70세가 넘은 할머니들의 몸이다. 지난 백 년 동안 이들의 몸은 멀리는 일본의 황국신민(皇國臣民)이었으며, 1950년 한국전쟁과 60~70년대 가난에서 벗어나기 위한 개발독재의 터널을 지나왔다. 이후 80~90년대 암울한 정치 상황 속에서 여성으로서의 주체성이나 자아실현은 뭉개진 채 자기 목소리를 가지지 못한 최하층의 사회적 약자였다. 이후 이어지는 21세기 정보화 디지털 사회 속에서 노인들의 몸은 또다시 소외된다. 이들의 몸은 가난을 벗어나기 위한 근대화와 공업화, 서구화 그리고 민주화의 소용돌이 속에서 자신의 몸에 어떠한 기록이 새겨져 있는지 돌아볼 시간이 없었다. 안은미는 이들의 몸에 축적된 시간과 공간의 주름을 춤으로 풀어낸다. 〈조상님께 바치는 댄쓰〉는 할머니들의 리서치로부터 시작한다.

> 할머니 그 자체가 (프로젝트의) 목적이었어요. 할머니들의 몸에 녹아 있는 그 독특한 리듬감, 동작, 그 모든 걸 담는 거죠. 그 안에 일생을 살아온 힘, 그 역사가 숨어 있거든요. 할머니들 패션도 정말 재미있어요. 눈썹 그려놓으신 걸 보면 그 선 안에 동양화가 숨어 있다니까요.[116]

2010년 10월, 안은미와 4명의 무용수가 무작정 길을 떠난다. 전국 방방곡곡을 돌고 돌아 3주 동안 할머니 수백 명을 만났고 220명에 달하는 할머니들의 몸을 카메라에 담았다. 과정이 쉽지는 않았다. 차를 타고 가다가 할머니를 발견하면 무조건 차를 세우고 춤을 춰달라고 설득하고 매달

---

116 이새샘, 「조상님께 바치는 댄스」, 『동아일보』, 2011년 2월 5일.

린다. 할머니들의 경계심은 초반에는 의외로 완강하다. 하지만 안은미와 무용수들이 건네는 천 원짜리 요술버선과 안은미가 먼저 흔들어대는 거침없는 막춤은 할머니들의 마음을 움직였다. 그다음부턴 일사천리다. 한번 열린 할머니들의 흥은 그 자체가 살아 있는 몸의 현존이었다.

장소는 중요하지 않았다. 밭에서 김매는 할머니, 바닷가에서 미역 따는 할머니, 시장 골목, 미장원, 공중전화 부스, 버스정류장 대기실, 선착장, 기차역, 등산로, 과수원, 식당, 놀이터, 공사장, 찜질방, 포장마차, 마을회관, 논둑길, 철로길 등등 장소와 이유를 불문하고 할머니들이 있는 곳이면 어디든 찾아갔고 할머니들은 춤을 췄다. 밭에서 만난 할머니는 호미를 들고, 바닷가에서 만난 할머니는 해녀 옷을 입고, 미장원에서는 파마용 비닐을 쓰고, 시장에서는 검은 비닐봉지를 들고, 등산로 앞에서는 알록달록한 등산복 차림으로 혼자서 혹은 두셋이, 혹은 수십 명의 할머니가 제각기 막춤을 추었다. 그렇게 수집된 할머니들의 춤을 모티브로 〈조상님께 바치는 댄쓰〉가 탄생한다. 그리고 그 춤은 단지 수집에만 머물지 않는다. 공연은 여행에서 찍은 동영상을 사용함은 물론이고 '안은미컴퍼니'의 전문 무용수 9명과 함께 23명의 할머니가 무대에서 신명 나는 춤판을 벌인다. 전북 익산에서 만난 김길만, 신점순 씨 부부를 비롯해 경북 영주시 할머니들이 직접 등장해서 그들의 춤을 선보인다.

90분의 공연은 막(幕)이나 장(場)을 일률적으로 구분하지는 않는다. 그러나 극의 내용상 3장으로 구성된다고 볼 수 있다. 1장 '전문 춤꾼들의 마당', 2장 '할머니들의 춤 영상', 3장 '할머니들의 춤의 전시'로 나눌 수 있다. 무대는 스크린으로 이용되기도 하는 배경에 하얀색 옷들을 이어 붙인 막이 전부다. 그러나 이 막은 그 자체로 하나의 설치미술이라고 할 수 있다. 와이셔츠, 팬티, 치마, 티셔츠, 내의, 양말 등 새하얀 옷부터 세월에 얼룩져 색이 누런 옷들이 서로 다른 질감을 내뿜으며 누더기처럼 기워져 있다. 옷들의 콜라주다. 그러면서 옷들이 품고 있었던 사람들과 그 사람들의 삶도 함께 콜라주하는 세월의 콜라주다. 공연이 시작되고 영상이 비치는 순간부터 이 누더기 스크린은 계속해서 자신의 존재를 관객에게 각인시킨다. 공연은 막이 오르기 15분 전부터 시작한다. 자동차 안에서 바깥 풍경을 스케치한 영상들이 지나간다. 낮과 밤, 비 오는 날의 차창 밖 풍경들, 도시와 시골 마을, 산과 들, 논과 밭, 그리고 영상을 담기 위해 지나온 도로의 이정표들이 군데군데 눈에 띄며 리서치의 여정을 보여준다. 영상에서 들리는 소리라고는 자동차가 아스팔트를 가르는 소음과 생활잡음뿐이다.

1장은 영상이 계속되는 가운데 뽀글뽀글 파마 가발을 쓰고 원색의 한복을 입은 안은미가 등장한다. 춤을 춘다. 음악도 없이 영상에서 새어 나오는 빛에 의지해 춤을 춘다. 그런데 문제는 이것이 춤인가 하는 것이다. 그냥 이리 뛰고 저리 뛰고 흐느적거리고 팔 시위를 제멋대로 이렇게 저렇게 허공중에 흩뿌린다. 이걸 춤이라고 할 수 있을까. 이것은 안은미가 추는 할머니들의 춤이다. 전문가가 재현해내는 할머니들의 몸짓이다. 딱히 춤이라고 이름 붙이기에도 민망한 이 짓을 안은미는 당연한 듯 뻔뻔하게 하고는 객석으로 덩실거리며 사라진다. 비교적 도입부는 얌전하다. 하지만 그 뒤에 다가올 쓰나미를 생각해보면 도입부는 그야말로 폭풍전야에 해당한다. 평론가 김승현은 "에너지를 아끼며 절정을 대비하는 몸짓"[117]이

---

117 김승현, 『정의숙, 전미숙, 안은미의 춤─한국춤 백화제방의 세 꼭지점』, 221쪽.

라고 표현한다.

　이어 '안은미컴퍼니'의 무용수들이 할머니들의 복장을 하고 등장해서 춤을 춘다. 파마 가발에 시골 오일장에서나 봄 직한 꽃무늬와 반짝이, 일본식 '몸뻬(もんぺ)'라고 일컫는 일바지를 입고 몸을 흔든다. 문제는 이들의 춤이다. 이 춤에 안무라고 하는 약속된 규칙이 있을까 하는 것이다. 이들의 움직임은 인위적 조작이 가해지지 않은 자발적 춤처럼 보인다. 그저 이리 뛰고 저리 뛰는 뜀박질에 너울너울 팔을 흔들고 거기에 사이사이 전문 무용수다운 고난도의 아크로바틱과 비보이 댄스가 끼어든다. 전통적 모던댄스가 지향하는 심미적 아름다움이나 약속된 과정을 밟아가는 것과는 거리가 있어 보인다. 굳이 얘기한다면 무안무의 안무, 무형식의 형식이다. 무대는 온통 단조롭게 반복되는 비트박스와 젊은 춤꾼들이 채우는 에너지의 카오스다. 이들은 분명 할머니들의 투박한 몸을 차용하고 있다. 우선은 축 처진 어깨와 구부정한 허리, 힘없이 벌어진 팔자걸음과 축 늘어뜨린 팔 등이 우리네 할머니를 충실하게 재현한다. 1장의 말미에는 에너지 넘치던 무용수들이 바닥에 누워 경련 댄스를 선보인다. "발작은 어떻게 춤이 되는가. 무용수들은 바닥에서 슬슬 기고 부르르 떨며 어머니가 할머니가 되기까지 밤잠을 설치는 세월의 '뒤척임'을 '빨리 감기'로 표현했다. 안은미의 무용은 이처럼 생활의 몸짓을 아름다운 춤으로 승화한다."[118]

　2장은 리서치를 통해 모은 할머니들의 춤 영상이다. 소리가 제거된 상

---

118 정진삼, 「노인을 위한 댄스는 있다!―안은미 무용단 〈조상님께 바치는 댄스〉」, 웹진 『인디언 밥』, 2011년 3월 18일. https://indienbob.tistory.com/486

태로 거대한 스크린에 혼자서 혹은 둘이나 셋이서, 가끔은 십여 명이 단체로 춤을 춘다. 사실 '댄스 3부작'과 〈스펙타큘러 팔팔댄스〉의 영상은 표상하는 대상만 바뀔 뿐 같은 형식을 사용하고 있어서 어느 공연에서도 같은 가능성을 확인할 수 있다. 우선 영상 속 할머니들의 춤은 시간과 장소를 가리지 않고 등장한다. 더욱이 춤보다 재밌는 건 카메라와 주변의 시선을 의식하는 듯하며 하지 않는 그 경계에서 할머니들의 웃음과 표정이 묘한 연민을 느끼게 한다는 것이다. 그렇게 할머니들은 엉덩이를 실룩이고 정처 없이 팔을 흔들고 사뿐사뿐 무릎을 굴신하는데, 동작들이 제각각 다른 듯하면서도 또 하나같이 비슷하다. 그러는 사이 "할머니들의 공통된 엉거주춤은 끊임없이 주인공을 바꾸며 관객들에게 박장대소를 선사하고 수십 명의 할머니로부터 비롯된 희극적 정서는 이내 숭고의 감정으로 바뀐다."[119]

아리스토텔레스가 비극을 통해 인간의 감정을 정화(淨化)하려 했다면 안은미는 웃음, 즉 희극을 통해 우리에게 카타르시스를 제공한다. 그러나 할머니 한 명 한 명의 춤이 지나갈 때마다 켜켜이 쌓이는 설명할 수 없는 카타르시스는 우리를 마냥 웃게 하지 못한다. 처음 웃음의 시작은 아마도 표상하는 대상의 몸짓이 우스워서였을 것이다. 그리고 그 웃음에는 우리 안에 숨어 있던 '방어기제'[120]들과 함께 할머니들의 춤에 대한 폄하가 혼재

---

119 위의 글.

120 "안나 프로이드(Anna Freud)의 저서인 『자아와 방어기제(*The Ego and The Mechanisms of Defence*)』(1936)에서 언급된 방어기제는 투사, 억압, 내사, 취소, 소외, 반동형성, 퇴행, 자신을 적대시함, 반전, 승화 등이다. 그녀는 이런 자아 방어기제들을 크게 4가지로 분류하였는데, 자아도취적 방어기제(부정, 투사, 투사적 동일지, 왜곡, 분리), 미성숙한 방어기제(퇴행, 신체화, 수동공격, 행동화, 동일시), 신

된 웃음이었다. 이를테면 춤이라고 하는 것이 전문적 영역인데 '할머니들 춤이 오죽하겠어, 또는 그럼 그렇지'라고 하는 비아냥거림의 웃음도 섞여 있는 것이다. 그러나 춤 영상이 계속되며 어느 순간 그 몸짓들은 우리 안에 내재한 '방어기제'들을 무력화시키기 시작한다. 그리고 무장 해제된 방어기제들은 웃음거리로 삼았던 할머니들의 춤을 역사의 파란만장한 순간순간을 통과해온 나의 어머니, 나의 할머니로 자각하게 되는 순간과 만나게 된다. 그러면서 할머니들의 춤은 더는 웃음의 대상으로만 머물지 않는다. 나보다 어수룩해 보이는 상대에 대한 자아도취적 방어기제와 미성숙한 방어기제, 신경증적 방어기제들이 성숙한 방어기제로 바뀌며 자신의 건강하지 못한 방어기제가 와해하는 것을 확인하는 순간이다.

여기서 우리는 지각의 급변이 일으키는 창발성을 또다시 확인할 수 있다. 피셔-리히테에 따르면 "이유도 동기도 없이 갑자기 나타나는 현상은 다른 유형의 지각을 불러일으키는 일종의 전제가 된다. 가장 먼저 그것은 그 자체의 현상적 존재로서 지각된다. 그러다 지각된 것에 대한 주목이 약해지면, 다시 말해 기표로서 주목도가 약해지기 시작하면 이것은 다양한 연상-(상상, 기억, 느낌, 감정, 생각)-과 함께 기의로 연결된다."[121]고 설명한다.

이 의견에 따라 이 장면을 좀 더 살펴보면, 관객들은 처음 영상이 시작

경증적 방어기제(지식화, 전치, 억압, 합리화, 통제, 허세, 해리, 반동형성), 성숙한 방어기제(유머, 예견, 이타주의, 승화, 억제)로 분류하였다." 심성아, 「자기 은폐-방어기제에 관한 이미지 연구 : 본인 작품을 중심으로」, 단국대학교 대학원 석사논문, 2015, 11~12쪽.
121 Erika Fischer-Lichte, 앞의 책, 316쪽.

되면서 표상하는 대상, 즉 할머니들의 몸짓을 현상적 존재로 지각하게 된다. 그러다가 할머니들의 파편적 몽타주 영상이 장시간 이어지며 춤은 점차 기표로서의 주목도가 약해지고 그 힘을 상실한다. 왜냐하면, 비슷한 동작들이 계속 이어지면서 관객들의 기표에 대한 주목도가 처음과 같은 힘을 유지하기는 힘들다. 그러면 상실된 기표로서의 할머니들의 춤은 관객들에게 새로운 연상 작용과 함께 기의로 옮겨간다. 그 과정에서 관객의 주체적 경험은 자신이 의도하지 않은 어떤 기억들, 즉 창발적으로 솟아오르는 어떤 의미를 발생시킨다. 다시 말하면 할머니들의 춤이라고 하는 기표가 나의 어머니, 나의 할머니와 같은 기의를 발생시키는 것이다. 물론 그와 같은 연상이 관객의 지각 안에서 어떤 방식으로 확장되었는지는 알 수 없다. 여기서 확인할 수 있는 것은 개방된 지각이 창발적 의미생성에 어떠한 방식으로든 영향력을 행사하고 있다는 것이다.

3장은 진짜 할머니들이 등장하는 막춤의 전시장이다. 여기에 '안은미 컴퍼니'의 무용수들이 중간마다 분위기를 상승시킨다. 3장은 1930년대를 시작으로 15곡 정도의 대중가요가 쉼 없이 등장하는데 할머니들의 몸짓은 노래의 가사와 절묘하게 어울린다. 시작은 이미자가 부르는 〈사의 찬미〉다. 할머니들은 객석을 향해 인사를 하고 파트너끼리도 인사를 한다. 그리고 서로의 등을 쓰다듬고 다정히 껴안으며 블루스를 춘다. 그러나 이 몸짓은 춤이라기보다는 그저 포옹이다. 〈사의 찬미〉의 가사처럼 "광막한 광야를 달리는 인생아", 굴곡진 세상 잘도 견뎌왔다고 하는 서로에 대한 위안과 격려의 모습이다. 두 번째는 스크린에 거대한 밤의 빌딩 숲이 펼쳐지며 한영애가 부르는 〈타향살이〉가 흐른다. 산업화시대의 상징처럼 정 둘 곳 없는 도시에 무용수들은 다람쥐 쳇바퀴처럼 앞구르기를 한다.

그러면서 할머니들은 그 당시 대중들이 접할 수 있었던 가장 손쉬운 오락거리인 TV 앞에 모인다. 가수 김상국이 부르는 스윙 재즈 스타일의 노래 〈쥐구멍에도 볕들 날 있다〉가 흐르는 가운데 댄서가 춤을 추고, 할머니들은 누워서 또는 앉아서 박자에 맞춰 손뼉을 치며 TV를 본다. 잠시 후 TV에선 계속해서 음악이 흐르고 할머니들은 엉덩이로 바닥을 쓸며 방바닥에 걸레질하듯 무대를 쓸고 다닌다. 경쾌한 디스코 리듬의 〈기분파 인생〉에는 두 명의 할머니가 스포트라이트를 받으며 막춤의 독무를 펼친다. 70~80년 유행하던 카바레나 나이트클럽이 연상되며 그도 아니면 그야말로 우리 어머니들의 관광버스 춤이다. 〈눈이 나리네〉는 다분히 춤이 아니라 사실적 연기에 가깝다고 하겠다. 스크린에는 학창 시절의 친구들 얼굴이 지나가고 할머니 두 분이 눈을 맞으며 소녀적 감성으로 낭만을 즐긴다. 그러면 노래는 탱고 리듬의 〈낭만에 대하여〉로 바뀐다. 할머니들과 무용수들은 단체로 기차놀이를 하듯 손을 잡고 무대를 누빈다. 계속해서 탱고 리듬의 노래 박단마의 〈끊어진 테푸〉가 흐른다. 이 노래는 1939년에 발매된 노래로 트로트보다는 '만요(漫謠)'라고 부른다. 유일한 남자 참가자인 김길만 할아버지와 부인 신점순 할머니가 추는 2인무다. 2인무라고 해서 별다른 것은 없다. 두 사람은 손을 마주 잡고 마음이 이끄는 대로 사뿐사뿐 몸을 움직인다. 평생을 함께한 부부로 노래가 끝날 때까지 마주 잡은 손에서는 서로에 대한 고마움과 존중이 느껴지며 '만요'라고 하는 노래의 속성과는 반대로 숙연함마저 전해진다. 이시스터즈의 노래 〈여군 미스리〉에는 일상의 일터(시장 골목, 시계방, 구멍가게, 양복점, 식당, 철물점)에서 무용수들이 추는 영상으로 전해진다. 조용필의 〈단발머리〉에는 할머니들이 갈래머리로 머리를 땋고 나와서 막춤을 추며 추억 속의 학창 시절로 돌아간다. 한바탕 막춤이 지나가고 나면, 정훈희의 노래 〈꽃밭에서〉가 흐른다. 그리고 신점순 할머니가 휠체어에 앉아서 뜨개질을 하며 등장한다. 평론가 정진삼은 이 장면을 〈조상님께 바치는 댄쓰〉에서 빼놓을 수 없는 장면이라고 말한다.

갑자기 튀어나온 듯 느낌에도 불구하고, 오히려 그 탈맥락적 삽입이 관객들에게 형언할 수 없는 감동을 가져다주었다. 자유롭고 큰 동작이 난무하는 가운데, 소박하게 움직이는 작은 '춤', 묵묵히 그리고 바쁘게 씨줄과 날줄을 엮어가며 움직이는 손놀림은 시공간을 직조하며, 세월을 만들어나가는 인간의 '역사'에 대한 '춤'적인 해석이었다.[122]

심수봉의 〈백만 송이 장미〉가 흐르며 여성 무용수가 토플리스 차림으로 몸을 활처럼 뒤로 휘어서 네 발로 걷는다. 앞에서 보여주었던 막춤들과는 결이 다른 안무적 구성이다. 여성 무용수의 동작은 기묘하며 순간 성별의 착시를 가져온다. 이것은 그동안 왜곡된 여성의 몸을 보여준다. 음악은 다시 디스코 리듬의 키보이스 노래 〈정든 배〉가 흐른다. 무대에는 파란색 매트리스가 놓인다. 그리고 그 위에 무용수들이 괴성을 지르며 쓰러지고 뛰고 뒤집기를 한다. 이 매트리스는 이불이다. 침대라는 서양식 생활문화가 들어오기 이전, 방 안에서 두툼한 이부자리 위를 뛰고 뒹굴며 발버둥 치던 어린아이의 모습이 연상된다. 이어서 남진의 노래 〈둥지〉와 리믹스된 아리랑에 맞춰 우리 어머니들의 상징인 빨간 내복을 입고 무용

---

122 정진삼, 앞의 글.

수들이 나와 춤을 춘다. 이들의 춤은 막춤이었다가 고난도의 아크로바틱이었다가 브레이크 댄스도 된다. 피날레는 〈울릉도 스위스트〉다. 할머니들은 미러볼을 하늘에 매달고 극장은 일순 나이트클럽으로 변한다. 안은미는 커튼콜이 끝나고 관객들을 무대 위로 초청한다. 참고 참았던 관객들은 무대 위에 스스로 난입하고 극장은 객석과 무대의 구분이 허물어지며 카오스의 막춤이 극장을 감싼다.

2011년 〈조상님께 바치는 댄쓰〉로 시작된 안은미의 커뮤니티 댄스는 이후 계속되는 작품에서도 그의 춤작가적 관점을 엿볼 수 있는 대목이다. 그의 커뮤니티 댄스는 개인의 역사가 시대적 배경과 계층을 떠나서 누구에게나 같다. 그리고 그 공동체 안에서 공동의 의식은 단지 생각에만 머무는 것이 아니라 몸에 기록되고 저장되며 그렇게 기록된 몸의 역사는 같은 저장창고로 기능한다. 세계는 개인의 역사가 모여 진보한다는 작가적 인식과 통찰이 드러나는 순간이다.

그의 작가적 관점은 저장창고에 저장된 몸을 재현의 몸짓이 아니라 실제 삶과 노동의 흔적이 묻어 있는 투박한 몸짓 그대로 무대 위에 제시한다. 그리고 할머니들의 몸은 지금도 진행되고 있는 현존의 몸짓, 즉 막춤으로 나타난다. 막춤은 박제되지 않은 몸짓이며 몸의 기억을 어떤 정형화된 춤의 틀에 개의치 않고 움직일 때 발생한다. 그래서 이것은 춤이라기보다는 내재한 흥의 자연발생적 짓이다. 따라서 출처를 알 수 없는 실재하는 몸이다. 하지만 개발독재 시대에 춤은 봉인된 몸짓이었다. 춤바람, 제비족, 불륜 등의 단어들은 춤을 부정적으로 인식하는 실마리가 되었으며 근대화를 역행하는 손가락질의 대상이었다. 무엇보다도 춤이라고 하는 단어에 대한 불신을 초래한 것은 1956년 개봉한 영화 〈자유부인〉의 영향을 무시할 수 없을 것이며, 이후 1961년 군사 쿠데타 정부는 사회 치안을 명분으로 용공 분자들을 색출하며 국기문란을 이유로 일명 제비족들을 잡아갔다. 그러면서 춤은 점점 음지로 숨어들었다. 하지만 유희본능의 유전자는 우리의 삶 속에서 여전히 춤을 추고 있었다. 환갑잔치에서 혼례의 뒤풀이에서 마을 대동제에서도 우리의 춤은 계속되었다. 그렇게 본다면 우리의 조상들은 공동체라고 하는 커뮤니티 공간 속에서 한 번도 춤의 끈을 놓은 적이 없다.

안은미는 그 억압된 몸을 세상 밖으로 용감하게 끄집어냈다. 그러면서 그야말로 '자유부인'과도 같은 자유의 춤, 막춤을 무대에서 허용했다.

출연자별 실력 차이가 클 텐데 어떻게 훈련하나?

훈련? 그런 거 없다. 공연 전날 모인다. 맥주 마시며 인사한다. 거기서 무대 등·퇴장 순서를 정한다. 어떤 노래 좋아하냐고 묻고, 그걸 배경으로 틀기도 한다. 나머지는 다 출연자 몫이며 즉흥이다. 정말로 펄떡거리는 '생춤'이다. 난 절대 가르치지 않는다. 예술은 티칭이 아니다. 그럼 너무 막춤 아니냐고? 그건 관점의 차이일 뿐이다. 나에겐 더한 아름다운 몸짓이 없다. 그게 진짜 예술이다.

하지만 예술 체험이란 '특별함'이 있어야 하지 않나?

떼로 추는 이런 막춤만큼 특별한 게 어디 있나, 크하하. 춤의 전문성을 거부하는 게 아니다. 단지 다른 궤도와 관점도 있을 수 있다는 거다. 특히 프로시니엄 무대의 역사를 지닌 유럽에선 '무대란 아무나 서는 곳이 아닌, 신성한 공간'이라는 관념이 강하다. 그걸 내가 깨버리고 커튼콜 때 '에브리바디 컴 온!'을 외치니 관객이 어리둥절할 수밖에. 21세기가 뭔가. 경계의 해체다. 유튜브에선 소비자가 콘텐츠를

만드는 공급자다. 무용수와 일반인, 무대와 객석이란 고정관념을 보기 좋게 날려버렸다.[123]

　　예술가보다 훨씬 치열하게, 먹고 사는 문제와 싸우며 고독과 적막을 이겨온 분들이에요. 얼마나 대단한 어머니들이에요? 전쟁이나 분단 같은 수많은 사건을 겪은 몸이에요. 우리 시대의 몸과는 다르죠. 어디서 이렇게 많은 20세기의 몸들을 만나겠어요.[124]

　　그러나 〈조상님께 바치는 댄쓰〉는 전통적 의미의 댄스라는 규범에서 보자면 춤이라고 할 수 없다. 그리고 춤이라 해봤자 대단한 춤도 아니다. 시대를 풍미한 옛 대중가요와 함께 막춤으로 시작해서 막춤으로 끝난다. 그러나 저 마구잡이 움직임 안에는 인류역사상 가장 오래된 언어가 숨어 있다. 춤은 어떻게 정의하느냐에 따라 천변만화할 수 있지만 "〈조상님께 바치는 댄쓰〉에는 춤의 경계를 넘어서는 지점이 있다. 분명 무대도 존재하고 안무가도 있고 의도적으로 선별되고 조정된 움직임이 있지만, 동시에 조율되지 않은 날것의 몸이 무대에서 폭발한다."[125] 그렇다고 모든 것이 마구잡이는 아니다. 안은미의 춤이 영리한 이유는 할머니들의 막춤 속에 전문 무용수들의 보이지 않는 질서를 자연스럽게 배치하기 때문이다. 안무가 없는 듯 안무하며, 형식 없는 막춤인 듯 형식을 부여하고, 무질서

123　최민우, 「안은미 유럽 홀린 몸빼바지 할매 막춤, 그게 진짜 예술」, 『중앙일보』, 2016년 5월 10일.
124　이새샘, 앞의 글.
125　고영직·안태호, 「백 년 역사 머금은 막춤, 할매는 춤춘다」, 『노년예술수업』, 서해문집, 2017, 135쪽.

의 카오스를 질서로 재편하는 고도의 전략을 구사한다. 그리고 커뮤니티의 지역적 가치에서 추출한 보편성을 자신의 장기인 키치적 색채와 유머러스한 패러디(parody) 또는 패스티시(pastiche)로 치환하는 영리함도 보인다. 그렇게 함으로써 그것은 안은미만의 특별한 전략으로 탈바꿈한다.

평론가 정진삼은 안은미의 막춤이 "아름답고 완벽한 신체에서 벗어나, '늙은 몸'이라는 정직한 표현 수단으로 만든 공연의 성과가 놀랍다. 그간 대중예술과 함께했던 춤의 본질인 흥겨움이라는 요소를 살려, 조상님께 '즐겁게' 바친다는 역발상도 새롭다. 일상과 예술이 멀리 있지 않음을 일깨워준 이 작품은 세대 간의 벽을 허물고, 현대무용과 관객 간 이해의 폭을 넓히고, 심지어 연강홀 무대의 문턱마저도 낮추어 누구나 춤꾼 '되기'에 이바지했다. 오로지 춤으로만 가능한 거국적 소통"[126]이라 칭했다. 그밖에도 연극적 시각으로 춤 공연을 평한 연극평론가 김방옥의 비평은 색다른 관점을 제시한다.

> 이 공연은 연극과 춤의 경계를 넘어서 삶에 대한, 한국인의 몸에 대한, 땅과 몸에 서린 우리의 정서에 대한, 한국의 여인들에 대한, 격렬한 통증과 치유와 대긍정의 환희를 담고 있었다. 관객들은 키득대기도 하고 콧잔등이 시큰하기도 하다. 그런데 그 침묵의 허우적거림을 계속 지켜보는 관객들의 가슴과 몸에 조용히 고이고 일렁이는 리듬들은 그들의 단순 동작들이 젊은 무용수들의 막춤 몸짓과 크게 다르지 않음을 깨우쳐 준다. 근래 그 어떤 연극이 한국인의 삶과 정서를 몸에 담아 이처럼 단순명료하게 정곡을 강타한 적이 있던가?[127]

---

126 정진삼, 앞의 글.
127 김방옥, 「리뷰―안은미무용단 〈조상님께 바치는 댄스〉」, 『한국연극』 416호, 한국

이후 〈조상님께 바치는 댄쓰〉는 〈사심 없는 댄쓰〉와 〈아저씨를 위한 무책임한 댄쓰〉와 함께 2015년 파리가을축제(Festival d'Automne à Paris)에 모두 초청되는 진기록을 남겼다. 파리 공연에는 평론가를 비롯한 일간지의 기자들이 동행하며 현장 분위기를 전했다. 그 가운데 평론가 김남수는 파리에서의 공연을 다음처럼 전했다.

백 년의 시간이 온축된 몸의 주름으로부터 삶의 시간을 춤으로 풀어내는 것. 그러나 숨 가쁘게 살아온 한민족의 구체적 몸의 역사와 맥락을 모르는 서유럽 사람들, 특히 입맛 까다롭기로 소문난 프랑스, 파리 시민들에게도 이것이 통할까 궁금했다. 그러나 결론부터 말하면, 파리에서의 공연은 매번 환호성과 기립박수의 연속이었다. 왜 이들은 20세기의 시간을 몸으로 함유해버린 채, 전혀 심미적이지 않고 오히려 야생의 소나무 등걸처럼 거칠디거친 막춤들에 그토록 호의적인 반응을 보이는가. 안무가 안은미의 '댄스 3부작'은 동시대 시간의 흐름, 즉 지금 흘러가는 현행하는 시간의 흐름 위에 서 있는 우리의 몸을 확 잡아채서 마치 동해를 펄떡거리는 푸른 고등어처럼 '테아트르 드 라 빌' 무대에 올려놓은 것이다. 그것은 할머니의 백 년 동안 굴곡과 주름 많은 시간의 춤이기도 하고, 이제 가까운 미래의 첨예한 지점과 마주쳐서 새로운 현재를 만들고 있는 청소년들의 현재적 순간의 춤이기도 하고, 한국 사회를 이 지경이 되도록 엉망으로 몰아온 아저씨들이 '그들은 자기들이 무엇을 하는지 모르나이다'(누가복음 23 : 34) 상태에서 추는 원죄의 춤이기도 하다. 이것은 한국 사회를 이끄는 사람들의 몸들을 통계적인 수법이 아니라 '있는 그대로'의 몸들을 다시 한번 프랑스 파리라는 공간 속으로 옮겨놓는 장치이기도 했다.

연극협회, 2011년 3월호, 58쪽.

안무가 안은미는 대범하면서도 혁명적인 수단으로 한국인의 몸들이라는 존재론을 '출현'시키는 안무를 구사했다. 그것은 국내의 문화 예술적 맥락과는 또 다른 글로벌 차원의 실제적 균열을 내는 맥락의 조성이었다. 그리고 이는 '테아트르 드 라빌'을 가득 메운 사람들이 공연이 끝난 이후, 끝없는 토론에 돌입하게 된 배경이었다. 도대체 이것은 무엇인가 하는 것이다. 이 정체불명 몸들의 난입, 그 난입한 아시안들의 몸들은 일본인의 것도, 중국인의 것도 아닌 제3의 어떤 현존이었다.[128]

그러나 지금까지와는 다르게 2011년 초연에서 평론가 송종건의 평은 다음과 같다.

주로 시골 동네 약장수들이 시골 노인들 상대로 사기 칠 때 사용하는 음악을 틀어놓고 온몸을 생각나는 대로 흔들어대며 막춤을 나열하고 있던 안은미의 〈조상님께 바치는 댄스〉 공연, (…) 이런 작업은 민속학자가 해야 하지, 무대예술로서 표현을 위주로 하는 무용 안무가의 작업이 아니다. (…) 생각나는 대로 덩실거리며 움직이고 있는데, 비싼 공연장 무대에서 이런 짓을 할 필요가 있는가 하는 생각이 든다. 이제는 특별히 할 것이 없는지, 야광 조명을 하고 흔들어주기도 한다. 계속 두 팔을 위아래로 흔들거나 머리를 앞뒤로 흔들어주기도 하는데, 출연자들은 한번 실컷 흔들어주니까 스트레스가 풀릴 수도 있겠지만, 객석은 괴롭다. 이제 7명이 되어 옆으로 누운 듯이 하여 몸을 경련하기도 한다. 모두 사라지고 노인들이 흥에 겨워 막춤을

128 김남수, 「모더니티의 수도 파리에 출현한 한국인들의 몸 정치─2015 파리가을축제, 안은미컴퍼니 3부작 리뷰」, 웹진 『예술경영』 328호, 예술경영지원센터, 2015년 10월 22일.

추는 모습들이 화면으로 나타나기 시작한다. 막 흔들어주는 모습 등인데, 이런 것들을 정말 채집하겠다면, 이는 정말 '민속 채집'이어야 한다. 왜 예술 표현을 한다는 무대 위에서 이런 영상을 틀어놓아야 하는가. 계속 비디오 화면을 틀어놓고 흔들어대는 모습을 보이는데, 우리 무용을 망치는 모습이다. 이제는 실제 노인들이 20여 명 무대에 직접 나타난다. 뽕짝을 틀어놓고 흔들어 주고 있다. 고속도로 휴게실 엿장수들이 틀어놓는 메들리 뽕짝 속에서 30여 명이 함께 막춤을 추다가 끝나던 이번 공연은 아무런 창의력이라고는 찾을 수 없던 정말 예술적으로 게으른 공연이었다. 이런 '행위'가 반복되면 우리 무용의 미래는 어떻게 될까 하는 절망감을 던지던 공연이었다.[129]

2012년 2월에는 〈사심 없는 땐쓰〉(2.24~26, 두산아트센터 연강홀)를 발표한다. 이 작품은 〈조상님께 바치는 땐쓰〉와 함께 '댄스 3부작', 한국인의 몸과 춤에 대한 탐구, 그리고 아카이빙의 연장선이다. 안은미가 선택한 두 번째 몸의 리서치는 청소년들이다.

공연을 위한 진행과 구성은 〈조상님께 바치는 땐쓰〉와 같다. 우선 수개월에 걸쳐 10대들의 춤과 몸을 영상에 담았다. 교실, 복도, 운동장, 공원, 교문 앞, 독서실, 학원이 즐비한 길바닥, 놀이공원, 눈썰매장, 볼링장, 공동화장실 등등 학생들이 있는 곳이면 어디든 카메라를 들고 10대들의 움직임을 기록했다. 춤을 추어봐 달라는 느닷없는 요구에 대한 청소년들의 처음 반응은 할머니들과 비슷하게 쭈뼛거림이다. 그러다 최신유행가요가 나오며 인터뷰어인 '안은미컴퍼니'의 무용수가 춤을 추자 이들은 경쟁적

---

129 송종건, 「안은미 – 〈조상님께 바치는 댄스〉」, 블로그『송종건의 무용평론』, 2011년 3월 29일.

으로 춤을 추기 시작한다. 댄스 가수 못지않은 춤 실력을 보여주는 학생이 있는가 하면, 막무가내로 몸만 흔들어대는 그야말로 막춤을 추는 학생까지 다양하다. 공연에서는 '안은미컴퍼니'의 무용수들과 서울의 특목고인 국제고등학교 학생 22명이 함께했다. 처음 프로젝트를 시작할 때는 70여 명이던 학생들이 시간이 지남에 따라 학업에 대한 부담 때문에 하나둘씩 이탈했다.

처음부터 댄스 3부작의 주제는 '자유'였다. 즉 '하고 싶은 대로', '마음 가는 대로' 하는 거다. 그러나 춤을 기록하는 과정에서 안은미는 청소년들의 몸이 할머니들의 몸과 구별되는 분명한 차이점을 발견한다. 그것은 "청소년들이, '마음대로 하라'는 말을 어렵게 느끼더라고요. 늘 시키는 것만 하다 보니까 자기 마음대로 몸을 움직이는 게 힘든 거죠. 할머니들과 청소년들의 태도는 확실히 달라요. 할머니들은 어떤 음악이든 상관없이 몸을 움직이는데, 청소년들에게 가서 '춤을 춰 보라'고 주문하면 자기가 좋아하는 음악을 틀어달라고 하죠. 또 출산을 겪고, 인생의 많은 경험을 지나온 할머니들과 달리 청소년들은 몸에서 직업의 흔적이 없다는 점도 다르고요."[130] 그래서일까, 이들의 춤을 보고 있으면 하나같이 아이돌 춤을 모방하고 있다고 생각하게 된다. 그 이유는 뭘까. 그것은 경쟁적 산업사회에서 공부 이외에는 이들에게 어떠한 출구도 없다는 것이다. 청소년들은 짧은 시간에 대중매체가 생산한 아이돌을 동경하고 그들을 따라 하는 것으로 자신들이 숨 쉴 곳을 스스로 찾는 것이다. 어찌 보면 단조롭게 획일화된 몸으로 이해될 수 있지만, 그 이면에는 이들도 우리 사회의 한 축으로 인

---

130 박보미, 「10대야 막춤 추자 안은미와 함께」, 『한겨레신문』, 2012년 2월 14일.

정받지 못한 청소년들의 주체 부재가 들어 있다. 할머니들의 몸이 시간의 아카이빙이라면 청소년들의 몸은 동시대성을 반영하는 실존적 자각의 몸부림이다. 그래서 이들의 움직임에는 제목에서처럼 사심(私心)이 없었다.

공연의 구성은 〈조상님께 바치는 댄쓰〉와 같이 3장으로 나뉜다. 1장은 아이돌 댄스 음악에 맞춰 '안은미컴퍼니'의 전문 무용수들이 추는 춤이다. 2장은 청소년들의 춤을 담은 영상이다. 3장은 전문 무용수들과 청소년들이 함께 추는 춤판이다.

1장, 공연의 "판열음"[131]은 안은미로 시작한다. 이것은 이전의 공연에서도 시도한 전개 방식이다. 빡빡 깎은 민머리에 검은색 옛날 교복을 입었고 한쪽 가슴팍에 이름표도 안은미다. 그런데 굽이 높은 킬힐을 신고 나와 아이돌 그룹 '소녀시대'의 〈Gee〉를 음악도 없이 추고는 객석으로 사라진다. 이 장면은 정말로 그로테스크하다. 삭발한 머리 모양은 안은미의 상징이지만 언제 보아도 낯설고 때로는 섬뜩할 정도로 강렬하다. 여기에 검정 옛날 치마 교복과 하이힐은 의상의 부조화, 그리고 시대의 불균형이 더해지며 묘한 쾌감과 긴장감을 유발한다. 거기에다 음악도 없이 흔드는 아이돌 춤은 오히려 춤을 통해 몸을 좀 더 적극적으로 지각하게 한다. 음악이 없으므로 우리의 시각적 이미지는 더욱더 맑고 깨끗하게 상승하며, 잠시 후 우리는 이상한 경험을 하게 된다. 그것은 안은미의 춤에서 음악이 우리 귀에 들리기 시작하는 것이다. 그의 춤 동작만으로 관객들은 그

---

131 공연의 시작은 항상 안은미의 솔로로 시작하는데, 평론가 김승현은 이 장면을 '판열음'이라고 칭한다. 판열음은 길놀이의 성격이 느껴지는 춤으로 2장에서 영상으로 투사되는 춤의 핵심을 미리 뽑아 만든 춤이란 의미가 있다. 김승현, 『정의숙, 전미숙, 안은미의 춤―한국춤 백화제방의 세 꼭지점』, 221쪽.

것이 '소녀시대'의 음악임을 귀가 아닌 눈으로 알아채고 또 몸이 반응하는 것이다. 그리고 객석으로 몸을 흔들면서 퇴장한다. 처음부터 이건 분할의 논리를 거부하고 행위자와 관객의 구분을 무너뜨리겠다는 다분히 공격적인 의도가 느껴진다. 관객에 대한 선전포고, '당신들도 곧 나처럼 추게 될 거야'라고 하는 암시이다.

안은미가 퇴장하고 나면 안은미컴퍼니 전문 무용수들의 시간이다. 머리 색깔은 하나같이 노란색이고 요즘 학생들의 교복을 입고 아이돌 춤을 춘다. 교복을 벗으면 알록달록한 반짝이 운동복이다. 학생들의 체육복을 패러디한 알록달록한 운동복은 무대 가림막을 장식한 반짝이 천과 어울리며 안은미의 키치적 상상력을 연출한다. 왜 학교 체육복은 천편일률적으로 흰색 아니면 광택 없는 우중충한 색일까. 이들이 추는 아이돌 춤은 대략 1990년대 말 데뷔한 '젝스키스'와 'H.O.T' 그리고 'S.E.S', '핑클', '슈퍼주니어', '카라', '원더걸스', '2PM', '샤이니', '인피니트', 2009년 데뷔한 '2NE1'까지 아이돌 음악을 새롭게 튜닝하고 이들 춤의 특징적인 동작(슈퍼주어니의 손바닥 비비기 춤, 카라의 8자 엉덩이춤)들을 삽입하여 색다른 춤을 선보인다. 정말 잘 춘다.

그런데 여기서 흥미로운 건 공연의 내용보다 형식이다. 아이돌의 댄스 음악들은 새롭게 편곡을 거치며 가사가 없이 쪼개진 비트만이 흐른다. 처음에는 누구의 노래인지 알 수 없다. 객석은 순간 고요한 가운데 이들의 춤에만 집중한다. 그리고 이어서 자막으로 노래의 가사가 지나간다. 어디서 많이 들어본 가사다 싶은 순간 우리의 머릿속에서는 음악이 흐르고 몸이 작동한다. 1990년대 초반 서태지의 등장과 힙합은 가사 전달력의 비중이 과거와 비교해 현격히 약화했다. 10대들에게 음악은 듣고 이해하는 것이 아니라 보고 지각하는 것으로 옮겨간 지 오래다. 그와 같은 시대적 흐름을 안은미가 전략적 의도를 가지고 사용했는지는 알 수 없지만, 결과적으로 〈사심 없는 땐쓰〉의 음악은 가사를 자막으로, 즉 눈으로 시각화해서 들려준다. 리듬이 없는 가운데 무용수들의 춤은 관객들에게 자막의 가사를 보고 리듬을 연상하게 하는 전혀 다른 지각작용을 요구한다. 즉, 음악 다음 춤이 아니라 춤 다음 음악을 연상하는 지각의 변화를 경험하게 되는 것이다. 이것은 지각의 경계적 영역을 관객의 적극적 의지로 넘어서야만 알게 되는 문지방 체험이다. 여기서는 관객이 눈을 통해 음악을 들어야 한다. 그리고 우리의 고정관념이었던 음악의 부차적 요소인 춤, 또는 몸이 이 공연에서는 주인공이 되는 것이다. 이 장면에서 평론가 정진삼은 "비트를 만들어내는 게 몸짓이나 소리만이 아니었던 거지. 글자들도 춤을 춘다고 해야 할까. 10대들의 뇌 속을 스크린 속에 마구 쏟아내는 기분?"[132]이라고 표현한다.

2장으로 넘어가면 길거리에서 수집된 청소년들의 춤이 영상으로 재생된다. 이 장면은 〈조상님께 바치는 땐쓰〉와 마찬가지로 다른 장면과 비교해도 단연 압권이다. 교복 차림으로 또는 사복에 학원 가방을 메고 운동화에 구두에 때로는 체육복에 슬리퍼 차림으로 춤을 추는 10대들이 비친다. 그래도 이들의 춤은 자못 진지하게 아이돌 댄서들을 흉내 내기도 하고 잘 나가다가 돌연 개그 모드로 돌변해서 막춤이 되기도 한다. 메고 있던 가방이 들썩이고 주머니 속 휴대전화가 빠져서 달아나고 슬리퍼가 벗

---

132 정진삼, '〈사심 없는 땐쓰〉-불타는 금요일, 몸이여 나뉘어라!', 웹진 『인디언 밥』, 2012년 3월 7일. https://indienbob.tistory.com/546

겨지고 바람잡이 역할을 하는 '안은미컴퍼니'의 무용수가 언뜻언뜻 비치면서 객석은 이내 웃음바다가 된다.

그렇다면 이 영상 속 아이들은 왜, 무엇 때문에, 저토록 야단법석에, 제어되지 않는 괴상한 몸짓에 자기를 맡기는 걸까? 브레이크 댄스, 힙합부터 시작해서 출처 없는 막춤에 웃음이 나온다. 그런데 신기한 것은 시간이 지날수록 춤을 잘 춘 아이들보다 서툴고 이상한 몸짓을 한 아이가 더 기억에 남는다는 것이다. 영상 속의 그 아이는 자신의 춤이 다른 사람들로부터 박수와 환호의 대상이 되었다는 것을 알까.

관객들이 막춤에 더 크게 호응한 이유는 나와 같음, 즉 자기동일성이며 '자기지시성'의 문제이다. "자기지시성은 역사적 전위 예술가들에게 매우 중요한 근거이자 많은 미학 이론의 출발점이었던 구별을 없애버린다. 즉 대상물에 대한 일종의 물리적 과정이라 할 수 있는 감각적 지각과 정신적 행위라 할 수 있는 의미부여 사이의 구별을 없애버린다."[133] 이 아이들에게는 기호적으로 재현해내야 하는 어떤 역할도 없었다. 그저 자기 자신의 현상적 신체를 보여주는 것으로서 행위자의 역할은 마감된다. 무엇을 감추거나 숨길 필요도 없이 창발적 현상으로 자신을 창출했다. 그 모습이 관객을 감동하게 한다. 그러는 사이 우리의 기억은 지각의 급변을 경험하며 나의 학창 시절, 내 아들과 딸, 우리의 조카, 동생들이 연상된다. 그리고 이들의 활기찬 막춤은 현실과 맞물려 숙연한 페이소스로 넘어간다. 여기서 지각과 의미 생성이 같은 과정임을 다시 한번 확인하게 된다. 현실에서 느끼는 10대들의 몸, 그들의 몸은 언제부턴가 그들의 몸이 아니다.

---

133 Erika Fischer-Lichte, 앞의 책, 314~315쪽.

공부 이외에는 어떤 탈출구도 찾을 수 없는 주체를 상실한 몸들이다. 이들은 이곳에서나마 춤을 통해 몸의 실존을 확인한다. "몸은 자신의 능력을 통해 무언가를 의미하는 것이 아니라, 자신의 현존을 통해 드러나는 것이며, 몸의 현존은 지속적인 '의미의 휴지'이다."[134] 따라서 춤의 목적이 누구에게 잘 보이기 위한 것도 아니며, 공부 스트레스로부터 도피하기 위한 대체물도 아니다. 그들에게 춤은 그들 몸의 현존을 나타내기 위해 추는 몸부림이다.

3장은 전문 무용수들과 청소년들이 함께 추는 춤판이다. 그런데 춤을 추기에 앞서 22명의 참가 학생들이 한 사람씩 차례로 나와 마이크 앞에서 '자기 이야기하기'를 시작한다. "저는 이제 고3입니다." "우리도 할 말 있어요." "제 생각은… " 그리고 발언이 끝난 아이들은 무대 위로 던져진 반쪽이 베개를 베고 무대에 눕는다. 왜 베개일까? 안은미는 아이들에게 무작정 가져야 할 '꿈'이 아니라 지금 당장 '잠'을 선물하고 싶었는지도 모르겠다. 그래서 이들이 던지는 한마디 한마디는 절실하고 때로는 코믹하다. 한 학생이 "아 진짜 짜증나"라고 하자 일제히 "꺅~" 소리를 치며 저항의 몸부림을 친다. 아이들은 교복 대신 안은미식 디자인이 묻어나는 형형색색의 옷을 입고 무용수들과 짝을 이뤄 자기 춤을 보여준다. 이들의 춤은 영상 속의 춤과 별로 다르지 않다. 그러나 이쯤 되면 아이들의 춤에서는 아이돌 댄스 따라 하기의 여운은 사라지고 자신의 개성을 드러내는 막춤으로 변해있다. 누가 시킨 것도 아닌데 아이들은 스스로 틀을 깨고 몸으로 '자기 이야기하기'에 집중한다. 다른 친구보다 잘해야 하고, 튀어야

---

134 최승빈, 앞의 논문, 36쪽.

하고, 앞서야 하는 눈치 경쟁이 아니라 오로지 나에게만 집중하는 상태, 자신들의 몸과 마주하는 사심 없는 상태에 다가서는 것이다. 이때 이들의 몸은 자기 지시성을 갖는다.

공연의 마지막은 역시 안은미다운 난장(판)이다. 아이들이 베개를 터트리자 베갯속에서는 노란색 종이 가루가 쏟아진다. 아이들은 신나게 베개를 던지고 터트리며 무대를 삽시간에 카오스로 만든다. 때마침 천장에서도 엄청난 양의 노란색 종이 가루가 떨어진다. 아니 쏟아진다는 표현이 어울릴 정도로 극장 안은 노란 물결 천지다. 무대와 객석 가릴 것 없이 쏟아지는 종이 가루는 이미 무대와 객석의 경계를 무너뜨렸다.

오늘의 현대무용에서 아이돌 댄스는 어떤 의미일까. 막춤은 가능해도 상업적인 아이돌 춤은 참고사항조차 될 수 없다. 그러나 안은미는 춤, 그리고 나아가서는 예술에 대한 일반적인 인식체계를 무너뜨린다. 예술은 예술가만 할 수 있다는 이분법적 인식의 틀도 해체한다. 이미 우리는 제롬 벨의 〈장애극장〉을 통해 그것을 경험했다. 맘껏 춤추지 못하는 억압된 사회 분위기 속에서 소외되거나 고립되어 자기 목소리를 가지지 못한 사람들도 꾸준히 자신의 몸을 움직여왔다. 평론가 정진삼은 "십 대들의 춤 역사는 아이돌의 역사면서 곧 히트곡의 역사고, 후크송의 역사고, 패션의 역사고, 국민 유행의 역사고, 댄스 학원의 역사고, UCC의 역사고, 미디어의 역사더라. 이런 게 레알 한국사(史)"라 칭한다.[135] 그러한 맥락에서 보자면 우리의 청소년들은 사회공동체의 어엿한 구성원이자 시민으로 인식되어야 한다. 왜냐하면, 그들이 써 내려가는 몸의 기억이 곧 한국 사회의

---

135 정진삼, 앞의 글, '〈사심 없는 땐쓰〉-불타는 금요일, 몸이여 나뉘어라!'.

현재가 되기 때문이다.

평론가 심정민은 "대중문화를 예술작품의 소재로 끌어들이는 데 있어 안은미만큼의 감각을 발휘하는 무용가도 없음을 재차 확인할 수 있었으며, 관객의 획일적인 반응이 아니라 경험과 취향 그리고 생각에 따라 다각적인 반응을 유도하는 방식은 대단히 컨템포러리 댄스적이다. 다만, 지나치게 오래 영상을 틀어놓음으로써 작품의 전체적인 집중력을 흐트려놓았다는 점은 재고"[136]해봐야 함을 지적한다.

평론가 유인화는 너무도 친절하게 공연을 안내해주고 있는 영상 속 텍스트에 대해 지적한다.

> 학생들이 무대로 나와 터트리는 말들은 주제의 통일성이 필요하다. 입시나 부모와의 관계 등으로 주제를 모으면 작품의 방향이 훨씬 정리될 것이다. 뒷막에 상영되는 글자들은 작품을 위한 텍스트의 수준을 넘어 과다한 내용을 던져준다. 그렇게 하지 않아도 안은미의 춤으로 충분히 이야기는 차근차근 진행되고 있기 때문이다."[137]

평론가 김승현은 마지막 장면의 노란 종이 가루를 '봄철 벚꽃 소낙비'에 비유한다.

> 안은미 춤의 이 기발한 흥은 어디에서 오는 것일까. 우선 일상에서 흔히 발견할 수 있는 자연스러운 움직임이다. 움직임이 전혀 놀랍지는 않다. 익숙하게 다가온다. 우리 몸에 붙어 있는 움직임이다. 그러

---

136 심정민, 『춤의 잔상 그리고 무용가들』, 북쇼컴퍼니, 2014, 383쪽.
137 유인화, 「2012년 2월 춤평」, 블로그 『춤과 그들』, 2012년 3월 7일.

나 좀 다르다. 어딘지 튄다. 엇박자다. 기습적으로 달려들어 낯선 새로움을 만들어낸다. 그 찰나의 생기와 익숙함이 맞물려 안은미 움직임 특유의 '살아 있는 쫀쫀함', 탄력을 만들어낸다. 그리고 꼼꼼하게 들여다보면 상징이 가득한 무대와 오브제의 정교한 배치가 한껏 달아오른 흥을 의미 있는 에너지로 증폭시킨다. 베개 싸움을 비롯해 각종 아이들 놀이와 수다, 왕따 등 아이들의 생활이 무대와 영상에 펼쳐졌다. 그런데 어딘지 비슷하다. 리듬이 비슷하고 TV에서 보고 배운 아이돌 춤이니 그럴 수밖에 없다. 얄팍한 자본주의 상혼의 냄새가 난다. 그래도 좋다. 살아 있는 느낌이 흥으로 변주돼 아이들의 해맑은 기운으로 뭉쳐 봄철 벚꽃 소낙비처럼 쏟아진다. 〈사심 없는 땐쓰〉는 아이들의 주름진 희망 위로 축복처럼 쏟아진 한바탕 '벚꽃 축제' 같았다.[138]

2013년 3월에는 '댄스 3부작'의 마지막 〈아저씨를 위한 무책임한 땐쓰〉(3.1~3, 두산아트센터 연강홀, 60분)를 발표한다. 이후 3월 16일 대전 예술의전당 아트홀에서 공연되었다.

이 공연은 안은미의 커뮤니티 댄스 세 번째 작품이었다. 그는 앞선 두 번의 커뮤니티 댄스로 계층의 위계 안에서 각자의 목소리를 가지지 못한 사람들에게 춤과 몸을 통해 자기 이야기하기의 쾌감을 던져주었다. 그리고 춤작가적 관점에서 보더라도 시의적절한 소재와 형식을 찾아냄으로써 향후 안은미의 공연에 변화의 방향성도 제시했다. 그러나 이후 이어지는 공연에서 그가 극복해야 할 과제 또한 분명한 공연이었다. 그것은 사회적 약자들의 목소리가 일시적인 이벤트에 머물지 않고 얼마나 지속 가

---

138 김승현, 「세 개의 속편, 세 개의 새로움―안은미·정의숙·이경옥」, 『춤』 434호, 월간 춤, 2012년 4월호.

능한 공간을 만들어낼 수 있겠는가이다. 그것이 아니라면 그의 커뮤니티 댄스는 시류에 편승한 보여주기식 공연, 일회적 이벤트로 머물 가능성도 있다. 거기에다 앞선 두 개의 공연과는 차별화되는 새로운 형식과 내용의 안무적 설계가 필요한 시점이라고 할 수 있었다. 그러나 결론적으로 말하자면 〈아저씨를 위한 무책임한 댄쓰〉와 〈스펙타큘러 팔팔댄쓰〉는 〈조상님께 바치는 댄쓰〉가 주는 신선한 자극에는 이르지 못했다고 할 수 있다.

그러한 과제를 안고 안은미가 세 번째 '한국인의 몸과 춤의 리서치' 대상으로 삼은 것은 대한민국의 '아저씨'들이다. '안은미컴퍼니'는 앞의 전작과 마찬가지로 전국을 다니며 150여 명의 40~60대 남성들의 막춤을 기록한다. 그리고 오디션을 거쳐 선발된 22명의 아저씨와 춤판을 벌이는 콘셉트다. 안은미는 전작들과 마찬가지로 이들에게 춤을 가르치지는 않는다. 지금의 숨 쉬고 있는 몸을 그대로 펼쳐놓는다. 그렇다면 안은미가 리서치한 현재의 아저씨라는 일반명사는 우리에게 어떻게 정의되고 있는가.

> 카메라를 들고 전국을 돌아다니면서 발견한 아저씨들의 공통점은 책임감에 짓눌려 있다는 것이었죠. 게다가 지금의 40대부터 60대까지는 사회적 캐릭터의 급격한 변화를 겪었잖아요. 디지털 문명에 적응하기도 어려운 세대죠. 그러다 보니 자신의 정체성에 관한 질문이 아주 많아요. 억압적인 사회에서 성장해 과도한 책임감에 짓눌려 살아왔고, 변화하는 세상에 적응하기 쉽지 않은 사람들. 그 아저씨들의 몸에는 50년의 역사가 담겼죠. 제가 의식적으로 안무를 할 필요도 없이 그 시간을 무대 위에 그냥 펼쳐놓을 겁니다. 몸은 이미 말하고 있거든요.[139]

---

139 문학수, 「아저씨들의 무책임한 댄스… 막춤을 무대에 올리다」, 『경향신문』, 2013년 2월 13일.

60분의 공연은 세 부분으로 나뉜다. 처음 20분은 '안은미컴퍼니'의 전문 무용수들이 아저씨들의 몸짓을 빌려 조금은 전문적인 춤으로 보여준다. 다시 20분 동안은 전국을 돌아다니면서 만난 150명의 중년 아저씨들의 모습을 담은 영상이 상영된다. 마지막 20분은 22명의 아저씨와 전문 무용수들이 만드는 춤판이다. 먼저 눈에 띄는 장치는 스크린으로 이용되는 배경막이다. 〈조상님께 바치는 댄쓰〉와 〈사심 없는 댄쓰〉에서도 공연의 소재를 시각적 이미지로 압축한 배경막이 등장했었는데, 이번 공연의 배경은 수천 개의 흰색 막걸리 병이 줄지어서 거꾸로 매달려 있다. 아저씨 하면 떠오르는 이미지가 술인가 하여 서글프기도 하지만 주제의 핵심을 단번에 드러내는 묘미가 있다. 그래서인지 공연에서도 술을 먹고 비척대는 모습들이 자주 등장한다. 다음은 방수포로 덮인 무대 바닥이다. 공연은 시작과 함께 마지막까지 시도 때도 없이 천장에서 '비'가 떨어진다. 그리고 그 빗물은 바닥에 고인다. 아저씨들과 무용수들은 함께 비를 맞으며 고인 물속에서 첨벙거리고 춤을 춘다. 〈아저씨를 위한 무책임한 댄쓰〉의 주요 오브제는 단연 '물'이다. 이에 대해 안은미는 "아저씨들 하면 그 수고스러운 땀이 생각났어요. 그리고 아저씨들의 눈물. 또 빼놓을 수 없는 게 '소주', '비'라는 것이 하늘에서 수직으로 내리잖아요. 그게 이 사회의 상하수직 구조를 의미하는 것 같기도 하고. 양동이는 자신을 담는 집이나 또한 버려야 하는 것들을 상징합니다."[140]

공연의 '판열음'은 언제나 안은미의 솔로다. 빡빡머리, 검은 양복저고리

---

[140] 박순영, 「아저씨들이 춤바람이 났다. 나 이제 책임 안 진다구!」, 『오마이뉴스』, 2013년 3월 1일.

에 넥타이를 맸다. 그런데 밑에는 긴 금색 치마를 입고 한 손에는 소주병을 들었다. 이리저리 몸을 꺾고 비틀고 흐느적거리는 것이 술에 취한 아저씨들의 표상이다. 소주병을 들고 병나발을 불더니 입에 담긴 술을 관객석에 뿜는다. 다음은 무용수들의 격렬한 춤으로 이어진다. 밤무대를 연상시키는 키치적 정장 차림의 무용수들은 아저씨들의 몸짓과 다른 듯하면서도 닮아 있다. 그리고 무대 천장에서는 물이 쏟아지기 시작한다. 스크린에서도 폭포처럼 물이 쏟아진다. 호흡이 들썩거릴 정도로 강렬한 춤과 물에 흠뻑 젖은 무용수들의 몸은 처절하다. 입고 있던 양복을 벗어 던지고 흐느적거리며 때로는 빗속에서 울부짖기도 한다. 잠시 후 떨어지는 물 가운데로 아저씨들이 등장한다. 우산을 쓰고 슬금슬금 어색하게 등장하기도 하고, 내리는 비를 온몸으로 맞으며 터벅터벅 걷기도 한다. 또 누군가는 세상에 던져지듯 추레한 모습으로 후다닥 뛰어 들어온다. 비록 우산과 비옷으로 무장했지만, 폭포처럼 떨어지는 물을 이겨낼 재간은 없다. 머리는 벗어지고, 등은 굽고, 얇고 앙상한 다리에 배가 나오고 뚱뚱한 몸들이 박물관에 박제된 인형처럼 무대에 전시된다. 이 몸이 오늘날 '아저씨'라고 하는 이름을 가진 남자들 몸의 실체라고 말하는 듯하다.

이어 무대는 '아저씨'들을 기록한 영상이다. 공사장, 등산로, 밭, 기찻길, 공장 마당, 식당 주방, 공원, 횟집, 공설운동장, 세탁소 등등 아저씨들의 삶의 현장 곳곳에서 이들의 무책임한 춤은 기록되고 재구성된다. 흥겨운 춤에 음악이 없는 것은 이제 특별할 것도 없다. 춤을 보고 있으면 비틀비틀, 엉거주춤, 덩실덩실 춤, 그러다가 성에 차지 않으면 무작정 흔든다. 그도 아니면 학창 시절의 국민체조, 또는 군대에서 써먹던 일명 '군바리춤'까지 아저씨들이 할 수 있는 세상의 모든 움직임은 여기 다 모아놓은 것처럼 이들의 춤사위는 현란하다. 그러나 웃음 뒤에 이어서 밀려오는 알싸한 페이소스와 어느 노래 가사처럼 '내가 웃는 게 웃는 게 아니야!' 하는 역설의 아이러니는 쉽게 사그라지지 않는다. 이쯤 되면 아저씨들이 가지고 있는 춤의 의미가 객석에 조용히 스며든다. 안은미는 "아저씨들의 춤을 촬영해봤을 때 그 동작들이 무척 무거웠어요. 그들에게 어떤 정서적으로 '논다'라는 것이 없더군요. 항상 책임을 떠안고 사는 아저씨들의 모습에서 오늘 하루만큼은 책임을 벗어 던졌으면, '무책임'한 시간, 공간을 선물"[141]하고 싶었다고 한다. 그 안에서 우리는 어디선가 마주친 적 있었던 우리의 아버지, 삼촌, 남편, 오빠의 얼굴과 만난다. 그리고 이들의 얼굴에서 무슨 생각을 하며 사는지 궁금한, 그렇지만 차마 대놓고 물어보기가 망설여졌던 우리 자신의 모습을 본다.

춤 영상이 끝나고, 무대에는 22명의 아저씨가 등장한다. 한 명씩 자신의 이야기를 배경영상과 함께 표현한다. 흰색 나비넥타이를 매고 조심스럽게 걸어 나와 왈츠를 추는가 하면, 양동이로 열심히 물만 퍼 나르고, 한복에 엿가락 가위를 든 아저씨는 공원에서 하는 기체조를 선보인다. 양동이를 엎어놓고 앉아 비눗방울을 날리고, 억눌렸던 마음을 분풀이하듯 양복과 넥타이를 벗어 던지고, 빗속에서 피아노를 치며 자신의 꿈을 몸으로 이야기한다. 공연의 마지막은 무용수와 아저씨들이 나이트클럽의 현란한 조명 아래 신나게 춤을 춘다. 온몸과 옷이 비에 흠뻑 젖은 채, 구르고, 뛰고, 서로에게 물을 뿌리며 막춤으로 끝이 난다. 사실 무용공연에서 훈련이 안 된 일반인, 그것도 배가 나오고 머리 벗어진 아저씨들의 몸을 본다

---

141 위의 기사.

는 것이 그다지 유쾌한 일만은 아니다. 그러나 현대무용이 어느 순간 대중한테서 멀어지고 어려운 춤으로만 인식된 이유를 생각해 본다면 안은미의 작업은 춤의 예술적 권위에 어깃장을 놓으며 앞으로 우리 춤이 나아갈 또 하나의 가능성을 제시하고 있다고 할 것이다.

2014년 2월에는 〈스펙타큘러 팔팔땐쓰〉(2.26~3.1. 두산아트센터 연강홀, 70분)를 발표한다. 이 작품은 2011년부터 '안은미컴퍼니'가 두산아트센터의 상주예술단체로 있으며 기획한 '댄스 3부작'의 종합편이라고 할 수 있다. '안은미컴퍼니'의 전문 무용수들과 할머니, 학생, 아저씨들을 포함한 일반인들 40여 명이 펼치는 무대이다.

'댄스 3부작'이 '세대별 몸과 춤에 대한 리서치'라면 〈스펙타큘러 팔팔땐쓰〉는 '도시와 인간에 대한 리서치'다. 우리가 건설한 "도시는 화려한 네온사인과 현란한 스펙터클로 무장하고 도시 속 인간을 무력한 관음증 환자로 만들어놓았다. 그 안에서 미디어와 도시는 우리를 대신해 춤을 춘다. 도시의 빌딩들은 실로 알지 못하는 사이에 거대한 자본의 바벨탑을 세우고, 그 안에서 우리를 춤추게 하는 것은 어쩌면 우리가 아니라 인간의 춤을 조건화하고 있는 이 도시일지도 모른다."[142] 안은미는 〈스펙타큘러 팔팔땐쓰〉에서 이 도시가 어떻게 춤을 춰왔는지, '춤추는 도시'를 수소문한다.

무대는 영상이 투사되는 배경을 비롯해 좌·우의 가림막까지 원형의 조각들이 열을 맞춰 모자이크를 이룬다. 은색의 원형 조각들은 미래의 도시를 연상시킨다. 이후에 무용수들의 의상에서도 같은 원형의 무늬가 박혀있는 것으로 보아 공연의 주제는 원(圓), 또는 고리(circle)를 의미하는 것

---

142 〈스펙타큘러 팔팔땐쓰〉(2014) 보도자료 참조.

으로 보인다. 공연의 주요 소도구로 등장하는 훌라후프가 의미와의 상관성을 더욱 강조한다. '댄스 3부작'에서도 그러했듯 공연의 주제를 관통하는 소품을 무대장치에 적용하고 있다. 여기에다 "공연 제목의 '스펙타큘러(Spectacular)'가 '스펙터클(Spectacle, 경관)'과 '써큘러(Circular, 원형의, 순환의)'의 합성어라면 원형(圓形)은 그 제목에 대한 표현인 듯하다."[143]

본 공연이 시작하기도 전에 무대는 이미 퍼포먼스에 돌입해 있다. 무대 왼편에는 소형 포클레인이 등장해있고 그 삽 위에는 중학생 정도의 남자아이(곽현민, 성문밖 학교 1학년)가 앉아서 무언가를 열심히 중얼거린다. 남자아이는 지하철역 이름을 호선별로 열창한다. 무대 오른편에는 흰색 체육복 차림의 초등학생(강민서, 와부초등학교 5학년)이 줄넘기를 하고 있다. 프롤로그에서 벌어지는 퍼포먼스는 비교적 명징하다. 도시건설의 상징인 포클레인과 땅 밑을 순환하는 지하철, 지칠 듯 지치지도 않고 도는 줄넘기가 도시를 벗어나지 못하고 쳇바퀴처럼 돌고 있는 우리 삶을 웅변한다. 우리는 이제 도시를 벗어날 수 없다.

공연의 시작은 안은미가 정수리에 훌라후프를 위태롭게 걸치고 조심스럽게 걸어 나온다. 이내 목으로 훌라후프를 돌린다. 몇 번은 성공, 몇 번은 실패. 여기서 관객의 긴장감은 일시에 역전되며 웃음이 터진다. 그가 웃고 있는 관객 한두 명에게 훌라후프를 건네며 돌려보라고 권한다. 행위자와 관객의 경계가 희미해지며 '판열음'은 웃음으로 끝난다.

다음은 전문 무용수들의 타임이다. 무용수들이 은색의 물방울 땡땡이

---

143 박순영, 「도시를 춤추게 해봐! 빙빙 도는 춤의 고고학 종결판」, 『오마이뉴스』, 2014년 3월 1일.

의상을 입고 훌라후프를 돌리며 나온다. 훌라후프로 할 수 있는 거의 모든 동작이 등장한다. 훌라후프로 줄넘기를 하고 몸의 여러 관절을 이용해 돌리고 뛰고 구르고 던지며 어린 시절의 경쾌한 놀이를 연상시킨다. 이어서 비치는 영상에서는 도시 한가운데 정처 없이 서 있는 사람들을 중심으로 카메라가 어지럽게 회전한다. 사람들은 광장, 공원, 육교 위, 건널목, 건물 옥상, 버스정류장, 번화가 어디쯤 멈춰 서서 초점 없이 도시를 응시한다. 카메라는 도시의 눈이 되어 그들을 관찰하듯 어지럽게 맴돈다. 이쯤 되면 도시의 주인은 인간이 아니다. 인간은 도시의 피조물이다. 영상을 보고 있자면 3D 영화를 보듯 어지럽고 현기증이 일어난다. 잠시도 한 곳을 응시할 수 없을 정도로 카메라는 쉬지 않고 움직인다. 도시 안에서 건물들은 춤을 추듯 순식간에 무너지고 눈 깜짝할 사이에 올라간다.

다음에는 흰색 한복을 입은 어린 소녀가 등장해서 노래를 부르고 곧이어 할머니, 할아버지, 10대의 청소년, 아저씨들이 무대를 채운다. 그런데 모두의 손에는 흰 봉지가 들려 있다. 참가자들은 비닐봉지를 뒤집어 털어내는데 안에서는 하얀색의 스티로폼 가루들이 떨어진다. 참가자들은 눈싸움하듯 가루를 서로에게 집어 던지며 장난치듯 무대를 뛰어다닌다. 마지막에는 소리꾼 이희문과 힙합 가수 이상화가 국악과 힙합을 섞어 노래하며 무대는 막춤으로 끝난다.

안은미의 공연을 즐기는 방법의 하나는 우선 메타포를 담고 있는 주요 오브제가 무엇이며 그것이 어떻게 활용되고 있는가를 점검해보아야 한다. 그동안 안은미의 공연은 자신의 욕망을 에둘러 얘기하는 법 없이 직설적으로 쏟아냈다. 이것은 은밀하고 고상하게 무용수의 몸 뒤에서 자신의 모습을 숨겨왔던 지금까지의 현대무용과는 결이 다른 행보였다. 그래서 그의 춤은 저질스럽고 경박한 미친 짓으로 치부되기도 했지만, 한편에서는 새로운 지지층을 만들어내기도 하였다. 그럼 그의 춤이 대중들로부터 지지를 받는 이유는 무엇인가. 그중에 하나는 바로 직설적이지만 담백한 오브제의 활용이라고 할 수 있다. 대표적으로 '댄스 3부작'에서 이야기의 메타포를 압축하는 상징물로 '꽃무늬 의상', '노란 종이꽃 가루', '물'과 같이 일상적 소재를 빌림으로써 현대무용의 심리적 거리를 좁힌 것이 그 예라고 하겠다. 〈스펙타큘러 팔팔땐쓰〉에서도 일상적 소품인 '훌라후프'[144]를 이용해 공연의 메타포를 어렵지 않게 경험하게 했다. 문제는 훌라후프의 움직임이다. 훌라후프가 상징하는 이미지의 무게만큼 훌라후프의 활용이 창의적이지 못했다. 무용수들의 훌라후프 춤 또는 놀이는 올림픽 리듬체조에서 보여주던 동작의 그 이상, 그 이하도 아니었다. 이미 그것을 이용한 수많은 동작이 개발된 상태에서 무언가 새로운 것을 시도해보려 했지만, 결과적으로 그 한계를 넘어서지는 못했다.

　〈스펙타큘러 팔팔땐쓰〉는 '도시와 인간'의 관계를 표현하려는 애초의 목표를 잘 이루었다. 무용수들의 움직임은 보는 관객들의 숨을 턱밑까지

---

144 "훌라후프는 아주 상징적이다. 사람이 자기 허리에 훌라후프를 걸고 돌리기 시작하는 그 순간부터, 훌라후프는 사람의 동작을 지배하고 궁극적으로 사람의 몸을 변화시킨다. 그것은 사람에게 허리 돌리기라는 똑같은 동작을 요구한다. 훌라후프를 계속 돌게 하려면 계속 똑같은 방식으로 움직이는 수밖에 없다. 사람이 동작을 멈추면, 훌라후프는 땅에 떨어진다. 훌라후프 돌리기는 현대 도시 생활의 환유이다. 훌라후프가 요구하는 동작을 거부하고서도, 훌라후프를 계속 돌게 할 수 있을까? 아니면 훌라후프 돌리기를 아예 그만두면 안 될까? 물론 예술은 사회과학이 아니다. 인간 삶의 자연성과 인간 몸의 완전성을 회복하려는 예술가의 대담한 도전은, 지식 밖의 지식을 탐색하는 일이다." 전우용, 「내가 훌라후프를 돌리는가, 훌라후프가 나를 돌리는가」, 〈스펙타큘러 팔팔땐쓰〉(2014) 보도자료 글 1 참조.

끌어올릴 정도로 역동적이었으며 정감 어린 훌라후프의 사용은 춤과 일상의 경계를 묘하게 넘나들며 공연의 의도를 드러내기에 충분했다. 그런데 공연의 미덕은 '안은미다움' 거기까지였다. 사실 '댄스 3부작'에서 구성의 반복은 시리즈가 계속될수록 공연의 흥미를 떨어뜨리는 요인으로 지적되어 왔다. 거기에 〈스펙타큘러 팔팔댄쓰〉가 '댄스 3부작'의 '종합편'임은 이미 주지하는 바다. 그런데 그런 현상이 〈스펙타큘러 팔팔댄쓰〉에까지 이어지며 각각의 공연들이 독립된 작품으로서의 변별점을 찾기 어려웠다. 따라서 이 시리즈가 공연을 전제로 한 '극장용 커뮤니티 댄스'로 고착화하는 것은 아닌지 염려되는 부분이다.

지금까지의 공연을 짚어보면 '한국인의 몸과 춤에 대한 리서치' 프로젝트를 통해 안은미가 궁극적으로 말하고자 하는 바는 공연의 구성적 묘미도 있겠지만, 동시대를 사는 다양한 몸들의 설계와 실행 그리고 그것의 아카이브에 더 관심이 있는 듯 보인다. 하지만 그렇다 하더라도 〈스펙타큘러 팔팔댄쓰〉의 아쉬움은 계속 남는다.

첫째는 공간의 단조로움이다. 사람을 중심으로 카메라가 회전하며 어지러운 도시에 구속된 인간의 삶을 표현한 발상은 흥미롭다. 그러나 사람들이 서 있는 장소의 단조로움은 삶의 기억을 깊이 있게 파고들지 못했다. 다시 말해 무의식에 저장된 기억의 공간으로까지 확장해 주지 못하고 상투적인 공간에 머물고 말았다.

둘째는 쪼그라든 '막춤'이다. 〈스펙타큘러 팔팔댄쓰〉는 '댄스 3부작'에 비해 일반인의 참여 시간이 현저하게 낮다. 70분 정도의 공연에서 일반인이 참여하는 시간은 10여 분 정도이다. 처음부터 일반인들에게 기대한 것은 대단한 춤이 아니라 삶의 궤적이 쌓인 현상적 신체가 환영의 공간에서 드러내는 생경함이었다. 그러나 할머니, 10대들, 아저씨들을 모아놓기만 했지 정작 이들의 몸을 볼 시간이 없었다. 그렇다 보니 시간의 비중뿐만 아니라 일반인들의 자기 이야기는 부재하고 따라서 공연의 정체성이 의심받을 만하다. 과연 저들이 무대 위에 있는 의미는 무엇인가.

2011년부터 시작된 한국인의 '몸과 춤에 대한 리서치와 아카이빙'은 2014년 '종합편'〈스펙타큘러 팔팔땐쓰〉로 마무리된다. 처음부터 안은미는 〈조상님께 바치는 땐쓰〉를 시작할 때만 하더라도 '댄스 3부작'과 같은 연작으로 만들 계획은 아니었다.[145] 그러나 '댄스 3부작'은 전통적 무용의 개념에서 취급되지 않았던 '막춤'이라는 용어를 일반적 춤의 범주로 들여오는 데 일조했으며, 커뮤니티 댄스의 새로운 방법들을 제시했다. 특히, 전문가의 영역이라고 생각했던 춤과 안무를 일반인과 일상으로까지 확장했으며, 간단한 구성을 기반으로 춤 공연의 대중적 성공을 거두었다. 그러나 같은 포맷의 반복으로 인해 신선한 자극을 지속하는 데는 어느 정도의 한계 또한 갖고 있었다.

그 원인은 〈조상님께 바치는 땐쓰〉 다음으로 이어지는 세 개의 공연은 〈조상님께 바치는 땐쓰〉에 비해 힘이 빠지는 모양새를 보였다. 공연의 힘은 조작되지 않은 생경한 몸이 일루전의 공간 속에 침투하며 던지는 낯선 경험이다. 이 경험은 어떤 필터로도 걸러지지 않은 현상적 신체이다. 그러나 〈사심 없는 땐쓰〉와 〈아저씨들의 무책임한 땐쓰〉〈스펙타큘러 팔팔땐쓰〉에서의 몸은 전작과 비교해 조작된 힘이 가세한 느낌이었다. 그 이

---

145 "처음 할머니들의 춤을 담을 때까지만 해도 연작으로 만들 계획은 아니었다." 박보미, 「아저씨들! 하루라도 신나게 땐쓰」, 『한겨레신문』, 2013년 2월 26일.

유가 관객의 처지에서 전작의 기대치가 너무 높기 때문이었는지, 아니면 생산자의 관점에서 반복을 피하기 위한 강박 때문이었는지는 알 수 없다. 다만 인위적 힘이 더해지는 순간 역설적이게도 공연의 힘은 빠지고 말았다. 공연 칼럼니스트 강일중은 이것을 "영화의 속편이 주는 한계, 즉 한계효용체감의 법칙"[146]이라고 말하는데, 시리즈의 첫 작품이 주는 충격이 너무 컸다는 고백일 것이다. '한계효용체감의 법칙'은 공연의 간단한 구성 즉, '판열음(인트로)'–'안무'–'리서치 영상'–'실재의 제시'–'난장춤(아우트로)'으로 이어지는 동일한 포맷의 반복도 무시할 수 없는 요인이었겠지만, 그것보다는 공연을 채우는 내실 있는 이야기의 부족과 몸의 부재가 더 큰 요인이었다. 그 요인들을 정리해보면 다음과 같다.

첫째, 춤을 추는 공간이 할머니들과 비교해 다양하지 못했다. 청소년, 아저씨들의 영상에서 보이는 춤 공간은 관객의 상식을 뒤집을 만한 낯선 장소가 보이지 않는다. 할머니들의 춤이 즐거우면서도 숭고했던 이유는 시간과 장소에 구애받지 않고 춤을 추는 능력, 즉 '어찌 저런 곳에서 저런 춤을 출 수 있지'라고 하는 놀라움과 생경함 등의 의외성과 예측 가능함을 넘어섰기 때문이었다. 그에 비하면 청소년과 아저씨, 도시를 주제로 한 공간은 좀 더 세밀한 연구가 부족했다.

둘째, 실재하는 몸의 부재이다. '댄스 3부작'의 묘미는 걸러지지 않은 몸짓의 현상적 신체와 그 직접성을 지각하는 재미이다. 그러나 공연의 소재를 제공했던 길거리 춤의 부족은 실제 공연에서도 몸과 춤의 고갈로 이

---

146 강일중, 「안은미 안무의 〈스펙타큘러 팔팔댄스〉」, 블로그 『공연과 인물』, 2014년 3월 2일.

어졌다. 여기에 공연에 참여한 집단의 획일적 구성 또한 참여자들의 생경함과 의외성이 주는 무책임한 구성을 잃어버리고 예측 가능한 범주에서 공연의 편리한 방식을 좇고 말았다. 국제고등학교 학생들로만 이루어진 청소년 그룹과 전문직(영화, 음악, 국악, 언론, 은행원, 사진작가)에 속한 아저씨들의 대거 참여가 의외성의 재미를 반감시켰다고 볼 수 있다. 사회적 계층으로 경계 짓긴 쉬우나 정의하기는 어려운 세대의 구분과 육체의 다양한 사회적 상징이 축소되었고 여기에 더는 날것이 아닌 몸, 솔직하지 않은 몸들이 끼어들었기 때문일 것이다.

셋째, 안무의 과도한 개입이다. 이것은 몸짓의 부족을 만회하기 위한 지나친 액션을 말한다. 청소년들의 일탈적 막춤은 어딘가 직조된 냄새가 풍긴다. 그에 비해 전문직 아저씨들의 무책임한 춤으로의 일탈은 직조된 냄새를 풍기지는 않지만, 지극히 안전한 방식으로 이루어진다. 그래서 그들의 춤은 삶의 밑바닥, 오래된 저장고에 은밀하게 잠든 몸이 아니라 우스꽝스럽고 과장된, 일탈을 가장한 기호적 육체만을 드러냈다. 〈조상님께 바치는 땐쓰〉에서는 잘 나타나지 않던 과도한 이미지와 상징이 〈아저씨를 위한 무책임한 땐쓰〉에서 빈번하게 나타나는 이유는 부족한 몸짓을 만회하기 위한 안무적 설계로 비친다. 그러면서 아저씨들의 이미지는 '물'이라고 하는 상징으로 쉽게 치환되며, 물속에서 그들의 막춤은 사회적 가면을 절대 벗지 않고 스스로가 연출한 일탈을 연기하는 것처럼 보인다. 그러나 그것을 무책임하게 아저씨들의 잘못만으로 돌릴 수 없는 것이 자신들의 민낯을 한 번도 솔직하게 드러내보지 못한 이 시대 아저씨들의 자화상일 수도 있어 더욱더 씁쓸하다.

그래도 안은미의 '댄스 3부작'이 주는 의미는 남다르다. 첫째는 3장으

안은미 춤의 특징적 사례들

292
293

로 간결하게 짜인 포맷의 탄탄함과 그의 장기인 시각적 이미지는 프로젝트의 의미를 살려냈다. 둘째는 사전제작 방식으로 준비된 자료조사는 일회성 공연의 한계를 넘어서도록 했다. 셋째는 세대와 계층을 아우르는 시대의 몸과 움직임을 채집함으로써 일종의 춤 아카이빙의 모델이 되었다. '댄스 3부작'은 안은미의 춤이라고 하는 작가적 관점에서 보더라도 춤의 범주를 한층 더 풍부하게 한다. 초기에는 인간 내면의 고통이나 슬픔을 정면으로 파고드는 직설적 표현으로 파장을 일으켰다면, 이후 〈하늘 고추〉 등에서는 한국적인 탄츠테아터를 시도했고, 〈新춘향〉과 〈바리〉에서는 전통적 소재의 동시대적 해석에 주력했다. 그리고 커뮤니티 댄스에서는 사회적으로 자기 목소리를 가지지 못한 공동체에 주목하면서 그들의 실재하는 몸을 무대화하였다. 이와 같은 안은미의 작품 경향은 이후로도 시민참여형 예술작업에서 일관된 흐름을 보인다.

2) 시민참여형 예술 프로젝트

2011년 10월, 〈댄씽마마 프로젝트〉(10.2, 수원 화성행궁 광장)를 발표한다. 이 공연은 단 하루의 공연이었지만 사전 작업은 상당히 촘촘하게 진행됐다. 경기문화재단의 주최로 안은미컴퍼니의 단원들과 다큐멘터리 작가, 사진작가 등이 2개월 동안(주 3회) 경기 지역 곳곳을 순회하며 할머니들을 대상으로 '찾아가는 땐쓰방'을 운영한다. 노인정, 공원, 재래시장, 노인대학 심지어 텃밭까지 할머니들이 모인 곳이면 어디든 찾아가서 할머니들과 춤을 추고 이것을 영상으로 기록, 저장한다. 그리고 공연 당일 이들 할머니가 초대된다. 공연 당일에는 이 할머니들 외에 축제 관람 시민들까지 춤에 동참하는 열린 커뮤니티 댄스 마당이 된다. 축제는 황병기의 가야금곡 〈침향무〉를 시작으로 디제잉, 청소년 밴드, 민요 그리고 마지막엔 초대형 댄스 파티로 마무리된다.

이 공연은 〈조상님께 바치는 땐쓰〉가 계기가 되었는데, 제한적 공간인 극장 밖을 벗어나 축제형식의 커뮤니티 댄스로 진행된다. 이미 참여가 예정된 할머니 그룹이 있기는 하지만 당일 축제 현장의 시민들까지 합세하여 열린 공간에서 열린 공동체를 지향하는 커뮤니티 댄스의 취지가 잘 드러나고 있다. 〈땐씽마마 프로젝트〉는 2006년 영국의 빅댄스(Big Dance)[147]까지는 아니어도 우리의 커뮤니티 댄스가 문화적 사건으로 발전할 가능성을 증명한 공연이었다.

2013년 4월, 〈Pina Ahn in Seoul〉(4.18~19, 국립극장 달오름극장)을 발표한다. 이 작품은 〈조상님께 바치는 땐쓰〉 이후 안은미가 계속해서 시도하는 커뮤니티 댄스를 한층 발전시킨 것이다. 이전의 '댄스 3부작'은 세대별 계층에 주목하며 안무자의 관점을 중심으로 진행되었다. 따라서 개인적 의미의 작품으로 규정될 수 있었다. 그러나 이 공연은 안은미가 안무자라기보다 프로그래머로서 기능한다. 공연의 프로그래머로서 안은미는 '춤은 특별한 교육 없이도 누구나 자신을 표현할 수 있는 언어'라는 현대무용가

---

147 "런던 중심부의 트라팔가 광장은 주변의 코벤트 가든, 내셔널 갤러리 등의 문화 명소들, 넬슨 승전 기념탑 등 유서 깊은 건축물들을 품은 런던과 영국의 랜드마크로 손꼽힌다. 2006년 7월 22일 저녁 트라팔가 광장은 춤으로 뒤덮였다. 752명의 춤꾼이 40여 스타일의 춤을 추었다. 당시 9일 동안 런던의 공원, 노천공연 공간, 지하철역, 박물관, 학교, 쇼핑 윈도 등 시내 400곳에서 춤판이 펼쳐졌다. 빅댄스(Big Dance)라 명명된 이 행사에서는 안무가들의 춤을 37개 도시에서 BBC 방송 네트워크를 통해 9,000명이 함께 추는 행사도 있었는데, 당시 세계 최대 댄스 클래스로 기네스 기록에 올랐다." 김채현, 「춤-시민, 커뮤니티로 엮다 : 커뮤니티댄스재단」, 웹진 『춤:in』, 서울무용센터, 2017년 5월 25일.

피나 바우쉬(Pina Bausch)의 철학이 현실에서 어떻게 이해되고 적용될 수 있는가를 두고 실험한다. 안은미와 바우쉬의 인연은 새삼 거론할 필요도 없거니와, 안은미의 여러 닉네임 중의 하나인 '동양의 피나 바우쉬' 또한 작품의 제목과 무관하지 않다.

무대에 오르는 참가자는 모두 78명, 이들은 모두 무용 비전공자로 오디션을 거쳐 뽑혔으며, 무대에서 1분 59초의 시간을 부여받는다. 말이 오디션이지 여기에는 합격, 불합격의 기준은 처음부터 없었다. 오디션에 참가한 사람은 공연 일정 중 개인 사정이 있는 사람을 제외하고 최종 공연에 전원 참여하게 된다. 출연자의 면면 또한 '댄스 3부작'에 비해 훨씬 더 개방되어 있다. 다양한 직업군(취업준비생, 고등학생, 고시생, 주부, 아르바이트생, 영양사, 영업사원, 문화원 직원, 선생님, 디자이너, 직업 없는 사람 등)을 이루지만 이것이 사회적 위계나 세대별 계층을 형성하지는 않는다.

공연의 콘셉트는 바우쉬의 예술정신을 기록한 3D 영화 〈피나〉를 관람하고 78명의 참가자가 1분 59초 동안 무대 위에서 자기 이야기를 춤으로 표현하는 것이다. 그러면 여기서 안은미의 역할은? "내버려 두기였다. 무엇을 가르치기보다는 아마추어들의 에너지가 자연스럽게 표출되기를 기다려주는 것이다. 관건은 무대에 오르는 것, 남에게 무엇을 보여주는 것에 대한 공포심을 없애는 것"[148]이다. 따라서 안무의 사전적 의미로서 '일련의 움직임을 디자인'한다는 안무의 기능이 이 공연에서는 발휘되기 어렵다. 참가자들이 무슨 이야기를 할 것인지는 전적으로 자기 의지에 달렸

---

148 오진희, 「누구나 주인공으로… 무용가 안은미, 맘대로 춤추세요」, 『아시아경제』, 2013년 4월 18일.

으며 시간상의 제약 이외에 모든 것에 한계는 없다. 1분 59초 동안 펼칠 춤의 주제도 자유이며, 의상, 소품, 분장, 출연자까지도 스스로 정한다. 그래서 공연을 보면 1인 춤도 있고, 집단 춤도 나타난다. 한마디로 1분 59초를 자신의 힘으로 기획하는 것이다.

공연의 내용을 간단하게 소개하면, 반듯한 차림의 중년 남성은 자신에게 주어진 1분 59초 동안 몸을 움직이지 않는다. 다른 출연자들의 거창한 준비물에 비해 그의 손에는 달랑 마이크 하나만 들려 있다. "저는 춤추는 것을 싫어합니다. 그래서 몸을 별로 움직이지 않고 주로 입을 움직이며, 피나 바우쉬를 알았던 사람으로 이런저런 얘기를 하려 합니다." 그러면서 그는 유창한 독일어로 2000년 바우쉬를 처음 만났을 때의 일화를 소개한다. 춤도 아닌 이것 또한 공연에 일부로 무대에 올랐다. 한 여성은 고시원에 사는 30대 비정규직이다. 그는 아침마다 좁은 공동화장실에서 샤워한다. 그리고 그럴 때마다 자신의 갑갑한 삶이 연상되면서 비참하다는 생각이 든다. 하지만 지금은 그 갑갑한 삶을 〈샤워〉라는 제목의 춤으로 만들었다. 또 다른 30대 초등학교 교사는 여자들의 몸을 관음의 대상으로 삼는 남자들에 대한 저항을 담아 〈바지나 덴타타(VAGINA DENTATA)〉라는 춤을 선보인다. 20대 그래픽 디자이너의 춤은 〈댄싱 덩어리〉, '비존재-무'로 보이는 덩어리 뒤에 숨은 '존재-유'의 끝없는 움직임을 막춤으로 소화한다.[149] 그런가 하면 여러 참가자가 모여 집단 춤을 만들기도 한다. 〈매듭〉은 참가자 중 한 명이 안무하고 아홉 명이 출연한

---

149 전지현, 「고시원녀 · 마사지 알바 · 영업맨…춤꾼 변신한 보통 사람들」, 『MK 뉴스』, 2013년 4월 16일 기사 참조.

다. 끊임없이 매듭을 묶고 풀며 사람과 사람, 사람과 사물의 관계 속에서 사람들의 자유롭고 싶은 마음과 속박당하고 싶은 이중적 태도를 표현한다.

이들 외에도 참가자들의 춤은 다양했다. 사실 춤이라고는 하지만 춤에 대한 이해가 부족한 일반인들에게 춤은 쉽지 않은 예술이다. 그런데 춤을 가르쳐서 무대에 올리는 것도 아니고 스스로 무언가를 만들어야 한다는 부담은 참가자들에게는 엄청난 강박이자 공포였을 것이다. 그래서인지 참가자들의 춤은 춤이라기보다는 때로는 연극 같았고, 또 어떤 것은 퍼포먼스 같았다. 기타를 연주하거나, 검도, 축구, 복싱과 같은 장기를 그대로 펼쳐 보이는 무대도 있었고 인형 같은 소품을 이용해서 연기하는 참가자도 있었다. 그러나 처음부터 이들에게서 춤에 대한 이해를 바탕으로 미학적 완성을 목표로 하지 않았기에 그것이 춤이어도, 연극이어도, 퍼포먼스여도 문제 될 건 없었다.

2014년 6월, 〈초생경극(超生景劇) : 무(舞/無)·언(言)〉(6.27, 광주교육대학교 풍향문화관 하정웅아트홀)을 공연한다. 이 공연은 2015년 개관을 앞두고 광주 '아시아문화전당'이 진행하는 커뮤니티 프로그램의 네 번째 작품[150]이었다. '아시아문화전당'은 '시민들과의 공동작업, 커뮤니티 퍼포머티비티(Community Performativity)'라고 하는 캐치프레이즈(catch phrase)와 함께 모든

150

일시	장소	작가	제목
2013. 12. 6	전남대 기숙사	안나 리스폴리	〈집에 가고 싶어〉
2014. 2. 28	빛고을 아트스페이스	정은영	〈사랑이 넘치는 신세계〉
2014. 4. 19~20	광주문화예술회관	리미니 프로토콜	〈100 % 광주〉

프로그램의 중심에 시민들을 참여시켰다. 따라서 "작품의 기획 단계부터 무대에 오르기까지 모든 제작 과정에 시민이 직접 참여한다. 시민들은 작품 제작 과정에 참여하는 동안 '나'로 시작된 이야기가 '공동체'의 메시지로 확대되는 새로운 경험을 하게 된다."[151]

〈초생경극(超生景劇) : 무(舞/無) · 언(言)〉(이하 '초생경극'으로 통일)은 먼저 공연에 참여할 20여 명의 광주시민을 공개 모집했다. 이후 약 7주에 걸쳐 움직임, 토론, 인문학 세미나 등의 워크숍을 갖는다. 공연의 주제는 '죽음'이다. 안은미는 공연에 필요한 사전 작업으로 백여 명의 광주 시민들을 대상으로 '죽음'에 대한 앙케트를 수집한다. 질문은 다음의 세 가지다. 첫째, 죽음이란 무엇인가. 둘째, 당신은 어떻게 죽고 싶은가. 셋째, 당신이 죽고 난 다음에 가고 싶은 곳은 어디인가. 그런데 이 앙케트의 핵심은 서면조사가 아니라 시민들의 생각을 즉석에서 녹음했다는 것이다. 그리고 녹음된 내용은 공연 참가자들이 생각하는 죽음에 대한 다양한 견해와 합쳐지면서 워크숍 기간에 춤으로 재생될 준비를 한다. 실제 공연에서도 녹음된 시민들의 목소리가 스피커를 통해 재생된다.

공연은 "제가 생각하는 죽음은요…"로 시작되는 시민들의 목소리 재생이다. 그들은 "죽음이요? 영원히 잠자는 것, 영면한다는 것이에요", "죽음은 제가 존재하는 것을 알게 해줘요", "죽음이란, 두려운 것이에요", "원하는 건 다 하고 싶어요", "놀다가 죽을래요"와 같이 저마다의 입장과 처지에 따라 다양한 관점을 이야기한다. 그런데 정작 무대 위 시민참가자들의 목소리는 들리지 않는다. 참가자들은 시민들의 목소리를 '립싱크'로 관객

---

151 〈초생경극(超生景劇) : 무舞/無 · 언言〉(2014) 보도자료 참조.

안은미 춤의 특징적 사례들

에게 전달할 뿐이다. 그리고 이어서 그 답변의 내용을 워크숍을 통해 변화해온 자신들의 몸으로 시각화한다. 재생되는 목소리 중에는 나와 같은 생각을 하는 목소리뿐만 아니라, 다른 생각을 하는 목소리도 존재한다. 그러나 우리가 속한 도시는 서로 다른 목소리가 모여 있는 시민 공동체 아니던가. 시민참가자들은 자신들의 몸으로 죽음에 대한 다른 목소리를 전달하며 '나' 이외에 '타자'를 받아들이고 그들의 생각을 인정하고 그것으로 창작의 환희를 경험해보는 것이다. 반대로 나의 죽음을 나 아닌 타자가 표현할 때, 그 죽음은 "전혀 다른 입장의 사람들을 관련지어주는 '윤회'의 실행이자 그 '윤회'의 전생과 현생과 내생 사이의 벽을 허물고 무대 위에 그대로 새로운 관계망의 현실로 나타난다."[152]

모든 참가자의 개별적인 무대가 끝나면 시민참가들과 안은미컴퍼니의 무용수들이 자유로운 막춤을 춘다. 조명은 어둡고 커다란 노란 달을 배경으로 실루엣만 보인다. 마지막에는 참가자들의 집단 퍼포먼스가 이어지는데, 무대에 양배추가 굴러들어온다. 그러면 참가자들은 양배추들을 칼로 자르고, 찢고, 바닥에 던지고, 뜯어 먹고, 무대에서 내려와 객석에 나눠주는 등의 퍼포먼스를 펼친다. 순식간에 무대는 양배추의 조각들로 덮여서 처참한 폐허를 연상시킨다.

2014년 8월, 〈OK, Let's talk about SEX〉(8.16~17, 대학로예술극장 대극장)를 공연한다. 이 공연은 '시민참여형 프로젝트'지만 독특하게도 19세 이상의 성인들이 대상이다. 왜냐하면, 공연의 제목에서 나타나듯 주제가 어

---

152 김남수, 「안은미의 초생경극 무(舞/無)·언(言), 삶의 낙천성을 불러내는 죽음으로서의 춤추기」, 『객석』 366호, 객석컴퍼니, 2014년 8월호, 131쪽.

른들의 '성(性, SEX)'이다. 다시 말해 자신이 표현할 수 있는 가장 솔직한 '성'을 움직임으로 표현하는 것이다. 공연은 선착순으로 모집된 일반인 참가자 80명과 '어른들을 위한 몸놀이 공장 3355(삼삼오오)'라는 워크숍을 10주(2014.6.14~8.9, 주 3회, 2시간) 동안 진행한다. 처음 일반인 참가자 모집에는 공고 일주일 만에 80명의 인원이 마감되었으나, 공연의 주제가 정해지고 공연에 가까워질수록 중간탈락자들이 생겨났다. 공연 주제에 대한 부담감, 그리고 2개월이 넘는 워크숍 기간을 견뎌내기란 쉬운 일이 아니다. 결국, 최종 공연에는 50여 명 정도가 참여한다.

　공연은 참가자들이 돌아가며 '성'에 대한 생각들을 이야기나 퍼포먼스로 펼쳐낸다. 사회적으로 민감한 주제이다 보니 참가자들의 퍼포먼스 또한 파격적이다. '어떤 참가자는 신체의 주요 부위를 샤워 거품으로만 가린 채, 완전히 나체로 등장하여 관객들을 놀라게 한다. 또 어떤 참가자는 무대 위에서 자신의 긴 머리카락을 삭발하는가 하면, 자신의 가슴은 C컵이라고 주장하며 가슴을 애무하는 도발적 참가자까지 다양하다.'[153] 이들은 키스, 혼전 순결, 자위 등 쉽게 일상에서 꺼내놓을 수 없는 '성'에 대한 다양한 시각들을 공개된 무대에서 춤으로 또는 퍼포먼스로 펼쳐 보인다. 그리고 그와 같은 퍼포먼스를 보고 있으면 안은미의 도발적인 젊은 시절이 연상되기도 한다. 다음은 안은미컴퍼니의 전문 무용수들이 나체로 무대 위를 뛰어다니는 막간 퍼포먼스가 이어진다. 그리고 마지막은 전 참가자들이 갑 티슈를 들고나와, 휴지를 뽑아 하늘로 던지고 소리치며 한바탕

153　윤단우, 「여기서 우리의 섹스를 이야기하자」, 『몸』 238호, 창무예술원, 2014년 9월호 참조.

안은미 춤의 특징적 사례들

막춤을 춘다. 무대는 순간 엄청난 양의 휴짓조각들로 가득 차고 참가자들의 발길에 이리저리 차이고 흩어지며 카오스의 공간이 된다. ⟨OK, Let's talk about SEX⟩는 예술가의 입장과 일반 참가자의 입장 모두를 아우르며 민감한 주제를 현실적으로 직시하게 하는 성과를 보여준다.

2016년 10월, ⟨1분 59초 프로젝트⟩[154](10.29~30, 올림픽공원 우리금융 아트홀)를 발표한다. 이 공연은 2013년 무용의 비전문가들을 상대로 기획한 커뮤니티 댄스 ⟨Pina Ahn in Seoul⟩을 모태로 하고 있다. 이후 ⟨Pina Ahn in Busan⟩(2013.11.29~30)을 끝으로 2014년 ⟨1분 59초 프로젝트⟩로 이름을 바꾸고, ⟨Pina Ahn in Seoul⟩에서의 포맷을 이어가고 있다. 이 공연은 꼭 그런 것은 아니지만 전작과 마찬가지로 그 지역(도시)에서 선발된 아마추어를 중심으로 수행하는 프로그램이다. 참가자들은 무용을 전공하지 않은 비전문가들로서 선발 이후에는 일정 기간의 워크숍을 갖는다. 선발 인원이나 기간은 지역(도시)의 사정에 따라 20명~70명, 한 달에서 석 달까지 다양하다. 참가자들은 숙려기간 동안 프로그램에 따라 무용 및 창작 워크숍, 토론과 인문학 강의 등 다양한 프로그램에 참여하며 자신의 몸을 관찰하고 개개인의 삶을 과감하고 솔직하게 춤으로 표현해 보는 색다른 여정을 경험한다. 그리고 마침내 각각의 참가자들이 '1분 59초' 동안 자기 생각을 무대에 공개한다.

---

154 2014년 9월 13~14일, 부산 LIG 아트홀.
2014년 10월 18일, 안산 경기창작센터 섬마루 극장.
2015년 8월 29~30일, 동탄복합문화센터 야외공연장.
2015년 12월 12일, 수원 SK 아트리움 소공연장.
2016년 7월 20~21일, 파리 마레지구 복합문화공간 카호듀텅플.
2016년 11월 5일, 경기도 시흥 ABC 행복학습센터 ABC홀.

2014년 부산에서 공연된 〈1분 59초 프로젝트〉의 경우를 살펴보면,

6월 28일 : 첫 워크숍.
　　　참가자 O/T (안은미의 프로젝트 소개, 참가자 자기소개, 조 편성)
7월 12일 : 참가자 1대 1 면담 with 안은미 (공연으로 표현하고 싶은 나만
　　　의 이야기)
　　　본인이 생각한 바를 직접 쓴 메모로, 휴대폰 속 사진 등을 곁들여
　　　안은미와 의논한다. 안무가 안은미는 참가자들의 열정과 그들의
　　　이야기에 귀 기울이며 함께 고민하고, 얘기하고, 때때론 토론을 통
　　　해 주제를 정한다.
7월 19~20일 : 움직임 워크숍 with 안은미컴퍼니의 무용수(배효섭, 하지
　　　혜, 정영민, 박시한) 몸의 근육을 풀고, 움직임을 부드럽게 하는 무
　　　용 시간. 2인 1조를 이루어 스윙댄스, 차차차 등의 춤을 익힌다.
8월 2일 : 미술 · 디자인 평론가 임근준의 인문학 강의 (지금 내가 서 있는
　　　이곳, 무대 공간의 의미) 춤과 미술이 만나는 지점과 두 분야 간의
　　　연결 고리는 무엇인가.
8월 3일 : 움직임 워크숍 with 안은미컴퍼니의 무용수 (남현우, 김혜경)
　　　말과 글 대신, '몸과 몸짓'으로 자신의 이야기를 전하는 방법. 도구
　　　가 바뀌었을 뿐, 결국 말하고자 하는 '메시지'에는 변함이 없다. 참
　　　가자들은 공연 구상을 위한 안은미의 조언을 통해 '도구(내 몸) 사
　　　용법'의 매뉴얼과 준비 과정 등을 점검한다.[155]

이와 같은 일련의 진행 방식은 어느 도시에서나 예외가 없다. 2016년 7

---

155 「LIG 문화재단 커뮤니티 프로그램 〈안은미의 1분59초 프로젝트〉 워크숍 현장
　　방문기」, LIG 아트홀 블로그 참조.

월 20일부터 21일까지는 파리 마레지구 복합문화공간 캬호듀텅플(Le Car-
reau du Temple)에서 〈1분 59초 프로젝트〉를 공연했다. 해외공연이지만 "4
월부터 워크숍을 시작해 매주 주말마다 참가자를 대상으로 음악, 무용,
영상, 즉흥 등의 수업이 이뤄졌다. 안은미는 한 달에 한 번 직접 파리로
가서 참가자들과 수업을 하고 이야기를 나누었다."[156] 참가자들은 각각 신
청했지만, 워크숍이 진행되는 동안 친밀한 관계를 유지하며 듀엣으로 또
는 팀을 이뤄 무대를 꾸미기도 한다.

전체적으로 '시민참여형 예술 프로젝트'는 '공연지향'의 커뮤니티 댄스
보다 공공성이란 측면에서 훨씬 개방된 형태의 커뮤니티 댄스를 보여줬
다. 그러나 '참여'와 '예술' 사이에서 커뮤니티 댄스가 가질 수밖에 없는
우려와 한계점 또한 보여줬다. 이것은 커뮤니티 댄스의 지속가능성과 확
장성에 대한 새로운 논의를 불러일으킬 수 있다.

평론가 방희망의 〈OK, Let's talk about SEX〉에 대한 비평은 그와 같은
논의에 생각해볼 만한 내용을 담고 있다.

> 안은미컴퍼니의 이전 공연과는 비교도 할 수 없을 만큼 일반 시민
> 들의 출연 분량을 길게 두어 모든 참가자가 각자 발언하는 시간을 배
> 치한 것은 긍정적으로 해석하면 발언의 내용에 어떠한 제재도 가하
> 지 않고 맡겨 존중했다는 뜻일 수도 있지만, 왜곡된 성문화가 이런
> 모습으로 달라졌으면 좋겠다는 구체적인 이상(理想)을 공유하지 못
> 한 채로 무조건 끌어내기만 한 측면도 있었다. 분방한 표현들이 속

---

156 장지영, 「파리여름축제 안은미, 〈1분 59초 프로젝트〉」, 『춤웹진』 84호, 한국춤비
    평가협회, 2016년 8월호.

시원했다기보다 난삽하여 심란해지기도 했다. 공연의 부제인 '어른들을 위한 몸 놀이 공장 3355', 거기서 그 '몸 놀이'는 제대로 이루어진 것인가. 비밀스럽게 이루어지는 몸짓을 오픈하고 소박하게 그룹을 지어 연극적인 장면으로 꾸미거나, 신체 일부를 장난처럼 다루며 '성인들은 다들 이렇게 논다더라'는 식의 부풀려진 이미지 속에 허우적거리는 무대 위 결과물을 놓고 보았을 때, 안은미컴퍼니가 시도한 '성에 대한 자유로운 담론'은 역설적으로 우리 사회가 얼마나 '성 산업'이 제시하는 이미지들에 지배되어 있는지 그대로 노출하였다. 남성 성기 중심, 삽입과 피스톤 운동 중심의 화제와 이미지들은 그만큼 우리에게 몸 전체를 성 유희의 소재로 삼을 수 있는 상상력이 빈곤하다는 것을 보여주었다. 출연자들의 일부는 각자의 콤플렉스나 치부를 당당하게 노출하는 것이 그 고민으로부터 구원받는 유일한 해법인 것처럼 강박적으로 발언하고 행동했는데, 안은미컴퍼니나 관객 모두 심리치료사도 상담자도 구원자도 될 수 없다는 점에서 공연의 방향이 그렇게 설정된 것은 위험하면서 안타까운 점이었다. 몸의 움직임을 오랫동안 탐구해오고 잘 쓸 줄 아는 전문가인 안무가와 단원들에게 기대하는 바는 다른 게 아니다. 어떤 형태를 지녔든 살아 움직이는 그 자체로 아름다운 몸(사이즈가 77이든, 여드름 흉터로 드러내기 부끄럽든 간에)을 우리가 애정할 수 있도록, 몸 자체에 관한 얘기로 집중하도록 조곤조곤 이끌어주었으면 어땠을까. '감춘다'라는 억압으로부터 자유로워지기 위해 하는 퍼포먼스들이 정작 신체 자체를 함부로 다루고 도구화한다는 느낌을 줄곧 받았다. 감정을 주고받는 통로로서의 몸에 대한 세밀하고 애정 어린 관심은 부족해 보였다. 완벽히 아름답진 않아도 사랑을 표현하고 받는 데 하등의 부족함이 없는 머리부터 발끝까지 신체의 모든 부분을 테마로 잡아, 주도면밀하게 그것을 성의 기쁨을 나눌 통로로 삼는 동작을 만드는 탐구 과정을 전문 춤꾼들과 참가자들이 함께 보여주었더라면, 우리는 몸에 대한 존중과 경외감에 감화되어 억지로 시키지 않아도 공연장 밖을 나서면서 기꺼이 즐겁고 아름다운 성을 이야기하고 싶었을 것이다.[157]

방희망은 위의 글에서 결과적 측면에 대해 몇 가지 아쉬운 부분을 이야기하고 있다. 물론 미적 체험 유무와 같은 전문 무용 예술의 기준을 제시하지는 않았지만, 안무가와 참가자들의 주도면밀한 탐구 부족을 지적하고 있다. 커뮤니티 댄스는 결과 중심이 아니라 안무자의 경험과 참가자의 과정이 핵심적 요소이다. 그렇다면 커뮤니티 댄스에서 공연의 결과물에 대한 성과 내지는 미학적 관점은 어떻게 논의되어야 하는가. 또 일반인들과의 작업에서 안무가의 역할은 무엇이며 일반인들의 개별적인 창작에 안무가는 어디까지 개입할 수 있는가. 사실 이 문제는 앞으로 커뮤니티 댄스의 지속가능성과 확장성에 대한 새로운 논의에 시발점이 될 수 있다.

위에 관한 논의는 우선 안무가가 처한 상황과 일반인 참가자의 처지에서 개별적으로 살펴보는 것이 효과적이라고 판단된다. 왜냐하면, 수행의 목적과 참가의 목적이 반드시 일치하는 것은 아니기 때문이다. 일단 춤의 기교를 전수하는 문제는 커뮤니티 댄스에서 커다란 비중을 차지하지 않는다. 적게는 10년, 많게는 수십 년을 익혀온 전문 무용수들과 일반인은 비교우위를 말할 수 없다. 춤에 대한 이해의 측면도 이와 같다. 그동안 춤이, 그중에서도 현대무용이라고 하는 장르가 우리 생활과 오랜 시간 친숙한 동반자적 관계에 있지 않았음을 주지한다면 일반인들에게 춤의 이해를 강제하기는 힘들다. 더군다나 춤을 대중에게 친숙한 장르로 이해시키

---

157 방희망, 「2014 마로니에 여름축제의 춤공연, 안은미·여민하·윤상은·최승윤」, 『춤웹진』 61호, 한국춤비평가협회, 2014년 9월호.

고 참여 기회를 넓히기 위한 목적이라면 더더욱 그렇다.

안은미는 공연에 앞서 일반인들과의 워크숍에 비교적 오랜 시간 공을 들인다. 그가 장기간의 워크숍을 통해 성취하고자 하는 목표는 춤을 잘 추게 하는 것이 아니다. "그냥 맘껏 춤을 출 수 있도록 부추길 뿐이다. 이미 매우 멋지고, 충분히 똑똑하다. 그들이 추는 춤을 보고 그냥 '오케이, 오케이'만 하면 된다. 나는 춤 기술을 가르치지도, 시범을 보이지도 않는다. 기교나 기준을 제시하는 순간, 그 안에 갇혀버리고 동시에 재미도 사라진다. 천재가 아닌 사람들도 그 희열을 느낄 수 있도록 도와주는 게 프로 예술가의 역할이다."[158] 만일 일반인들에게서 춤의 미학적 결과물에 집착한다면 커뮤니티 댄스가 지향하는 원래의 목표와 멀어질 수 있음도 간과할 수 없다. 따라서 커뮤니티 댄스의 미학적 성과는 당연히 감수해야 할 리스크가 아니라 선취하고자 하는 과정의 일부분으로 받아들여야 할 것이다.

이 과정에서 안무가의 역할과 참가자의 기대는 상반된 견해를 나타낼 수 있다. 위의 입장이 안무가의 생각이라면 참가자들은 저마다 다양한 처지와 입장을 가지고 프로그램에 참여한다. 참여예술이라는 주제와 어울리게 춤에 호기심을 갖기도 하고 뭔가 해보려는 의지를 드러낼 수도 있다. 그러나 워크숍 과정에서 이러한 기대심리는 상당 부분 약화한다. 안은미의 경우 예외 없이 공연에 앞서 일정 기간의 워크숍을 거치는데 이 기간에 상당수의 참가자가 스스로 탈락한다. 그것은 시간상의 번거로움이나 주제의 어려움 등 제각각이겠으나, 그보다는 프로그램의 목적이 참가자들 자신의 고민과 생각으로 나만의 춤을 만들어야 한다는 지극히 현

---

158 이지영, 「보통 사람 80명의 제멋대로 19금 춤」, 『중앙일보』, 2014년 7월 11일.

실적인 명제 때문이다. 더군다나 익숙하지 않은 몸을 써야 한다는 부담감은 워크숍 기간 스스로의 기대를 더욱더 어렵게 만드는 요인이다. 그러면서 참가자들은 안무가에 대한 기대심리를 드러낸다. '안무가가 어떤 식으로든 아이디어를 주겠지? 혹은 내 몸을 공연에 어울리는 몸으로 변화시켜 주겠지?' 등등.

그러면 여기서 안무가의 역할과 개입 정도는 어디까지일까. 비평가 방희망의 말처럼, '분방한 표현들이 속 시원했다기보다 난삽하여 심란해질 경우, 그 안에서 허우적거리는 무대 위 결과물이 참가자들의 상상력 빈곤으로 이어지고 위험한 방향 설정으로 귀결될 것'임을 알았을 때, 안무가가 그것을 차근차근 일깨우는 것은 말처럼 쉬운 선택은 아니다. 일단 참가자들의 창작에 조금이라도 개입하는 순간 그들은 안무가라고 하는 이름의 잠재적 권위에 항복할 수밖에 없다.

전문가로서 안무가가 해줄 수 있는 것이 '몸 쓰는 방법', '아이디어를 구현시키기 위해 아이디어를 제안하는 것', '동작이나 구성에 대한 의견을 주는 것'이라면 오랜 시간을 투자하는 워크숍은 무용(無用)한 요식행위로 전락할 위험이 충분하다. 다시 말해 안무가가 해줄 수 있는 것은 몸 쓰는 방법을 알려주기보다 '몸을 쓰게끔 동력을 넣어주고', 아이디어를 제안하는 것이 아니라 '생각을 부추기고', 동작에 대한 의견을 주는 것이 아니라 '자기 몸을 관찰'하게 하는 것이다. 여기서 안무가의 역할은 해야 하는 것과 하지 말아야 하는 것을 먼저 구분하고 참가자들의 춤에 간섭하지 않는 것이다. 그럼 참가자들의 입장은 무엇인가. "커뮤니티 댄스에서 무용가의 전문적 지식과 기능은 단지 경험일 뿐이며, 무용가와 참가자 사이에 발생하는 관계가 민주적인 상호관계를 유지하는 가운데 역동적이고도 창의적으로 발현되는지를 중시"[159]하는 것이다. 그 속에서 참가자들의 역할은 단순히 한 번의 경험을 쌓는 정도에 그치는 것이 아니라 춤이 자신의 일상에서 어떠한 식으로든 긍정적 변화로 이어질 수 있다는 능동적 수용 태도를 보이는 일이다. 다시 말하면 공연의 참가자이면서 생산자로의 태도 전환이 필요하다.

여기에는 자신들의 공연이 일반적인 무용공연에서나 있음 직한 예술적 성과의 유무로 판단되더라도, 그것이 생산자로서 겪는 당연한 과정임을 인식하는 것까지 포함한다. 이들은 처음부터 자신들이 아마추어임을 확연하게 인지하고 시작했을 것이다. 그런데 자신들의 공연이 어떠한 방식으로든 평가된다는 것에 대해 낯선 경험을 하게 된다. 이때 참가자들은 '예술'과 '참여', 전문인과 비전문인의 경계에서 일상의 전복이 주는 쾌감과 활기를 경험하게 된다. 이것은 전문가들의 미적 체험과는 성격이 다른 새로운 경험으로 커뮤니티 댄스가 일반인들에게 줄 수 있는 문지방 경험의 개별적 성공으로 환원될 수 있다. 그렇게 본다면 참가자들에게 전문적인 미학적 성과를 말하는 것은 무의미한 것일지도 모른다. 왜냐하면, 문지방 경험의 개별적 성공은 결과에 상관없이 그들에게 어떤 긍정적 변화가 일어났는지가 중요하다. 따라서 긍정적 변화가 성공했는지 실패했는지를 참가자이고 생산자였던 그들 외에 누가 판단할 수 있겠는가. '시민참여형 예술 프로젝트'에서 "일단 안무가 안은미는 철학자 자크 랑시에르(Jacques Rancière)가 주창했던 '무지한 스승'에 가까웠다."[160] 그는 프로그래

159 박성혜, 「커뮤니티 댄스의 공공성 탐색」, 숙명여자대학교 박사논문, 2016, 27쪽.
160 김남수, 「안은미의 초생경극 무(舞/無)·언(言), 삶의 낙천성을 불러내는 죽음으로서의 춤추기」, 같은 쪽.

머로서 전문가적 개입을 자제하며 최대한 참가자들의 이야기를 끌어내는데 주력했다. 그러면서 '공연지향' 커뮤니티 댄스와는 결이 다른 춤 공연을 보여주었다. 그중에서도 '시민참여형 예술 프로젝트'가 거둔 성과라면 다음으로 요약될 수 있겠다.

첫째, 일반인들이 춤의 한계를 규정짓지 않았다는 것이다. 이런 것도 춤이 될 수 있을까, 또는 이런 것을 무대에 올려도 될까 하는 춤에 대한 막역한 장벽을 스스로 허무는 경험을 얻게 된 것이다. 세상에서 가장 무섭고 불친절한 말이 '너 하고 싶은 대로 해'란 말에 동의한다면 안은미는 이 공연에서 참가자들에게 참 불친절한 안무가였을지도 모른다. 그러나 전문가의 개입 없이 스스로 생각하고 만들어가는 과정에서 참가자들은 현대무용이 난해하고 어려운 춤이라는 선입견을 벗는 데 이바지했을 것이다. 그리고 그 첫발을 떼는 데 안은미는 좋은 마중물이 되었다.

둘째, 커뮤니티 댄스의 새로운 방향을 제시해 주었다. 2000년대 이후 무용계가 주목했던 커뮤니티 댄스는 일반인이 안무가의 도움을 받아 무용 작품을 만드는 일련의 과정이었다. 따라서 커뮤니티 댄스의 파급력은 일정 부분 제한적이었다. 지역이나 세대별 공동체를 중심으로 이루어지는 이벤트성 공연에 머물거나 전문인의 공연에 찬조 출연하는 형식으로 한 꼭지를 담당하는 정도였다. 그리고 여기에는 형식이나 내용이 어찌 되었든 예술가의 확정된 지시에 따라 춤을 춘다는 것에도 변함이 없었다. 그러나 전문인의 지시 없이 일반인 스스로가 자신의 이야기를 춤으로 만들고 무대에 서는 극히 예외적인 경우를 만들었다. 참가자들은 춤의 기능을 습득한 것이 아니라 춤 언어를 스스로 구사하고 구성해내는 창조의 단계를 경험한 것이다.

'시민참여형 예술 프로젝트'는 '댄스 3부작'과는 결이 다른 커뮤니티 댄
스이면서 "무용의 버내큘러(Vernacula)"[161]가 창궐하는 춤을 무대 위에 실현
했다. 평론가 김남수가 얘기하는 춤작가로서의 안은미는 "춤꾼이 아닌 문
외한들이 주눅 들지 않고 자신의 몸의 주권을 그대로 재확인하는 몸짓,
스스로 만들어서 그 창작의 환희를 자기 순환시키는 춤을 참가자들에게
촉발했고 실제로 현실화했다. 그는 코디네이터로서의 안무가로도 뛰어
났지만, 무대 위에서 새로운 관계망을 맺도록 한 네트워커로서 더욱 탁
월"[162]하다고 평한다.

3) 사회적 소수자들과 춤 프로젝트

2016년 9월에는 〈안심(安心)땐쓰〉(9.9~11, 올림픽공원 우리금융 아트홀)를
발표한다. 이후 2017년 9월 26~27일 독일 뒤셀도르프 페스티벌과 10월
3~4일 프랑스 클레르몽페랑 예술극장(La Comédie de Clermont-Ferrand scène
nationale)에서 공연하였다. 이 작품은 우리 사회의 소수자들에 관한 이야
기를 춤으로 풀어내는 몇 개의 시리즈 중에 그 시작이다.[163] 〈안심땐쓰〉
는 8명의 전문 무용수와 6명의 시각장애인이 서로의 차이를 긍정하고 춤

---

161 무용의 버내큘러란, 전문 교육을 받은 안무가의 손을 거치지 않은 채, 방언의 형
    태로 존재하는 갖가지 춤을 총칭한다. 익명화된 춤꾼들이 만들어 유포한 특징
    적 몸짓이나, 소수민족공동체에서 고귀한 전통으로 추앙되지 못한 채 대대손
    손 대물림해온 몸짓 따위가 이에 속한다. 이정우, 「피나 안 인 서울(Pina Ahn in
    Seoul)」, 『코리아투데이』, 2013년 4월 13일.
162 김남수, 「안은미의 초생경극 무(舞/無)·언(言), 삶의 낙천성을 불러내는 죽음으로서
    의 춤추기」, 같은 쪽.
163 안은미는 인터뷰에서 〈안심땐쓰〉를 시작으로 〈대심땐쓰〉, 〈방심땐쓰〉 등의 작품
    계획을 얘기한 바 있다. 하지만 그중에 〈방심땐쓰〉는 아직 발표되지 않았다.

을 통해 상실한 감각의 세계를 새롭게 지각하는 것이다. 사실 "시각장애인의 경우 춤이라고 하면 거의 불가능하고 어려운 장르다. 이들이 가지고 있는, 이 사람들의 삶에 기억되는 (몸의) 매뉴얼이 있을 텐데, 우리가 그 매뉴얼을 읽어본 적이 없었다."[164] 이들은 잃어버린 시력 때문에 일상에서의 몸의 매뉴얼과 어긋나며 생활의 균형을 오랫동안 상실해왔다. 그러나 〈안심땐쓰〉는 두 그룹 간의 상호 차이를 긍정하고 서로가 공동체의 일원임을 일깨운다. 우리가 다르지 않음은 이해의 문제가 아니라 지각의 문제이다. 따라서 공연은 시각장애인들의 생활 속 경험들이 공연의 주요 모티프를 제공한다. 여기에 출연하는 시각장애인은 가까운 물체를 아주 희미하게 볼 수 있는 저시력 장애인들과 전맹(全盲)에 가까운 장애인 6명이다.

관객들이 입장하면 무대는 이미 형형색색의 운동복 차림으로 출연자들이 몸을 움직이고 있다. 스트레칭으로 몸을 풀기도 하고 공연에서의 동작을 반복적으로 연습하기도 한다. 그러다가 '애국가'가 흘러나오며 공연은 자연스럽게 시작된다. 스크린에서는 뭉개지고 흐릿한 운동선수들의 경기 장면이 재생되고 무용수들은 각자의 주 종목인 듯 스포츠 종목을 몸으로 보여준다. 역도, 육상, 수영, 탁구, 골프, 농구, 레슬링 등이 스포츠 뉴스의 파노라마처럼 펼쳐진다. 스포츠는 춤과 마찬가지로 시각장애인들에게는 넘기 어려운 분야이다. 그러나 무대에서만큼은 안심하고 어떤 운동도 가능하다. 뭉개지고 흐릿하게 재생되는 영상은 시각장애인들의 시각에서 바라본 왜곡된 현실을 반영하듯 관객들에게 간접 체험을 제공한다. 이와

---

164 조경은, 「시각의 한계를 넘어 새로움을 만나다, 〈안심땐쓰〉」, 웹진 『플레이 DB』, 2016년 9월 5일.

같은 간접 체험은 공연 도중 서너 번에 걸쳐 검은색 망사 천으로 무대 앞을 가리며 관객의 시야를 방해하는 것에서 더욱 도드라지게 표현된다.

공연의 중반부는 이 공연이 〈안심땐쓰〉임을 증명이라도 하듯 시각장애인들의 상징인 '흰 지팡이'가 대거 등장한다. 사실 안은미의 춤에서 일상적인 소품을 이용한 전문 무용수들의 다이내믹한 군무는 관객들의 숨을 턱밑까지 끌어올리며 객석을 흥분시키는 묘미가 있었다. 그리고 흰 지팡이가 등장하는 순간 관객은 그걸 기대했을 것이다. 하지만 〈안심땐쓰〉의 군무는 다이내믹한 역동성보다는 귀엽고 발랄하며 즐거운 놀이와도 같은 군무를 선보인다. 한 소녀가 어둠 속에서 방향을 잃고 조심스럽게 움직인다. 소녀를 돕기 위해 강력한 불빛이 비치지만 소녀에게는 무용지물이다. 그때 사방에서 '흰 지팡이'들이 빠르게 등장한다. '흰 지팡이'는 시각장애인의 자립과 성취를 나타내는 전 세계적으로 공인된 상징이다. 무용수들은 지팡이로 앞을 툭툭 치며 일상적인 장애인들의 모습을 재현한다. 또한편으로는 지팡이를 도구 삼아 위로 솟구치고 구르고 뛴다. 지팡이를 친구삼아 같이 춤춘다. 이들에게 지팡이만 있으면 어둠 속에서도 못할 것이 없다.

그런데 '흰 지팡이'가 등장하는 시간이 전체 공연의 비중으로 놓고 봐도 조금 과한 감이 없지 않다. 하지만 이 부분이 안은미의 작가적 아이디어와 관점을 드러내는 지점이기도 한데, 왜 그랬을까 하는 의구심은 시간이 지나며 차츰 해소되기 시작한다. 처음부터 흰 지팡이를 지금처럼 과도하게 사용하는 것이 쉬운 결정은 아니었을 것이다. 왜냐하면, 일상에서의 흰 지팡이가 비장애인들에게 친숙한 도구로 인식되기에는 경험할 기회와 시간이 너무 부족하다. 따라서 비장애인들이 길에서 만나는 흰 지팡이는 의도하든 의도하지 않든 비켜주고 피해주어야 하는 배려의 대상이나. 하지만 그러한 생각은 비장애인들의 관점에서 갖는 오해와 편견일 수 있다. 한빛 맹학교 교사 안승준의 말처럼 "눈이 불편하다고, 다리가 불편하다고, 신체 어느 한 부분이 불편하다고 해서 모든 사람에게 조심스러운 대상이 된다는 건 차별받는 것만큼이나 불편"[165]한 시선일 수 있다. 그것이 선한 마음에서 나온 인간적인 측은지심이라 하더라도 그것은 그 자체로 장애인과 비장애인의 경계이다. 여기서 안은미는 흰 지팡이의 노출빈도를 숨기거나 비장애인들이 알고 있는 통념적 도구로 지팡이를 사용하지 않는다. 관객들에게 처음 등장하는 흰 지팡이는 공연의 생소한 소품 정도였을 것이다. 하지만 안은미는 그것을 오히려 과하게 노출함으로써 관객들에게 그 경계를 희미하게 만든다. 시각장애 '안내견'의 등장도 이와 비슷한 맥락에서 이해될 수 있다. 무슨 일이 벌어질지 모르는 동물의 등장은 그 자체로 공연의 위험 요소이다. 아무리 훈련된 안내견이라도 어지러운 조명과 소음은 동물들에는 본능적 위협이 될 수 있다. 그런데도 시각장애인과 함께 등장한 안내견은 무용수들의 움직임 사이를 요리조리 피하며 장애인을 안내한다. 퇴장 직전 시각장애인은 "안내견은 시각장애인들의 신체 일부이자, 아주 친한 친구와 같다"라는 말로 비장애인들을 안심시킨다. 〈안심땐쓰〉는 장애인뿐만 아니라 비장애인도 안심시키는 공연이 되었다.

이 출연자를 시작으로 장애인 무용수들은 각자 자기 이야기를 말로 풀

---

165 임소희, 「시각장애인의 춤, 〈안심땐쓰〉」, 웹진 『춤:in』, 서울무용센터, 2016년 9월 29일.

어낸다. "이 짝짝이 양말은 나의 패션이에요", 그러나 전혀 부끄럽지 않다. "엄마, 엄마~~", 한 시각장애인은 어릴 적, 상한 우유를 먹고 심한 열병을 앓다 시각장애인이 되었다. 그러면서 상한 우유를 먹고 애타게 엄마를 부르는 과거를 재현한다. 그 밖에도 지하철 공중화장실에서 여자 화장실에 들어간 이야기. 안내견과의 버스 승차를 거부당한 이야기. 공부하고 싶어도 점자책이 없어서 공부할 수 없는 현실. 변태로 오해받은 이야기 등등. 그러나 이런 이야기만 있는 것은 아니다. "예뻐서 쳐다본 거 아니에요! 남자인지 여자인지도 몰라요!", "이 엘리베이터가 올라가는 건지 내려가는 건지 내가 어떻게 알아!" 하면서, 쉽게 꺼내놓기 어려운 이야기들을 이들은 담담하게 때로는 유쾌하게 풀어낸다. 그래서 보는 이들을 더 부끄럽게 한다.

공연 막바지에 안은미가 한 번 더 등장하는데 하얀 머리띠에 앙증맞은 태극기 두 개를 꽂고 양손에는 태극기를 들고, 입으로는 호루라기를 불며 막춤을 춘다. 근데 이것을 춤이라고 해야 할지, 그의 움직임은 호루라기 박자에 맞춰 응원단을 끌고 가는 흡사 운동회의 응원단장을 연상시킨다. 객석에서의 웃음은 당연한 듯 터져 나왔고, 337박수라도 쳐야 할 듯 그의 호루라기를 이용한 막춤은 그야말로 막춤 그 자체였다. 그리고 공연 막바지의 이 춤은 안은미가 전하는 장애인들에 대한 응원의 메시지였다. 피날레에는 가요 〈나성에 가면〉과 함께 '댄스 3부작'과 비교하면 비교적 얌전한 군무로 끝을 맺는다.

평론가 방희망은 "이전 댄쓰 시리즈에서는 전문 무용수들이 대부분의 파트에서 활약하고 참가자는 분리가 되어 한 판 난장을 끝내고도 뭔가 모를 허전함을 남겼다면, 단원들과 장애인들이 한결같은 호흡으로 나란히 움직인 〈안심땐쓰〉는 의미상으로 큰 발전을 이뤄냈다"[166]고 평가했다. 〈안심땐쓰〉에는 전문 무용수들이 힘으로 밀어붙이는 막춤 행렬이나 기이하고 그로테스크한 움직임, 마지막에 약속처럼 등장하는 난장(板)에 가까운 피날레 등은 등장하지 않는다. 만일 그런 것을 의도했다면 못할 것도 없었겠는데, 그는 애써 그렇게 하지 않았다. 대신에 장애인과 비장애인의 경계, 장애인에 대한 선입견, 불가능성에 대한 도전 등은 그가 기존의 체제를 넘어서고자 하는 시대적 패러다임의 변화가 담겨 있었다.

그러한 모습들은 매우 어려운 연습 과정에서 드러난다. 이들은 전문 무용수의 몸을 손으로 더듬어 동작을 익히고 그것들을 연결하여 춤을 만들었다. 전맹인 장애인은 춤이라는 것을 아예 본 적도 없다고 하니 춤이라는 개념 자체를 이해하기도 쉽지 않았을 것이다. 눈으로 동작을 익히고 따라 할 수 없으니 비장애인들보다 시간은 수십 배 더 많이 걸렸겠지만, "그들의 춤은 근력의 춤이 아니라 촉각과 상상력, 그리고 이해력으로 만들어 내는 무중력의 춤"[167]으로 무용수들의 몸과는 또 다른 질감을 보여주었다.

2017년 5월, 〈대심(大心)땐쓰〉(5.12~14, 예술의전당 CJ토월극장)을 발표한다. 이 작품은 〈안심땐스〉와 함께 우리 사회의 소수자들에 관한 이야기를 춤으로 풀어내는 시리즈 중에 두 번째이다. 출연자 중에는 2명의 '저신장 장애인'(성인이 됐을 때 키가 약 147.5cm 이하인 사람)이 있으며 8명의 전문 무용수와 춤을 춘다. 따라서 공연의 키워드는 '길이'와 '크기'이다. '대심(大

---

166 방희망, 「의미 있는 작업, 그 뒤에 남는 아쉬움」, 『춤웹진』 86호, 한국춤비평가협회, 2016년 10월호.
167 조경은, 앞의 글.

心)'이라는 제목은 '몸의 크기와 삶의 크기는 비례하지 않으며, 비록 몸은 작지만, 마음은 크다'라는 뜻에서 붙여진 이름이다.

〈대심땐쓰〉는 곳곳에 높고 낮음, 길고 짧음, 크고 작음에 대한 이분법적 경계 짓기의 편견을 보여주는 다양한 상징들이 등장한다. 무용수들의 의상은 꼭 낀 보디슈트 스타일로 잠수복처럼 몸의 윤곽이 그대로 드러난다. 더군다나 세로로 줄무늬가 그려져 있어 무용수들의 신체 길이의 차이는 더욱 두드러진다. 그 차이는 감춘다고 감추어지는 것도 아니며, 감출 만큼 부끄러운 것도 아니다. 오히려 그 차이를 확대함으로써 차이를 소멸시킨다. 그런 모습은 공연의 중반부에 전문 무용수들이 키다리 피에로 차림으로 등장해서 저신장 장애 무용수들과 크기의 차이를 노골적으로 확대한데서 더 두드러지게 나타난다.

공연의 구성을 굳이 나누자면 전막의 격렬한 춤과 중간의 저신장 장애 무용수들의 자기 이야기하기, 후막은 퍼포먼스가 가미된 클라이맥스로 나눌 수 있다. 전막의 시작은 안은미의 독무다. 언제나 그런 것처럼 안은미의 서막은 공연의 전체적인 주제와 메시지를 담고 있다. 그는 커다란 통치마 속에 자신의 몸을 숨기고 종종걸음으로 무대를 누빈다. 그러더니 이내 무릎걸음으로 몸을 낮추고 저신장 장애인의 몸 크기로 맞춰 걸으면서 퇴장한다. 이후 약 30분 동안은 쉴 틈 없이 무용수들의 춤으로 이루어진다. 춤의 움직임은 크게 두 개의 동작으로 이루어지는데 하나는 바닥에 눕거나 엎드려서 기어가는 동작과 혼자 또는 둘이 짝을 지어 높이 뛰고 들어 올리고 하여 높이를 강조하는 동작들이다. 중요한 건 그럼에도 2명의 저신장 장애 무용수들이 이 군무에서 빠지지 않고 전문 무용수들과 대등하게 움직임을 소화한다는 사실이다. 이것은 〈대심땐쓰〉가 단지 장애에 대한 계몽에 머무는 것이 아니라 그들을 전문 무용수와 똑같이 무대에서 소통 가능한 파트너로 인식하고 있음을 보여준다. 안은미는 이에 대해 "절대 일반인과 전문 무용수를 분리하지 않아요. 똑같은 모양의 돌이 아니어도 기막히게 균형을 찾는 돌탑의 원리 같은 거죠."[168]라고 말한다.

다음은 2명의 저신장 장애 무용수들이 마이크 앞에서 하는 자기 이야기 시간이다. 안은미의 커뮤니티 댄스에서는 이미 패턴화된 방법으로 추상적 움직임 외에 언어를 통한 직접적 메시지는 관객들에게 인식과 감각의 두 가지 지각 상태를 경험하게 한다. 이들은 자신들의 장애와 관련된 에피소드를 이야기한다. 에스컬레이터를 탈 때 앞에 짧은 치마를 입은 여성이 있어 당황했던 순간, 공중화장실의 소변기가 자신의 키에 딱 맞아 어쩔 수 없이 악취를 맡고 볼일을 본다는 내용 등은 현실과 웃음 사이의 괴리로 관객들의 공감을 얻어낸다. 특히 장애 무용수 김유남의 마지막 발언은 이 작품이 담고 있는 직접적 메시지라고 할 수 있다. "어린아이가 엄마에게 묻습니다. '저 아저씨는 얼굴은 어른인데 왜 이렇게 키는 작아', 라고요. 그러면 주위의 어른들이 오히려 '쉬쉬~ 그런 소리 하는 것 아냐' 하면서 어린아이를 나무라시는데, 그것보다는 '아프면 아프다, 장애면 장애다'라고 정확한 정보를 알려주시는 것이 장애에 대한 시선과 인식을 변화시키지 않을까 생각합니다." 그러면서 김유남은 입고 있던 옷을 벗고 무대에서 새로운 의상으로 갈아입는다. 그리고 전문 무용수가 김유남의 짧은 의상을 입고 춤을 춘다. 이때 잠시나마 김유남의 현상적 신체가 숨김없이

---

168 김혜경, 「몸은 작지만 마음은 크다, 이름하야 〈대심(大心)땐쓰〉」, 『한겨레신문』, 2017년 5월 9일.

드러나며 전문 무용수의 몸과 대비된다. 여기서 대비되는 몸은 그 자체로 상당히 자극적인 메타포를 전달하는데, 장애를 감추지 않고 과감하게 드러냄으로써 그 차이가 아무런 장애가 아님을 역설적으로 주장하고 있다.

그런 다음 안은미가 '테크노 샤먼'이라는 자신의 별명답게 무복(巫服)을 변형시킨 의상을 입고 양손에는 망치를 들고 등장한다. 입에서는 아라비아 숫자 일, 이, 삼, 사, 오… 와 같은 방언들이 만트라(mantra, 眞言 : 불교나 힌두교에서 기도 또는 명상 때 외우는 주문 또는 주술)처럼 터져 나온다. 만트라의 정점은 '18'이다. '십팔'이라고 하는 어감을 이용해 세상에 대고 시원하게 욕지기를 한다. 그러면서 양손의 망치를 휘두른다. 안은미는 세상의 편견을 샤먼의 능력으로 때려 부순다. 다음은 하반신만 가려진 긴 스크린 뒤에서 무용수들이 상체만을 이용해 춤을 춘다. 이때 하반신을 가린 스크린에는 무용수들의 하체가 영상으로 나타나는데 서로의 상 · 하체가 엇갈리며 다양한 몸과 춤의 형태가 만들어진다. 영상과 실제가 결합한 몸과 춤에서는 길이의 차이를 지각할 수 없으며, "정상인과 비정상인, 장애인과 그렇지 않은 이들에 대한 경계가 어떤 의미도 없음을 상징적으로 보여준다."[169] 전체적으로 〈안심땐쓰〉와 〈대심땐쓰〉에 출연한 시각장애인과 저신장 장애인들의 춤은 전문 무용수들과의 차이를 실감할 수 없게 할 뿐만 아니라, 관객들에게 저들이 장애인이라고 하는 인식의 차이를 잊게 할 만큼 뛰어난 무용수 그 자체로 존재한다.

마지막은 10명의 무용수가 무대 앞쪽에 일렬로 서서 군무를 춘다. 그런

---

[169] 장광열, 「안은미무용단, 〈대심땐쓰〉 – 마음이 몸을 고양시킨 춤」, 『춤웹진』 93호. 한국춤비평가협회, 2017년 5월호.

데 무용수들의 키가 저마다 제각각이다. 2명의 저신장 장애 무용수, 2명의 자기 신체를 이용한 무용수, 1명의 휠체어를 탄 무용수, 그 밖에 5명의 무용수도 저마다 높이가 다른 키다리 피에로가 되어 길이와 크기의 차이를 극단적으로 확대한다. 이 장면은 "무용이 움직임의 예술임을 보여주는, 이 작품의 하이라이트이다. 출연자들이 관객들에게 선사한 가장 강렬한 춤의 클라이맥스, 관객들은 안무가가 이 사회에 던지는 현실적인 메시지를 온몸으로 뜨겁게 체감한다."[170] 안은미는 동시대에 춤을 만들고 춤을 추는 춤작가들 가운데서도 쉽게 생각하지 못하는 것들을 지각하는 몇 안 되는 예술가 중에 한 명이다. 이것은 그가 춤 자체의 창의적 재미뿐만 아니라 그 안에 자연스럽게 녹아 있는 사회적 메시지를 통해 자신의 작품 세계를 짓는 춤작가로서의 충분한 요소이다.

안은미가 〈안심땐쓰〉〈대심땐쓰〉에서 보여준 작가적 관점은 2013년 페스티벌 '봄'에서 제롬 벨(Jerome Bel)과 극단 '호라'에 의해 공연된 〈장애극장〉[171]과 여러 면에서 유사점이 있다. 첫째는 주요 출연자가 장애인이다. 다만 〈장애극장〉에서는 10명의 전 출연자가 지적 장애인이라면 〈안심땐쓰〉는 6명의 시각장애인, 〈대심땐쓰〉는 2명의 저신장 신체장애인과 일반 무용수가 서로 협력한다는 차이점이 있다. 그러나 저신장 장애인과 일반 무용수의 외형적 차이는 확연하다. 둘째는 3부분으로 구성된 간결한 포맷이다. 〈장애극장〉은 "크게 관객과 배우의 대면, 자기소개, 춤의 3부분으로 구분"[172]되는데, 〈대심땐쓰〉도 이와 마찬가지로 전막의 격렬한 춤,

---

170 위의 글.
171 2013년 4월 6~7일, 서강대 메리홀 대극장.
172 김수진, 「주체표현으로서의 연기」, 경기대학교 대학원 박사논문, 2015, 105쪽.

중간의 저신장 장애 무용수들의 자기 이야기하기, 후막에는 퍼포먼스가 가미된 춤 클라이맥스로 나눌 수 있다. 셋째는 다소 모호한 장르적 차이에도 불구하고 춤이 주요 소재라는 사실이다. 〈장애극장〉이 다큐멘터리 요소가 가미된 연극과 춤의 융합이라면 〈안심땐쓰〉와 〈대심땐쓰〉는 장애인과 비장애인이 춤으로 만들어가는 커뮤니티가 중심이다.

그러나 두 공연과 〈장애극장〉의 본질적 유사점은 장애인이라고 하는 외부적 시선에 대응하는 벨과 안은미의 작가적 관점이다. 〈장애극장〉은 "한편의 공연을 위해 몸이 불편한 장애인들을 이용한 지극히 반윤리적인 작품이거나, 모름지기 장애와 비장애의 구분을 넘어서야 한다는 매우 감상적이고 교훈적인 휴머니즘으로만 머물 가능성이 크다."[173] 그것은 각각 6명의 시각장애인과 2명의 저신장 장애인이 비장애인과 함께 하는 〈안심땐쓰〉와 〈대심땐쓰〉에서도 마찬가지다. 특히나 눈앞에 드러나는 두 그룹의 현실적 장애(눈과 키)는 장애인에 대한 동정이나 측은지심을 유발할 가능성이 크다. 하지만 벨과 안은미는 그 차이를 감추지 않고 오히려 노출 빈도를 확대함으로써 통상적인 시선을 소멸시킨다.

먼저 〈장애극장〉을 살펴보면 출연자 전원이 무대 위에 있는 10개의 의자에 앉아서 시작한다. 그들의 몸은 80분간 관객의 시선을 떠날 수 없다. 공연이 시작되면 각각의 배우들은 한 사람씩 무대 앞으로 걸어 나와 아무것도 하지 않고 1분간 관객들을 응시한다. 이렇게 열 명의 배우들이 차례대로 관객과 마주한다. 여기서 10분이라고 하는 계량화된 시간은 의미가

---

173 이경미, 「2013 페스티벌 봄, 사회와 인간, 그리고 예술에 대해 다시 묻다」, 웹진 『아르코』 233호, 한국문화예술위원회, 2013년 4월 24일.

없다. 열 번이나 반복되는 침묵의 시간 동안 객석을 응시하는 배우들과 관객들은 낯선 느낌을 받게 된다. 한 명씩 나와서 자기소개를 하는 동안에도 뒤에 앉아 있는 배우들은 자신들끼리 계속해서 떠들고, 발언하는 사람의 말에 온몸으로 반응하고, 관객들과 눈을 마주치기도 한다. 이와 같은 모습은 10명의 출연자가 한 명씩 나와서 자기가 안무한 춤을 선보이는 동안에도 계속된다. 배우들은 앞 사람의 춤을 바라보는 것만이 아니라 리듬에 따라 마음이 움직이는 대로 춤을 추고 환호한다. 옆 사람의 몸에 기대고 비스듬히 눕거나 코를 파는 등, 일상적 행동들도 그대로 보여준다. 이들의 행동은 지속해서 관객의 시선을 끌게 되는데, "뒤쪽의 관객과 마주 보고 앉아 있는 나머지 배우들은 관객의 거울과 같은 역할을 한다."[174] 이때 관객들은 무용 예술의 미적 체험이라고 하는 기존의 지각 질서가 붕괴하며 불안정한 상태에 빠지게 되는 지각의 급변이 일어난다. 관객은 불안정한 상태로 인해 심리적 혼란이 오지만 그것은 관객에 따라서 문지방 경험의 개별적 성공으로 환원된다.

피셔-리히테에 따르면 "인지와 지각은 공연을 이해하기 위해서가 아니라 자신의 삶을 이해하기 위해 작동한다."[175] 그렇게 본다면 〈장애극장〉 배우들의 춤은 "무용이라는 기준으로 개입된 소위 예술적 기준이라는 허상을 스스로 고백하고 철회한다. 많은 사람이 예술을 이야기하고 무용을 이야기하지만, 사실 이로 인해 얼마나 많은 것들이 제거되고 정형화되었으며, 이것은 또 다른 구속이자 제약으로 작용하고 있는가에 대해 질문한

---

174 김수진, 앞의 논문, 109쪽.
175 Erika Fischer-Lichte, 앞의 책, 346쪽.

다. 〈장애극장〉은 무용이 아니라, 무용에 대한 진지하고도 본질적인 자기 질문이다."[176]

〈안심땐쓰〉에서 '흰 지팡이'의 긴 시간 등장은 공연의 생동감을 방해하기도 하지만 어느 순간 우리의 지각 안에서 배려나 경계의 대상이 아니라 일상적 소품으로 다가오게 한다. 생소한 사물의 빈번한 등장은 사물에 대한 감각을 무화(無化)시킨다. 이것은 사물에 대한 '데포르마시옹(deformation, 왜곡)' 효과로 사물의 쓰임을 확장하고 충만하게 함으로써 대상의 전통적 이미지를 해체하고 유희적 이미지로 재구성하는 것이다. 〈대심땐쓰〉에 출연하는 2명의 저신장 장애인은 90분 공연의 전 부분에 걸쳐 등장한다. 더군다나 강도 높은 춤 동작들을 비장애인 무용수들과의 팀플레이로 진행하며 공연을 이끈다. 안은미는 2명의 장애인을 동등한 춤의 파트너로 인정하고 비장애인 무용수들과 분리하지 않는다. 그러나 공연에서는 이들의 작은 키를 의식적으로 확대해 보여준다. 공연에서는 이들의 '자기 이야기하기' 타임이 있는데, 한 명의 배우는 유아용 미니 자동차를 타고 등장하고 다른 한 명은 자동차를 뒤에서 밀거나 자동차 뒤를 쫓으며 뛰어다닌다. 이들의 몸에 이 유아용 미니 자동차는 제격인 듯 어울린다. 하지만 이 장면은 다른 한편에선 신체에 대한 조롱이나 웃음거리로 오해될 여지도 충분하다. 왜냐하면 〈장애극장〉에서도 이와 비슷하게 엇갈리는 평가가 있었다.[177] 그래도 그들은 밖으로 손을 흔들며 무대 위에서 드

---

176 이경미, 앞의 글.
177 "이 작품이 공연된 후 관객들의 평가는 매우 엇갈렸다. 감동적이었다는 평가가 있었던 반면, 배우 가족들의 평가처럼 우리와 다른 그들을 전시하여 오히려 동정의 대상으로 만든 것이 아니냐는 비판도 있었다." 김수진, 앞의 논문, 110쪽.

라이브를 즐긴다. 이후 두 사람은 스탠드형 마이크 앞에 서는데, 마이크의 높이가 처음부터 이들의 신장을 고려하지 않은 채 높게 서 있다. 이 둘은 주변을 두리번거리며 누군가의 도움을 청하는 눈치지만 이내 가볍게 난관을 돌파한다. 바로 마이크를 눕히는 것이다. 사고의 전환이 신장의 차이를 역전시키며 웃음을 유발한다. 이후 장애인 배우 중 한 명인 김유남은 무대에서 관객들이 보는 가운데 자신의 알몸을 노출하며 의상을 갈아입고 공연의 끝에 전 무용수가 일렬로 늘어서서 군무를 출 때는 길이의 차이를 더욱 확장한다.

〈안심땐쓰〉와 〈대심땐쓰〉는 현상의 왜곡(deformation)과 과장을 시도함으로써 그 현상이 담고 있는 모순(irony)적 현실의 변화를 시도한다. '흰 지팡이'와 '길이'의 왜곡된 시도에도 장애인 무용수들은 거부감을 느끼지 않고 유희로 받아들였으며, 그들의 당당함은 관객들의 동정이나 측은지심을 유발하지 않았다. 그 안에서 관객들은 누가 전문 무용수이고 누가 장애인 무용수인지 공연을 보는 동안에는 지각하기 어려웠다.

2017년 9월, 〈쓰리쓰리랑〉(9.17, 국립극장 KB하늘극장)을 공연한다. 무대에는 군에서 사고로 자식을 잃거나 상해로 고통받는 자식을 둔 6명의 어머니와 안은미컴퍼니의 무용수들이 함께한다. 〈안심땐쓰〉와 〈대심땐쓰〉가 직접적으로 신체적 장애가 있는 장애인에 주목했다면 〈쓰리쓰리랑〉은 자식을 잃은 어머니들의 정신적 장애에 주목한다. 이 공연은 어머니들의 슬픔과 진심이 담긴 춤과 아리랑의 시나위가 슬픔에 빠진 사람들을 위로하고 다시 일어설 힘을 북돋우는 과정이다. 자식을 여읜 어머니들의 정신적 고통은 신체적 결함과는 또 다른 아픔이다. 그래서 자식을 여읜 어머니들은 '춤 출수 없는 이들'이다. "〈쓰리쓰리랑〉은 쓰리다 못해, 두 번 쓰려도 해소가 안 되는 아픔을 의미"[178]한다. 이것은 단순히 그들에 대한 위로와 치유의 과정뿐만 아니라, 아무도 들어주지 않았던 비주류의 이야기를 춤과 몸으로 분출시키는 화해의 씻김굿이다.

영상으로 현충원의 하얀 비석들이 질서정연하게 누워 있는 가운데, 무대에는 향이 피워진다. 극장의 지붕이 열리고(하늘극장은 지붕이 열리고 닫히는 야외극장이다) 군복을 입은 한 청년의 축 늘어진 몸이 줄에 매달려 내려온다. 몸은 허공에 떠서 멈추고 군대에 간 아들과 어머니와 여동생의 통화 내용이 흘러나온다. 아들의 밝은 목소리를 듣고 흘러나오는 어머니의 기쁜 웃음소리는 허공에 떠있는 젊은 군인의 시각적 이미지와 대비되며 공연의 주제를 단번에 드러낸다. 이야기의 방향과 내용을 우회적으로 표현하지 않고 정면에서 치고 들어가는 안은미의 공격적인 성향이 잘 드러난다.

군인의 몸은 다시 하늘로 올라가고 죽은 아들에게 보내는 어머니의 음성이 흘러나오는 가운데 안은미가 검은 상복에 향로를 머리에 이고 천천히 무대를 휘감는다. 한 어머니가 부르는 아리랑이 흘러나오고 또 다른 어머니가 세상에서 가장 느린 춤을 춘다. 다음은 안은미컴퍼니의 무용수들이 군대에서의 일상을 춤으로 재현한다. 훈련받는 모습, 기합받는 모습 등이 계속되면서 한 병사가 쓰러지고 그 위에는 태극기가 덮인다. 자식을 잃은 어머니들은 군대의 의료 시스템과 '군 피해 치유센터'의 필요성에 관해 이야기한다. 무대에는 6개의 북이 등장하고 어머니들은 북채가 부러지도록 북을 두들기고 북 위에 올라서서 춤을 춘다. 마지막은 관객들과

---

[178] 〈쓰리쓰리랑〉(2017) 보도자료 참조.

손을 맞잡고 강강술래가 이어지고 극장의 하늘 문이 열리며 꽃상여가 내려온다.

〈쓰리쓰리랑〉은 여러 곳에서 한국 전통의 무속신앙인 진도씻김굿의 원형을 빌린다. 무대는 새하얀 흰색을 주조로 씻김굿에서 무녀들이 '지전(紙錢)'[179] 춤을 출 때 사용하는 흰 창호지를 길게 오린 지전들이 무대 뒤를 장식하고 있다. 공연에서도 전문 무용수들이 지전을 양손에 쥐고 씻김굿의 지전 춤을 차용한 춤으로 원혼들을 위로한다. 씻김굿의 무복(巫服)은 일반적인 무가의 무복처럼 화려한 오방색이 아니라 정결한 흰색의 두루마기를 착용하는데, 공연에서 6명의 어머니가 마지막 춤을 출 때 흰색의 두루마기 무복을 걸치고 춤을 춘다. "씻김굿 연행은 망자와 가족의 단절 혹은 갈등을 풀어냈다는 사실을 사회 구성원들에게 공지하는 절차이며, 이것을 고도의 음악성이 곁들여진 예술적 양식으로 풀어내는 기능"[180]이다. 그러한 의미에서 안은미의 〈쓰리쓰리랑〉은 그 절차적 양식을 음악이 아닌 춤으로 풀어낸 굿판이며, 삶과 죽음의 화해가 이루어지고 살아 있는 사람끼리 슬픔을 나누고 서로를 위로하는 자리였다.

〈쓰리쓰리랑〉의 특징은 대상의 아픔을 우회하지 않고 공격적으로 드러낸다는 점에서 〈안심땐쓰〉나 〈대심땐쓰〉와는 또 다른 지각작용을 요구한다. 더군다나 '군대'라고 하는 예민한 소재는 더 큰 파장을 일으킨다. 이

---

179 "지전(紙錢)은 말 그대로 종이돈이다. 저승에서 사용할 노자를 의미한다는데, 실제로는 굿거리 전반에 걸쳐 당골의 연행 소품으로 사용된다." 이윤선, 「무대공연을 통해서 본 진도씻김굿의 문화원형과 문화콘텐츠」, 『한국무속학』 제10집, 한국무속학회, 2005, 234쪽.
180 위의 논문, 238~239쪽.

공연은 그동안 안은미가 보여준 키치적 재미나 은유와 풍자의 위트를 볼수 없다. 오직 타인의 이야기를 통해 관객의 지각이 감동의 깔때기에 모이도록 실체를 고발하는 데 주력한다. 춤의 본질은 일상에 있고, 모든 움직임이 춤이라는 안은미의 주장도 이 공연에서는 설득력을 찾기 어렵다. 왜냐하면, 이 공연은 움직임보다 영상과 말의 비중이 다른 공연에 비해높게 감지된다. 특히 스크린으로 투사되는 정보를 언어의 영역으로 간주한다면 말의 비중은 실제보다 훨씬 더 높은 비중을 차지한다. 다시 말해과정으로서의 '자기 이야기하기'보다 목적의 '자기 이야기'가 확대되어 나타난다. 무대에서는 무용수들이 낮은 포복으로 기고 구르는 훈련 모습을재현하고, 한편으로는 구타로 쓰러지듯 나뒹굴며, 일명 '원산폭격'이라고불리는 얼차려를 받는 장면들이 진행된다. 그러는 가운데 "대한민국에서는 연 약 27만 명의 청년이 군대에 입대한다."[181]는 장문의 글이 자막으로이어진다.

안은미의 커뮤니티 댄스에서 소수자들의 직접적 발언은 공연의 주요한포맷이다. 그리고 그것은 공연의 중요한 양식적 특성으로 언제나 자신의

---

181 "2016년 국정감사에 따르면 군에서 사망 또는 상해로 전역하는 인원이 연 1,700명 이상이다. 연간 평균 130명의 군인이 사망하고 그중 약 2/3가 자살, 약 1/3이사고(차량, 추락, 익사 등)로 처리된다. 군 피해에 대한 제도적인 해결 방안은 마련되어 있지 않은 것이 현실이다. 국군사상자 유가족 연대, 군 의문사 유가족 단체를 위한 모임, 군 피해 치유센터와 함께 군, 경 의문사 진상규명과 폭력 근절을위한 가족 협의회, 한국 민족민주 유가족협의회, 의무복무 중 사망 군인 명예회복을 위한 전국 유가족협의회, 위 단체는 군 복무 중에 발생하는 각종 인권침해와 사고, 사망 사건의 진상규명을 위해 싸우며 피해 당사자 및 가족들을 위한 지속적인 상담과 구제 활동에도 힘쓰고 있다. 또한, 많은 단체가 의문사 및 폭력 사고의 재발 방지를 위한 제도적 개선을 위해 노력하고 있다." 〈쓰리쓰리랑〉, 2017공연 영상 참조.

역할을 충분히 수행해왔다. 문제는 목표지향과 과도함에 있다. 민감한 소재에 관객은 이미 공감할 준비가 되어 있다. 더군다나 그것이 객관적 사실이라면 더욱더 그렇다. 그러나 〈쓰리쓰리랑〉에서는 너무 힘이 들어간 나머지 감정조절에 실패한 느낌이다. 무차별적으로 쏟아지는 언어는 객관성을 상실하고 현상에 대한 오해를 불러올 수 있다. 그것은 진실을 적고 알리는 것만큼 중요하다. 공연은 이미 무대에서 진행되는 움직임만으로도 그 진정성을 전달하는 데 부족하지 않았다. 행위가 품고 있는 움직임의 지각만으로도 관객은 매우 고통스러웠다. 그럼에도 전달하는 양식은 폭력적이었으며, 무대에서의 춤은 언어에 묻혀 보이지 않았다. 어차피 춤추는 몸을 보고 감탄할 것이 아니라면 약속되지 않은 방식으로 말을 거는 춤에서 언어의 사용은 언제나 위험 요소를 갖고 있다. 그런 의미에서 〈쓰리쓰리랑〉은 관객들 스스로 은유와 상징을 통해 의미를 집적하는 낯선 즐거움을 빼앗아갔다.

영상과 음악도 이와 같은 목적에 부합한다. 한 병사가 쓰러져 사망하고 사망원인은 주검 위에 덮이는 태극기와 함께 영원히 의문사로 남는다. 그리고 무궁화, 한반도, 화려한 도시의 야경, 프로야구, 올림픽, 아름다운 강과 산을 배경으로 죽어간 젊은 병사들의 영정이 등장한다. 병사의 시신은 현충일에나 들을 법한 장중한 오케스트라의 협연과 함께 운구(運柩)되며 젊은 죽음의 애도를 짜낸다. 자식을 잃은 어머니들이 군대 의무 시스템의 실체에 대해 고발하는 낭독과 생전에 아들에게 못다 한 말들을 편지로 읽어 내려간다. 무대에는 한 줌 한 줌의 흙이 쌓이며 그들의 주검이 땅으로 돌아가는 퍼포먼스가 펼쳐지고, 죽은 아들들의 어린 시절, 가족사진 등이 투사된다. 그러면서 객석의 감정은 절정으로 치닫는다.

　이쯤 되면 어머니들이 마지막에 두드리는 북소리는 신문고가 아니라 원망의 한풀이로 희석될 가능성이 크다. 나라를 지키기 위해 군대에 자식을 보냈는데 정작 나라는 내 아들을 지키지 못했고 책임마저 회피했다. 자식을 가슴에 묻은 어머니들의 이야기가 오죽하겠는가. 특히나 한으로 대표되는 우리의 정서는 말 못 할 이들의 아픔에 끓어오르는 울음과 분노를 쉽게 삭이기 어렵다. 그리고 그것에 공감하지 못할 관객도 없을 것이다. 공연은 충분히 감동적이었다. 그러나 안은미의 말처럼 "격리된 예술가의 시대는 20세기에 끝났다."[182] 소통은 상호작용(interaction)이지 무대의 일방적 주장이 되어서는 안 된다. 우리는 타인의 이야기가 내 기억을 칠 때, 즉 무대와 객석의 공동 현존이 이어질 때 비로소 감동한다. 그러기 위해서는 조금 힘을 뺐어도 좋았을 것 같은 아쉬움이 남는다.

182　이지영, 앞의 글.

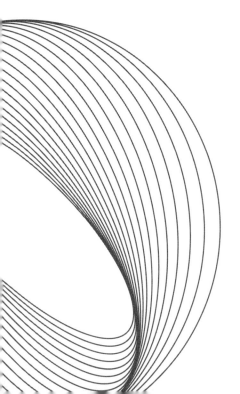

제4부

결 론

결론
'춤꾼'이자 '춤작가' 안은미

이 책은 지금까지 다음의 두 가지 측면에서 연구를 진행하였다.

첫째는 한국 현대무용에서 독특한 위치를 점유하고 있는 무용가 안은미의 춤을 중심으로 그의 춤에 나타나는 수행적 특성과 연출전략을 살펴보았다. 피셔-리히테의 말처럼 "수행성의 미학은 경계를 벗어나는 예술을 목적으로 하며, 예술과 삶의 경계, 고급문화와 대중문화의 경계, 문화와 문화 사이의 경계를 넘어서고 그 경계의 개념을 문지방으로 변화시키는 것"[1]이라고 했을 때, 안은미의 연출전략은 경계를 극복하며 문지방의 건너편으로 사람들을 초대한다. 경계의 개념이 이것과 저것의 분명한 차이를 표시하는 선(line)이라면 문지방은 다양한 가능성과 실험, 변화 등이 들어오고 나가는 통로이다. 지금까지의 경계는 안전하지 않은 장소이며 허가되지 않은 경계 넘기는 위험한 행위였다. 그곳에서 안은미의 위험한

---

1 Erika Fischer-Lichte, 『수행성의 미학』, 김정숙 역, 문학과지성사, 2017, 452쪽 참조.

행위는 항상 도발과 파격으로 불렸으며, 때로는 외부의 불편한 공격을 받아야 했다. 하지만 안은미의 도발과 파격은 이것과 저것의 경계를 자유로운 통로로 바꾸고 그 선을 지움으로써 문지방의 건너편으로 관객들을 초대하는 행위였다. 그리고 이러한 행위는 자신만의 고유한 춤 세계로 점유되어 관객과의 소통을 이루어냈다.

둘째는 아직 심층적 연구가 부족한 '춤작가'란 개념이 어떤 기준에서 새롭게 규정될 수 있는지를 안은미 춤의 창의성과 대중성의 측면에서 살펴보았다. 어떤 예술가의 예술적인 형식이나 방법론은 그 사람이 살아온 시간의 궤적과 관련된다. 시간의 경계를 헤치고 경험하면서 축적된 기억은 결국 자신이 변화를 유도하고 싶은 예술적 태도로 나타난다. 따라서 어떤 예술가의 예술적 근원과 배경을 알고 싶다면, 그 사람의 공연이나 작품이 어떤 형식과 방법론에 근거하고 있는지를 미학적 이론으로 밝혀내는 것이 무엇보다 중요한 작업이다. 그래야만 예술가 혹은 작가의 작품에 대한 작가론적 이해와 설득력을 얻을 수 있다.

'춤작가'론의 관점에서 안은미의 춤은 예술적 관점에서 비롯된 창의적 측면과 현대무용을 친숙한 장르로 변화시키는 데 이바지한 대중적 측면이 있다.

첫 번째, 예술적 관점에서 비롯된 창의적 측면은 작가적 자기인식에서 비롯되며 그것은 창작의 고유성으로 나타난다. 춤작가로서의 안은미는 우리나라에서 가장 실험적이며 누구보다 두꺼운 관객층을 확보한 무용가 중의 한 사람이다. 사실 장르적 구분이 엄격한 한국 무용계에선 출신이나 전공에 따라 한국무용가 또는 현대무용가로 부르는 경우가 일반적이다. 그러나 안은미의 경우는 전공이나 장르적 경계를 구분 짓기 어려운 독특한 춤 세계를 보여주고 있다. 한국적 전통과 현대적 개성이 버무려진 그의 춤은 동양과 서양의 문화적 경계를 지우며 독창적인 아이디어와 창의력으로 자신만의 브랜드를 구축했다. 그의 창의력은 단순히 동작을 조합하는 안무가의 기능이 아니라 하나의 주제를 깊이 고민하면서 그것을 실험하고 자신만의 미학적 관점을 찾아가는 작가적 성향을 보인다. 안은미의 작품들을 보면 일회성 공연으로 그치는 경우보다 시리즈로 구성된 공연이 많은데, 예를 들어 '무덤 시리즈', '달 시리즈', 'Let's 시리즈', 'Please 시리즈', '커뮤니티 댄스 3부작' 등은 하나의 주제에 관하여 오랜 연구와 깊은 고민이 드러나는 작가정신의 흔적이라고 볼 수 있다.

춤의 초창기부터 보여준 그의 작가적 성향은 정형주의와 엄숙주의에 갇힌 한국 현대무용의 경계를 넘어서는데, 그것은 파격적 누드와 상식을 뒤집는 움직임, 원색적이다 못해 유치찬란한 의상과 생활 속 싸구려 소품들, 클래식이 아닌 대중가요와의 접목을 통해 고급문화와 대중문화의 경계를 지우는 것이다.

그러나 안은미의 이러한 키치적 발상은 춤의 품위를 훼손하는 엽기, 유치함, 천박함, 저질, 싸구려라는 논란을 불러일으켰다. 하지만 또 다른 측면에서 보자면 그것은 새로운 시도의 실험, 도발, 파격이라고 할 수 있다. 온몸을 적시는 붉은 피로 관객을 기절시킨 〈Period 2〉와 처참하게 뭉개진 토마토로 상징되던 여성성의 〈토마토 무덤〉, 때밀이 수건 하나로 관객을 사로잡은 〈은하철도 000〉, 당당하게 가슴을 노출하는 〈춘향〉에 이르기까지, 그의 춤은 상식을 거스르고 고정관념을 뒤집는 춤 언어를 보여주었다.

그래서 그의 춤은 때때로 춤인 듯 춤이 아닌 '퍼포먼스'라고 평가받곤

한다. 이에 대해 안은미는 "안무작업을 하면서 어떠한 형식을 염두에 두면 작업이 안 된다. 나는 모든 움직임이 춤이라고 생각한다. 나의 일상생활이 그런 행위들로 이루어져 있다. 자고, 먹고, 입고, 놀아보는 행위들이 그렇다. 무대와 일상생활의 간격이 클수록 위선이 들어설 자리가 커진다."[2]고 이야기한다. 그래서 그의 작업을 보면 무대를 그럴싸하게 포장하지 않는다. 일상의 모든 움직임은 춤이 될 수 있고 어떠한 소품이나 음악도 무대에서 자신의 모양을 뽐낼 수 있다. 그에게 춤은 자유이며 작위적이지 않은 즉흥이다. 춤에 있어서 안무의 개념이 연습을 통한 무용수 간의 합을 맞추고 약속된 동작을 반복하는 작위적 과정이라면, 안은미의 춤은 공연 전날까지 춤의 형태를 확정하지 않고 계속해서 새로운 동작을 시도한다. 그러나 안은미의 즉흥은 그냥 즉흥적으로 나오는 춤은 아니다. 연습에 연습을 거듭한 결과이며 그 연습이 몸 안에 배서 마치 누에고치처럼 뽑혀 나오는 생성물이다.

　두 번째, 현대무용을 친숙한 장르로 변화시키는 데 이바지한 대중적 측면이 있다. 초창기 한국의 현대무용은 정해진 규칙과 틀 안에서 서양의 기교와 안무 기법을 따라가는 데 열중했다. 그러다 보니 우리만의 작품 세계를 구축하는 데 있어서 소홀했다. 1980년대에 한국 현대무용의 르네상스라고 불리는 시기가 있었지만, 이후의 한국 현대무용은 비인기 장르로서의 정체성을 탈피하려는 노력보다 기존의 관행에 안주한 측면이 있었음을 부정하기 어렵다. 그러면서 현대무용은 관객들의 관심에서 멀어졌다. 그러한 와중에 안은미의 춤은 지금까지와는 차별화된 독특한 스타

2　오승훈, 「현대무용가 안은미」, 『문화일보』, 1999년 3월 12일.

일로 객석과의 거리를 좁혀왔다. 그가 생각하는 춤은 "힘든 세상살이 춤이 한 가닥 위안으로, 그래서 엄숙하기보다는 즐거운 춤"[3]이기를 소망한다. 〈新춘향〉과 〈바리〉에서처럼 대중에게 익숙한 소재를 가져오되, 자신만의 방식으로 재해석하고 그 안에 유쾌함과 경쾌함을 넣어 새로운 스타일의 춤을 선보였다.

그동안 한국적 소재의 작품들은 서구인들이 규정해놓은 오리엔탈리즘에서 벗어나지 못했다. 특히 여성에 대한 이미지는 한(恨)의 정서와 희생정신이었다. 그러나 이것은 동양과 서양의 고정관념에서 비롯된 또 다른 경계 짓기라고 할 수 있다. 안은미는 〈新춘향〉과 〈바리〉에서 원작과 전혀 다른 스토리로 그 경계를 지워나간다. 〈新춘향〉에서의 주인공 춘향은 10대의 아리따운 소녀도 아니며 무작정 이몽룡을 기다리는 피동적 여성도 아니다. 오히려 사랑을 쟁취하기 위해 적극적으로 이몽룡을 유혹하고 변학도의 폭정에 맞서 시위를 주동하는 사회운동가다. 당당히 풀어헤친 가슴과 형형색색의 치마저고리는 이러한 춘향의 열정과 강인함을 상징하며 장면마다 새로운 해석은 관객의 주목을 이끌었다. 〈바리〉에서의 바리 또한 아비를 살리기 위한 희생의 아이콘으로 묘사되지 않는다. 소매를 걷어 올린 저고리와 무릎까지 올라온 짧은 치마는 버려짐의 역경을 딛고 일어서는 강인한 생명력을 나타내며, 모든 버려지는 것에 대한 위안과 화해의 메시지를 현대적 샤먼의 모습으로 재탄생시킨다. 안은미의 독특한 스타일은 전통을 소재로 한 이야기 구조에 현대적인 메시지가 더해지며 국내뿐 아

---

3   김희연, 「춤과의 사랑은 지독한 열병─재미 무용가 안은미」, 『경향신문』, 1996년 9월 7일.

니라 유럽의 관객들과 비평계로부터도 작품성과 대중성을 인정받았다.

지금까지 살펴본 안은미 춤의 형식이나 방법론은 환영이나 은유가 아니라 일상적 현실이다. 그런 의미에서 예술과 삶의 경계 지우기는 안은미의 춤에서 볼 수 있는 자연스러운 행위이다. 그의 춤은 일상으로부터 뿜어져 나오는 특별한 기운과 공간을 초월한 비가시적 힘, 다시 말해 제의적 요소를 예술과 삶의 연결 속에서 수행하고 있다. 그리고 그것을 춤의 근원으로 인식하고 있는 것처럼 보인다. 그래서 그의 춤은 즉흥적이고 직접적이며 때로는 즉물적 속성을 보인다. 즉물적 속성은 전통적 춤의 시각에서 보자면 저속하고 유치하며 춤의 원칙을 무시하는 불편한 행위이다. 커뮤니티 댄스의 막춤이 그것을 웅변하고 있다. 그러나 그의 춤은 춤의 전통적 정형주의에서 벗어나는 것을 두려워하지 않으며 수행성의 미학이 목표로 하는 영역의 경계를 지우고 파기한다. 안은미의 대중적 인지도를 더욱 확고하게 해준 '커뮤니티 댄스'는 할머니들의 아카이빙으로부터 시작해 고등학생, 아저씨들, 장애인, 그 밖의 다양한 직업을 가진 일반인들이 공연을 통해 자기 이야기를 몸짓으로 보여줬다. 그들의 몸짓은 사회적 배경과 계층을 떠나서 실재하는 삶과 노동의 흔적이 담긴 투박한 몸짓이었다. 그러나 이들의 춤은 어떤 정형화된 춤 공연에서는 볼 수 없는 또 다른 매력으로 관객의 마음을 흔들었다.

지금까지 안은미가 보여준 춤 세계는 그를 '춤작가'로 부르는 데 주저할 이유가 없어 보인다. 안은미의 춤은 초창기부터 열광적인 팬을 끌어모으기도 했지만 다른 한편에선, 극단적인 혹평 속에 미친 짓으로 폄하되거나 지독한 나르시시즘으로 평가되기도 하였다. 그러나 그의 젊은 시절 춤에 대한 파격적 실험과 도전이 한국 현대무용의 표현영역 확장에 기여했음은 틀림없어 보인다. 따라서 그의 춤은 이제 하나의 가치와 철학으로 이해되어야 할 것이다. 때로는 그 이해가 안은미의 춤에 너무 익숙해진 나머지 더는 파격이나 도발적 움직임으로 전해지지 못한다고 하더라도 걱정할 필요는 없을 것이다. 왜냐하면, 지금까지 그의 춤은 항상 예술적 경향과 대중의 기호를 서너 걸음 앞에서 안내해왔기 때문이다. 그러므로 이후 안은미 춤의 흐름이 또 어떻게 변화할지는 알 수 없다. 그리고 그것이 안은미가 우리에게 보여줄 춤에 대한 즐거운 상상과 기대를 더욱 높여주는 이유라고 할 것이다.

날짜	작품명	공연장소
1985. 9 .20	〈사막에서 온 편지〉	청주
1986. 3. 13	〈씨알〉	호암아트홀
1987. 5. 20	〈해바라기 연가〉	연세대 무악극장
1988. 2. 27~29	〈종이계단〉	문예회관 소극장
1989. 9. 4~6	〈메아리-Echo〉	국립극장 소극장
1990. 3. 16~17	〈꿈결에도 끊이지 않는 그 어두운…〉	문예회관 대극장
1991. 5. 25	〈상사무〉	동경예술극장 소극장
1991. 9. 30	〈도둑비행〉	리틀엔젤스 예술회관
1992. 3. 26	〈아릴랄 알라리요〉	호암아트홀
1992~1994	〈너 어디로 가니〉, 〈자화상〉, 〈붉은 달〉, 〈새〉, 〈하얀 무덤〉	뉴욕 대학원시절 발표
1993. 11. 18~19	〈달거리(Period)〉	문예회관 소극장
1994. 6	〈하얀 무덤(White Tomb)〉	더 야드(The Yard)
1994. 12	〈여자의 향기〉	SUNY의 Purchase College
1995. 6	〈하얀 달(White Moon)〉	더 야드(The Yard)
1995. 7	〈달(Moon)〉	더 야드(The Yard)
1995. 11	〈Black Tomb〉, 〈Fish Tomb〉, 〈Tomato Tomb〉	Gowanus 예술소극장
1995. 12	〈White Moon〉, 〈Black Moon〉, 〈Red Moon〉, 〈Period〉	머스 커닝햄 스튜디오
1996. 7	〈담요 다방〉	'더 야드'(The Yard)

날짜	작품명	공연장소
1996. 9. 11~14	〈하얀 무덤(White Tomb)〉	예술의 전당 자유소극장
1996. 11. 21~24	〈Fish Tomb〉, 〈Baby Tomb〉, 〈Snow Tomb〉, 〈Empty Tomb〉	뉴욕 Ohio Theater
1997. 3	〈Boxing Queen〉	뉴욕 Joyce Theater
1997. 9	〈Black Tomb〉, 〈White Tomb〉, 〈Empty Tomb〉	런던 The Place
1997. 10. 23~26	〈무지개 다방(Rainbow Cafe)〉	뉴욕 D.T.W 극장
1998. 3. 19~22	〈검은 무덤〉, 〈왕자 무덤〉, 〈토마토 무덤〉, 〈선녀 무덤〉, 〈빈 무덤〉, 〈공주 무덤〉, 〈꽃 무덤〉	예술의 전당 자유소극장
1998. 3. 27~28	〈풍선 무덤〉	예술의 전당 자유소극장
1998. 9. 19~21	〈경로다방〉	예술의 전당 토월극장
1998. 9	〈달거리(Period)〉	런던 The Place
1998. 12. 3~6	〈별이 빛나는 밤(Starry Night)〉	JOYCE Soho Theater
1999. 2	〈Green Tomb〉, 〈Tomato Tomb〉, 〈White Tomb〉	Maryland university
1999. 3. 11~14	〈무지개 다방(Rainbow Cafe)〉	예술의 전당 자유소극장
1999. 5. 27	〈정과부의 딸〉	대덕과학문화센터 대강당
1999. 7. 3	〈못된 마누라(bad wife)〉	문예회관 대극장
1999. 10. 21~23	〈회전문(Revolving Door)〉	뉴욕 Miller Theater
1999. 11	〈Black Tomb〉, 〈Green Tomb〉, 〈Tomato Tomb〉, 〈Snow Tomb〉, 〈White Tomb〉	듀크 대학 초청
2000. 1. 7	〈달거리(Period)〉	JOYCE Soho Theater
2000. 3. 13~15	〈빙빙-회전문〉	문예회관 대극장

날짜	작품명	공연장소
2000. 5. 21	〈Please, Help me〉	예술의 전당 토월극장
2000. 6. 17~18	〈빈사의 백조〉, 〈수박〉	경기 죽산 웃는 돌 캠프
2000. 10. 5~8	〈A Lady〉, 〈빈사의 백조(Dying Swan)〉, 〈Period 2〉	JOYCE Soho Theater
2000. 12. 7	〈하얀 달〉	동숭아트센터 동숭홀
2000. 12. 14~15	〈장미의 뜰(The Garden of Rose)〉	LG아트센터
2001. 4. 12~15	〈은하철도 000〉	LG아트센터
2001. 5. 25	39회 정기공연 〈대구별곡〉	대구문화예술회관 대극장
2001. 8. 3	〈사과2(Apple)〉, 〈하얀 무덤(White Tomb)〉	센트럴 파크 럼지 필드
2001. 11. 29~12. 1	40회 정기공연 〈성냥 파는 소녀〉	대구문화예술회관 대극장
2002. 5. 1	〈Please, Kill me〉	문예회관 대극장
2002. 5. 16~18	41회 정기공연 〈하늘고추〉	대구문화예술회관 대극장
2002. 6. 6	〈passion〉	대구월드컵 주경기장
2002. 7. 11	〈version up 대구〉	대구문화예술회관 대극장
2002. 10. 13	〈Please, Love me〉	대구문화예술회관 대극장
2002. 10. 16~17	〈하얀 무덤(White Tomb)〉	오사카 아시아 현대무용페스티벌
2002. 11. 3	시극 〈나의 침실로〉	대구문화예술회관 대극장
2002. 11. 18~19	〈Please, Close your eyes〉	LG아트센터
2002. 12. 10~11	42회 정기공연 〈성냥 파는 소녀〉	대구문화예술회관 대극장
2003. 3. 28~30	〈안은미의 춘향〉	LG아트센터
2003. 5. 1~3	43회 정기공연 〈안은미의 춘향〉	대구문화예술회관 대극장

날짜	작품명	공연장소
2003. 5. 17	〈하늘 고추〉	문예회관 대극장
2003. 6. 5~8	〈Please, kill me〉, 〈Please, forgive me〉, 〈Please, look at me (Please, Dont cry)〉	예술의 전당 자유소극장
2003. 10. 24	〈숨겨진 물결〉	대구계명대학교 노천강당
2003. 10. 30	〈Please, hold my hand〉	Folkwang Universität der Künste
2003. 12. 11~13	〈카르미나 부라나(Carmina Burana)〉	대구문화예술회관 대극장
2004. 5. 1~2	〈Please, hold my hand〉	문예회관 대극장
2004. 6. 17~18	〈Please, touch me〉	호암아트홀
2004. 7. 7	〈검은 무덤〉, 〈하얀 무덤〉, 〈빈 무덤〉	스위스 로잔 국제현대무용 페스티벌
2004. 7. 23	대구시립무용단 예술감독 사임	
2004. 10. 3	〈Please, Don't cry〉	Düsseldorfer Schauspielhaus Kieines Haus
2004. 10. 13	〈Let's go〉	Essen PACT Zollverein
2004. 10. 22~23	〈Let's go〉	서강대 메리홀
2005. 3. 12~13	〈Please, touch me〉	LG 아트센터
2005. 6. 4~5	〈Let's go〉	서강대 메리홀
2005. 9. 20~21	〈Let me change your name〉	베를린 세계문화의 집
2005. 10. 3~4	〈Let me change your name〉	충무아트홀 대극장
2005. 11. 18~19	〈Let me tell you something〉	국립중앙박물관 극장용
2006. 5. 9	〈굿바이 미스터 백〉	백남준아트센터
2006. 5. 12~14	〈新춘향〉	국립중앙박물관 극장용

날짜	작품명	공연장소
2006. 10. 28	〈Louder! Can you hear me?〉	Freiburg 시립극장
2007. 5. 7~8	〈I can not talk to you〉	예술의전당 자유소극장
2007. 5. 11	〈Please, Catch me〉	고양아람누리 새라새극장
2007. 9. 13~16	〈심포카 바리-이승〉	아르코예술극장 대극장
2007. 11. 21	〈정원사〉	성남아트센터 오페라하우스
2008. 1. 11	〈Softer! I can't hear you〉	Kleines Haus, Theater Freiburg
2008. 6. 5~6	〈Mucus & Angels〉	아르코예술극장 대극장
2008. 9. 18~19	〈봄의 제전〉	아르코예술극장 대극장
2009. 5. 30	〈행진 5〉	양평 바탕골 예술관
2009. 7	〈Rabbit is dancing〉	Heidelberg Castle Festival
2009. 11. 28	〈백남준 광시곡〉	백남준아트센터
2010. 2. 25~27	〈심포카 바리-저승〉	명동예술극장
2010. 7. 27,29	〈Rabbit is Crying〉	Heidelberg Castle Festival
2011. 2. 18~20	〈조상님께 바치는 댄쓰〉	두산아트센터 연강홀
2011. 5. 9~10	〈Let me say something〉	한강공원 넌버벌 극장
2011. 10. 2	〈댄씽마마 프로젝트〉	수원 화성행궁 광장
2012. 2. 24~26	〈사심 없는 댄쓰〉	두산아트센터 연강홀
2013. 3. 1~3	〈아저씨를 위한 무책임한 댄쓰〉	두산아트센터 연강홀
2013. 4. 18~19	〈Pina Ahn in Seoul〉	국립극장 달오름극장
2014. 2. 26~3. 1	〈스펙타큘러 팔팔댄쓰〉	두산아트센터 연강홀

날짜	작품명	공연장소
2014. 6. 27	〈초생경극(超生景劇) : 무(舞)/ 무(無) · 언(言)〉	광주교대 풍향문화관 하정웅 아트홀
2014. 8. 16~17	〈OK, Lets talk about SEX〉	대학로예술극장 대극장
2014. 11. 20~12. 6	창극 〈안드레이 서반의 다른 춘향〉	국립극장 달오름극장
2016. 9. 9~11	〈안심(安心)땐쓰〉	올림픽공원 우리금융아트홀
2016. 10. 29~30	〈1분 59초 프로젝트〉	올림픽공원 우리금융 아트홀
2017. 5. 12~14	〈대심(大心)땐쓰〉	예술의 전당 CJ토월극장
2017. 9. 17	〈쓰리쓰리랑〉	국립극장 KB하늘극장
2018. 3. 17~18	〈굿모닝 에브리바디〉	아르코예술극장 대극장
2018. 6. 1~3	〈안은미의 북한춤〉	아르코예술극장 대극장

1. 단행본

고영직 · 안태호, 『노년예술수업』, 서해문집, 2017.

김무규, 『영상과 상호 미디어성』, 한울아카데미, 2013.

김승현, 『정의숙, 전미숙, 안은미의 춤 ─ 한국춤 백화제방의 세 꼭지점』, 늘봄, 2011.

김채현, 『문예연감 2000(1999년도 판)』, 한국문화예술진흥원, 2000.

─────, 『문예연감 2001(2000년도 판)』, 한국문화예술진흥원, 2001.

김태원, 『춤 전문어의 개념과 비평 노트』, 현대미학사, 2018.

남상식 외, 『경계를 넘는 공연예술』, 태학사, 2017.

서영채, 『인문학 개념정원』, 문학동네, 2013.

송종건, 『무용비평의 실제』, 한학문화, 2001.

─────, 『무용의 비평적 현실』, 안단테, 2006.

─────, 『무용의 미학적 분석과 비평』, 안단테, 2006.

─────, 『무용의 이해와 비평』, 안단테, 2008.

─────, 『무용의 이성적 토론과 비평』, 안단테, 2010.

심정민, 『21세기 전환기의 무용 변동과 가치』, 현대미학사, 2007.

─────, 『춤의 잔상 그리고 무용가들』, 북쇼컴퍼니, 2014.

윤영범, 『사진, 회화, 그래픽디자인의 이미지 구성과 데포르마시옹』, 커뮤니케이션북스, 2015.

이현영, 『콘셉트 커뮤니케이션』, 커뮤니케이션북스, 2014.

정미경, 『키치의 시대, 예술이 답하다』, 사문난적, 2014.

Erika Fischer-Lichte, 『수행성의 미학』, 김정숙 역, 문학과지성사, 2017.

Hans-Thies Lehmann, 『포스트드라마 연극』, 김기란 역, 현대미학사, 2013.

Jay David Bolter · Richard Grusin, 『재매개, 뉴미디어의 계보학』, 이재현 역, 커뮤니케이션북스, 2006.

Susan Sontag, 『해석에 반대한다』, 이민아 역, 이후, 2002.

Walter Benjamin, 『기술적 복제시대의 예술작품』, 심철민 역, 도서출판 b, 2017.

2. 학위논문

강지영, 「김영희 춤에 나타난 예술 성향 연구」, 이화여자대학교 대학원 석사논문, 2004.

김수진, 「주체표현으로서의 연기」, 경기대학교 대학원 박사논문, 2015.

김 솔, 「지역사회에서 무용의 역할 : 영국 지역사회무용 프로그램을 기반으로」, 성균관대학교 대학원 석사논문, 2001.

남지수, 「뉴다큐멘터리 연극 연구, 사실과 허구의 경계 허물기」, 동국대학교 대학원 박사논문, 2015.

마리아, 「동양적 정서의 한국 창작춤 분석」, 성균관대학교 대학원 석사논문, 2006.

박성혜, 「커뮤니티 댄스의 공공성 탐색」, 숙명여자대학교 박사논문, 2016.

박수정, 「한국 창작무용가 국수호의 예술 활동 분석」, 중앙대학교 대학원 석사논문, 2010.

백인경, 「에리카 피셔-리히테의 퍼포먼스 이론 연구」, 서울대학교 대학원 석사논문, 2014.

심성아, 「자기 은폐-방어기제에 관한 이미지 연구 : 본인 작품을 중심으로」, 단국대학교 대학원 석사논문, 2015.

유승관, 「한국 현대춤작가 12인전의 작품 경향 연구 - 남성 한국무용 안무가를 중심으로」, 성균관대학교 대학원 박사논문, 2016.

이소정, 「무용작품에 나타나는 설화수용 연구」, 경희대 대학원 박사논문, 2013.

이영란, 「최승희 무용의 사상적 근원 연구」, 숙명여자대학 대학원 박사논문, 2011.

이한울, 「태동기 한국창작춤의 작가정신 연구」, 성균관대 대학원 석사논문, 2016.

임건백, 「남성무용가 한국무용 발전에 영향을 미친 남성무용가 연구 : 한성준, 조택원, 송범, 조흥동을 중심으로」, 수원대학교 대학원 석사논문, 2006.

위팅팅, 「포스트모던댄스 무용가의 예술세계 고찰에 관한 연구」, 상명학교 대학원 석사논문, 2017.

전예화 「한국 커뮤니티 댄스의 형성과 사회적 기능 및 특성에 관한 연구」, 단국대학교 대학원 박사논문, 2017.

정윤정, 「한국 현대 춤작가 12인전 작품연구 : 여성 춤작가를 중심으로」, 한양대학교 대학원 석사논문, 2018.

최승빈, 「수행적 사건으로서의 퍼포먼스에 나타나는 상호매체적 지각 변화 연구」, 홍익대학교 대학원 박사논문, 2017.

황문숙, 「한국 현대무용의 변천과정에 관한 연구」, 경기대학교 대학원 박사논문, 1998.

황보주성, 「커뮤니티 댄스의 영역별 현황 분석」, 경희대학교 대학원 석사논문, 2013.

황은미, 「조택원의 예술세계가 신무용에 미친 영향」, 한양대학교 대학원 석사논문, 1987.

홍윤선, 「신무용가 조택원에 대한 연구」, 이화여자대학교 대학원 석사논문, 1987.

3. 국내 학술지

김동훈, 「키치 개념에 대한 존재론적 고찰 – 키치와 숭고의 변증법을 중심으로」, 『철학논총』 65호, 새한철학회, 2011.

김희영, 「예술과 문화의 영역에 대한 재고 : 문화의 타자 키치, 아직도 예술의 적인가?」, 『미술이론과 현장』 5호, 한국미술이론학회, 2007.

김주희 · 정의숙, 「한국 현대무　화 과정에서 박외선의 역할」, 『무용예술학연구』 41호, 한국무용예술　　2013.

김현남, 「한국 현대무용의　적 흐름에 관한 연구」, 『한국체육학회지』 37권 2호, 한 국체육학회, 19

서현주, 「춤의 경험과　성: 안은미의 '봄 시리즈'를 중심으로」, 『대한무용학회논문 집』 76권 2　대한무용학회, 2018.

심재민, 「지각해　관점에서 본 연극에서의 수행성과 매체성」, 『순천향 인문과학논 총』 3　3호, 순천향대학교 인문과학연구소, 2014.

──────, 「수행적 미학에 근거한 공연에서의 지각과 상호매체성」, 『한국연극학』 60호, 한국연극학회, 2016.

이병기, 「음식명(飮食名)에 붙는 접두사(接頭辭) '막-'에 대하여」, 『어문연구』 45권, 한국어문교육연구회, 2017.

이 송, 「한성준 춤의 창작정신과 역사적 의의」, 『한국무용연구』, 한국무용연구회, 2006.

이윤선, 「무대공연을 통해서 본 진도씻김굿의 문화원형과 문화콘텐츠」, 『한국무속학』 제10집, 한국무속학회, 2005.

장지원, 「Stravinsky의 '봄의 제전' 음악을 사용한 안무작품 분석」, 『발레연구논집』 27 호, 한국발레연구학회, 2013.

전예화, 「한국 커뮤니티 댄스의 새로운 가치 분류를 위한 시론」, 『무용역사기록학』 41 호, 무용역사기록학회, 2016.

전형재, 「춤연극에서 연기의 물질성이 지각과 의미생성에 미치는 영향」, 『연기예술연 구』 13호, 한국연기예술학회, 2018.

정보경, 「임학선 창작춤의 표현형식에 나타난 동양미학적 특성」, 『한국무용연구』, 한 국무용연구학회, 2016.

하피터, 「하이데거에게서 자립성으로서의 자기동일성 개념」, 『철학논집』 24권, 서강 대학교 철학연구소, 2011.

4. 국내 저널

강동균, 「밀레니엄 인터뷰 – 실제로는 안 될 거라고요? 그걸 실제로 해요!」, 블로그
　　『HS Adzine』, HS애드, 2001년 5~6월호.

강일중, 「안은미 안무의 〈스펙타큘러 팔팔댄스〉」, 블로그『공연과 인물』, 2014년 3월
　　2일.

권옥희, 「국립현대무용단 〈불쌍〉–작품과 상품의 경계에서 균형 잡기」, 『춤웹진』 56
　　호, 한국춤비평가협회, 2014년 4월호.

김남수, 「춤의 바깥으로 눈을 떠라」, 『한겨레 21』 619호, 한겨레신문, 2006년 7월 20
　　일.

———, 「우리가 안은미의 〈바리〉를 봐야 하는 이유」, 웹진『아르코』 84호, 한국문화
　　예술위원회, 2007년 9월 14일.

———, 「삶의 낙천성을 불러내는 죽음으로서의 춤추기」, 『객석』 366호, 객석컴퍼니,
　　2014년 8월호.

———, 「모더니티의 수도 파리에 출현한 한국인들의 몸 정치–2015 파리가을축제
　　안은미컴퍼니 3부작 리뷰」, 웹진『예술경영』 328호, 예술경영지원센터, 2015
　　년 10월 22일.

김뉘연, 「어느 '미친년'의 한판 굿」, 『필름 2.0』, 토크 2.1, 2007년 9월 18일.

김방옥, 「리뷰–안은미무용단 〈조상님께 바치는 댄스〉」, 『한국연극』 416호, 한국연극
　　협회, 2011년 3월호.

김승현, 「작품성과 대중성의 경계–제임스전, 안은미, 배정혜」, 『춤』 303호, 월간 춤,
　　2001년 5월호.

———, 「40, 그 나이가 무용가의 스타일을 말한다–방희선, 안은미, 홍승엽」, 『춤』
　　329호, 월간 춤, 2003년 7월호.

———, 「세 개의 속편, 세 개의 새로움–안은미 · 정의숙 · 이경옥」, 『춤』 434호, 월간
　　춤, 2012년 4월호.

김영옥, 「모든 몸은 할 말이 많다 : 춤을 추며 나이 든다는 것은 또는 나이 든 몸으로
　　춤춘다는 것은」, 웹진『춤 : in』, 서울무용센터, 2017년 3월 30일.

김인아·이보휘, 「제11회 부산국제무용제−휴양지 축제, 차별성 살리는 프로그래밍이 과제」, 『춤웹진』 71호, 한국춤비평가협회, 2015년 7월호.

김정숙, 「에리카 피셔−리히테의 수행성의 미학과 기본 개념들」, 『연극평론』 64호, 한국연극평론가협회, 2012.

김채현, 「대형사고 부를 몸판의 상상력」, 『플랫폼』 통권 6, 2007년 11, 12월호.

──, 「춤−시민, 커뮤니티로 엮다 : 커뮤니티댄스재단」, 웹진 『춤 : in』, 서울무용센터, 2017년 5월 25일.

김혜라, 「서유럽 춤 축제에서 짚어보는 최근 유럽 컨템포러리 춤 경향」, 『춤웹진』 114호, 한국춤비평가협회, 2019년 2월호.

방희망, 「2014 마로니에 여름축제의 춤공연, 안은미·여민하·윤상은·최승윤」, 『춤웹진』 61호, 한국춤비평가협회, 2014년 9월호.

──, 「국립무용단 〈칼 위에서〉−가벼운 유머와 춤의 난장 그리고 불균형」, 『춤웹진』 78호, 한국춤비평가협회, 2016년 2월호.

──, 「의미 있는 작업, 그 뒤에 남는 아쉬움」, 『춤웹진』 86호, 한국춤비평가협회, 2016년 10월호.

서경석, 「서경석과 차 한 잔−살아 있으므로 춤을 춘다」, 『참여사회』, 참여연대, 2003년 6월호.

서정민, 「해외통신−예술가들을 위한, 뉴욕예술재단(New York Foundation for Arts)」, 웹진 『아르코』, 한국문화예술위원회, 2014년 8월 25일.

송종건, 「안은미−국립중앙박물관 개관 기념공연」, 블로그 『송종건의 무용평론』, 2005년 12월 29일.

──, 「안은미−〈조상님께 바치는 댄스〉」, 블로그 『송종건의 무용평론』, 2011년 3월 29일.

심정민, 「한국현대무용의 과거, 현재, 그리고 미래를 아우르며」, 웹진 『아르코』, 한국문화예술위원회, 2005년 3월 3일.

──, 「예술가의 길은 간절하게 끝까지 가는 것, 안은미」, 『한팩뷰』, 한국공연예술센터, 2013년 7월호.

유인화, 「빡빡머리 현대무용가 안은미, 유럽 무대를 뒤흔들○ 레이디경향」, 경향신
　　　문사, 2006년 5월호.

─── , 「2012년 2월 춤평」, 블로그 『춤과 그들』, 2012년 3월 7○

윤단우, 「여기서 우리의 섹스를 이야기하자」, 『몸』 238호, 창무예○ 2014년 9월호.

이경미, 「2013 페스티벌 봄, 사회와 인간, 그리고 예술에 대해 다시○다」, 웹진 『아르
　　　코』 233호, 한국문화예술위원회, 2013년 4월 24일.

이보휘, 「관객 참여형 감성치유프로젝트 〈당신은 지금 바비레따에 살고있군요〉 ─
　　　일상에 지친 관객들에게 위로의 손길을」, 『춤웹진』 64호, 한국춤비평가협회,
　　　2014년 12월호.

이지현, 「우리 예술춤은 왜 공허한가」, 『한겨레 21』 616호, 한겨레신문, 2006년 6월
　　　30일.

임소희, 「시각장애인의 춤, 〈안심땐쓰〉」, 웹진 『춤 : in』, 서울무용센터, 2016년 9월 29
　　　일.

임수빈 · 이미영, 「작품형식, 가치관, 전통, 관객과의 소통, 모든 것을 깨고 현대무용
　　　의 전설이 되다」, 『동아 비즈니스 리뷰』 236호, 동아일보사, 2017년 11월호
　　　이슈1.

장광열, 「미완성의 의미 있는 실험 무대 ─ 안은미의 〈춘향〉」, 『춤』 327호, 월간 춤,
　　　2003년 5월호.

─── , 「안은미무용단, 〈대심땐쓰〉 ─ 마음이 몸을 고양시킨 춤」, 『춤웹진』 93호, 한국
　　　춤비평가협회, 2017년 5월호.

장지영, 「커뮤니티 댄스 열풍의 이면」, 웹진 『댄스 포스트 코리아』, 2013년 2월 12일.

─── , 「파리여름축제 안은미, 〈1분 59초 프로젝트〉」, 『춤웹진』 84호, 한국춤비평가
　　　협회, 2016년 8월호.

정순영, 「공연평 ─ 위험한 자유 유영의 춤」, 『춤』 316호, 월간 춤, 2002년 6월호.

정우정, 「현대무용가 안은미, 니체 변용의 춤」, 『객석』 349호, 객석컴퍼니, 2013년 3
　　　월호.

정진삼, 「노인을 위한 댄스는 있다! ─ 안은미 무용단 〈조상님께 바치는 댄스〉」, 웹진

『인디언 밥』, 20▮▮월 18일.

———, 「〈사심 없는 ▮▮—불타는 금요일, 몸이여 나뉘어라!」, 웹진 『인디언 밥』, 2012년 3월▮

조경은, 「시각의 ▮▮ 넘어 새로움을 만나다, 〈안심땐쓰〉」, 『플레이DB』, 2016년 9월 5일.

최방식, 「망설▮ ▮▮절, 그리고 통정의 뜨거운 몸짓」, 인터넷저널, 2007년 5월 8일.

「안은미―베▮▮이 나를 부른다, 대구를 떠나 자유 선언한 안은미」, 『몸』 117호, 창무▮▮술원, 2004년 8월호.

「故 ▮술평론가 박용구」, 『춤웹진』 81호, 한국춤비평가협회 2016년 5월호.

5. 국내 일간지

강수진, 「빡빡머리 춘향 유럽 간다우, 파격적 몸짓의 무용가 안은미」, 『동아일보』, 2006년 3월 29일.

김남수, 「무용비평―안은미의 렛츠고, 몸과 공간의 심미적 대화…포괄성에서 멈춘 도약」, 『교수신문』, 2004년 12월 21일.

———, 「독일에서 돌아온 안은미, 〈렛츠고 Let's Go〉를 춤추다」, 『오마이뉴스』, 2005년 6월 15일.

———, 「동서양 문화 그답게 독창적 반죽」, 『한겨레신문』, 2006년 11월 5일.

김순덕, 「부드럽게, 강렬하게, 한바탕 축제의 몸짓」, 『동아일보』, 1996년 9월 13일.

김승현, 「재미무용가 안은미 귀국 공연―재미난 춤사위」, 『문화일보』, 1998년 3월 19일.

———, 「공연리뷰―안은미의 무덤 연작」, 『문화일보』, 1998년 3월 24일.

김영태, 「과거 바탕 우리춤의 미래―소중한 탐색」, 『동아일보』, 1993년 11월 27일.

———, 「참을 수 없는 존재의 네 가지 규명」, 『여성신문』, 2005년 5월 12일.

김화영, 「안은미의 연말연시 신작―성냥 파는 소녀」, 『한국경제신문』, 2001년 11월 20일.

김희연, 「춤과의 사랑은 지독한 열병―재미 무용가 안은미」, 『경향신문』, 1996년 9월

7일.

김혜경, 「몸은 작지만 마음은 크다, 이름하야 〈대심(大心)댄쓰〉」, 『한겨레신문』, 2017년 5월 9일.

문애령, 「리뷰−안은미의 은하철도 000」, 『한국일보』, 2001년 4월 18일.

──, 「공연 리뷰−안은미의 춘향」, 『중앙일보』, 2003년 3월 31일.

문학수, 「아저씨들의 무책임한 댄스, 막춤을 무대에 올리다」, 『경향신문』, 2013년 2월 13일.

박보미, 「10대야 막춤 추자 안은미와 함께」, 『한겨레신문』, 2012년 2월 14일.

──, 「아저씨들! 하루라도 신나게 댄쓰」, 『한겨레신문』, 2013년 2월 26일.

박순영, 「아저씨들이 춤바람이 났다. 나 이제 책임 안진다구!」, 『오마이뉴스』, 2013년 3월 1일.

──, 「도시를 춤추게 해봐! 빙빙 도는 춤의 고고학 종결판」, 『오마이뉴스』, 2014년 3월 1일.

박종호, 「안은미 무용단 〈新춘향〉−동서양 경계 허문 新 색 · 소리 · 몸짓」, 『부산일보』, 2006년 12월 1일.

박지영, 「음악+춤, 장르와 장르가 만났다. 안은미 · 어어부 밴드, 제발…」, 『중앙일보』, 2003년 6월 2일.

신복례, 「은하철도 999와 다른 은하철도 000」, 『한겨레신문』, 2001년 4월 10일.

신용관, 「안무가 안은미 춘향 유럽공연, 우리가 봤을 땐 수준 미달 3류 쇼」, 『조선일보』, 2006년 4월 18일.

오미환, 「춤꾼 안은미 신작−〈렛츠 고〉 다국적 무용수 6명과 준비」, 『한국일보』, 2004년 10월 20일.

──, 「유럽을 업고 놀았던 안은미 끼 다시 만난다」, 『한국일보, 2006년 5월 5일.

오승훈, 「현대무용가 안은미」, 『문화일보』, 1999년, 3월 12일.

오진희, 「누구나 주인공으로… 무용가 안은미, 맘대로 춤추세요」, 『아시아경제』, 2013년 4월 18일.

유주현, 「민망해? 아저씨춤 추는 女무용수 몸짓이…」, 『중앙일보』, 2013년 2월 24일.

유재혁, 「현대무용가 안은미씨 변신 선언…엄격한 절제미 성냥 파는 소녀」, 『한국경제신문』, 2001년 11월 19일.

유인화, 「안은미-예측불허의 춤」, 『경향신문』, 1999년 3월 8일.

——, 「빡빡머리 춘향 파격적 춤사위…안은미」, 『경향신문』, 2003년 3월 10일.

——, 「맛깔스런 몸짓 2인 2색」, 『경향신문』, 2003년 6월 2일.

이새샘, 「조상님께 바치는 댄스」, 『동아일보』, 2011년 2월 5일.

이영란, 「우리시대의 춤」, 『매일경제신문』, 1996년 8월 26일.

이은경, 「무용공연의 관객몰이 큰 성과/우리 시대의 춤 결산」, 『국민일보』, 1996년 9월 18일.

이재성, 「세계가 주목한 벗어던진 고정관념」, 『한겨레신문』, 2006년 5월 3일.

이재용, 「몸은 힘이다, 재미무용가 안은미의 춤」, 『국민일보』, 1999년 3월 13일.

이재훈, 「빡빡머리 무용가 안은미, 이번엔 저신장 장애 넘는 대심댄스」, 『중앙일보』, 2017년 5월 1일.

이정우, 「피나 안 인 서울(Pina Ahn in Seoul)」, 『코리아투데이』, 2013년 4월 13일.

이지영, 「보통 사람 80명의 제멋대로 19금 춤」, 『중앙일보』, 2014년 7월 11일.

장지영, 「통제 불능 춤꾼 베를린에 둥지…안은미씨 한 아닌 힘 보여 주겠다」, 『국민일보』, 2004년 7월 24일.

전지현, 「고시원녀·마사지 알바·영업맨…춤꾼 변신한 보통사람들」, MK뉴스, 2013년 4월 16일.

정상영, 「버려진 이들을 위하여 펼쳐라, 굿판을」, 『한겨레신문』, 2007년 9월 6일.

조성하, 「한국 속의 포스트모더니즘」, 『동아일보』, 1992년 5월 27일.

최민우, 「안은미 유럽 홀린 몸빼바지 할매 막춤, 그게 진짜 예술」, 『중앙일보』, 2016년 5월 10일.

한혜리, 「안은미 춤 공연, 지나친 재미 의식 예술성 반감」, 『동아일보』, 2001년 4월 17일.

「한인 무용공연 연이어」, 『뉴욕 중앙일보』, THE KOREA DAILY, 2000년 10월 13일.

「현대무용가 안은미, 다양한 삶의 모습 색깔로 표현」, 『서울신문』, 1999년 3월 11일.

『경향신문』, 1986년 3월 28일, 1986년 6월 21일.

『중앙일보』, 1992년 3월 24일.

『한겨레신문』, 1998년 3월 19일.

6. 국외 저널 및 일간지

Alice Bain, "Edinburgh festival 2011, Eun-Me Ahn Company-review", *The Guardian*, on Sun 21 Aug 2011.

Alice Longhurst, "Princess Bari (Edinburgh International Festival / Eun-Me Ahn Company)", *ThreeWeeks*, on Wednesday 31 August 2011.

Bettina Trouwborst, "In the Land of Smiles", *ballettanz*, Dec, 2003.

Dagmar Schenk-Güllich, NRZ Essen, 1. November 2003.

Jack Anderson, "Dance in Review-Matters of Life and Death. And What May Come of Them", *The New York Times*, November 27, 1996.

Jennifer Dunning, "DANCE REVIEW-In a Cafe, a New Inspiration For Every Rainbow Color", *The New York Times*, October 27, 1997.

————, "Rainbow Cafe at times looks like a live slide show", *The New York Times*, October 27, 1997.

————, "DANCE IN REVIEW; Wondrous Creatures Wander In Small Enigmatic Worlds-Starry Night", *The New York Times*, December 7, 1998.

————, *The New York Times*, September 12, 1999.

————, *The New York Times*, October 22, 1999.

————, *The New York Times*, September 10, 2000.

Philip Gowman, "Theatre visit: Eun Me Ahn's Chunhyang-an impossible love", *London Korean Links*, on 11 April, 2006.

Sarah Crompton, "Edinburgh Festival 2011: Princess Bari/Last Orders, Edinburgh Playhouse/Traverse Theatre, review", *The Telegraph*, on 22 Aug 2011.

Siobhan Murphy, "Eun-me Ahn-Let Me Change Your Name-London", *Dance Tabs*, on October 26, 2017 in Reviews.

Sanjoy Roy, "Eun-Me Ahn review-eye-scorchingly colourful dance goes K-pop", *The Guardian*, on Wed 25 Oct 2017.

"Patricia N. Nanon, 84, Modern-Dance Patron, Is Dead", *The New York Times*, March 10, 2008.

7. 기타

2005 〈Let me tell you something〉 공연 프로그램.

2006 〈新춘향〉 보도자료.

2007 〈심포카 바리-이승〉 보도자료.

2014 〈초생경극(超生景劇) : 무(舞/無) · 언(言)〉 보도자료

2014 〈스펙타큘러 팔팔땐쓰〉 보도자료.

2017 〈쓰리쓰리랑〉 보도자료. (사) 한국정가진흥희 홈페이지 소개자료.

제24회 국제현대무용제 프로그램 〈Let's go〉 참조.

울티마 베즈(Ultima Vez) 빔 반데키부스 현대무용단 홈페이지. https://www.ulti-mavez.com/en/productions/mockumentary-contemporary-saviour.

'한국 현대춤작가 12인전-의의와 평가」, 한국현대춤협회, 『한국민족문화대백과사전」.

안은미와의 인터뷰, 2019년 4월 21일.

용어

찾아보기

인명

도서 및 작품

294

춤추는 럭비공

춤꾼 안은미, 춤의 정거장